Gideon Böss
ist Schriftsteller und veröffentlichte 2014 den Roman »Die Nachhaltigen«. Außerdem publiziert er für verschiedene Zeitungen, u. a. Cicero, Focus und Die Welt. Seit 2008 schreibt er die Online-Kolumne »Böss in Berlin«. Er glaubt nicht an Gott, würde ihn aber trotzdem gerne mal kennenlernen. Seine Homepage finden Sie unter www.gideonboess.de.

TROPEN

Deutschland, deine Götter

Eine Reise zu Kirchen, Tempeln, Hexenhäusern

Gideon Böss

SACHBUCH

Für Christine. Warum auch nicht.

Tropen
www.tropen.de

Printed in Germany
Umschlag: Herburg Weiland, München
Unter Verwendung einer Illustration von Marcos Chin, New York
Foto von Gideon Böss (S. 1) © Marijan Murat
Gesetzt von r&p digitale medien, Echterdingen
Gedruckt und gebunden von Friedrich Pustet GmbH & Co. KG, Regensburg
ISBN 978-3-608-50230-5

Bibliografische Information der Deutschen Nationalbibliothek
Die Deutsche Nationalbibliothek verzeichnet diese Publikation in der Deutschen Nationalbibliografie; detaillierte bibliografische Daten sind im Internet über http://dnb.d-nb.de abrufbar.

Inhalt

Vorbemerkung

Kann Gott mich nicht leiden? Mittlerweile bin ich genauso alt, wie es Jesus war, als er gekreuzigt wurde, aber ich habe bis heute noch nichts von Gott gehört. Ich habe zwar auch nicht nach ihm gesucht, doch das kann nicht der Grund sein. Es gab schließlich biblische Propheten, die sich auch nicht um ihre Stelle bewarben, sondern eines Tages unangekündigten Besuch von Engeln bekamen. Um eine solche Sonderbehandlung geht es mir aber nicht einmal. Schließlich sind nur die wenigsten Menschen Abraham, Moses oder Johannes der Täufer. Mir würde es reichen, als normaler Gläubiger zu wissen, dass da jemand über mich wacht. Es muss nicht gleich der Prophetenstatus sein.

Wenn ich in mich hineinhorche, spüre ich jedenfalls nicht mehr und nicht weniger als einen regelmäßigen Herzschlag. Auch in schweren Zeiten war das nicht anders. Als ein naher Verwandter starb, fand ich Gebete sogar noch sinnloser als sonst. Schließlich schienen religiöse Menschen unter Verlusten ebenso zu leiden. Aber warum sollte sie ein solcher Verlust überhaupt belasten, wenn es doch in ihrem Glauben nur eine Trennung auf Zeit ist? Man sieht sich doch bald wieder, kein Grund zur Trauer also. Das Leid religiöser Menschen unter solchen Verlusten war mir immer verdächtig.

Was aber nicht heißt, dass ich antireligiös bin. Nein, mich hat das Thema immer interessiert, wenn auch eher auf der theoretischen Ebene. Die Bibel habe ich gelesen, fand sie jedoch nicht so spannend wie beispielsweise die griechische Götterwelt. (Man sollte nicht unterschätzen, was für ein erzählerischer Klumpfuß es ist, wenn im Mittelpunkt aller Geschichten ein allmächtiger Gott steht. Vor allem die Spannung leidet darunter.) Auf dem Olymp gibt es permanent Verschwörungen, Umstürze und Sex. Jeder kann jeden besiegen, wenn er nur geschickt genug intrigiert. Der eine Gott hingegen herrscht eifersüchtig über die Menschen und strahlt den Charme eines cholerischen Familienvaters aus, der jedes Aufbegehren mit »Solange du deine Beine unter meinen Tisch setzt!« niederbrüllt, während er die Haustür von innen abgeschlossen hat.

Zumindest ist das mein Eindruck als Leser. Wie Gott ist, wenn man ihn auf der spirituellen Ebene kennenlernt, weiß ich schließlich nicht. Aber das soll sich ändern. Ab jetzt! Hamlet sprach: »Es gibt mehr Ding' im Himmel und auf Erden, als eure Schulweisheit sich träumt!«, und dieses *Mehr* will ich suchen. Zwischen der Nordsee und den Alpen haben wir jedenfalls alles, was das monotheistische, das polytheistische und jedes andere sinnsuchende Herz begehrt. Und weil ich nicht weiß, wozu mein Herz tendiert, besuche ich sie eben alle.

Ich werde gewissenhaft prüfen, was Freikirchen, Sekten, Tempelgemeinden und Druidenzirkel mir für spirituelle Angebote machen können. Vergleichen ist schließlich nicht nur beim Kauf von Smartphones wichtig, sondern auch auf der Suche nach einer Heimat für die eigene Seele. Schließlich sind 65 Prozent der Deutschen in einer Religion organisiert, da wäre es doch fahrlässig, sich dieses Produkt für die Seele nicht einmal genauer anzuschauen. Vielleicht ist es ja auch was für mich.

Station 1
Wicca

Wer durch dieses Wohnzimmerfenster schauen würde, jetzt, um kurz vor Mitternacht, würde nicht nur eine Frau in grüner Robe sowie fünf Altäre bemerken, auf denen Tierfiguren, Knochen, Kessel und Kerzen liegen, sondern vor allem einen Mann, der ein Schwert in die Höhe reckt. Was der Schwertkämpfer aber sagt, kann nur ich hören. Denn ich sitze vor ihm, eingeklemmt zwischen Vogelfedern und drei Tonfiguren mit aufgemalten Gesichtern. Er hat einen Vollbart und Bauchansatz, ist etwa 40 Jahre alt, heißt Thomas und arbeitet als Informatiker in einem kleinen Unternehmen. Außerdem ist er Hexe. In letzterer Funktion erläutert er mir gerade, welche Schutzschilder jeder Mensch gegen böse Zauber hat.

»Wenn du nicht an Hexerei glaubst, ist ein Schadenszauber wirkungslos. Wenn du nicht weißt, dass jemand einen Schadenszauber gegen dich ausgesprochen hat, ist er auch wirkungslos und wenn du nicht findest, dass er berechtigt ist, ist er ebenfalls wirkungslos!« Thomas sitzt auf dem Sofa und spricht mit einer beruhigenden Stimme, wie wenn ein Chefarzt eine Diagnose erläutert. Er will mir damit die Aufregung nehmen. Wobei mich die Auswirkungen von Schadenszauber ohnehin weniger nervös machen als sein Schwert. Ein echtes Schwert. Schwerter unterscheidet ganz erheblich von Zaubern, dass es Eisen egal ist, ob man an Eisen glaubt oder nicht.

»Und noch etwas«, fährt er fort, »willst du, dass wir auch Göttin und Gott in unseren Kreis rufen oder ist dir das zu viel?«

»Was machen die beiden?«

»Ganz kurz gesagt: Die Göttin hat das Universum erschaffen und Gott ist ihr Begleiter.«

»Ja, dann absolut, sie sollen auch kommen!«

Thomas nickt und Nina, seine Frau, nickt auch. Sie trägt zur grünen Robe noch ein auffälliges Pentagramm als Halsschmuck. Sie ist etwas jünger als ihr Mann, dafür aber stilsicherer gekleidet. Thomas hat sich für Jeans und rotes Hemd entschieden und sieht genauso zivil aus wie ich mit Jeans und blauem Hemd.

»Eines noch«, meint Thomas, »es kann sehr gut sein, dass du nach der ersten so intensiven Begegnung mit Göttern und Elementen unruhig bist und nicht schlafen kannst. Iss und trink dann noch etwas. Das hilft. Nicht, dass du sonst am nächsten Morgen völlig erschöpft, mit Kopfschmerzen und Schwindelgefühlen aufwachst.«

»Ist das dein Tipp gegen Götterkater?«

»So kann man es sehen«, lacht Nina. Überhaupt ist die Stimmung erstaunlich locker. Beide nehmen ihren Glauben ernst, was aber Kichern und Lachen weder während der Vorbereitungen noch während der Durchführung der Rituale ausschließt. Dann geht es los, mein erstes Hexenritual. Um einen besonderen Bezug zu mir herzustellen, hatten meine Gastgeber entschieden, dass mein Buch im Mittelpunkt des Rituals stehen soll. Es wird einen Zauber geben, der mir bei der Fertigstellung helfen soll.

Meine Gastgeber sind Hexen und gehören der Glaubensrichtung Wicca an. Diese Unterscheidung ist in etwa die gleiche wie bei einem Christen, der auch einer speziellen Richtung angehört. Hexe zu Wicca ist wie Christ zu (zum Beispiel) Katholik. Im Gegensatz zu den Christen sind die Hexen aber ein scheues Volk. Woran jedoch das jahrhundertelange Mobbing durch das Christentum einen erheblichen Anteil hat. Bevor ich den ersten Hexen gegenüberstand, gab es deswegen eine wesentliche Hürde zu nehmen: Finde ich überhaupt welche? Es gibt kein organisiertes Hexentum mit heiligen Tempeln und einer festen Organisationsform. Es gibt keinen Zentralrat der Hexen, keine Pressestelle und keine PR-hungrigen Vorzeigehexen. Es gibt eigentlich gar nichts. Also fast nichts. Deswegen führt der Weg ins Hexentum übers Internet. Bald fand ich mehrere Homepages, auf denen sich Menschen als Hexen vorstellten, aber wenig Bereitschaft zeigten, darüber zu sprechen, oder sogar direkt vor dem ganzen Thema warnten, wie in dieser E-Mail:

> »Über den neuheidnischen Hexenkult wollen Sie schreiben … Es wird nichts nützen, wenn ich Ihnen rate, die Finger von diesem teilweise wirklich gefährlichen Unsinn zu lassen.«

In wenigen eigenen Foren, wie dem Hexenzirkel, tauschen sich Mitglieder und Interessierte aus. Über ein solches Forum gelang schließlich auch der Kontakt zu meinen beiden Hexen, mit denen ich heute Nacht ein Ritual feiere. Es dauerte noch mehrere E-Mails und ein langes Skype-Telefonat, bis es zu unserem Treffen kam. Meine Hexen sind eigentlich eine richtige Hexenfamilie mit einem zweijährigen Sohn. Und nein, sie haben ihn nicht im Hänsel-und-Gretel-Stil in ihr Hexenhaus gelockt! Das ginge schon alleine deswegen nicht, weil sie zur Miete in einer Wohnung leben.

»Wollen wir?« Thomas hat sich mittlerweile erhoben und ein rotes Seil um seinen Bauch gebunden, außerdem einen vergoldeten Halsreif angelegt.

Nina, die sich viel mehr Mühe gegeben hat, optisch dem Bild einer Hexe zu entsprechen, erhebt sich. Ich stehe auch auf. Wir besprechen noch einmal kurz den Ablauf des Rituals. Es ist dunkel im Zimmer, nur die wenigen Kerzen flackern in den Ecken. Ich lege mein Smartphone ins Nebenzimmer, weil keine elektrischen Geräte im Kreis sein dürfen. (Herzschrittmacher und Hörgeräte werden von den Göttern nicht beanstandet.

Vielleicht, weil sie als ziemlich alte Götter selbst darauf angewiesen sind, wer weiß das schon.)

»Nachdem Thomas den Kreis gezogen hat, rufen wir erst die Elemente an und laden danach Gott und Göttin in den Kreis ein.« Während Nina spricht, hat sich Thomas einen Stab gegriffen, in den ein Kristall eingelassen ist, und läuft einmal durch das Wohnzimmer.

»Der Kreis ist nun geschlossen«, erklärt er. Wir stellen uns um den Altar herum auf, der in der Zimmermitte steht. Wir halten uns an den Händen und Thomas spricht mit seiner Chefarztstimme zur Einstimmung eine Meditation.

Mit geschlossenen Augen höre ich ihm zu. Er fordert uns auf, unsere Arme ins Weltall auszustrecken und die Füße bis in den Erdkern sinken zu lassen.

Danach lösen wir unsere Hände voneinander. Nina stellt sich vor den Altar für den Osten und zeichnet mit ihren Händen ein Pentagramm in die Luft. »Götter der Luft, wir möchten euch bitten, an unserem Ritual teilzunehmen. Heil und willkommen!« Dann folgt meine Aufgabe. Ich entzünde die Hauptkerze auf dem Altar. Dabei weiß ich nicht, ob sie nur der Atmosphäre dient oder den Göttern helfen soll, uns leichter zu finden. Auf diese Weise laden wir alle vier Himmelsrichtungen ein, wobei die Elemente Wasser und Feuer hervorgehoben werden. Ein wenig überraschend spritzt mir Nina deswegen Wasser ins Gesicht und murmelt dazu: »Sei gesegnet.«

Weil ich nicht weiß, wie ich mit dieser unerwarteten Segnung umgehen soll, antworte ich mit »Danke«.

»Du musst antworten, sei gesegnet«, flüstert sie.

»Sei gesegnet, Nina!«, korrigiere ich und habe damit womöglich im letzten Moment eine Verstimmung bei den Göttern verhindert. Als Nina dann mit einer kleinen Kerze vor mir auftaucht und mir Rauch zufächelt, weiß ich Bescheid.

»Sei gesegnet!«

»Sei gesegnet!«

Kein Problem.

Nina segnet auch Thomas, wobei sie ihre Segnungen mit Küssen unterstreichen. Außerdem kichern sie dabei, was in vielen anderen Religionen während einer heiligen Prozedur wohl mit Höllenqualen sanktioniert würde.

Thomas freut sich, weil er endlich sein Schwert ziehen darf und ein weiteres Mal den Kreis abläuft. Jetzt kommen wir zur Einladung der Ehrengäste, Göttin und Gott, der Erschaffer von allem.

»Das Schwert ist neu.« Thomas gibt sich keine Mühe, seine Begeisterung für die Waffe zu verbergen. Durch die vier zusätzlichen Kerzen auf den Altären ist es mittlerweile deutlich heller im Zimmer, die Bücherregale und der Computer werfen schiefe Schatten an die Wände.

Der Sohn scheint tief zu schlafen.

Wir stellen uns um den Zentralaltar, auf dem eine Räucherkerze, ein Teelicht, ein Glas Wasser und eine Schale Salz die vier Altäre des Zimmers symbolisieren. Erneut nehmen wir uns an den Händen. Nina ergreift als Erste das Wort. »Göttin und Gott, wir haben heute einen Neugierigen in unserem Kreis, der sich über Wicca informieren möchte. Unterstützt ihn in seinem Projekt.«

Thomas appelliert danach auch noch einmal an die beiden Chefgötter und macht mich sogar zu einem »Suchenden«.

»Jetzt«, flüstert Nina mir zu, und ich greife meinen Notizblock, in dem ich Termine und Adressen aufgeschrieben habe, die für meine Recherchen wichtig sind. Genau in diesem Moment wird es Mitternacht, was aber nur ein dramaturgischer Zufall ist. Über dem Räucherwerk, dem Feuer, dem Wasser und dem Salz bitte ich um verschiedene Dinge, die dem Buch guttun sollen.

»Bist du fertig?«, fragt Thomas schließlich nach.

Ich nicke.

»Gut, dann haben wir jetzt Zeit für Cakes and Wine!«

Nina klatscht vorfreudig in die Hände und schon stehen wir vor dem Hauptaltar, der nur Göttin und Gott geweiht ist. In einem Horn befindet sich Wein und auf einem Teller liegen Kekse. Nina zieht einen Zeremoniendolch, der auf dem Altar bereitliegt, und tunkt ihn in den Kelch. Dabei spricht sie eine Formel, laut der das Männliche und Weibliche sich ergänzen. Man braucht nicht viel Fantasie, um dieser Dolch-und-Horn-Szene plötzlich die Jugendfreigabe zu entziehen.

»So«, seufzt Thomas und die beiden küssen sich wieder, »Durst?«

Er reicht mir das Horn, das gerade noch mit dem Dolch Unzucht getrieben hat.

Ich nehme einen Schluck und reiche es weiter an Nina. Wichtig ist dabei, dass es im Uhrzeigersinn kreist. Wir setzen uns auf das Sofa und teilen die Kekse.

»Was ist jetzt eigentlich«, will ich wissen, »sind wir mit den Göttern durch?«

»So gesehen, ja«, bestätigt Thomas und reicht mir schon wieder die Kekse, »wenn Cakes and Wine anstehen, kann über alles gesprochen werden, aber wir befinden uns noch immer im Kreis. Der ist noch nicht wieder aufgelöst.«

»Und wenn ich jetzt einfach zu meinem Smartphone ins Nebenzimmer gehen würde?«

»Dann würdest du das sicherlich merken, entweder sofort oder im Verlauf des nächsten Tages, dass du dich irgendwie schlapp fühlst oder nervös.«

»Weil die Götter gekränkt wären?«

Ich halte mittlerweile wieder das Horn in der Hand.

»Es ist ein magischer Kreis, der uns umgibt, unser Körper nimmt wahr, wenn wir ihn durchbrechen.«

Einen Moment lang überlege ich, den Praxistest zu machen. Aber etwas hält mich zurück. Sind es die Götter, ist es der Anstand oder das gemütliche Essen und Trinken? Ich kann es nicht sagen.

»Warum heißt das ›Cakes and Wine‹?«

»Weil ›Kekse und Wein‹ bescheuert klingt«, meint Nina, »wir sind bei den Wicca ja in der britischen Tradition und da gibt es insgesamt viele englische Begriffe.«

»Gibt es eine heilige Sprache? Also in eurem Fall das Englische?«

»So was haben wir nicht.«

Ich esse einen weiteren Keks, während die Lichter auf den Altären leuchten. Thomas erzählt wieder etwas über sein Schwert, das ihn offenbar sehr beschäftigt. Er hat sich sogar für Schwertkampftraining angemeldet und plant, an Schaukämpfen teilzunehmen.

Ich nicke und Nina reicht mir den Kelch.

»Gibt es bei euch so etwas wie Sünden, die die Götter bestrafen?«

Er schüttelt den Kopf: »Nicht im christlichen Sinne mit einem Gott, der einen verfolgt. Doch es kann schon sein, dass man Götter gegen sich aufbringt. Aber sie können uns nicht verführen, wir sind für jede unserer Handlungen selbst verantwortlich.«

»Sind die Götter dann unsere Berater?«

»Es ist viel komplexer, aber auf eine gewisse Weise ja.«

»Und sucht man die sich selbst aus, um sie dem eigenen Leben jeweils optimal anzupassen?«

»So funktioniert das nicht. Wir können das nicht selbst entscheiden. Ich habe aktuell drei Götter, die mich begleiten, und die habe ich mir nicht ausgesucht.«

»Hättest du gerne weniger oder andere?«

»Das hat schon alles seine Richtigkeit mit den Göttern. Fragen nach dem Warum sind dabei Zeitverschwendung. «

»Wenn die Götter uns nicht direkt strafen, warum sollte ich dann nicht anfangen zu morden, zu lügen und zu stehlen?«

In diesem Moment fährt der Rollladen mit einem leisen Summen nach unten. Thomas verpasst die Gelegenheit, das auf eigene magische Fähigkeiten zurückzuführen, und flüstert stattdessen: »Das ist automatisch voreingestellt in der Nacht.«

»Weil«, greift Nina meine Frage auf, »alles dreifach auf uns zurückfällt.«

»Wenn ich jetzt schlecht über dich rede, fällt das in dreifacher Form auf mich zurück?«

»Ja, weil du durch diese Lüge die Welt etwas schlechter gemacht hast.«

»Aber diese Dreier-Regel führt doch dazu, dass meine Bestrafung die Welt dreimal schlechter macht, als ich sie gemacht habe. Was ist das für eine Logik, nach der eine Tat dadurch sanktioniert wird, dass sie in noch viel größerem Ausmaß wiederholt wird?«

»Es muss ja nicht auf die gleiche Weise geschehen, es kommt aber in dreifacher Höhe negativ auf dich zurück.«

»Finde ich pädagogisch trotzdem schwierig. Gilt diese Regel auch für gute Taten?«

»Ja.«

Ich trinke einen weiteren Schluck und schaue zum Altar von Gott und Göttin.

»Kann ich den Dolch mal anfassen?«

»Nimm es mir nicht übel, aber das sind sehr persönliche und intime Gegenstände, so wie …« Nina sucht nach einem passenden Vergleich und schiebt dabei ihren Ring mit dem eingelassenen Pentagramm hin und her.

»Der eigene Geldbeutel«, kommt ihr Thomas zu Hilfe, doch bevor ich antworten kann, dass andere Leute meinen Geldbeutel gerne berühren dürfen, wenn es ihnen wichtig ist, hat Nina diesen Vergleich schon mit einem kurzen, aber entschiedenen Kopfschütteln zur Seite gewischt.

»So wie Sexspielzeug!«, legt sie sich auf ein wesentlich überzeugenderes Bild fest.

»Was ist, wenn ein Wicca sich nicht mehr verhält wie ein Wicca? Wie kann man den aus der Gemeinschaft werfen?«

»Das ist schwer«, meint Thomas, »im Grunde interpretieren wir alle Rituale so, wie wir wollen. Es gibt keine vorgegebene Liturgie wie in anderen Religionen.«

»Wir haben ja deswegen auch keine Tempel oder Kirchen!«, ergänzt Nina.

»Habt ihr die aus Prinzip nicht oder weil ihr einfach zu wenige seid?«

»Aus Prinzip«, meint sie.

»Die Anzahl spielt sicher auch eine Rolle«, ist Thomas da skeptischer, »in den USA gibt es eine viel größere Wicca-Community von mehreren Hunderttausend und da ist auch im Gespräch, ein festes Heiligtum zu errichten. Die sind dabei, feste Strukturen zu etablieren, zumindest manche Strömungen dort.«

»Für mich hat das mit der eigentlichen Wicca-Idee nichts zu tun«, fügt Nina an.

Wieder nehme ich mir einen Keks. Wir müssen aber aufpassen, dass mindestens einer übrigbleibt und am Ende auch noch etwas Wein im Kelch ist. Beides wird dann der Natur als Opfer dargebracht.

»Wie alt ist Wicca eigentlich?«, möchte ich wissen.

»Es gibt Leute, die sehen die Ursprünge in der Zeit der Renaissance, aber ich denke, Mitte der 1950er Jahre kann als Beginn angesehen werden«, antwortet Nina.

»Für mich ist die Veröffentlichung des Buches *Witchcraft Today* das Gründungsjahr der Wicca. Also 1954«, stellt Thomas klar.

»Andere schätzen das tatsächliche Alter des gesamten Hexentums auf 40 000 Jahre«, fügt Nina hinzu.

»Also sind die Wicca irgendwann in den letzten knapp 40 000 Jahren gegründet worden. Aber keiner weiß, wann genau?«, will ich wissen.

»Wicca nicht, Wicca ist viel jünger. Höchstens Renaissance. Aber das Hexentum selbst, das schätzen manche auf 40 000 Jahre«, meint Nina.

»Ihr auch?«

»Nein. Diese Frage ist uns aber auch nicht wichtig, wir legen keinen Wert darauf, unseren Glauben durch eine nicht nachweisbare Verlängerung in die Vergangenheit aufzuwerten.«

So wie wir uns unterhalten, könnte es sich hier auch um die Garderobe einer Laienspielgruppe handeln, wobei sich zwei der drei Schauspieler schon wieder umgezogen haben.

»Wie viele Wicca gibt es in Deutschland?«

»Nicht viele, wahrscheinlich weniger als 500 «, schätzt Thomas, »aber das ist schwer zu sagen, denn es gibt auch Hexen, die nicht in Coven organisiert sind.«

»Was sind Coven?«

»Coven sind die Gemeinschaften der Hexen. Wer keiner angehört, heißt freifliegende Hexe.«

Nina nimmt wieder einen Schluck aus dem Horn.

»Das ist aber auch selbstironisch gemeint, oder?«

»Natürlich!«

»Woher kommt eigentlich diese Verbindung der Hexe mit dem Besen? Gab es mal eine Zeit im Hexentum, in der gehofft wurde, mit Gegenständen fliegen zu können? So wie die Alchemie ja auch hoffte, Stroh in Gold zu verwandeln.«

Thomas wartet kurz, ob Nina darauf reagiert, die aber gerade einen Keks isst.

»Es handelt sich vor allem um erpresste Geständnisse, die unter Folter während der Hexenverfolgungen entstanden«, erläutert er. »Das Fliegen hat die Menschheit schon immer fasziniert, vermutlich wurde auch deswegen verlangt, so etwas zu gestehen. Es wurde ja alles gestanden, eine Beziehung zum Teufel, die Verhexung der Prinzessin, die Vergiftung der Schafsherde.«

Nina nickt zustimmend, bevor sie zu einer vernichtenden Märchenbuchkritik ansetzt: »Wahrscheinlich hat niemand dem Ruf der Hexen mehr geschadet als die Brüder Grimm! Woran denkt man sofort, wenn man an Hexen denkt? An die bösen alten Weiber, die Kinder in den Backofen stoßen wollen.«

Beide nicken. Ich nicke auch, aus Solidarität. Es ist wirklich schwer, sich gegen Vorurteile zu wehren, die durch die beliebtesten Märchenfiguren des Landes verbreitet werden.

Kurz darauf entschließen wir uns, die Zeremonie zu Ende zu bringen. Frisch gestärkt treten wir an den zentralen Altar zurück, in dessen Mitte auf einem kleinen Kessel die ganze Zeit über mein Notizblock liegt. Hand in Hand stehen wir da und meine beiden Hexen bedanken sich bei den Elementen, bei den Göttern und speziell bei Göttin und Gott für ihre Anwesenheit beim Zauber. Es freut mich in diesem Moment ungemein, dass sich uralte und mächtige Götter dafür interessieren, dass ich schreibe und was ich schreibe. Im Anschluss treten wir erneut vor die vier Altäre, es wird das Pentagramm in der Luft nachgezeichnet und ein Dank gesprochen, der mit »Heil und leb wohl« endet, bevor ich die jeweilige Kerze ausblase und so zum Rauswerfer der Götter werde. Thomas dreht abschließend eine weitere Runde mit dem Schwert, dann ist der Ring erloschen und das Wohnzimmer ist wieder nur ein Wohnzimmer mit Büchern, Kisten, CDs, einem Fernseher und leeren Amazon-Paketen.

Wir sitzen noch einmal zusammen auf dem Sofa, so wie vor wenigen Minuten. Und eigentlich machen wir auch das Gleiche wie vor wenigen Minuten. Wir unterhalten uns und trinken etwas. Und doch ist alles anders. Wir sind nicht mehr im Kreis, die Elemente und Götter sind nicht mehr anwesend (mal abgesehen davon, dass sie überall und in allem sind) und Nina atmet durch.

»Das ist schon immer aufregend, wie so ein Ritual läuft«, lächelt sie.

»Kann da auch mal was schiefgehen?«

Beide lachen wie Eingeweihte, denen 100 lustige Anekdoten einfallen.

»Wir haben einmal das Feuer im Norden angerufen«, meint Thomas grinsend, »daraufhin gab es einen kleinen Regenschauer!«

Nina seufzt, als sie daran zurückdenkt.

»Hier im Haus?«, wundere ich mich.

»Wir waren in einem Wald, mit anderen Hexen zusammen«, verneint Thomas.

»Spielt es denn eine Rolle, wo die Rituale gefeiert werden, oder gibt es heilige Orte?«

»Sobald ein Ort geheiligt ist, ist er ein heiliger Ort«, antwortet Nina lachend.

Weil die beiden ein kleines Kind haben und es schon kurz vor zwei Uhr in der Nacht ist, verabschieden wir uns. Thomas hat immer noch diesen goldenen Reif um den Hals und verrät mir außerdem, dass die Kelten früher so in den Krieg zogen.

»Mit so einem Reif?«

»Ja. Mit so einem Reif und ansonsten nackt. Nur mit einem Schwert bewaffnet.«

»Wow«, meine ich, halte es aber für einen Nachteil, nackt zu kämpfen. Als ob Thomas meine Gedanken lesen könnte, schiebt er noch nach: »Und sie hatten sich blau angemalt.«

Im Taxi stelle ich mir vor, wie Thomas nackt, nur mit Schwert und Halsreif bewaffnet, über nächtliche Felder stürmt. Blau angemalt und bereit, Aachen zu erobern.

Ich fahre durch eine leere Stadt. Aachen wirkt so ausgestorben, als ob ich als Einziger den Aufruf zur Evakuierung überhört hätte. Und mein Fahrer natürlich. Während sich die Lichter der Laternen in der Scheibe spiegeln, denke ich an die Rituale, an denen ich eben teilnahm. Thomas und Nina haben dabei professionell und zugleich entspannt gewirkt. Sie hatten schon seit längerer Zeit keine Rituale mehr durchgeführt, weswegen mein Besuch auch ein angenehmer Anlass war, mal wieder Reif und Schwert und Gewand aus der Kiste zu holen, wie sie mir sagten. Im Hotelzimmer selbst schreibe ich noch einige meiner Eindrücke auf, bevor ich ins Bett gehe.

Ich schlafe so gut, dass ich es meinen beiden Hexen gegenüber nie zugeben würde, aus Angst, ihre religiösen Gefühle zu verletzen. Sie haben sich so viele Gedanken darüber gemacht, wie ich eine erste Begegnung mit solchen Kräften halbwegs überstehen kann, dass so ein Geständnis nicht passen würde. Andererseits wäre es ihnen vermutlich egal. Ein Blick in ihre Schriften spricht jedenfalls für eine große Gleichmut gegenüber anderen Erfahrungen. So heißt es im Klassiker *Wicca – Die alte Religion im neuen Zeitalter*:

> »Wir betrachten uns selbst nicht als Inhaber irgendeines besonderen Vorrechts auf die Wahrheit und wenn eine Gruppe von Menschen dies beansprucht, dann erscheint dies mehr als lächerlich.
> Dementsprechend frei sind die Hexen auch in der Gestaltung ihrer Rituale. Wobei es eine Metaregel gibt:
> ›Wenn es niemandem schadet, tue, was du willst.‹«

Es gibt auch nicht das eine heilige Buch, jedoch führt jede Hexe ein »Buch der Schatten«, in dem die Rituale und Zeremonien niedergeschrieben werden, die sie durchgeführt hat. Es können aber auch banale Dinge darinstehen, nur sollte sich jede Hexe hüten, zu intime Angelegenheiten festzuhalten. Sollten sie nämlich eines Tages einen anderen Menschen in den Wicca-Kult aufnehmen, will es die Tradition, dass die neue Hexe auch ein »Buch der Schatten« führt, was damit beginnt, erst einmal das »Buch der Schatten« des Mentors abzuschreiben.

Wie schließlich der Übergang zur Hexe abläuft, ist schriftlich festgehalten, auch wenn sich vermutlich kaum jemand etwas unter dieser Beschreibung vorstellen kann:

> »Während der Initiation muss der Priester die göttliche Kraft in den Körper des Schülers projizieren. Dies geschieht dadurch, dass der Priester Energie aus seinem Wurzel-Chakra in das Wurzel-Chakra des Schülers leitet, danach die Energie zurück in sein Kreuzbein-Chakra zieht, sie in das Kreuz-

bein-Chakra des Schülers leitet und so weiter den Körper aufwärts, bis die Energie die Höhe des dritten Auges erreicht hat.«

Bevor ich heute, an einem Sonntag, wieder zu meiner Hexenfamilie gehe, besuche ich die Aachener Innenstadt. Sie ist sauber, als ob die Straßen alle 20 Minuten gefegt würden. Es gibt alte Gassen und immer wieder Karl den Großen. Mal als Figur auf dem Marktplatz, mal im Fenster einer Versicherung oder auf Werbeplakaten der Region Aachen. Weil Pfingstsonntag ist und es einen Dom gibt, besuche ich die Messe. Es ist ein starker Kontrast zu dem, was ich in der letzten Nacht an Zeremonien sah. Wenn religiöse Rituale Spielfilme wären, wäre der Spielfilm *Pfingstmesse* von einem Kontrollfreak wie Alfred Hitchcock gedreht worden, der manche Szene 50 Mal und öfter wiederholen ließ, bevor sie ihm gefiel. In diesem Dom wird nichts dem Zufall überlassen. Der Pfarrer geht ein Programm durch, das jeder Anwesende genau kennt und von dem jeder weiß, wann was an welcher Stelle passiert. Orgelmusik, Gebete, Weihrauch, Gesang, alles bekannt. Der Film *Wicca* hingegen würde von einem Filmstudenten gedreht, der chronisch pleite ist, ständig improvisieren muss und das Set im Garten seiner Eltern aufgebaut hat.

Als ich wieder vor der Tür meiner Hexen stehe, fällt mir ein, dass ich noch gar nicht über das Thema Magie mit ihnen gesprochen habe. Thomas öffnet mir und trägt keinen Reif mehr. Auch Nina hat nun einen Rollkragenpullover an und sähe aus wie eine unscheinbare Bibliothekarin, wenn da nicht ihr Pentagramm-Ring wäre.

Wir setzen uns dieses Mal in die Küche. Im Wohnzimmer ist mittlerweile wieder der profane Alltag eingekehrt. Auf dem Boden liegt die Decke des Sohnes, um die herum großzügig Spielsachen verteilt sind. Die Altäre stehen zwar noch, aber nur, damit ich die Gelegenheit habe, sie zu fotografieren, was ich tue, während Nina mir ein paar Informationen zu den verschiedenen Elementen gibt. Dabei erfahre ich auch, dass die Knochen, neben denen ich letzte Nacht saß, nicht aus einem Spezialgeschäft für heidnische Reliquien stammen, sondern vom letzten Brathähnchen übriggeblieben sind. Außerdem, dass Männer und Frauen Hexe genannt werden, unabhängig vom Geschlecht.

»Was ist mit der Magie? Könnt ihr zaubern?«

Beide lachen, während wir am Tisch sitzen. »Magie verstehen die meisten Menschen falsch, weil sie keine Ahnung davon haben«, erklärt Thomas. »Alle sind überrascht, wenn ich ihnen sage, dass auch im Christentum an die Magie geglaubt wird. Gebete sind nichts anderes als der Einsatz von Magie.«

Nina nickt zustimmend. Aber weil nicht sie überzeugt werden muss, sondern ich und ich nicht nicke, spricht Thomas weiter.

»Gebete sind nichts anderes als der Versuch, die Zukunft zu beeinflussen. Das ist auch das Ziel der Magie. Sie will Veränderungen erreichen.«

»Und schafft sie das?«

»Schaffen Gebete denn immer, was sie erreichen wollen?«

Ich tue ihm den Gefallen, die rhetorische Frage zu beantworten.

»Nein.«

»Genauso ist es bei Magie. Es hängt von vielen Faktoren ab. Es kann Hindernisse geben, deretwegen die Magie keine Chance hat. Darüber haben wir gestern ja gesprochen, als es um den Schadenszauber ging. Du darfst aber nicht vergessen, dass die allermeiste Magie friedlich und positiv ist, nur sehr selten negativ. Es werden fast nur Schutzzauber und Heilungszauber gesprochen.«

»Welche Hindernisse kann es denn geben?«

»Kosmische Strömungen sind relevant, manche Zauber sind nur in bestimmten Konstellationen der Sterne möglich. Außerdem gibt es ein paar ganz grundsätzliche Grenzen, es können keine Gliedmaßen ersetzt werden. Wenn überhaupt, besteht nur die Möglichkeit, den Verlauf einer Krankheit zu verlangsamen oder den Körper so zu stärken, dass er sie besiegen kann.«

Ein bisschen ernüchternd ist es schon, was ich da höre. Schließlich gehörte es zu meinen positiven Vorurteilen, dass Hexen auch da noch etwas ausrichten können, wo die Schulmedizin an ihre Grenzen stößt. Und nun erfahre ich, dass die Schulmedizin die Zauberei längst in den Schatten gestellt hat. Im Gegensatz zu Merlin und Bibi Blocksberg kann Doktor Meier sehr wohl Gliedmaßen und Organe ersetzen. Ebenfalls erstaunlich ist es, wie sich die hexische Fachliteratur mit dem Thema Zauberei befasst. Während andere Religionen versuchen, Gebete, Magie und weitere übersinnliche Ereignisse als Wunder zu bezeichnen, die jeder rationalen Erklärung enthoben sind, erläutern die Hexen lieber, was in solchen Momenten im Gehirn passiert:

> »Das Gehirn besteht aus einer Basis, dem Stammhirn, das eine Erweiterung des Rückenmarks ist, dem limbischen System und dem Kleinhirn sowie der Cortex der Großhirnrinde. Das limbische System und die Cortex sind in zwei Hälften, die linke und die rechte Hemisphäre, unterteilt. Die Nerven, die die Bewegungen unserer Hände und Beine steuern, laufen im Rückenmark zusammen und setzen sich bis zum Gehirn fort. In der Höhe der Schädelbasis überkreuzen sie sich, so dass die Aktivitäten unserer linken Körperseite von der rechten Hemisphäre des Gehirns und die Aktivitäten der rechten Körperseite von der linken Hemisphäre kontrolliert werden. Bei zwei Dritteln aller Menschen, normalerweise den Rechtshändern, ist die linke Hemisphäre dominant. Bei den übrigen, von denen manche beidhändig sind, ist die rechte Hemisphäre dominant.«

Was sich hier liest, als hätte es Oliver Sachs geschrieben und als zu spröde wieder verworfen, ist der Versuch einer Religion, transzendente Erfahrungen mit den Mitteln der modernen Wissenschaften zu erklären. Allerdings nicht, um sie so als Selbstbetrug zu entlarven, sondern um den Ablauf klarer zu machen. Während Jesus nie auf die Idee kam, seine Wunderheilungen zu erklären, sind die heidnischen Götter anscheinend an den Erkenntnissen der Neurologie interessiert. Dass eine solche rationale Durchdringung einer mystischen Welt möglich ist, ohne dass die mystische Welt dadurch Schaden nimmt, ist das eigentliche Wunder an der Hexerei. Meine beiden Wicca jedenfalls haben keine Zweifel daran, dass wir von unzähligen Göttern umgeben sind und dass die Neurologie eine faszinierende Wissenschaft ist, obwohl sie Schritt um Schritt versucht, die Götterwelt ins menschliche Gehirn zu verbannen.

Nachdem die Zauberei also weniger spektakulär ausfällt als erhofft, möchte ich erfahren, wie die beiden eigentlich zu Hexen wurden.

»Ich war schon mit 17 eine Hexe«, erklärt Nina, »und als ich in einer Lebenskrise war, weil ich keinen Job bekam und meine Wohnung aufgeben musste, fand ich keine Ruhe mehr und entschied mich, mit meinem letzten Geld einkaufen zu gehen. Es reichte dann nur noch für eine Flasche Wein und ein Puzzle mit dem Motiv des Dionysos.«

»Warum ein Puzzle?«

»Weil man sich damit lange beschäftigen kann und ich mich ablenken wollte. Den Dionysos kaufte ich, weil er so gut zur Flasche Wein passte.«

»Und dann?«

»Dann setzte ich mich in meine kleine Wohnung und legte das Puzzle zusammen, Stück für Stück, und trank dabei den Wein. Und da spürte ich auf einmal die Gegenwart eines Gottes.«

»Vielleicht warst du einfach nur betrunken?«

Ohne auf meine Frage einzugehen, spricht sie weiter. »Dieser Gott gab mir das Wissen darüber, dass ich zu verkrampft an die Herausforderungen in meinem Leben herangehe. Danach wurde alles leichter, ich fand bald einen Job und auch eine andere Wohnung.«

Sie grinst mich triumphierend an, als ob sie gerade den Werbeclip für eine Lebensversicherung drehen würde. Dann zeigt sie zur Wand. Dort hängt etwas, was ich bisher für ein Mosaik hielt, und erst jetzt merke ich, dass es tatsächlich ein Puzzle ist.

»Hast du dir mal überlegt, wie dein Leben weitergegangen wäre, wenn du an jenem Abend ein Werkzeugkasten-Puzzle gekauft hättest?«

»Werkzeugkästen gibt es nicht als Puzzle.«

Thomas hat ihr die ganze Zeit intensiv zugehört, obwohl er die Geschichte sicher nicht zum ersten Mal gehört hat.

»Ich wuchs katholisch auf«, fängt er nun an, bevor ich ihn überhaupt fragen kann, »und hatte als Jugendlicher einmal ein Erlebnis in der Kirche, wo ich eine intensive Verbindung zu einer höheren Macht spürte. Nur ein einziges Mal. Ich versuchte, diese Verbindung wiederherzustellen, aber es gelang mir nie wieder. Mit Anfang 20 kam ich dann mit Hexen in Aachen in Kontakt und nahm an Ritualen teil, und da war sie plötzlich wieder, diese Verbindung!«

»Was war das dann in der Kirche für ein Gott?«

»Der christliche, nehme ich an.«

»Ist das mit deinem Glauben vereinbar?«

»Warum nicht?«

»Na ja, ein orthodoxer Jude würde nicht schulterzuckend davon sprechen, Zeus begegnet zu sein.«

»Wir haben damit kein Problem, die Welt ist groß und die Götterwelt noch größer. Da ist Platz für viele Götter.«

Auch Nina unterstützt ihn mit einem Nicken. Sie legt ihre Hand in seine.

»Habt ihr euch auch über das Hexentum kennengelernt?«

»Genau, auf einem größeren Ritual im Wald mit vielen anderen Hexen«, bestätigt Nina.

»Könntet ihr euch auch vorstellen, einen Partner zu haben, der keine Hexe ist?«

»Eigentlich nicht«, meint Nina.

»Nicht mehr«, ergänzt Thomas. »Es gibt ja auch viele Aktivitäten mit anderen Hexen, und da wäre es schwierig, wenn dein Partner nirgendwo dabei ist, weil ihn das nicht interessiert.«

Nun machen wir uns daran, unser gestriges Ritual zu Ende zu führen. Noch müssen etwas Wein und die letzten drei Kekse den Göttern zum Geschenk gemacht werden. Thomas kümmert sich um den Sohn, während Nina und ich in den Garten gehen. Ich halte den Teller mit den letzten drei Keksen, sie das Horn mit dem Wein.

»Was könnte euer Sohn machen, um euch später in euren religiösen Gefühlen richtig zu verletzen?«, will ich wissen. Nina öffnet das Gartentor. Es ist ein schöner Tag, blauer Himmel und Sonnenschein. Zwei Katzen schleichen durch das Dickicht und wir gehen auf eine junge Tanne zu.

»Das dürfte ihm schwerfallen, wir können gut damit leben, wenn jemand unseren Glauben nicht teilt. Uns fehlt der Anspruch, die einzige Wahrheit zu vertreten.«

»Ich finde es erstaunlich, wie offen ihr gegenüber wissenschaftlichen Erkenntnissen seid.«

»Wir haben im Wicca die verschiedensten Vorstellungen von Himmel und Erde, ich gehöre einer ziemlich wissenschaftsfreundlichen Richtung an. Ich sehe auch kein Problem darin, wissenschaftliche Erkenntnisse zu akzeptieren. Wir wissen, dass die Göttin die Erde erschaffen hat und der Gott das Universum. Wie man sich Gott und Göttin aber vorstellt, bleibt ja jedem selbst überlassen.«

»Gott kann auch der Big Bang sein?«

»Warum nicht?«

Wir erreichen die Tanne. Das letzte Ritual steht an. Ich bin neugierig, ob es weitere Beschwörungen oder Lieder gibt. Nina kippt den Wein auf den Boden und fordert mich auf, die Kekse auf die nun feuchte Erde zu werfen. Ich werfe die Kekse.

Sie fallen.

Sie liegen da.

Die Sonne scheint.

Ich warte gespannt und ich warte vergeblich.

Nina geht zurück ins Haus. Kein heiliges Wort, keine germanisch klingenden Götternamen. Nur die Pantoffeln von Nina, die beim Gehen leise klackern.

Jede Entsorgung von Essensresten auf dem Komposthaufen strahlt mehr religiöse Erhabenheit aus als dieser letzte Schritt im Ritual. Es fühlt sich irgendwie falsch an. So als ob man die Gäste nach einem rauschenden Fest mit Probierpackungen einer neuen Warzencreme verabschiedete.

Kurz darauf geht mein Besuch in der Hexenwohnung zu Ende und ich fahre erneut durch ein erstaunlich leeres Aachen zum Hauptbahnhof. Mir hat die Offenheit gegenüber anderen Glaubensvorstellungen gefallen, die es unter den Hexen gibt. Insgesamt kommt mir diese Religion vor wie ein grimmig wirkender Motorradrocker, der aber in Wahrheit zwei verstoßene Katzenwelpen pflegt und ehrenamtlich in einem Kinderheim arbeitet. Tatsächlich haben die Hexen ein echtes Imageproblem. Zwar wirkt das Hexentum durch den Einsatz von Schwertern, alten Gewändern und das Anrufen heidnischer Götter exotisch, aber in Wahrheit kann es auch von gemütlichen Kleinstadtspießern praktiziert werden. Wenn ich der Pressesprecher des Hexentums in Deutschland wäre, würde ich versuchen, die eigenen Rituale als eine Art Rettung des familiären Spieleabends zu verkaufen. Während Mami in der Küche noch die Knochen für das Ritual abkocht, säubert Papi das Schwert und die Kinder stellen den Göttern währenddessen kleine Geschenke auf die Altäre. Und dann können die Rituale so lange gehen, wie die

Familie möchte. Was ich aber auf jeden Fall aus diesem Wochenende mitnehme, ist die Erkenntnis: Im Hexenkessel wird auch nur mit Wasser gekocht.

Station 2
Protestantismus

Knapp 500 Jahre nach Beginn der Reformation laufe ich durch Worms. Heute handelt es sich dabei um eine Stadt, die es sich in der Hängematte der Bedeutungslosigkeit bequem gemacht hat. Es geht hier gemütlich zu, auf halbem Wege zwischen Mannheim und Mainz. Nichts unterscheidet sie von anderen mausgrauen Kreisstädten in der Republik, wenn da nicht mitten in der Innenstadt plötzlich dieser Dom stehen würde. Er wirkt wie die steinerne Erinnerung an eine ganz andere Zeit. Er hat die gleiche Wirkung wie das gerahmte Bild eines mit Goldmedaillen behängten jungen Mannes über dem Bett des altersschwachen Großvaters, das die Enkel daran erinnert, dass Opa auch andere Zeiten erlebt hat. Worms auch. Im Mittelalter hatte Worms Einfluss und in seinen besten Momenten wurde hier Weltgeschichte geschrieben. Einmal hatte die auch mit Martin Luther zu tun, der hier 1521 vor Kaiser Karl V. widerrufen sollte, sich weigerte und stattdessen die legendären Worte »Hier stehe ich, ich kann nicht anders« sprach. (Wobei mittlerweile vermutet wird, dass ihm diese Worte nachträglich in bester Absicht in den Mund gelegt wurden, offenbar sagte er schlicht: »Hier stehe ich. Gott helfe mir!«)

Dass es die evangelische Kirche überhaupt gibt, ist das Ergebnis einer beachtlichen Zahl von Fehleinschätzungen, die sich der Vatikan geleistet hat. Wobei insgesamt die Zeiten gut dazu geeignet waren, falsche Entscheidungen zu fällen. Als Luther wirkte, rang die katholische Kirche um ihre Vormacht, war ständig pleite, lieh sich dauernd Geld, wurde von mächtigen Königen bedrängt, erlebte den Aufstieg der Kaufleute, sorgte sich vor Invasionen der Türken und hatte ein massives Glaubwürdigkeitsproblem bei der einfachen Bevölkerung. Außerdem hatten in der Schweiz und in Böhmen Reformatoren schon damit begonnen, die Autorität Roms in Frage zu stellen. Wäre die katholische Kirche ein normales Unternehmen, die Liste der Managementfehler hätte eine beachtliche Länge ergeben.

Der Preis dafür kam dann in Form Martin Luthers, der zur Symbolfigur der Unzufriedenheit mit dem Katholizismus im 16. Jahrhundert wurde. Auch an ihm demonstrierten die katholischen Verantwortlichen noch einmal ihre Begabung, ein kleines Feuer nicht auszutreten, sondern es mit großem Erfolg zu einem Flächenbrand werden zu lassen. Sie drängten Luther in die Position eines Ketzers, der den Tod verdient hat, und ließen diesem frommen Katholiken keine Möglichkeit, Frieden mit seiner Kirche zu schließen, die irgendwann dann auch nicht mehr seine Kirche war. Luther wurde exkommuniziert und er nannte den Papst im Gegenzug den »Antichristen«. Fertig, Tischtuch zerschnitten. Start frei für die ökumenischen Kirchentage ein paar Jahrhunderte (und Religionskriege) später.

Ich bin auf dem Weg zur Wormser Luthergemeinde von Anne Tennekes, die als geschiedene Pastorin für das steht, was die katholische Kirche immer verhindern wollte. Während man sich im Vatikan noch an das Machtwort des Paulus hält, der da wütete, »die Frau soll in der Messe schweigen«, ist die evangelische Kirche da einen anderen Weg gegangen. »Das hat mit Luther aber gar nicht so viel zu tun«, erklärt mir Tennekes, die dem Bild einer engagierten und einfühlsamen Pastorin, die immer ein offenes Ohr für die Sorgen ihrer Gemeinde hat, beinahe irritierend exakt entspricht, »das Pastorenamt für Frauen gibt es erst seit 1973.«

Tennekes steht einer Gemeinde von über 3 000 Mitgliedern vor, »unsere Kirche ist im Darmstädter Stil erbaut, davon gibt es in Rheinhessen mehrere«, meint sie mit Blick auf ein Gebäude, das sehr massiv und kantig wirkt. Es hätte mich vielleicht mehr beeindruckt, wenn ich nicht direkt davor beim Dom gewesen wäre. Wir betreten das Pfarrhaus, das sich direkt hinter der Kirche befindet. Tennekes' Büro ist aufgeräumt und bietet viel Platz, weil es außer einem Schreibtisch und dem Bücherregal nur einen kleinen Tisch in der Ecke und zwei Stühle gibt. Hier unterhält sie sich regelmäßig mit Mitgliedern oder anderen Gästen. Wir setzen uns und ich sehe, dass sie Plätzchen und Kaffee vorbereitet hat. Weil sie es mir aber noch nicht anbietet, warte ich mit dem Zugreifen.

»Was unterscheidet eigentlich den Protestantismus vom Katholizismus?«, möchte ich als Erstes wissen.

»Ich denke, der wichtigste Unterschied ist wohl, dass die katholische Kirche sehr hierarchisch aufgebaut ist, mit einer höchsten theologischen Instanz in Form des Papstes. So was lehnen wir ab. Wir haben die Priesterschaft aller Gläubigen, nach der jeder Mensch den gleichen Zugang zu Gott hat, unabhängig von seiner Position in der Welt oder der Kirche. Deswegen ist in unseren Gemeinden auch viel mehr Diskussion und Widerspruch möglich, bei den Katholiken hingegen ist der Pfarrer erst einmal die große Autorität.«

»Und sonst?«

»Die Eucharistie, also das Abendmahl, feiern wir auch verschieden. Für Katholiken sind nur Katholiken dazu eingeladen, während wir jeden daran teilhaben lassen.«

»Wie wird das denn jeweils begründet?«

»Die Katholiken sehen sich als die Kirche Jesu und zelebrieren das Letzte Abendmahl nur mit Menschen, die laut ihrer Definition dieser Kirche angehören.«

»Und ihr gehört der Kirche von Jesus nicht an?«

»Nein, da wir uns abgespaltet haben, sind wir aus Sicht der

katholischen Kirche dazu nicht mehr berechtigt. Wir deuten das Letzte Abendmahl aber so, dass es eine Einladung an die Menschheit ist, Jesus als Erlöser anzunehmen, deswegen feiern wir es offen.«

Martin Luther selbst hätte sich wohl etwas derber ausgedrückt, über die Zustände im Vatikan äußerte er sich so:

> »Die römische Kirche, die vorzeitig die allerheiligste war, ist nun geworden eine Mordgrube über allen Mordgruben, ein Hurenhaus über allen Hurenhäusern, ein Haupt und Reich aller Sünde, des Todes und der Verdammnis, so dass man sich nicht gut denken kann, wie die Bosheit hier noch weiter zunehmen könnte.«

Insgesamt sind sich die beiden Großkirchen inhaltlich sehr nahe. Sie teilen sich die gleiche Bibel, sie teilen sich den gleichen Gott, sie teilen die gleiche Hoffnung, die sie mit diesem Gott verbinden. Und doch gibt es ein paar gravierende Unterschiede. Es geht auf der optischen Ebene los, die Katholiken haben es gerne bunt und visuell. Deswegen gibt es Heiligenbilder sowie eine stark ausgeprägte Verehrung dieser Heiligen. Auch Maria, die Mutter Gottes, hat im Katholizismus eine herausragende Rolle. Der Protestantismus wirkt da etwas spröde. Heiligenbilder gibt es keine, eine Verehrung schon gar nicht. Eigentlich soll möglichst wenig ablenken vom Wichtigsten: dem Wort Gottes, also der Bibel. Deswegen sind auch die Gottesdienste schlichter gehalten als die zum Teil prächtigen Messen der Katholiken, wo Ministranten (bei den Protestanten gestrichen), Vorsänger (bei den Protestanten gestrichen) und der Priester (bei den Protestanten um Frauen erweitert, siehe Frau Tennekes) ihre Rollen haben und der Weihrauch den Altar wie früher Morgennebel umweht. Protestantische Gottesdienste erinnern mehr an Frontalunterricht, wo zugehört wird und keine Ablenkung vorgesehen ist. Katholiken sind im Vergleich geradezu lebendig, sie stehen immer wieder auf, sie setzen sich wieder und manchmal knien sie sogar.

Inhaltlich gehen die beiden Großkirchen speziell bei den Sakramenten getrennte Wege. Die Protestanten haben sich auf die reduziert, die explizit aus der Bibel ableitbar sind, wobei es sich um die Taufe und das Abendmahl handelt, außerdem lehnen sie die Vorstellung eines Fegefeuers ab. Die Katholiken sind da großzügiger und kennen noch die zusätzlichen Sakramente Beichte, Eheschließung, Firmung, Krankensalbung und Priesterweihe. Daneben gibt es noch vier Grundsätze, die bei den Protestanten dann doch dogmatische Bedeutung haben, auch wenn sie das Wort »Dogma« gerne vermeiden. Laut diesen ist nur die Bibel Richtschnur für Christen (*sola scriptura*), kann nur Gott selbst den Glauben im Menschen erwecken, wodurch es für Menschen unmöglich ist, aktiv Gottes Nähe zu suchen (*sola gratia*), ist Christus die einzige Autorität, die für den Gläubigen relevant ist, keine Heiligen und auch nicht Maria (*solus Christus*), und ist der unbedingte Glaube an Gott die einzige Möglichkeit, seine Gnade zu erfahren (*sola fide*).

Der entscheidende Gedanke, den Luther zum Fundament seines Glaubens machte, war, dass man das Seelenheil nicht durch gute Taten oder Spenden erreichen kann, nicht einmal durch Buße oder ein besonders frommes Leben. Das Seelenheil ist ein Zustand, der ganz von alleine kommt, wenn man sich Gottes Willen unterwirft und fest an die Erlösung glaubt. Dieses Konzept entzog auch dem Ablasshandel den Boden, denn dieser versprach die Erlassung von Sünden und damit die Rettung vor dem Fegefeuer, wenn nur genug gespendet wird. Dieses Konzept spätmittelalterlicher Jenseitsversicherungen wurde von keinem so erfolgreich vermarktet wie von Johann Tetzel, der sich den Slogan ausdachte: »Wenn das Geld in der Tasche klingelt, die Seele aus dem Fegefeuer springet.« Heute würde er wohl erfolgreich Gebrauchtwagen verkaufen, damals tat er das mit der Seelendienstleistung Ablasshandel.

»Gibt es auch Dinge, um die Sie die Katholiken beneiden?«, möchte ich von Tennekes wissen.

»Unsere Auffassung von Religiosität hat sicherlich auch organisatorische Nachteile«, meint sie, »es ist praktisch unmöglich, dass wir alle die gleichen Positionen vertreten. Hinzu kommt, dass wir ja auch nicht alle aus dem lutherischen Protestantismus kommen, ich zum Beispiel komme aus dem reformierten Protestantismus«, womit die Reformation in der schärferen schweizerischen Tradition gemeint ist, die grundsätzlich dem lutherischen Protestantismus nahesteht, aber doch in einigen Punkten davon abweicht. So setzt er noch entschiedener das Bilderverbot im Gotteshaus um, weil nur das Wort im Mittelpunkt stehen soll, auch Brot und Wein beim Abendmahl sind für sie nur Symbole und nicht tatsächlich der Leib und das Blut Christi. Um sich den Unterschied klarzumachen, hilft womöglich ein kleines Gedankenspiel. Wenn Konfetti im Christentum die Bedeutung hätte, die in Wirklichkeit Brot und Wein zukommt, würden die Katholiken die bunten Papierschnipsel mit Begeisterung in die Luft werfen und sie zum Blut und dem Leib Christi erklären. Auch lutherische Protestanten würden (etwas anders begründet) darin das Blut und den Leib Christi sehen, das Konfetti aber zuerst einmal einheitlich grau anmalen, bevor sie es etwas lustlos in die Luft werfen. Die reformierten Protestanten hingegen stellen ganz nüchtern fest, dass das graue Konfetti nur symbolisch für das Blut und den Leib Christi steht, und werfen es erst gar nicht herum, weil es danach ja doch nur wieder jemand zusammenkehren muss.

»Mich erstaunt etwas, dass die Protestanten einerseits so sehr das Wort der Bibel betonen, aber andererseits dann trotzdem die Texte der Bibel oft nur als interpretierbare Geschichten lesen«, meine ich zu Tennekes.

Sie nickt kurz. »Wir glauben, dass die Bibel ein viel klügerer Lebensratgeber ist, wenn sie nicht so eindimensional verstanden wird. Viele Geschehnisse sind so etwas wie Modelle, an denen wir uns orientieren können, weil der zugrunde liegende Konflikt uns heute auch noch betrifft. Wenn Sarah, also die Frau von Abraham, nicht glauben kann, in ihrem hohen Alter noch Kinder zu bekommen, ist das doch mehr als nur die Geschichte von einer älteren Frau, die eigentlich zu alt für eine Schwangerschaft ist. Es ist eine Geschichte von Zweifeln und Hoffnung, von Zukunft und auch von weiteren Chancen. Es gibt viele Deutungsmöglichkeiten.«

»Besteht da aber nicht schnell die Gefahr, dass der Glaube beliebig wird, wenn die Bibel fast nur symbolisch gesehen wird?«

Bevor sie antwortet, holt sie endlich das Angebot nach, dass ich mich an den Keksen bedienen kann, sie füllt mir außerdem das Glas mit Wasser.

»Ich muss noch einmal daran erinnern, dass das nicht vorgeschrieben ist, es gibt auch protestantische Gemeinden, die sich stärker am geschriebenen Wort orientieren, als ich es zum Beispiel tue.«

»Es gibt aber bestimmt auch Dinge in der Bibel, die eben nicht nur symbolisch gemeint sind, sondern geglaubt werden müssen. Zum Beispiel wird die Kreuzigung Jesu nur schwer als etwas anderes durchgehen als die tatsächliche Kreuzigung Jesu, oder?«

»Es gibt Theologen, die das in Frage stellen. Für meinen Glauben wäre das auch nicht unbedingt so wichtig, ob er gestorben ist oder vielleicht wirklich mit großen Ängsten die Nacht durchlitt. Was nämlich vor allem zählt, ist die Folge daraus, dass Jesus unser Erlöser ist.«

»Das überrascht mich etwas.«

Mit dieser Überraschung lässt mich Tennekes schließlich alleine. Sie hat noch einen Termin. Im Pfarrhaus ist eine afghanische Flüchtlingsfamilie untergebracht und sie ist nun mit dem Vater verabredet, um bei der Bank ein Konto zu eröffnen. Ich spaziere noch etwas durch die Stadt, die für Historiker einen

Reiz hat, der normalen Besuchern erst einmal verborgen bleibt. Ich denke noch etwas über Luther nach. Vor allem über das Interview mit einem evangelischen Geistlichen, das ich auf dem Weg hierher gelesen habe. Für ihn war Luther so etwas wie der Übergang vom Mittelalter in die Neuzeit. Ich bin mir nicht so sicher, ob Luther da wirklich das beste Beispiel ist, vorausgesetzt, dieser Übergang soll auch in moralischen Fragen ein neues Denken beinhalten. In Bezug auf Juden blieb Luther jedenfalls ein Kind seiner Zeit, forderte die Zerstörung der Synagogen und überhaupt ein Verbot jüdischer Gottesdienste, also faktisch des Judentums insgesamt. Am Ende seines Lebens steigerte sich sein Antijudaismus endgültig in eine Paranoia, weswegen er davon überzeugt war, dass die Juden ihn vergiften wollten.

Wenn man sich bei der *Evangelischen Kirche in Deutschland,* die so etwas wie der Dachverband für 20 evangelische Kirchen ist, erkundigt, stößt man auf eine ganze Reihe von Bekenntnissen, Katechismen und Erklärungen, die das gemeinsame theologische Fundament für die 23 Millionen Mitglieder zementieren. Nicht alle der 20 Gemeinschaften teilen alle dieser Dokumente, aber es gibt auch keines, das eine Trennung nötig machen würde. Was allerdings von allen geteilt wird, ist das apostolische Glaubensbekenntnis, das so etwas wie die DNA des Christentums beinhaltet.

»Ich glaube an Gott, den Vater, den Allmächtigen, den Schöpfer des Himmels und der Erde.

Und an Jesus Christus, seinen eingeborenen Sohn, unsern Herrn, empfangen durch den Heiligen Geist, geboren von der Jungfrau Maria, gelitten unter Pontius Pilatus, gekreuzigt, gestorben und begraben, hinabgestiegen in das Reich des Todes, am dritten Tage auferstanden von den Toten, aufgefahren in den Himmel; er sitzt zur Rechten Gottes, des allmächtigen Vaters; von dort wird er kommen, zu richten die Lebenden und die Toten.

Ich glaube an den Heiligen Geist, die heilige christliche Kirche, Gemeinschaft der Heiligen, Vergebung der Sünden, Auferstehung der Toten und das ewige Leben.

Amen.«

Daneben gibt es noch ein weiteres Glaubensbekenntnis, nämlich das von Nizäa-Konstantinopel, auf das sich ebenfalls alle einigen können und das sich im Wesentlichen nur durch die Verwendung des Plurals (»Wir glauben an den einen Gott«) und einer insgesamt etwas ausschweifenderen Prosa vom apostolischen unterscheidet, deren Gewinner vor allem der Heilige Geist ist. Im apostolischen Glaubensbekenntnis wird er nur recht knapp mit der einen einzigen Zeile »Ich glaube an den Heiligen Geist« bedacht, doch das Glaubensbekenntnis von Nizäa-Konstantinopel schenkt ihm mehr Aufmerksamkeit.

»Wir glauben an den Heiligen Geist / Der Herr ist und lebendig macht / Der aus dem Vater und dem Sohn hervorgeht / Der mit dem Vater und dem Sohn angebetet und verherrlicht wird / Der gesprochen hat durch die Propheten.«

Ich weiß nicht, ob der Heilige Geist so etwas wie Eitelkeit kennt, wenn ja, wird ihm das Glaubensbekenntnis von Nizäa-Konstantinopel jedes Mal runtergehen wie Öl. Daneben gibt es auch gleich zwei Katechismen von Martin Luther, den kleinen und den großen, in denen er das theologische Fundament (warum die Taufe, warum das Gebet usw.) und theologische Kommentare (zum Beispiel was die Zehn Gebote bedeuten) erläutert, sowie einen weiteren, den Heidelberger Katechismus, den die reformierten Protestanten verwenden.

Und natürlich finden sich bei den gemeinsamen Dokumenten der Evangelischen Kirche in Deutschland auch die berühmten 95 Thesen. Ich habe sie mir durchgelesen und mir ist etwas aufgefallen, was womöglich die evangelische Kirche erschüttern wird. Das sind keine 95 Thesen. Es sind nur 67 Thesen. Luther hat oft einfach einen Gedanken in der folgenden These fortgesetzt, die dann allerdings für sich genommen keinen Sinn mehr ergab.

In These 57 heißt es beispielsweise: »Zeitliche Schätze sind es offenkundig nicht, weil viele der Prediger sie nicht so leicht austeilen, sondern nur einsammeln.« Die Frage ist nun, von welchen Schätzen Luther da schreibt, die offenkundig keine »zeitlichen« sind. Die Antwort findet sich in der vorhergehenden These 56: »Die Schätze der Kirche, aus denen der Papst die Ablässe austeilt, sind weder genau genug bezeichnet noch beim Volk Christi erkannt worden.« Nur dadurch wird klar, um was für Schätze es in These 57 geht.

Ein anderes Beispiel betrifft gleich These 2: »Dieses Wort darf nicht auf die sakramentale Buße gedeutet werden, das heißt auf jene Buße mit Beichte und Genugtuung, die unter Amt und Dienst des Priesters vollzogen wird.« Um welches Wort geht es Luther hier? These 1 klärt auf: »Als unser Herr und Meister Jesus Christus sagte: ›Tut Buße, denn das Himmelreich ist nahe herbeigekommen‹, wollte er, dass das ganze Leben der Glaubenden Buße sei.« Er meint damit also diese Aussage von Jesus. Ohne These 1 würde man These 2 nicht verstehen können.

Es gibt noch weitere solcher Fälle, etwa These 9, die da lautet: »Daher erweist uns der Heilige Geist eine Wohltat durch den Papst, indem dieser in seinen Dekreten Tod- und Notsituationen immer ausnimmt.« Das klingt gut, aber worauf bezieht sich eigentlich das »Daher«? Die Antwort gibt es in These 8: »Die kirchenrechtlichen Bußsatzungen sind alleine den Lebenden auferlegt; nach denselben darf Sterbenden nichts auferlegt werden.«

Auf diese Weise fallen viele Thesen zu einer einzigen These zusammen, da sie eine durchgehenden Argumentationslinie folgen und ohne den Bezug auf ihre »Mutterthese« keinen Sinn ergeben. Um es kurz zu machen, folgende Thesen sind eigentlich eine einzige: These 1–4, These 8–9, These 14–15, These 18–21, These 23–24, These 33–34, These 43–44, These 56–68 (!), These 69–70, These 71–74 und These 75–76. Wenn diese Thesen auf jeweils eine reduziert werden, sind es keine 95 mehr, sondern 67. Also weiterhin eine ganze Menge, was er da an die Schlosskirche nagelte.

An den Thesen sieht man übrigens auch, dass Luther zu diesem Zeitpunkt noch an eine Reform von innen glaubte und darum an mehreren Stellen den Papst explizit in Schutz nimmt. So etwa schon in der erwähnten These 9 und noch entschiedener in These 50, in der er ihn davon freispricht, von den Auswüchsen des Ablasshandels etwas zu wissen: »Wenn der Papst das Geldeintreiben der Ablassprediger kennte, wäre es ihm lieber, dass die Basilika des heiligen Petrus in Schutt und Asche sinkt, als dass sie erbaut wird aus Haut, Fleisch und Knochen seiner Schafe.«

Wie bunt und vielfältig die evangelische Gemeinschaft ist, stelle ich kurz darauf beim Besuch in der Lübecker St.-Petri-Gemeinde fest, die im klassischen Sinne gar keine Kirchengemeinde mehr ist. Lübeck wird auch die Stadt der sieben Türme genannt. Es handelt sich dabei um Kirchtürme und weil die Stadt über Jahrhunderte mächtig war und die Geschicke in Norddeutschland und dem Nord- und Ostseeraum maßgeblich mitbestimmte, mussten es eben auch besonders hohe Bauwerke werden. Vom Turm der Kirche St. Petri überblicke ich Lübeck, das einst die inoffizielle Führerin der Handels- und Wirtschaftsallianz der Hanse war. So kam die Hafenstadt zu Erfolg, Wohlstand und Macht. »Warum hat eine kleine Stadt wie Lübeck denn gleich sieben repräsentative Kirchen?«, frage ich Pater Schwarze, der mit mir hier oben auf dem Turm steht und die Gemeinde leitet.

»Durch den Handel war Geld da und wo Geld ist, wird gebaut. Das ist heute noch so, nur dass es keine Kirchen mehr sind. Die verschiedenen Gilden leisteten sich jeweils eine eigene Kirche.«

Die Kirchen, die mit dem Geld der Händler, der Fischer und Seefahrer in die Höhe wuchsen, sehen beeindruckend aus. Vom St.-Petri-Turm selbst geht der Blick bis zum Hafen, nur wenige Gehminuten von der Innenstadt entfernt. Diesen Weg gingen auch die Geschwister Mann und bis vor kurzem Günter Grass unzählige Male in ihrem Leben. Auch Willy Brandt ist mit der Stadt eng verbunden, für eine Kleinstadt bringt es Lübeck auf eine erstaunliche Zahl von Nobelpreisträgern, fällt mir dabei auf. Aber ich bin nicht deswegen hier, sondern wegen Pater Schwarze und seiner St.-Petri-Kirche. Sie finanziert sich fast nur über diesen Turm. Die Touristen kommen, zahlen drei Euro und fahren hier nach oben. »Damit bezahlen wir die notwendigen Renovierungen, bei einem so alten Gebäude ist praktisch immer etwas zu machen«, meint Schwarze, als wir wieder nach unten fahren. In St. Petri gibt es zwar keine klassische Gemeinde mehr, aber dennoch handelt es sich weiterhin um eine echte Kirche, wie Schwarze betont. Weil die Stadt keine sieben Großkirchen mehr benötigt, hat er jedoch einen neuen Weg eingeschlagen.

»Erst vor wenigen Wochen war es so weit, dass erstmals die Konfessionslosen die größte Gruppe in der Stadt stellten«, bringt Schwarze die neue Zeit auf den Punkt.

In St. Petri finden jährlich knapp 50 kulturelle Veranstaltungen mit Bezug zu Gott, Religion und Glauben statt. »Manchmal machen wir aber auch Veranstaltungen, bei denen nur das Wort im Mittelpunkt steht. Ganz im Sinne Luthers.« Besonders stolz ist er auf die *Petrimania*, das sind Nachtveranstaltungen, die Musik, Religion und Kultur verknüpfen.

»Wenn Luther das hier sehen würde«, meine ich, während

wir im Kirchencafé sitzen und in der eigentlichen Kirche noch die Stuhlreihen stehen, auf denen heute Morgen die Erstsemesterstudenten der Musikhochschule Lübeck begrüßt wurden, »würde er diese Kirche doch eigenhändig niederreißen, oder? Das ist ja definitiv nicht die Rückbesinnung auf die Bibel, wie er sie wollte, wenn eine Kirche zu einem Kulturzentrum wird.«

Schwarze denkt nach und rührt dabei in seiner heißen Schokolade.

»Wenn es der Luther des 16. Jahrhunderts wäre, hätten Sie vermutlich recht. Aber wenn es ein Luther wäre, der auch die Entwicklungen der letzten Jahrhunderte mitverfolgt hat, glaube ich schon, dass er das hier gut fände. Gerade er hat ja durch seine Bibelübersetzung ins Deutsche einen wichtigen Schritt auf die Bevölkerung zugetan und wir erleben heute, dass sich die Glaubensbedürfnisse der Menschen eben zum Teil verändert haben.«

»Warum wird man überhaupt Protestant?«

»Meistens, weil es die Eltern schon waren«, meint er pragmatisch-ehrlich, »aber andere spricht auch die Veränderung an, die mit dem Protestantismus im Christentum Einzug hielt. Ein wichtiger Unterschied, der durch Luther entstand, ist schließlich die Verschiebung des Gottesbezugs hin auf das Individuum. Die katholische Kirche hat klare Hierarchien zwischen den Gläubigen und Predigern, wir nicht.«

»Es steht also niemand zwischen mir und Gott?«

»So ist es«, lächelt er.

»Und warum sind Sie dann da?«

»Ich?«, reagiert er verdutzt.

»Also evangelische Pfarrer allgemein, meine ich. Warum gibt es die, wenn es nur mich und Gott gibt?«

»Wir haben ja auch eine administrative Aufgabe, aber kein Pfarrer hat einen direkteren Draht zu Gott, wie es die Katholiken zum Beispiel mit dem Papst zu haben glauben. Für uns gilt das Priesteramt aller Gläubigen.«

»Gibt es etwas, was für Sie typisch protestantisch ist?«

»Zweifeln.«

Vielleicht hat er damit recht, schließlich habe ich keinen evangelischen Geistlichen (ob Mann oder Frau) getroffen, der mir klipp und klar versichern konnte, dass es nach dem Tod weitergeht. Aber eigentlich ist das schon eine Mindestvoraussetzung, die ich an eine Religion stelle. Keine Ahnung vom Leben nach dem Tod habe ich selbst ja genug, das muss ich dann nicht auch noch gemeinschaftlich zelebrieren. Also ziehe ich weiter, will aber Luther das letzte Wort lassen. Es stammt aus seinem berühmten Brief *Von der Freiheit eines Christenmenschen* an Papst Leo X., in dem er auf vielen Seiten zu entkräften versuchte, eine Gefahr für die katholische Theologie oder gar den Papst selbst zu sein. Er schmeichelt, ist versöhnlich und demütig. Um dann all das mit einem einzigen Satz über den Haufen zu werfen: »Dass ich aber sollt' widerrufen meine Lehre, da wird nichts draus.«

Station 3
Mandäer

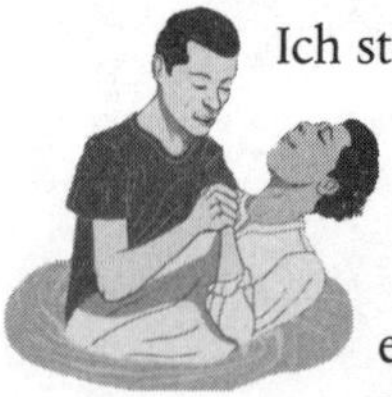

Ich stehe im Jordan und hätte eben fast Johannes dem Täufer die Hand gegeben. Er hat sie nur leider ausgeschlagen. »I am in a special modus now. But later!«, erklärt er dazu auf Englisch und hält einen Stock aus Olivenholz unterm Arm. Seit Stunden ist er beschäftigt, denn hinter uns stehen und sitzen knapp 40 Frauen im Fluss und möchten von ihm Taufe und Segen empfangen. Johannes erfüllt ihnen diese Bitte und geht dabei an die Grenzen seiner Kräfte. Als er mir den Handschlag verweigert, ist es elf Uhr. Aber er ist schon seit sechs Uhr am Morgen am Fluss und hat alles für die Zeremonien vorbereitet. Es ist heiß und er darf während der Arbeit nichts essen und trinken.

Um uns herum stehen überall Menschen in weißen Gewändern und beobachten das Geschehen im Wasser. Die Reihen der taufbereiten Frauen werden immer wieder von den Seiten durchbrochen, weil Angehörige Decken reichen. Bei der Taufe drückt Johannes die Frau einmal komplett unter Wasser, so dass man durch das weiße Gewand vielleicht zu viel erkennen könnte. Dafür die Decken als Sichtschutz.

Es sind etwa 200 Menschen gekommen, um sich taufen zu lassen, Johannes zu sehen und Bekannte zu treffen. Hinter dem Jordan breitet sich eine saftige grüne Wiese aus, auf der Menschen liegen, grillen, ihren Hund spazieren führen oder hin und wieder nach dem schauen, was diese geheimnisvollen Leute in den weißen Gewändern da treiben.

Keiner dieser Unbeteiligten käme auf die Idee, diesen Fluss als den Jordan zu bezeichnen, für sie ist es schlicht die Pegnitz. Schließlich befinden wir uns in Nürnberg in Deutschland und der Jordan liegt ein paar Tausend Kilometer entfernt im Nahen Osten. »Die Christen haben das falsch verbreitet«, erklärt Alsohairy, der so etwas wie der nie offiziell gewählte, aber von allen akzeptierte Pressesprecher der Mandäer ist, die sich hier heute zusammengefunden haben, »für uns ist jedes fließende Gewässer der Jordan. Es muss nicht dieser eine Jordan sein.« Auf ähnliche Weise relativiert sich auch die Anwesenheit von Johannes dem Täufer. »Jeder Priester, der die Taufe vornimmt, ist Johannes der Täufer«, spricht Alsohairy es dann auch schon aus.

Trotzdem ist es kein Zufall, dass sie sich auf den Jordan beziehen und nicht auf den Rhein oder den Mississippi. Die Mandäer sind eine alte Religion, die aus dem *Faith Valley* zwischen Ägypten und dem Irak stammt, das auch diverse andere Religionen hervorgebracht hat, von denen sich die Monotheisten als besonders erfolgreich erwiesen. Wie alt sie genau sind, ist unbekannt, was die Mandäer gerne zu ihren Gunsten auslegen.

»Wir haben die gleiche Schöpfungsgeschichte wie die Juden«, meint Alsohairy, »besser gesagt, sie haben unsere Schöpfungsgeschichte.«

»Seid ihr älter?«

»Es ist nicht klar, seit wann genau es uns gibt. Die Juden können uns aber auch nicht nachweisen, dass wir jünger als sie sind.« Er grinst mich an wie ein Anwalt, der glaubt, einen besonders raffinierten juristischen Winkelzug entdeckt zu haben.

Eindeutig belegt sind sie seit dem dritten Jahrhundert nach Christus. Überhaupt Christus: Von dem halten die Mandäer nicht viel. Er ist ein falscher Prophet, der die Lehren von Johannes dem Täufer verfälscht hat.

»War Johannes der Täufer Mandäer?«, möchte ich von Alsohairy wissen.

»Ja, er war ein Mandäer und unser letzter Prophet.«

»Und Jesus?«

»Eigentlich auch, aber dann hat er die Lehren von Johannes dem Täufer genommen, verändert und eine eigene Kirche gegründet.«

Alsohairy schüttelt theatralisch den Kopf, als ob er es immer noch nicht fassen könnte, was sich dieser Jesus dabei gedacht hat.

Wir unterhalten uns auf der Wiese vor dem Fluss, zu dem eine kleine, improvisierte Treppe hinabführt, die in die weiche Erde hineingetrieben wurde. Lehmige Stufen, die zum Ufer führen, wo immer noch der Priester rastlos mit dem Taufen beschäftigt ist. Alsohairy schaut den Mann im weißen Gewand an, der sich eine Art Turban um den Kopf gewickelt hat.

»Er war mal mein Schüler«, erklärt er plötzlich, »als wir noch im Irak lebten und ich Professor in Bagdad war, besuchte er als Student meine Vorlesungen zum Mandäertum.«

Die Mandäer lebten immer im Irak, doch seit der Machtübernahme durch Saddam Hussein wurde es für sie zunehmend gefährlich in ihrer Heimat. Es gab Phasen der relativen Ruhe, die von Phasen der Verfolgung abgelöst wurden, die immer schlimmer wurden und schließlich in einem Feldzug gegen die sogenannten Marscharaber mündeten, der auch die Siedlungsgebiete der Mandäer betraf. Seit dem Aufstieg des Islamischen Staates sind fast alle Mitglieder aus dem Land geflohen. Mittlerweile ist die Hochburg der Mandäer Australien, wo bis zu 10 000 von ihnen leben, gefolgt von Schweden, den Niederlanden, den USA und Deutschland.

Jedes fließende Gewässer ist für die Mandäer der Jordan, sobald einer ihrer Priester in ihm die Taufe vornimmt. Wie in diesem Fall die Pegnitz in Nürnberg.

»Und wissen Sie, warum Australien?« Alsohairy lässt eine Kunstpause vergehen, bevor er lachend auflöst: »Weil dort das Klima so ähnlich ist wie im Irak!«

Während wir hier oben stehen und die Sonne am blauen Himmel endgültig damit beginnt, auf Mittagshitze umzustellen, stoßen weitere Mandäer dazu. Die Wiese am Nürnberger Jordan füllt sich mit immer mehr weißen Gewändern und turbanhaften Kopfbedeckungen. Es ist eine sehr große Wiese, die von den Nürnbergern zur sonntäglichen Erholung genutzt wird. Und so passiert es, dass immer wieder Spaziergänger in den Trubel der Mandäer hineingeraten oder sich aus Neugierde nähern, um das Schauspiel zu bestaunen. Ein älteres Ehepaar mit Akademikerhintergrund stellt sich neben Alsohairy und mich und betrachtet die Taufen im Fluss, was sie zur Frage animiert, ob es sich hierbei um ein christliches Ritual handelt.

»Wir sind keine Christen, wir sind Mandäer«, verneint Alsohairy.

»Sind Mandäer so etwas Ähnliches wie Christen?«, will die Frau wissen.

»Es ist eine eigene Religion.«

»Sehr interessant«, murmelt ihr Mann, »die Taufe haben die Christen ja auch.«

»Wir sind Mandäer«, versucht Alsohairy noch einmal seinen wichtigsten Punkt klarzumachen.

»Wichtig ist«, setzt jetzt der grauhaarige Besucher an und hebt dafür seine beiden Zeigefinger, »dass Religionen sich nicht bekriegen, es muss Schluss sein mit diesen Konflikten.«

Niemand widerspricht und so kommt er schon zum Ende seines Appells.

»Wir beide haben jetzt also einen kleinen Einblick in Ihre Welt bekommen, dafür bedanken wir uns. Wir wünschen Ihnen noch einen schönen Tag.« Sie lächeln zufrieden, schauen erst Alsohairy an und dann mich, wodurch ich zum ersten Mal in meinem Leben für einen Mandäer gehalten werde.

Es ist mittlerweile 13 Uhr. Seit zwei Stunden warten wir, während im Fluss die Taufen im vollen Gange sind. So langsam hoffen Alsohairy und ich, dass der Priester zum Ende kommt. Schließlich sind die Taufen nicht der Grund für diese ganze Veranstaltung. Eigentlich sind es zwei Hochzeiten, wegen denen hier alle versammelt sind. Der Geistliche ist aus Australien angereist, um die Trauungen vorzunehmen, und wenn schon einmal ein Priester in der Stadt ist, wird die Gelegenheit von vielen genutzt, sich taufen zu lassen. Mandäer werden nicht einmal im Leben getauft, sondern immer wieder. Tauftag ist dabei Sonntag und theoretisch kann man sich auch an jedem Sonntag taufen lassen. Um zwölf Uhr sollten die Trauungen beginnen, aber es stört niemanden, dass noch keine Schritte in diese Richtung unternommen wurden. Die Brautpaare stehen nicht auf die Weise im Mittelpunkt, wie es bei christlichen Hochzeiten der Fall ist. Ich sehe immer wieder einen Bräutigam und seine Braut über die Wiese schlendern, nichts an ihnen macht deutlich, dass sie heute heiraten werden. Weder ihre Kleidung noch ihr Auftreten. Sie werden auch nicht anders behandelt als andere Anwesende.

»Er macht das alles sehr genau!« Alsohairy deutet zum Priester, der gerade Sesam und Wasser an die Frauen verteilt. Er geht dafür durch die Reihen. Es sind drei Reihen und er läuft von Frau zu Frau, reicht jeder etwas Sesam und gießt ihr Wasser in eine Tasse. »Sehr genau!«, wiederholt Alsohairy.

»Das ist ja ganz ähnlich wie die Oblate und der Wein bei den Christen«, meine ich.

»Ja, ähnlich. Sie haben es übernommen.«

»Aber in der Kirche gehen die Mitglieder zum Altar und bilden eine Schlange, um dann nacheinander Oblate und Wein zu erhalten.«

»Davon habe ich gehört«, antwortet Alsohairy und klingt so, als ob es sich beim Christentum um eine exotische Nischenreligion handelte, über deren Bräuche kaum etwas bekannt ist. »Aber es dauert so doch viel länger«, meint er dann.

»Was?«

»Wenn alle aufstehen und zum Priester gehen, dauert es doch viel länger, als wenn der Priester durch die Reihen geht!« Er schaut mich überzeugt an und ich würde ihm gerne den Gefallen tun, zuzustimmen. Gleichzeitig aber sehe ich, wie sehr sich der Priester abmüht und wie erschreckend langsam er trotzdem nur vorankommt. Bei jedem Schritt muss er auf seinen Stab achten, er muss seine Hände neu ordnen, er muss festen Stand im feuchten Ufersand finden und erst dann kann er sich um Sesam und Wasser kümmern. Wären die Katholiken und die Mandäer Formel-1-Teams und ihre Zeremonien der Boxenstopp, die Mandäer würden jedes Rennen beim Reifenwechsel verlieren.

Ein Mandäer mit roter »Gangster«-Kappe und einem mächtigen Bauchumfang nähert sich uns und unterhält sich mit ausladenden Gesten mit Alsohairy. Auf Arabisch. Sie deuten mehrmals zum Priester und mehrmals zu mir. Am Ende grinst mich der »Gangster« mit gelben Zähnen an und hebt den Daumen in die Höhe. Ich nicke zurück.

»Er hat gerade geklärt, dass der Priester sich beeilt. Damit die Hochzeit losgeht, sonst wird es vielleicht zu knapp.«

»Ich habe Zeit.«

»Aber ich muss um 16 Uhr weg«, meint Alsohairy mit entschuldigender Miene.

»Sie müssen nicht wegen mir bleiben.«

»Doch.«

»Nein, wirklich nicht.«

»Doch!«, besteht er auf eine Form von Gastfreundschaft, der in Deutschland am ehesten der Beruf des Personenschützers nahekommt.

Einige Meter entfernt unterhält sich der »Gangster« jetzt mit zwei anderen älteren Herren. Sein Bauch ist interessant. Es ist kein mitteleuropäischer Bierbauch, der oft an ein wucherndes Geschwür erinnert, stattdessen wirkt er mehr wie ein natürlicher Teil des Unterleibs. Er scheint von der Hüfte aus zu wachsen, während der germanische vom Nabel aus an Umfang zulegt. Vielleicht ist an diesen Bauchgedanken aber auch nur die Sonne schuld, die ziemlich penetrant und einfallslos ihre Hitze vom Himmel sendet.

Eine Stunde später hat sich an der Gesamtsituation nichts geändert. Alsohairy scheint es nicht zu stören und auch der »Gangster« kommt immer mal wieder vorbei, um neue Zeitpläne zu nennen, nur damit diese sich zuverlässig als völlig falsch herausstellten. »Er macht es sehr genau!«, fällt Alsohairy weiterhin beim Blick zum Priester ein.

Am Tag zuvor haben wir uns schon einmal getroffen und er führte mich durch das mandäische Nürnberg. In einem Viertel hinter dem Hauptbahnhof lebt ein großer Teil der 1000 Mitglieder.

»Goldläden und Internetcafés sind die Geschäfte, die viele von uns betreiben«, erklärte er, als wir durch die Straßen gingen. Wir besuchten einen Laden, der offenbar beide Geschäftsfelder vereinte, in Vitrinen Gold und Schmuck anbot, aber auch über einen zweiten Raum mit Dutzenden Computern verfügte.

Alsohairy ist ein älterer Herr von Anfang 70, der wegen seiner wachen Augen und seiner Agilität 20 Jahre jünger geschummelt wird. In seinem Koffer trägt er allerlei Dokumente mit sich herum. Aus der Blattsammlung zieht er Briefe an Minister, Zeitungsartikel, Abstammungsurkunden mandäischer Flüchtlinge, mandäische Gebetsbücher und seine Doktorarbeit. Er schüttelte dem schwarzäugigen und dunkelhaarigen Ladenbesitzer die Hand und wie aus dem Nichts erschien ein weiterer Mann dahinter und plötzlich kamen noch zwei Kinder dazu. Es war ein freundliches Hallo, wie beim Besuch des netten Onkels. Nur dass dieser Onkel ständig zu Besuch kommt, weil Alsohairy regelmäßig die Runde in der mandäischen Gemeinschaft macht.

»Zusammenhalt ist uns sehr wichtig«, erklärte er, als wir wieder auf die Straße traten und eine Tram an uns vorbeifuhr. »Nicht so wie bei den Deutschen, die es nicht abwarten können, ihre Familie zu verlassen.«

»Wo ziehen eure Kinder dann hin, wenn sie alt genug sind?«

»Am besten nirgendwohin. Warum muss man weg?«

»Bei den Eltern wohnen bleiben?«

»Oft geht das aus Platzgründen nicht. Aber dann mindestens in der gleichen Straße oder dem gleichen Viertel oder wenigstens der gleichen Stadt. Wir gehören zusammen!«

Nun liefen wir hinüber in die Innenstadt, wo an diesem heißen Samstagabend zwei Studenten in überdimensionalen Eisbärenkostümen auf der Flaniermeile stehen mussten. Alsohairy zeigte auf sie und lachte. Er zeigte auf viele Gebäude und Orte und gab sich viel Mühe, mir Nürnberg als attraktive Stadt vorzustellen.

»Jeder glaubt doch etwas«, meinte er schließlich und kam so von Eisbären zurück zur Religion, »wer nichts glaubt, ist tot. Schauen Sie sich hier um, schauen Sie sich die Bäume an und den Himmel und die Tiere.«

Er zeichnete mit dem Finger eine Kreisbewegung in die Luft. Ich drehte mich um und schaute mir alles an, mein Blick fiel wieder auf die Eisbären.

»Das muss doch alles irgendwoher kommen!«, fuhr er fort, während ein Eisbär einem Kind zwei Lutscher in die Hand drückte.

»Und das, wo es herkommt, ist Gott!«, stellte Alsohairy fest. Ich nickte, aber war nicht überzeugt. Er merkte es und nahm einen weiteren Anlauf.

»Religion ist Liebe! Jeder, der liebt, glaubt.«

Diese Definition klang schon griffiger.

»Wir Mandäer begegnen allen Menschen mit Liebe und Respekt, wir sind offen und freundlich. Wir sind gegen Hass. Gewalt lehnen wir ab.«

Wir kamen gerade an einem Erotikshop vorbei, in dessen Fensterfront sich auf einem Plakat zwei Frauen in engen Latexkostümen küssten.

»Wäre es Ihnen eigentlich egal, wenn eines Ihrer Kinder homosexuell wäre?«

»Wie meinen Sie das?«

»Was würden Sie machen, wenn Ihre Tochter lesbisch wäre?«

»Dann müsste sie wegziehen und wir würden den Kontakt beenden.«

»Komplett?«

»Ja. Das geht nicht. Aber so was kommt nicht vor. So was haben wir nicht.«

»Gibt es keine homosexuellen Mandäer?«

»Nein, gibt es nicht. Lieber würde sich jemand umbringen, als so etwas zuzugeben.« Er klang dabei zufrieden, als ob das beweisen würde, dass bei den Mandäern die Welt noch in Ordnung ist.

Wir saßen an diesem Samstag noch lange in einem italienischen Restaurant auf einer Terrasse über dem Marktplatz und sprachen über den mandäischen Glauben. Von den runden Tischen aus hatte man einen guten Blick auf das Rathaus, das wegen Renovierungen von einem Gerüst eingeschlossen wurde. Im Hintergrund erhob sich auf einem Hügel die Nürnberger Burg und darüber verfärbte sich das Blau am Himmel immer dunkler. Die Sonne hatte sich schon zurückgezogen. Bald würde die Nacht anbrechen. Am Nebentisch unterhielten sich drei Männer über das Spiel der deutschen Nationalmannschaft, das an diesem Abend stattfand. Unter anderen Sonnenschirmen, die immer nutzloser wurden, saßen weitere Gäste schweigend über Spaghetti oder Lasagne.

Das Hauptmotiv im Weltbild der Mandäer ist der Kampf des Lichts gegen die Dunkelheit, Gut gegen Böse.

»Der Herr des Lichts hat das Universum geschaffen, aber unsere Erde gehört zum Reich der Finsternis«, berichtete Alsohairy.

»Wenn die Sonne untergeht, ist das dann jeden Abend ein Triumph der Finsternis?«, möchte ich wissen, während die letzten Lichtstrahlen sich vergeblich gegen die Übermacht an Dunkelheit wehren, die unaufhaltsam die Nacht über der Stadt ausbreitet.

»Nein, so sehen wir den Wechsel zwischen den Tageszeiten nicht«, lächelte er fast entschuldigend und verriet, wie wir aus dieser Welt entkommen können. »Nach unserem Tod haben wir die Möglichkeit, das Licht zu erreichen. Dafür ist die Seele 45 Tage in nördliche Richtung unterwegs und wird an verschiedenen Wegstellen von Dämonen in Versuchung gebracht.« Er nahm einen großen Schluck Cola.

»Was machen die Dämonen?«

»Sie versuchen dich zu verführen, sie versuchen, dich vom wahren Weg abzubringen.«

»Wenn ich es nicht bis ins Reich des Lichts schaffe, wo lande ich dann? Gibt es eine Hölle?«

»Oh ja, die gibt es. Aber die Seele möchte mit dem anderen Ich im Reich des Lichts vereinigt werden. Jeder Mensch hat dort ein Ebenbild.«

Ich musste an Oscar Wildes Klassiker *Das Bildnis des Dorian Gray* denken, während Alsohairy etwas vom Weg ins Lichtreich abkam und ohne Kontext darauf hinwies, dass es im Mandäischen keine Zahlen gibt.

»Wie, keine Zahlen?«

»Keine Ziffern«, wird er deutlicher, »im Mandäischen gibt es keine 7 oder 9. Das muss alles ausgeschrieben werden.«

»Ich wurde also neunzehnhundertdreiundachtzig geboren?«, sagte ich und schrieb gleichzeitig in einer überflüssig dramatischen und viel zu langen Geste die Zahl *Neunzehnhundertdreiundachtzig* auf einen Bierdeckel.

Alsohairy nickte.

»Das war jetzt eine relativ kleine Zahl. Wie wollen die Mandäer denn jemals mit Millionen, Milliarden und Billionen rechnen?«

»Die meisten von uns sprechen kein Mandäisch mehr und im Arabischen gibt es Ziffern.«

»Warum kein Mandäisch?«

»Weil es im Irak verboten war.«

Ein erfrischender Wind ging über den Marktplatz. Langsam wurden die kleinen Zelte abgebaut und die Verkäufer stiegen in Autos oder verschwanden zu Fuß in Seitenstraßen, die aus allen Richtungen auf diesen zentralen Platz stießen.

»Wie wird das morgen ablaufen?«, fragte ich zum Abschied.

»Ich hole Sie um 10 Uhr 30 ab und um 11 Uhr sind wir da. Um 12 Uhr gehen die Hochzeiten los.«

»Wie lange wird es insgesamt dauern?«

»Zwei Stunden, höchstens!«

»Prima, bis morgen.«

Wieder kommt der Träger der »Gangster«-Mütze auf uns zu.

»15 Minuten, höchstens, dann ist die Taufe vorbei!« Er gestikuliert wild, Alsohairy greift nach seinen Händen und wirkt dankbar für die Mühen. Es ist nun 13 Uhr 30. Das Fest hat sich zunehmend vom Wasser zur Wiese verlagert. Im Hintergrund läuft Lady Gaga. Jüngere Mandäer tanzen dazu oder sitzen mit wippenden Füßen auf Hockern, um sich von der Hitze zu erholen. Überall schwirren Helfer herum und reichen Getränke und Essen. Der Priester hat längst die dritte oder vierte weitere Runde durch die Reihen der Frauen hinter sich, jedes Mal mit einer etwas anderen rituellen Handlung. Im Moment läuft er gebeugt und den Stab umständlich unter den Arm geklemmt von Frau zu Frau. Seine andere Hand hängt in einer Stoffschlaufe, die er aus seiner Kopfbedeckung gezogen hat. Sie sieht aus wie eine viel zu kurz geratene Armschlinge nach einem Knochenbruch. Mit seinem Stoff berührt er die ihm hingehaltenen Stoffbänder, die an den Gewändern der Frauen hängen. Danach stellt er sich vor die Gruppe und Alsohairy flüstert mir zu: »Das war es jetzt.«

Ich bin erleichtert. Der Priester stellt sich zu seinem kleinen Hocker, auf dem mehrere Gegenstände lagern. Er greift in eine Tasche und hält den Stab weiterhin in der Hand. Die Frauen bleiben stehen. Auch der Priester hat sich noch nicht in Richtung Treppe begeben. Sie sind alle noch unten am Ufer. Der Priester geht in die Hocke und stützt den Kopf mit der Hand, als sei er eine tragische Shakespeare-Figur. Und fängt an, ein Gebet zu sprechen. Mit der anderen Hand zeigt er in den Norden, wo das Reich des Lichtes liegt. Dutzende Frauenarme zeigen nun auch dorthin.

»Er ist genau. Sehr genau!«, meint Alsohairy und klatscht auf eine »Was soll man machen?«-Art in die Hände.

»Gibt es eigentlich noch mehr biblische Figuren bei den Mandäern, die man als Christ kennen könnte? Also neben Johannes dem Täufer.«

»Ja, zum Beispiel Adam und Eva.«

»Waren die etwa auch Mandäer?«

»Ja, sie waren Mandäer.«

»Aber dann sind wir ja alle Mandäer.«

Ich nehme einen Schluck aus der Wasserflasche, die mir eben gereicht wurde.

»Einige haben sich abgewendet, etwa Jesus.«

»Aber wie soll das gehen?«

»Er hat keine Mandäerin geheiratet.«

»Aber wenn Adam und Eva als erste Menschen Mandäer waren, gibt es nur Mandäer auf der Welt, dann ist es doch gar nicht möglich, keine Mandäerin zu heiraten, wenn man heiratet.«

»Entscheidend ist, dass Jesus die Lehren von Johannes dem Täufer nutzte, um eine eigene Religion zu gründen.«

Ich finde zwar entscheidender, wie man in einer Welt aus Mandäern denn bitte kein Mandäer sein kann, aber dieses Paradoxon beschäftigt die Mandäer offenbar nicht. Alsohairy antwortet jedenfalls nicht darauf und als dann der Priester sich aus der Hocke erhebt, ist die Zeit für diese theologische Grundsatzfrage endgültig abgelaufen.

Der »Gangster« kommt wieder zu uns und verkündet: »Es ist so weit, fertig!«

Alsohairy nickt mir erleichtert zu, als ob wir ein großes Abenteuer zusammen erlebt hätten, das nun zu einem glücklichen Ende gekommen ist … Oder auch nicht, denn der Priester läuft jetzt mit einer Wasserkanne die Reihen der Frauen ab und gießt jeder etwas Flüssigkeit in eine winzige Teetasse. Der Inhalt wird über die linke Schulter geschüttet.

»Das ist gegen Dämonen«, erklärt mir Alsohairy, »dieser Priester macht alles sehr genau! Andere machen das nicht so genau wie er, aber er macht das sehr genau. Er braucht deswegen auch sehr lange.«

Hinter uns auf der Wiese liegen immer mehr Nürnberger,

die sich am Fluss erholen, von dem sie nicht wissen, dass es der Jordan ist. Obwohl die Mandäer in ihren weißen Gewändern wirken, als ob es ein tragisches Unglück mit der Zeitmaschine gegeben hätte, hält sich das Interesse an ihnen in Grenzen. Nur hin und wieder nähern sich Neugierige, wie vor Stunden die Akademiker.

»Was haltet ihr von anderen Religionen? Zum Beispiel von Naturreligionen? In denen wird gesagt, dass auch die Elemente Feuer, Wasser und Wind Götter sind«, versuche ich die Wartezeit zu überbrücken, bevor endlich geheiratet wird. Mittlerweile steht schon seit längerem ein kleiner Mann bei uns, der immer wieder jovial zu mir schaut, aber offenbar nur in unserer Gesellschaft in der Sonne stehen will.

»Das ist in Ordnung, wir haben damit kein Problem, denn«, Alsohairy macht eine kurze Pause, »die Elemente sind Engel.«

»Aber die Naturreligionen werden das nicht in Ordnung finden, dass ihre Götter nur Engel sind.«

»Es sind Engel«, wiederholt Alsohairy, der offenbar annimmt, dass ich ihn beim ersten Mal nicht verstanden habe.

Engel spielen eine herausragende Rolle bei den Mandäern. Der Erschaffer von allem ist das höchste Lichtwesen, das von guten Engeln begleitet wird. Doch je weiter man sich vom höchsten Lichtwesen entfernt, umso finsterer wird die Welt und umso mehr böse Geister treten auf. Unsere Erde ist dabei so weit von der Welt des Lichts entfernt, dass sie Teil der finsteren Welt ist und nicht gerettet werden kann. Nur durch die 45 Tage lange Wanderung der Seele kann diese das Reich des Lichts erreichen, wenn sie auf dem Weg nicht von Dämonen und bösen Engeln verführt wird. Der menschliche Körper ist Teil der Finsternis, aber seine Seele ist göttlichen Ursprungs und will zu ihm zurückkehren.

»Schau, er ist fertig!« Alsohairy zeigt zum Wasser, wo der Priester seine Runde beendet hat und immer wieder ein Tuch vor seinem Gesicht hin und her wischt, als sei es ein Scheibenwischer. Ich traue der Sache noch nicht und tatsächlich macht er sich auf die nächste Runde, dabei läuft er hinter den Frauen entlang und legt jeder Mandäerin seine Hand auf den Scheitel. Frau um Frau, Kopf um Kopf.

Am Himmel nichts außer einer brennenden Sonne und vor mir am Fluss eine Massentaufe, die seit Stunden gleich endet. Als der Priester die letzte Reihe gesegnet hat, kehrt er zu seinem kleinen Tisch zurück, dessen Beine sich in den weichen Ufersand gegraben haben. Und … erklärt die Taufe für abgeschlossen! Ich bestaune die Frauen wie ein biblisches Wunder, als sie sich tatsächlich vom Ufer entfernen und hinauf auf die Wiese steigen. Alle in weiße Gewänder gehüllt. Es ist vorbei. Es ist 14 Uhr 30 und es ist endlich vorbei.

»Er macht das immer sehr genau!«, merkt Alsohairy an und der »Gangster« kommt auch wieder vorbei und zieht die Augenbrauen triumphierend hoch. Hat er es nicht die ganze Zeit über gesagt, dass es gleich vorbei ist? Und ist es nicht tatsächlich vorbei? Eben!

»Schau, sie bauen die Hütte auf!« Alsohairy zieht mich auf die Wiese, wo vier Männer in Gewändern mehrere Dutzend Stäbe aus Bambus auf den Boden gelegt haben und diese nach und nach mit Seilen zusammenbinden, bis ein kleiner Raum entsteht.

»Da wird der Bräutigam drin sitzen.«

»Es waren doch aber zwei.«

»Was meinst du?«

»Es sollten doch zwei Hochzeiten werden.«

Alsohairy schaut sich kurz um und ruft schließlich einen sehr dünnen älteren Mann zu sich, der ihn auf den neusten Stand bringt.

»Es gibt nur eine Hochzeit. Die andere Braut hat ihre Tage, sie kann darum heute nicht heiraten.«

»Ist Heiraten während der Menstruation verboten?«

»Ja, verboten.«

Er deutet auf zwei Tonkrüge, die jetzt vor der Hütte stehen. »Die werden während der Zeremonie zerschlagen.«

»Das ist ja wie bei den Juden mit dem Glas.«

»Genau, die machen das auch. Aber wir machen das nicht mit einem Glas, sondern mit einem echten Krug.«

Offenbar ist in der Welt der Mandäer ein Tonkrug ein erheblich größeres Statussymbol als ein Glas.

Weil es interessant ist, wie viele Rituale denen der anderen Monotheisten gleichen, frage ich: »Welcher Religion seid ihr eigentlich am ähnlichsten?«

»Dem Christentum.«

»Ich hätte gedacht, dem Judentum.«

»Nein, wir haben keine Probleme mit dem Judentum«, erklärt Alsohairy, »obwohl die Juden uns 70 nach Christus in Jerusalem bekämpft haben und viele von uns töteten. Alleine 300 unserer Priester.« Er nimmt einen Schluck aus der Flasche Wasser. »So sagen es zumindest viele Mandäer. Ich glaube, die Zahl ist zu hoch. Wir haben im Moment weltweit zehn oder zwölf Priester, das können damals nicht alleine in Jerusalem über 300 gewesen sein. Aber fest steht, dass die Juden uns massakriert haben, so wie uns später auch die Christen massakrierten und wie uns bis heute die Moslems massakrieren.« Er klingt nicht verbittert, sondern wie jemand, der ein grausames Naturgesetz beschreibt. Und er klingt außerdem wie jemand, der zwar vergibt, aber nicht vergisst. Was im Jahr 70 nach Christus war, ist so präsent wie unser Gespräch am gestrigen Abend am Nürnberger Marktplatz, fast 2000 Jahre später.

Der Priester nähert sich der Hütte und setzt sich mit dem Bräutigam und einem anderen Mann hinein. Er legt Teller und weitere Gegenstände aus, die alle Teil des Rituals sind. Bald schon sieht es im Inneren aus wie im kleinsten Basar der Welt. Überall Geschirr, Gläser und Krüge. Wenige Meter entfernt wird die Braut auf der Wiese umringt und gefeiert, bevor sie unter Jubelschreien in das Zelt geführt wird, das seit diesem Morgen schon als Zentrum der Feierlichkeiten dient, Schatten bietet und über eine Musikanlage verfügt. Jetzt hängt ein Netz von der Zeltdecke herab, von dem die Braut umhüllt wird, während sie in ihrem verzierten Kleid auf dem Boden Platz nimmt und sich in einem Handspiegel betrachtet. Der Bräutigam zerschlägt in der Zwischenzeit unter dem Applaus deutlich weniger Menschen den ersten Krug. Es gibt aber auch viele Mandäer, die sich anscheinend kaum für das Geschehen interessieren und lieber in der Sonne sitzen oder sich unterhalten.

Der Priester hat auf die Teller in der Hütte Fladenbrote gelegt und befüllt diese mit verschiedenen Spezialitäten aus der nahöstlichen Region. Oliven, Trauben, Nüsse. Jeder soll sich eine greifen, denn sie zu essen, bringt Glück. Er gießt dem Bräutigam auch Wasser über die Arme und führt schließlich die Prozession an, die den Mann wenige Schritte weiter zu seiner zukünftigen Frau bringt. Bevor sich beide sehen dürfen, geht unter dem Beifall der Mandäer auch der zweite Krug zu Bruch.

Und während das eine Brautpaar feiert, werden hinter dem Zelt schon lebhafte Diskussionen darüber geführt, wie die ausgefallene zweite Hochzeit organisiert werden kann. Es ist nicht einfach, denn dafür braucht es einen Priester. Also muss geprüft werden, wann einer aus Australien, Schweden oder den Niederlanden anreisen kann. Er wird viel mehr zu tun haben, als nur zu trauen. Wieder werden sich viele für die Taufe entschließen, wenn schon mal ein Geistlicher in der Stadt ist. Und so wird schon bald wieder an einem Sonntag Johannes der Täufer am Jordan stehen, den die Nürnberger Pegnitz nennen.

Station 4
Zeugen Jehovas

Jehova liebt die Einsamkeit. Und er liebt Versteckspiele. Deswegen wundert es nicht, dass mitten in der bergigen Landschaft des hessischen Taunus das Europazentrum der Zeugen Jehovas errichtet wurde.

Hinter jeder Erhebung breitet sich das grüne Land großzügig aus. Landstraßen schieben sich durch diese Idylle und scheinen so selbstverständlich dazuzugehören, als ob die Natur sie direkt aus der Erde hätte wachsen lassen. Am Himmel kreist immer irgendwo ein Bussard, weil einfach etwas fehlen würde, wenn das nicht so wäre. Und genau hier in Selters, wo es außer dem Selters Mineralwasser und ihnen nichts gibt, haben die Zeugen Jehovas einen ganzen Hügel zu einer kleinen Stadt ausgebaut.

Ich bin mit dem ICE nach Frankfurt und von dort mit einem Regionalzug weiter nach Idstein gereist. Mein Hotel liegt zwölf Kilometer von Idstein entfernt und es gibt keinen öffentlichen Personennahverkehr, der sich als Alternative zum Laufen anbietet. Man muss ein Taxi reservieren und hoffen, dass es bei der Ankunft um kurz nach 22 Uhr auch da ist. Meines ist da. Ein etwa 30-Jähriger mit Pferdeschwanz sitzt am Steuer, neben ihm eine dicke Frau, die sich nicht bewegt.

»Ich muss zum Hotel Berger.«

»Wo ist das?«

»Sie sind das Taxi, ich fahr hier nur mit.«

»Ja, klar«, gibt er mir recht und gibt das Hotel umständlich im Smartphone ein. »Ist es in Ordnung, wenn ich noch zwei

Leute abhole und sie«, er deutet dabei auch auf die schweigsame Frau, »noch zu ihrer Wohnung bringe?«

»Wenn ich vor 22 Uhr 30 da bin, ist mir das egal.«

Das hat er schon nicht mehr gehört, weil über die Fernsprechanlage eine junge Frau anruft und fragt, ob sie zum Bahnhof gefahren werden kann.

»Nein, nichts zu machen. Da musst du dir eine andere Möglichkeit organisieren.«

»Aber es gibt keine.«

»Tut mir leid.«

Bald darauf steigen zwei ältere Männer zu, die sich mit dem Taxifahrer zusammen über den gemeinsamen Freund Thomas unterhalten, der sich auf Facebook anders nennt, was keiner von ihnen begreifen kann.

»Das macht mich noch ganz verrückt, daran zu denken!«, ruft der Taxifahrer, was mir nicht passt, weil ich nur ungern mit einem verrückten Taxifahrer durch die Nacht fahren will.

Ständig klingelt sein Smartphone, offenbar ist er das einzige Taxi im gesamten Taunus. Er verhandelt und feilscht um Minuten und entlässt nebenbei seine drei anderen Fahrgäste in die Nacht hinaus. Schließlich ist auch seine Mutter in der Leitung, ruft mit bebender Stimme: »Wo bist du?«

»Ich kann jetzt nicht, ich muss arbeiten!«

»Wo bist du?«

»Ich leg jetzt auf.«

Endlich Ruhe. Wir fahren über eine Landstraße in den Ortsteil von meinem Hotel. Der Himmel ist nicht schwarz, sondern hat eine lila Färbung. Die Wolken wirken davor wie die Silhouette einer Stadt.

»Und Sie fahren jetzt die ganze Nacht?«

»Ja.«

»Ist das immer so hektisch?«

»Nein.«

Stille. So gerne er sich mit Freunden unterhält, so bleischwer liegen ihm die Worte auf der Zunge, wenn es um Fremde geht. Also verbringen wir die letzten fünf Minuten in einer fast irritierenden Ruhe. Als ich schließlich am Ziel ankomme, überreicht mir ein verschlafener Portier die Schlüssel und berichtet, dass er schon mehrmals mitten in der Nacht zum Hotel eilte, wenn es nicht ruhig war. »Buchung hin oder her, das geht nicht! Wer laut ist, fliegt!«

Ich nehme die wenig subtile Warnung mit in mein Zimmer und verhalte mich ruhig genug, um den Portier nicht noch einmal zu Gesicht zu bekommen.

Goliath in seiner ganzen gewaltigen Größe. Die Zeugen Jehovas haben ihn sich im Originalmaßstab in die Druckerei gestellt. Ich stellte mich im Originalmaßstab daneben.

Am nächsten Morgen geht es mit dem Bus nach Bad Camberg, einer eigentlich beschaulichen Kleinstadt, die inmitten all dieser Kleinstdörfer aber wirkt wie eine glitzernde Metropole. Schließlich gibt es hier alles im Plural: Bäckereien, Restaurants, Supermärkte. Von hier bringt mich ein Zug nach Niederselters. Kurz vor der Einfahrt im Bahnhof lässt eine Lücke in der Bewaldung, die die Gleise einrahmen, den Blick auf einen nahen Hügel zu. Rötliche Gebäude befinden sich auf ihm, manche sehen aus wie Wohnheime, andere wie Behördenbauten. Dann schieben sich wieder Bäume in den Weg. Ich habe einen ersten Blick auf mein Ziel gehabt: das Europazentrum der Zeugen Jehovas.

Als ich aussteige, schlägt mich die Hitze beinahe zu Boden. Es sind fast 40 Grad, während ich durch den Ort laufe und mich dabei von Hausschatten zu Hausschatten bewege. Jehova hat sicherlich seine Gründe, warum er mir solche Strapazen zumutet. Hier gibt es auffallend viele italienische Restaurants. Niederselters verfügte außerdem bis vor wenigen Jahren über eine eigene Mineralquelle, die heute aber nicht mehr genutzt wird.

Beschauliche Gassen führen durch den Ort, der über mehrere Kirchen und einen Bach verfügt, der sich durch das Zentrum schlängelt, wie es sich für einen ordentlichen Dorfbach gehört. Der Hügel der Zeugen Jehovas befindet sich genau auf der anderen Seite, man muss den Ort also einmal komplett durchqueren, bevor der eigentliche Anstieg beginnen kann. Auf einem sandigen Pfad arbeite ich mich hinauf. Mit jedem Schritt komme ich nicht nur meinem Ziel näher, sondern schwitze immer heftiger. Als ich schließlich oben angekommen bin und auf das Pförtnerhaus zulaufe, bin ich durchnässt, als ob ich mit Moses durch das Rote Meer gewandert wäre, aber leider noch nicht das Ufer erreicht hätte, bevor die Wellen wieder zusammenschlugen. Der grauhaarige Pförtner gibt in der Zentrale Bescheid, dass ich angekommen bin. Die Wartezeit nutze ich, um mir auf der Toilette ein anderes T-Shirt anzuziehen.

Erfrischt sitze ich im kühlen Foyer, bis ein junger Mann neben mir auftaucht.

»Freut mich, dass es geklappt hat, ich bin Martin Lukas!« Kurze Haare und eines dieser arglosen Gesichter, mit denen Versicherungen beworben werden. Er reicht mir die Hand. Er trägt Anzug mit schwarzer Krawatte zum weißen Hemd. So hätte ich mir eher die Mormonen vorgestellt. Wobei beide Organisationen immerhin noch die weiteren Gemeinsamkeiten haben, beide im 19. Jahrhundert in den USA gegründet worden zu sein und das Tür-zu-Tür-Business auszuüben.

Am Beginn der Zeugen Jehovas steht ein Mann, der auf den meisten Abbildungen von sich als Großvater mit gütigem Blick, wachen Augen und weißem, sorgfältig gestutztem Vollbart zu sehen ist. Charles T. Russell gründete 1870 in Pittsburgh einen Bibelkreis und leitete aus der intensiven Lektüre unter anderem die Überzeugung ab, dass die Seele nicht unsterblich ist. Ab

1879 brachte er seine eigene christliche Zeitschrift heraus, die bis heute monatlich unter dem Namen *Wachtturm* von Zeugen Jehovas in Fußgängerzonen verteilt wird. Bei Russell handelte es sich um einen ungewöhnlich umtriebigen Mann, der keine Scheu davor hatte, technische Innovationen in seinem Sinne zu nutzen. Dadurch wurde er eher zufällig zu einem Filmpionier, indem er ab 1914 das »Foto-Drama der Schöpfung« in Vortragssälen in Nordamerika und Europa präsentierte und damit über neun Millionen Zuschauer erreichte. Der Film enthielt Innovationen, die für die damalige Zeit eine Sensation waren. Während die Musik noch vom Orchester vor Ort eingespielt wurde und die Dialoge als Texttafeln über die Leinwand flimmerten, konnte der Zuschauer spektakuläre Zeitrafferaufnahmen von schlüpfenden Küken und Blumen bestaunen. Man sah in bewegten Bildern die Geschichte von der Schöpfung bis zu Jesus sowie einen Ausblick darauf, wie das kommende Friedensreich Jesu aussehen wird. Mit acht Stunden Laufzeit hatte das »Foto-Drama der Schöpfung« eine monumentale Länge, die auf vier Abende von jeweils zwei Stunden verteilt wurde. Wie viele Menschen sich das Werk aus religiöser Neugierde ansahen und wie viele schlicht aus Faszination für das neue Medium Film, lässt sich nicht mehr feststellen.

Neben dem gerade entstehenden Kino hatte Russell auch mit Büchern Erfolg und verkaufte fast zehn Millionen Exemplare seiner *Schriftstudien*, die das Selbstverständnis der Zeugen Jehovas maßgeblich beeinflussen sollten. Dabei stellte er allerdings klar, dass er diese nicht selbst geschrieben hatte: »Alles kam von Gott durch die Erleuchtung des Heiligen Geistes«, erklärte er dazu lapidar, wodurch Russell womöglich der einzige Mensch überhaupt ist, der im wahrsten Sinne auf die Arbeit eines Ghostwriters zurückgriff.

1916 starb Russell und es sollte noch bis 1931 dauern, bevor seine Bibelforscher sich den Namen »Zeugen Jehovas« gaben. Durchgeführt wurde diese Änderung von seinem Nachfolger

Joseph F. Rutherford, der selbst wiederum dafür bekannt wurde, für 1925 die Rückkehr aller biblischen Patriarchen anzukündigen. Das Jahr kam und ging, ohne dass sie sich blicken ließen, was Rutherford aber keineswegs so verunsicherte, wie man vermuten könnte. Stattdessen blieb er dabei, dass die Patriarchen sich nur etwas verspäteten, aber jederzeit eintreffen könnten. Deswegen baute er ihnen in San Diego die Villa Beth Sarim und bewohnte sie gleich selbst, um diese besonderen Gäste als Erster begrüßen zu können. 1942 starb er, ohne dass Abraham, Isaak oder wenigsten Jakob jemals an die Tür geklopft hatten. Mit dieser falschen Prophezeiung befindet sich Rutherford allerdings in guter Tradition der Zeugen Jehovas, die auf eine beeindruckende Zahl von apokalyptischen Ankündigungen zurückblicken können, die allesamt nicht eingetroffen sind. Aber dazu später mehr.

Ich laufe mit Lukas aus dem Foyer hinüber in den Bürokomplex. Das Gelände wirkt wie eine Mischung aus Campus, Kaserne und Hotel. Die kantige Architektur der ziegelsteinroten Gebäude sticht in einer Landschaft, die ansonsten aus sanften Hügeln und unscheinbaren Dörfern besteht, selbstbewusst hervor. Dominant thront Jehova City über dem Taunus. Mehrere Tausend Menschen leben hier oben und beliefern die ganze Welt mit religiösen Schriften, wie in diversen Videoclips, Broschüren und Gesprächen versichert wird. Auf den wenigen Hundert Metern zwischen den beiden Gebäuden kommen uns immer wieder kleine Gruppen von zwei oder drei Mitarbeitern entgegen, die in konzentrierte Gespräche vertieft sind und dabei eine Gelassenheit ausstrahlen, die ein wenig aufgesetzt erscheint. Man hat beinahe das Gefühl, als stünden sie gerade für einen Werbedreh vor der Kamera. Im Bürokomplex wird gerade die riesige Mensa sauber gemacht. Das Mittagessen fand vor einer Stunde statt, nun wird der Boden gewischt, der hier glänzt, als ob wir gerade ein teures Hotel betreten hätten.

»Stimmt es eigentlich, dass ihr keine Feiertage begeht?«, möchte ich wissen, als wir endlich die drückende Hitze hinter uns gelassen haben.

»Nein«, widerspricht Lukas, »wir feiern nur keine Feste, die heidnischen Ursprungs sind, wie Weihnachten und Ostern.«

»Sind das keine christlichen Feste?«

»Sie sind mit christlichen Elementen aufgefüllt, aber der Ursprung ist heidnisch und wir beten keine heidnischen Götter an.«

Lukas öffnet eine Tür und wir laufen durch das Treppenhaus hinunter, um in einen engen Flur zu gelangen. Es folgen weitere lange Gänge mit vielen Türen. Hier unten befindet sich ein Großteil der administrativen Verwaltung. Auch die gesamte Öffentlichkeitsarbeit ist auf einem dieser Flure zusammengefasst. Immer wieder kommen uns Mitarbeiter entgegen, die uns mit einem Lächeln grüßen.

»Und warum keine Geburtstage?«

»In der Bibel werden zwei Geburtstage erwähnt, beide von Personen, die Jehova ablehnen.«

»Feiert ihr überhaupt etwas?«

»Wir feiern das Abendmahl und außerdem täglich das Leben, das uns Jehova geschenkt hat.«

Lukas selbst gehört dem Orden der *Sondervollzeitdiener der Zeugen Jehovas* an. Mitglieder erhalten nur einen geringen Lohn und unterliegen einem Gehorsams- und Armutsgelübde. Alle Mitarbeiter hier im Taunus gehören diesem Orden an. Wir stehen mittlerweile im Eingangsbereich zur Öffentlichkeitsarbeit. Hinter uns an der Pinnwand hängt die Kopie der Urkunde, mit der die Zeugen Jehovas 2008 nach vielen Jahren endlich die Anerkennung als Körperschaft des öffentlichen Rechts erhielten (wobei Bremen und Baden-Württemberg ihnen das weiterhin vorenthalten).

»Und ihr geht dann auch immer von Tür zu Tür?«, möchte ich von Lukas wissen.

»Das gehört dazu, ja«, bestätigt er und glättet seine Krawatte.

»Ist das eigentlich nicht ziemlich unangenehm?«

»Hängt von den Menschen ab, denen wir da begegnen.«

»Aber das lohnt sich doch kaum oder werden wirklich Menschen an den Türen überzeugt?«

»Das kommt schon vor, aber in Deutschland eher seltener.«

»Warum macht ihr das dann überhaupt?«

»Weil es Jesus auch gemacht hat.«

»Jesus ging doch nicht von Tür zu Tür.«

»Er zog mit seinen Jüngern durchs Land und predigte. Wir folgen diesem Beispiel.«

Wieder berührt er seine Krawatte.

»Warum seid ihr dann nicht in wallenden Gewändern unterwegs? Jesus trug jedenfalls keine Krawatte.«

Er lächelt kühl.

»Das wäre vermutlich etwas unzeitgemäß.«

Warum es im Fall der Kleiderwahl unzeitgemäß wäre, sich auf die Bibel zu stützen, während sie sonst das ganze Leben eines Zeugen Jehovas prägt, verrät er mir nicht.

Ein älterer Herr tritt zu uns, der auch Zahnarzt oder Notar sein könnte und mir jovial die Hand reicht, während er sich mit »Remschberger, guten Tag« vorstellt. Jehova hat ihm das Haupthaar fast völlig genommen, nur noch wenige Strähnen liegen auf dem Schädel und erinnern an Teppichfransen. Er trägt ein weißes Hemd und dazu eine grüne Krawatte, womit er hier vermutlich schon als verrückter Paradiesvogel durchgeht. Grün! Er bittet mich in sein Büro. Er ist in theologischen Fragen der größere Experte als Lukas, der sich ebenfalls gesetzt hat.

»Was unterscheidet euch denn von anderen Christen?«

Remschberger räuspert sich und schaut mich ruhig an, bevor er mit den Fingern aufzählt.

»Im Gegensatz zu sogenannten Christen glauben wir nicht an die Heilige Dreifaltigkeit. Es gibt Jehova, es gibt Jesus und es gibt den Heiligen Geist.«

Finger zwei fährt in die Höhe: »Jesus ist auch nicht körperlich wieder auferstanden. Er ist körperlich gestorben, aber nicht körperlich wieder auferstanden.«

Finger drei: »Jesus kam auch nicht an einem Kreuz zu Tode, sondern an einem Pfahl!«

»Er wurde gepfählt?«

Remschberger nickt langsam und steht auf, um etwas aus dem Regal zu ziehen. Es ist ein dickes Buch und er blättert es zielgenau durch. Er weiß, wo er suchen muss.

»In diesem, ich sage mal, wissenschaftlichen Werk«, murmelt er, während er blättert und jetzt nur noch vorsichtig von Seite zu Seite fortfährt, »ist das ganz klar belegt.«

»Äh«, meine ich etwas überrascht, »das ist die Bibel, oder? Dieses wissenschaftliche Buch hier?«

»Richtig«, murmelt er wieder und schiebt das Buch schließlich in meine Richtung. Ich sehe eine Abbildung von Jesus, wie er an einem Pfahl hängt und ein Nagel durch seine übereinandergelegten Hände getrieben ist.

»Es ist für uns auch nicht nachvollziehbar, warum sogenannte Christen ein Folterinstrument wie das Kreuz als eines der wichtigsten Symbole in den Mittelpunkt ihres Glaubens stellen.«

Dass die Zeugen Jehovas keine Freunde der Ökumene sind und deswegen an solchen Veranstaltungen nicht teilnehmen, wird auch beim Blick auf ihre Haltung zum wahren Glauben deutlich. Da gibt es nämlich keinerlei Kompromisse. Jehova will nicht einfach angebetet werden, er will auf eine ganz besondere Art angebetet werden. In *Was lehrt die Bibel wirklich?*, einer von den Zeugen Jehovas millionenfach verteilten Publikation, heißt es dazu eindeutig: »Die falsche Religion hat keinen echten Wert, sie ist wie Falschgeld. Schlimmer noch, sie ist sogar schädlich.« Und weiter: »Nur an Gott zu glauben reicht nicht aus. Schließlich sagt die Bibel, dass sogar die Dämonen an die Existenz Gottes glauben.« Aber wie kann ich bei der großen

Zahl von Religionen denn die falschen von den richtigen unterscheiden? Ganz einfach: Richtig ist der Weg der Zeugen Jehovas, alle anderen sind falsch. »Die zentrale Lehre vieler Religionen heute ist die Lehre von der Dreifaltigkeit. Die Bibel lehrt jedoch eindeutig: Es gibt nur einen wahren Gott, Jehova, und Jesus Christus ist sein Sohn.« Das lässt jedenfalls an Klarheit keine Fragen offen. Diese falschen Religionen sind »Teil von Babylon der Großen. Dieser Name erinnert an das alte Babylon, die Stadt, in der die falsche Religion nach der Sintflut ihren Anfang nahm.« Grund genug für die Zeugen Jehovas, von Dreifaltigkeitschristen auch als »den Babyloniern« zu sprechen.

In den Schriften der Zeugen Jehovas heißt es darum immer wieder: »Gott will nicht auf die falsche Weise angebetet werden«, was Theodor Adorno wiederum zum Ausspruch hätte inspirieren können: »Es gibt keinen richtigen Glauben im falschen.«

Während ich mit Remschberger spreche, verlässt Lukas den Raum, um uns eine Flasche Wasser zu holen.

»Warum hat es denn so lange gedauert, bis die Zeugen Jehovas als Körperschaft des öffentlichen Rechts anerkannt wurden?«

»Über eine solche Anerkennung befinden zum Teil auch Mitglieder der katholischen und evangelischen Kirche, die nicht gut auf uns zu sprechen sind. Ein weiteres Problem stellte die Weigerung der Zeugen Jehovas dar, sich politisch zu engagieren. Wir wählen nicht.«

»Warum denn nicht?«

»Jesus lehnte die Königswürden ab, die ihm angeboten wurden, weil er sich aus den politischen Angelegenheiten dieser Welt heraushalten wollte.«

»Aber das widerspricht sich doch nicht, auf Jesus zu warten und sich, bis es so weit ist, trotzdem politisch einzubringen.«

»Wir haben schon gewählt, wir wählten das Königreich von Jesus.«

»Aber was ist, wenn eure Stimmen verhindern könnten, dass

eine Partei an die Macht kommt, die die Zeugen Jehovas verbietet?«

»Dann würden wir im Geheimen weitermachen. So wie wir es auch während der Nazizeit taten.«

Lukas ist mittlerweile mit dem Wasser zurückgekommen und füllt mir ein Glas ein.

Remschberger fährt fort: »Wir haben uns auch während der Nazizeit neutral verhalten und haben nicht mit den Nazis zusammengearbeitet.«

Zeugen Jehovas verweigerten die Mitgliedschaft in NS-Organisationen, lehnten aus religiösen Gründen den Kriegsdienst ab und zeigten nicht den Hitlergruß. Darum gingen die Nazis von Beginn an äußerst aggressiv gegen sie vor, verboten die Organisation schon nach wenigen Monaten und zerstörten die *Wachtturm*-Druckerei, die damals noch nicht in Niederselters, sondern in Magdeburg stand. Zwischen 1933 und 1945 wurden knapp 10 000 der 25 000 Zeugen Jehovas direkte Opfer des Nationalsozialismus, 6000 landeten in Gefängnissen und Konzentrationslagern, 250 wurden hingerichtet. (Die DDR ging später ebenfalls rabiat gegen die Zeugen Jehovas vor, veranstaltete Schauprozesse und warf im Verlauf der Zeit nicht weniger als 5000 der etwa 12 000 Mitglieder ins Gefängnis, bei vielen der Inhaftierten handelte es sich zuvor schon um NS-Opfer.)

»Ihr habt aber auch nichts gegen sie unternommen«, entgegne ich und merke, dass Remschberger überrascht ist.

»Was hätte man denn tun können?«, will er wissen und klingt ein wenig gereizt.

»Wählen gehen, als es noch ging.«

Er greift nach seinem Glas und nimmt einen Schluck. Also spreche ich weiter. »Die Nazis kamen ja ganz legal über Wahlen an die Macht, damals hätte man sich also durch die Teilnahme an der Wahl gegen sie stellen können.«

»Wir sind immer auf Distanz geblieben zu den Nazis, wir halten uns aus allem raus«, stellt er noch einmal fest.

»Aber ist es denn wirklich moralisch richtig, stolz auf die eigene Neutralität zu sein, wenn die Nazis ankündigen, alle Juden umzubringen, die Juden eine wehrlose Gruppe sind und die Nazis noch eine Wahl von der Macht entfernt sind?«

»Wir haben uns in keiner Weise an diesen Verbrechen beteiligt.«

»Ihr habt sie aber auch in keiner Weise verhindert.«

»Jesus als unser Vorbild hat sich aus solchen Angelegenheiten herausgehalten und wir folgen diesem Beispiel. Jehova hat einen Plan, auch wenn wir diesen vielleicht noch nicht ganz verstehen.«

Es kommt mir einerseits nicht richtig vor, das Verhalten der Zeugen Jehovas während der Nazizeit überhaupt zu kritisieren, da sie wirklich zu den wenigen Organisationen gehören, die sich schlicht weigerten, vom NS-System eingespannt zu werden, und doch erscheint es mir fragwürdig, sich in so einer Situation für neutral zu erklären.

»Wir sind aber keine Pazifisten!«, mischt sich Lukas wieder mit einem überraschenden Bekenntnis in das Gespräch ein. »Den Krieg Jehovas unterstützen wir.«

»Welchen Krieg?«

»Armageddon, wenn Jehova seine Feinde vernichtet.«

»Das ist der einzige Krieg, für den ihr seid?«

»Ja.«

»Afghanistankrieg?«

»Nein.«

»Krieg gegen ISIS?«

»Nur Armageddon.«

Beide Zeugen Jehovas nicken und plötzlich sitze ich hier mit zwei Kriegstreibern im Raum, die es kaum erwarten können, dass Jehova seine Streitkräfte in Bewegung setzt.

Es wird ein gerechter Krieg, ein heiliger Krieg. Ein Kampf des Guten gegen das Böse, wobei auf der einen Seite Jesus mit seinem Vater Jehova steht und auf der anderen der Satan, der aktuell noch die Welt beherrscht. Beim Satan handelt es sich um einen Engel, der sich Jehova nicht mehr unterordnen wollte und deswegen zu seinem Gegenspieler wurde. Er war übrigens auch für die Vertreibung aus dem Paradies verantwortlich, denn er »redete durch eine Schlange mit Eva, ähnlich wie ein Bauchredner eine Puppe auf seinem Schoß sprechen lässt«. Da Jehova während der Kampfhandlungen nur den Zeugen Jehovas besonderen Schutz zusichert, sollten alle anderen sich zumindest gut darüber informieren, was da auf sie zukommt. Satan wird nicht alleine kämpfen: »Es wird zu einem Krieg zwischen dem Königreich Gottes und den gegenwärtigen menschlichen Regierungen kommen. Gottes Königreich wird diesen Krieg gewinnen und schließlich als einzige Regierung übrigbleiben. Die Menschen werden dann der besten Herrschaft unterstehen, die sie je erlebt haben.« Im Klartext heißt das, dass die menschlichen Regierungen allesamt böse sind und vom Satan gesteuert werden. Kein Wunder, dass die Zeugen Jehovas unter diesen Umständen nicht wählen gehen, wenn nur der Satan auf dem Stimmzettel steht.

»Wird es auf jeden Fall ein Krieg sein?«, erkundige ich mich bei meinen beiden Gesprächspartnern. Sie nicken.

»Kann Gott es nicht erst auf diplomatischem Weg versuchen?«

»Satan lässt nicht mit sich reden«, gibt Lukas der Diplomatie keine Chance.

»Also ist Gott nicht allmächtig, wenn er das nicht ohne Waffengewalt schafft!«, stelle ich fest.

»Es gehört zu seinem Plan, es so zu lösen«, erklärt Remschberger.

»Und danach? Wie ist sein Friedensplan?«

Beide lächeln und tatsächlich gab es schon schlechtere Wiederaufbaupläne als den von Jehova. In der Stunde null, nachdem der Satan besiegt (und gefangen genommen) ist, wird ein 1000-jähriges Friedensreich auf Erden beginnen, mit Jesus als absolutem Herrscher, der jedoch von 144 000 besonders geeigneten Menschen unterstützt wird. In dieser Zeit soll jeder Mensch die Möglichkeit haben, körperlich und geistig zu gesunden und sich von den Einflüssen des Satans frei zu machen. Es ist im Grunde ein Nachhilfemillennium. Nach 1000 Jahren kommt es schließlich zur entscheidenden Prüfung, für die der prominenteste Kriegsgefangene aller Zeiten, Satan persönlich, noch einmal für eine gewisse Zeit freigelassen wird. Er wird sein ganzes Können aufbieten und in diversen Gestalten diverse Äpfel anbieten. Wer Satan nachgibt, wird am Ende gemeinsam mit ihm und seinen Dämonen vernichtet. Wer danach noch übrig ist, darf sich freuen, denn der Kreis hat sich geschlossen. Nach der Vernichtung des Bösen lebt er nun an keinem geringeren Ort als dem Paradies auf Erden (die 144 000 wiederum leben im Himmel)! Was damals die Schlange angerichtet hat, ist nun endlich repariert und die Menschheit lebt wieder in einem Zustand wie vor dem Sündenfall.

»Die 144 000 Menschen werden aus allen Schichten und Gruppen stammen«, erklärt Remschberger.

»Also Mütter, Väter, Schmiede, Adlige, Banker, Oberschicht, Mittelschicht, Unterschicht?«, frage ich.

»Ja.«

»Wird da dann auch eine Gleichstellungsbeauftragte dabei sein?«

»Nein. Jehova hat uns schon die perfekte Familie vorgegeben.«

»Und die wäre?«

»Die Frau soll sich dem Mann unterordnen, der wiederum die Familie führt. Die Kinder sollen sich den Eltern unterordnen.«

»Und wer ordnet sich unter, wenn der erwachsene Sohn selbst Vater ist und auf seine Mutter trifft?«

»Wie bitte?«

»Na ja, jeder Familienvater ist zugleich Sohn und als Sohn

soll er sich der Mutter unterordnen. Frauen sollen sich aber gleichzeitig den Männern unterordnen. Wer muss sich in so einem Fall also wem unterordnen, die Mutter dem Sohn oder der Sohn der Mutter?«

»Es geht ja nicht darum, jemanden zu unterdrücken.«

»Warum kann denn nicht die Frau das Familienoberhaupt sein?«

»Eine Familie kann mit einem Auto verglichen werden, wo auch jemand das Lenkrad in der Hand hat.«

»Ja, und der Mann könnte das Lenkrad doch der Frau überlassen.«

»Das würde sie gar nicht von ihm verlangen.«

Bevor ich wieder antworten kann, mischt sich Lukas ein.

»Über die Bibel könnten wir noch Stunden diskutieren, aber wenn wir jetzt nicht losgehen, können wir die Druckerei nicht mehr besichtigen.«

Remschberger erhebt sich aus seinem Stuhl und reicht mir die Hand. Er lächelt unerschütterlich und stellt das »wissenschaftliche Werk« wieder ins Regal zurück. Ich habe keinen Zweifel, dass ihn unser Gespräch kein bisschen ins Wanken gebracht hat. Meine Fragen sind an seinem Glauben abgeprallt wie Schneebälle an einem Atombunker (den man während des Armageddon gut gebrauchen könnte). Zusammen mit Lukas laufe ich wieder durch das unterirdische Flurenlabyrinth, in dem man sich einbilden kann, als einer der ersten Christen durch die Katakomben Roms zu schleichen. Immer in der Angst, von Legionären entdeckt zu werden, und zugleich immer verzückt, im Namen Gottes zu handeln. Während wir so laufen, habe ich noch weitere Fragen zum letzten Krieg vor dem Paradies.

»Wird es ein Krieg sein, wie wir ihn kennen, mit Bomben und Gewehren und Schützengräben? Vielleicht sogar mit Nuklearbomben?«

»Das weiß niemand.«

Obwohl sie es kaum erwarten können, dass diese Schlacht endlich geschlagen wird, interessieren sich die Zeugen Jehovas erstaunlich wenig für die Details dieses Welt- und Weltenkrieges. Wir erreichen wieder das Treppenhaus und treten bald darauf in die gleißende Nachmittagssonne hinaus.

Zu den Unterschieden zwischen den Zeugen Jehovas und anderen christlichen Kirchen gehört auch das Lösegeld Christi. Darunter verstehen sie den höchsten Preis, den Jehova zahlte, um den Sündenfall der Menschheit zu reparieren: »Da ein vollkommenes menschliches Leben verloren gegangen war, hätte es niemals durch ein unvollkommenes menschliches Leben zurückgekauft werden können. Es musste ein Lösegeld beschafft werden, das den gleichen Wert hatte wie das, was verloren gegangen war.« An diesem Punkt kommt Jesus ins Spiel, denn: »Um uns zu retten, nahm Jesus gewissermaßen Adams Platz ein. Er opferte sein vollkommenes Leben und bezahlte damit den Preis für Adams Sünde. So können Adams Nachkommen durch Jesus wieder Hoffnung schöpfen.« Damit war der Unfall repariert, den Adam angerichtet hatte, und wurde im gleichen Gegenwert ersetzt. Um den Graben zu den anderen Christen noch zu vertiefen, lehren die Zeugen Jehovas, dass Jesus das erste Geschöpf war, das Jehova erschaffen hat. Er wurde »als Einziger von Gott direkt erschaffen« und sie beide »genossen Milliarden von Jahren enge Gemeinschaft miteinander, lange bevor der Sternenhimmel und die Erde erschaffen wurden. Die beiden müssen einander wirklich sehr geliebt haben.« Eine Liebe, die für die Dreifaltigkeit jedenfalls keinen Platz lässt.

Lukas und ich laufen eine Einfahrt hinauf und kommen zu einem großen Tor, durch das wir in eine weiträumige Halle gelangen. Sie sieht aus wie ein leergeräumter Baumarkt, der mit schweren Druckermaschinen vollgestellt wurde. Doch bevor ich mich wirklich umsehen kann, stehe ich plötzlich einem Hünen gegenüber! Er hält einen Speer in der Hand, der mich um vier Köpfe überragt. Sein schwerer Schild ist genauso groß wie ich, er trägt eine Rüstung, die seinen Oberkörper schützt, und Beinschoner, die länger als meine Hosen sind. Vor allem aber schaut er mich mit hasserfülltem Gesicht an. Er würde wohl nicht mehr als einen nachlässigen Schlag benötigen, um mich für immer aus dem Weg zu räumen.

»Ach, das ist Goliath«, stellt Lukas mir diesen Titanen vor, »der hat die Originalgröße, aus Pappe. Das ist doch schon beeindruckend, wenn man ihn so plastisch vor sich sieht, oder?«

Lukas schaut sich Goliath an und vielleicht sieht er sich gerade mit der Schleuder vor ihm, sieht sich zielen und den Stein auf den Gegner abfeuern, der in einer Mischung aus Verwunderung und Entsetzen zu Boden sinkt.

Die Druckerei selbst beherbergt diverse Maschinen, die ihren Anteil daran haben, dass hier stündlich bis zu 200 000 Zeitschriften und täglich 100 000 Bücher produziert werden können. Auf schmalen Fließbändern rasen die zuvor gedruckten Blätter hinweg und werden von Roboterarmen in ihr jeweiliges Format gebracht, bis am Ende des beinahe komplett automatisierten Entstehungsprozesses versandfertige Broschüren und Bücher vorliegen. Der Druckereikomplex, der die Fläche mehrerer Fußballfelder ausmacht, beherbergt Literatur in mehr als 200 Sprachen und hat jederzeit knapp 8000 Artikel vorrätig, die alle Streitfragen des Lebens beantworten. Glaubt jemand an die Irrlehre der Evolution, kann ihm hier ein Heftchen empfohlen werden. Möchte jemand mehr über Jesus erfahren, gibt es reichlich Material. Und selbstverständlich liegen auch viele Schriften vor, die nachweisen, warum alle anderen Religionen falschliegen. Von hier aus werden Bestellungen in mehr als 50 Länder geschickt, so dass im Jahr 10 000 Tonnen Zeitschriften und Literatur versendet werden. Aus Sicht der Zeugen Jehovas ist das die Druckerei Gottes.

Beim Blick in ihre Publikationen fällt auf, mit wie viel Akribie der eigene Standpunkt verdeutlicht wird. Hinter jeder Aussage finden sich Bibelstellen, die sie bezeugen. Damit soll das

Ganze nüchtern und wissenschaftlich wirken nach dem Motto: Glaubt nicht uns, glaubt den Fakten. Prüft sie ruhig nach. Dabei ist es erstaunlich, warum sie überhaupt über eine so unerschütterliche Selbstsicherheit verfügen. Schließlich ist die Geschichte der Zeugen Jehovas auch die Geschichte nicht eingetretener Prophezeiungen.

Was die Wiederkehr Jesu betrifft, erfolgte diese im Oktober 1874 und dann 1914. Die Auferstehung der Toten sollte 1878 erfolgen, verschob sich schließlich auf 1918 und noch einmal auf »kurz nach 1925«, bevor es plötzlich 1942 so weit sein sollte. Das Zeitalter der Nationen sollte eigentlich schon 1894 enden (eine notwendige Voraussetzung für das Königreich Jesu), dann aber auf jeden Fall 1914, denn »die Dinge haben auf glorreiche Weise umgekehrten Verlauf genommen. König Jesus Christus schreitet inmitten seiner irdischen Feinde zur Unterwerfung.« Der Beginn der göttlichen Herrschaft über die Erde wurde für 1872 versprochen, denn »mit dem Jahr 1872 sind 6000 Jahre seit der Erschaffung Adams verflossen«. Als diese Prophezeiung nicht eintraf, wurde noch einmal nachgerechnet und festgestellt, dass doch erst im Herbst 1975 das »Ende der 6000 Jahre« erreicht sei. Sehr oft verschob sich auch die Endschlacht Armageddon. Erst hieß es 1914, dann 1925 (wobei der Krieg »etwa im Herbst seinen furchtbaren Höhepunkt erreicht«), dann 1942 und schließlich 1975. Mit Rücksicht auf kalendarische Unterschiede wurde dabei ein gewisser zeitlicher Spielraum berücksichtigt, der aber »höchstens einige Wochen oder Monate, keinesfalls aber Jahre ausmacht«.

Nachdem diese Prophezeiungen sich allesamt nicht bestätigten und die Mitgliederzahlen spürbar zurückgingen, machten die Zeugen Jehovas den einzig richtigen Schritt und zogen sich aus dem Geschäft mit den »Nehmt uns beim Wort«-Prophezeiungen zurück.

»Was muss passieren, um bei den Zeugen Jehovas rauszufliegen?«, frage ich Lukas, als wir die Besichtigung der Druckerei abgeschlossen haben und wieder am mies gelaunten Goliath vorbei in die Hitze treten.

»Wenn man ein Leben führt, das Jehova nicht gefällt.«

»Was heißt das genau? Ist Rauchen noch in Ordnung?«

Er schüttelt den Kopf und empfiehlt mir eine dünne, aber eng beschriebene Broschüre, die zeigt, wie Jehova angebetet werden will und wie wir Menschen ein gottgefälliges Leben führen können.

Während ich den Aufstieg zur Europazentrale noch im Schweiße meines Angesichts hinter mich brachte, bietet mir Lukas nun an, mich zum Bahnhof zu fahren. Wir sitzen in einem kleinen Wagen und bevor Lukas den Zündschlüssel umdreht, deutet er auf das Gebäude gegenüber. »Er wurde erst heute hier repariert«, meint er dazu. Ich folge seinem Finger und blicke auf eine Autowerkstatt der Zeugen Jehovas.

Während wir die enge Landstraße hinunter nach Niederselters fahren, haben wir eine tolle Sicht auf den Taunus. Gelbe und braune Felder teilen sich die hügelige Landschaft mit gelegentlichen Wäldern. Da und dort verlaufen kleine Straßen und nur selten ist ein Auto zu sehen. Während ich den Ausblick genieße, möchte ich noch wissen, ob eigentlich jede Art von Literatur gelesen wird.

»Es gibt schon Bücher, von denen wir Abstand halten.«

»Welche denn?«

»Alles, was okkulte Handlungen verharmlost.«

»Also auch Harry Potter?«

»Das würde ich nicht lesen und empfehle es auch keinem.«

Gerne hätte ich von ihm auch gewusst, wie er zu Filmen wie »Das Leben des Brian« steht. Aber zum einen kennt er ihn nicht und zum anderen ist eigentlich klar, was seine Meinung dazu wäre. Weil außerdem meine Regionalbahn genau in dem Moment einfährt, in dem wir den Bahnhof erreichen, bleibt ohnehin keine Zeit mehr für weitere Gespräche. Vom Zug aus sehe ich erneut in der Ferne den rötlichen Gebäudekomplex oben auf dem Hügel stehen. Diese Mischung aus Campus, Kaserne und Hotel.

Station 5
Heilsarmee

Dresden gilt als eine der schönsten Städte Deutschlands. Ich habe sie zum ersten Mal vor mehreren Jahren besucht und halte diese Behauptung seitdem für stark übertrieben. Wenn man an der Elbe steht, am Ufer gegenüber der Frauenkirche, dann hat die Stadt wirklich etwas von einem großartigen Postkartenmotiv. Man muss dabei aber den Blick ziemlich zentral auf die Kirche gerichtet lassen, sobald er zu weit nach links oder rechts gedreht wird, baut die Postkartenschönheit doch erheblich ab. Wie bei einer älteren Frau, die sich das Gesicht hat straffen lassen, aber bei der ein Blick auf die Hände trotzdem das faltige Alter verrät.

Heute bin ich wieder in Dresden und sehe meine erste Einschätzung bestätigt. Weil ich gar nicht in die Nähe der Elbe komme, sondern direkt aus dem IC in eine S-Bahn umsteige und aus dem Zentrum fahre, büßt die Stadt jeden Wiedererkennungswert ein. Es wirkt, als ob das alles hier Teil einer Modellstadt wäre, die sich Menschen mit Bürgermeisterambitionen anschauen können, um zu entscheiden, ob sie sich eine solche zulegen möchten.

In einer dieser Straßen steht auch ein großes Haus, das früher als Schule diente und heute der Heilsarmee gehört. Gert Scharf begrüßt mich an der Tür. Er ist Kapitän der Gemeinde und kommt mir in Zivil entgegen. Das ist nicht selbstverständlich, denn die Heilsarmee verwendet Uniformen. »Kommen Sie herein«, bittet er mich und wirkt wie ein graumelierter Jugendleiter. Vielleicht gibt es keine zweite Organisation in Deutschland, bei der die Bekanntheit des Namens und die Unwissenheit über das, was sich dahinter verbirgt, so weit auseinandergehen wie bei der Heilsarmee.

Bevor ich meine Reise antrat, hatte ich Freunden davon erzählt. Alle kannten die Heilsarmee, aber bei dem, was sie macht, kamen unterschiedlichste Vermutungen. Von einer Invalidenorganisation für Kriegsversehrte über eine Freiwilligenarmee in der Tradition der Fremdenlegion bis hin zu einer Organisation, die mit den Feldjägern zu vergleichen sei, ging die Spannweite an Ideen. Scharf muss lachen, als er davon hört. Aber er kann meine Erfahrungen bestätigen. »Wir haben eine Agentur die Bekanntheit der Marke Heilsarmee testen lassen und es stellte sich heraus, dass über 90 Prozent der Menschen den Namen kennen, aber weniger als 50 Prozent wissen, was wir machen.« Mein Freundeskreis kann also vollständig den unwissenden 50 Prozent zugeordnet werden.

Wir betreten einen Speisesaal und setzen uns an den Tisch in einem Eck.

»Wir sind eine evangelikale Freikirche, die ihren Schwerpunkt in der karitativen Arbeit hat. Wir bieten hier für Bedürftige ein kostenloses Frühstück an und für 1,50 Euro gibt es auch ein Mittagessen. Wenn jemand nicht einmal so viel Geld hat, schicken wir ihn aber auch nicht weg. Wir schicken niemanden weg.«

Das ist eine Untertreibung. Die Heilsarmee schickt tatsächlich niemanden weg, aber damit nicht genug: Sie geht dahin, wohin sie nicht gerufen wurde. 1865 wurde sie vom Prediger William Booth in London gegründet, der über die Armut und Hoffnungslosigkeit in den Slums der Stadt entsetzt war. Und davon, dass die Armen und Hoffnungslosen nicht das Wort Jesu vernahmen, weil sie nicht in die Kirche gingen. Also brach er mit einigen Vorstellungen der damaligen Zeit. Schon als junger Methodist fragte er sich bei seinen Predigten: »Warum bin ich hier in dieser von Menschen überfüllten Kapelle, die die Botschaft hören *wollen*? Warum bin ich nicht draußen, um die Botschaft Gottes denen zu bringen, die sie nicht hören wollen?« Gleichzeitig wusste er: »Niemand kann selig werden, solange er kalte Füße hat, und keiner kann bekehrt werden, solange ihn Zahnschmerzen quälen.« Also fing er an, zu den Ärmsten zu gehen und ihnen zu helfen. Selbstachtung ist das Erste, was sie brauchen, wusste er, aber ziemlich bald danach dann schon das Evangelium. Schließlich wartet die ewige Verdammnis auf jeden, der Jesus nicht als seinen Erretter annimmt.

»Lande ich in der Hölle?«, möchte ich von Scharf wissen. Sein Haar ist grau, aber im Vollbart scheint es so, als ob Grau und Schwarz sich auf einen wackeligen Friedensvertrag geeinigt hätten. Das ganze Gesicht gehört den Grauen, doch der Bereich zwischen Nase und Mund ist für die letzten Schwarzen reserviert, die es nach der Invasion der Grauen noch gibt.

Er nickt mir mit traurigen Augen zu, die zu sagen scheinen: So sieht einer aus, der in die Hölle fährt.

»Für immer?«

»Ewige Verdammnis«, murmelt er, als wäre er mein Pflichtverteidiger vor dem Jüngsten Gericht gewesen, der jetzt den niederschmetternden Urteilsspruch überbringen muss.

»Möchten Sie noch etwas trinken?«, fragt er mich. Ja, trinken ist jetzt gut. Nach so einem Schicksalsschlag, nein, nach so einem Ewigkeitsschlag.

Ich nehme einen Schluck und versuche irgendwie aus der Hölle herauszukommen.

»Finden Sie es nicht erstaunlich brutal von einem liebenden Gott, Menschen für alle Zeiten so zu bestrafen? Also ohne zweite Chance oder die Möglichkeit, Reue zu zeigen? Ich dachte, Nächstenliebe ist ein wichtiger Wert.«

»Wir haben in diesem Leben die Möglichkeit, uns zu beweisen.«

»Also kann ich mich noch retten, wenn ich der Heilsarmee beitrete?«

»Du musst Jesus finden, die Heilsarmee kann dir dabei helfen, ist aber nicht notwendig. Wir wollen Seelen retten, was für ein Rettungsboot die Seele letztlich in Sicherheit bringt, ist egal.«

»Was ist mit Menschen, die noch nie was von Jesus gehört haben? Zum Beispiel exotische Indianerstämme im Amazonasbecken. Kommen die auch in die Hölle?«

»Das müsste ich in meiner Bibel prüfen, aber ich meine zu wissen, dass Gott das Leben eines Menschen auch danach bemisst, wie gut er war. Auch ein Heide im Amazonasgebiet kann ein gutes Leben führen.«

»Aber ich doch dann auch! Warum komme ich auf jeden Fall in die Hölle, aber der Indianer vielleicht in den Himmel?«

»Wenn du ein gottgefälliges Leben führst, wirst du Jesus ohnehin annehmen, da bin ich mir sicher.«

Scharf leitet das Korps in Dresden gemeinsam mit seiner Frau. Während wir uns unterhalten, kommen immer wieder Männer in verwaschenen Trainingsanzügen und schlechter Kleidung und setzen sich im Versammlungsraum hin, um bald darauf wieder über die Treppen in andere Stockwerke zu verschwinden. Vor dem Haus bellen Hunde von Obdachlosen, die auf die nächste Essensausgabe warten. Scharf entschuldigt sich kurz und bittet die Wartenden, weiterzugehen. »In einer Stunde ist es so weit«, vertröstet er sie, »kommt dann gerne wieder.«

Er setzt sich wieder. »Wir legen Wert auf ein gutes Verhältnis zu unseren Nachbarn, das Hundegebell würde sie stören.«

Der Gründer der Heilsarmee hätte für so viel Rücksichtnahme wohl nur ein müdes Lächeln und einen cholerischen Anfall übriggehabt. Es waren andere Zeiten damals, ganz andere. Zeiten, in denen mit toten Katzen nach der Heilsarmee geworfen wurde, weil sie vielen Wirten und Bordellbetreibern die Geschäfte ruinierte und die Menschen an Teile der Gesellschaft erinnerte, die sie gerne übersahen. Alleine im Jahr 1882, als es die erste Märtyrerin der Heilsarmee gab, die auf der Straße erschlagen wurde, kam es zu 669 Übergriffen auf Mitarbeiter. Manchmal kam es auch zu bürgerkriegsähnlichen Zuständen, wie 1884 im Badeort Worthing, wo ein aufgebrachter Mob die Aktivitäten der Heilsarmee zu verhindern suchte. Ihre Fahne zierte ein Totenkopf, weswegen sie in der Presse auch Skelettarmee genannt wurde. Eine Skelettarmee von 4000 Mann mit »frechem und verächtlichem Grinsen«. Eines Abends blockierten sie die Straße, als die Heilsarmee ihren Umzug durchführen wollte. Beide Seiten standen sich unter den Augen einer viel zu kleinen Polizeitruppe gegenüber, niemand wollte nachgeben.

»Dann ging die Skelettarmee mit wildem Gebrüll zum Angriff über. Der friedvolle Badeort war plötzlich ein Meer von schreienden Menschen, die inmitten von Ziegelstaub und Glassplittern miteinander rangen. Die Polizei war überfordert und um neun Uhr abends kam zum ersten Mal in der ereignisarmen Geschichte eine 40 Mann starke Schwadron von Dragonern in ihren scharlachroten, mit blauen Aufschlägen versehenen Röcken mit klappernden Hufen in die Stadt geritten.«

Von solchen Zuständen ist die Dresdener Heilsarmee weit entfernt. So wie es ohnehin lange vorbei ist, dass sie sich gegen Schlägertrupps behaupten musste, deren Auftraggeber Wirte und Bordellbesitzer waren. Im Kampf gegen die Prostitution von Minderjährigen errang die Heilsarmee 1885 auch ihren ersten großen Triumph.

»In 17 Tagen ununterbrochen abgehaltener Protestkundgebungen sammelten Booths Soldaten die noch nie dagewesene Zahl von 393 000 Unterschriften für eine Petition zur Heraufsetzung des Mindestalters für Prostituierte. Die Schriftrolle war auseinandergefaltet mehr als zweieinhalb Meilen lang. Am 14. August 1885 wurde das Gesetz gegen die Prostitution von Minderjährigen mit 197 gegen 71 Stimmen im britischen Parlament angenommen.«

Euphorisch schrieb William Booth daraufhin: »Wir danken Gott für den Erfolg, den er uns geschenkt hat, als die Heilsarmee sich zum ersten Mal bemühte, die Gesetze der Nation zu verbessern.«

Als ich Scharf besuche, ist er gerade aus London zurück, wo er an den Feierlichkeiten zum 150-jährigen Bestehen der Heilsarmee teilnahm. Heute ist die Organisation in 126 Ländern aktiv, hat 1,7 Millionen Mitglieder in knapp 16 000 Gemeinden, unterhält 1900 Schulen, 3600 Sozialeinrichtungen, 202 Gesundheitszentren und 21 Krankenhäuser.

»Ist die Heilsarmee auch eine Kirche?«, möchte ich von ihm wissen.

»Natürlich. Jeder kann Mitglied der Heilsarmee werden und sich am Gemeindeleben beteiligen.«

»Mit Gottesdienst am Sonntag?«

»Jeden Sonntag gibt es einen Gottesdienst, ja.«

»Warum haben Sie sich ausgerechnet für die Heilsarmee entschieden?«

»Mir gefällt die Möglichkeit, Nächstenliebe ganz direkt zu leben und Glauben und Beruf zu verbinden.«

»Sind Sie schon immer bei der Heilsarmee gewesen?«

»Als junger Mann war ich schon dabei und leitete eine Gemeinde in Braunschweig, aber das überforderte mich. Ich trat aus und schloss mich einer Pfingstlergemeinde an. Als ich dann nach einem Berufsleben als Krankenhelfer in den Ruhestand wechselte, überlegten meine Frau und ich, wie wir nun der

Gesellschaft helfen könnten. So kamen wir wieder zur Heilsarmee.«

Er fährt sich über sein weinrotes Hemd mit dem Logo der Heilsarmee.

»Aber das ist keine Uniform, oder?«

»Nein, das trage ich nur hier drinnen. Wenn ich mit dem Bus unterwegs bin, habe ich die Uniform an.«

Das Logo ist ein rotes Wappen, in dem in weißer Schrift *Die Heilsarmee* steht. Dahinter befindet sich noch ein Kreuz.

»Das Kreuz hat nur die Heilsarmee in Deutschland, damit uns niemand mit den Nazis in Verbindung bringt. Das internationale Wappen hat das nicht.«

Es ist erstaunlich, mit was für einem trotzigen Eifer sich diese Organisation im 19. Jahrhundert durchgesetzt hat. Möglich war das nur, weil offenbar auch die richtigen Eiferer zur richtigen Zeit zusammenfanden. Angefangen bei William Booth selbst, der als General der Heilsarmee seinen Kindern verkündete, dass er erst ihr General sei und danach ihr Vater. Er würde wohl auch sonst kein modernes Pädagogikstudium erfolgreich abschließen können, denn er fand nichts dabei, den geliebten Hund der Familie nach dessen Tod kurzerhand zu einem Bettvorleger umzufunktionieren. Warum die Kinder das entsetzte, konnte er nicht verstehen. Einer seiner wichtigsten Helfer hieß George Scott Railton. Bevor dieser mit 24 Jahren zur Heilsarmee stieß, hatte er schon einen Ein-Mann-Kreuzzug organisiert, um Marokko zu bekehren. Dass ihm keine Hindernisse zu groß erschienen, um das Evangelium in die Welt zu tragen, hatte er dadurch überzeugend bewiesen.

Auch Elijah Cadman spielte eine wichtige Rolle für den Erfolg der Bewegung. Er reiste in die kleine Stadt Whitby und lief dort schreiend durch die Straßen: »Krieg! In Whitby! Die Halleluja-Armee kämpft für Gott!« Damit wollte er auf den Besuch von William Booth hinweisen, den er auf Plakaten als General ankündigte, womit dieser Titel geboren war. Gleichzeitig machte er aber einen solch verstörenden Eindruck auf die Bürger, dass Hunderte aus Angst vor einem befürchteten Gemetzel ins Umland flohen und erst zurückkehrten, als Booth und Cadman weitergereist waren. Am Ende hatte sich die Mühe aber gelohnt, denn nicht weniger als 3000 Bürger schlossen sich nach diesem Auftritt der Organisation an. Und das war das Einzige, was zählte. Die Heilsarmee verinnerlichte von Beginn an das Motto »Der Zweck heiligt die Mittel« so sehr, dass viele ihrer Prediger sich richtiggehende Bühnenshows einfallen ließen. So konnte es vorkommen, dass sich ein Prediger in einem Sarg auf die Bühne tragen ließ, um ihm schließlich mit den Worten zu entsteigen: »Tod, wo ist dein Stachel?« Andere machten es sich zum Markenzeichen, die Predigt an den eigenen Hut zu richten, oder steigerten sich in dramatische Wortgefechte mit dem Satan hinein, den sie in einer Doppelrolle gleich selbst verkörperten. Überliefert ist auch folgender Fall: »Ein Mann, der keine Zuhörerschaft um sich sammeln konnte, legte sich eine Woche lang jeden Abend auf dem Marktplatz schweigend in den tiefen Schnee. Als am Wochenende die halbe Stadt versammelt war, um ihn sich anzusehen, sprang er auf und hielt eine zündende Rede.« Lange vor dem Entstehen der Unterhaltungsindustrie hatte die Heilsarmee begriffen, dass man sich etwas einfallen lassen muss, wenn man ein Publikum begeistern will.

Auch William Booth und sein Leibwächter wirkten wie ein schrulliges Paar aus einer Komödie: »Booth selbst war vielleicht der einzige Evangelist in der Welt, der eine persönliche Leibwache nötig hatte: Peter Monk, ein irischer Preisboxer. Manchmal, wenn es in einer mit Spannung geladenen Versammlung gefährlich zu werden drohte, zog Monk die Jacke aus, rollte die Hemdärmel auf, um seinen schwellenden Bizeps zu zeigen, und schritt langsam, nichts Gutes verheißend, den Mittelgang hinunter, während Booth von der Liebe Christi predigte.«

Aus diesem Holz waren also die Männer und Frauen geschnitzt, die die Heilsarmee aus der Taufe hoben. Wobei Scharf wiederum mit der Formulierung »aus der Taufe heben« nicht glücklich wäre.

»Wir taufen nicht«, erklärt er nämlich, als er Unterschiede zu anderen christlichen Gruppen erläutert, »wir glauben, dass sich viele Christen an solchen Ritualen festhalten, aber die sind leer, wenn keine tiefe Beziehung zu Gott aufgebaut wird. Deswegen feiern wir auch das Abendmahl nicht.«

»Ihr fürchtet also, dass sich jemand nur deswegen taufen lässt, um damit die Sicherheit zu haben, dass beim Jüngsten Gericht alles gutgeht?«

Scharf lächelt. Er lächelt oft. Er hat eine angenehme Ausstrahlung.

»So in etwa. Wichtig ist es, nicht nur auf dem Papier Christ zu sein, sondern es zu leben.«

»Was heißt das konkret?«

»Dass ich Menschen nicht verurteile und über niemanden denke, dass er eine widerliche Person ist.«

»Aber was ist, wenn jemand eben doch zweifelsfrei eine widerliche Person ist?«

Er lächelt wieder. »Dann hoffe ich, dass meine christliche Nächstenliebe mir die Kraft gibt, sie trotzdem respektieren.«

Die Heilsarmee Dresden stellt Frühstücke und Mittagessen. Sie organisiert Kleiderspenden, ist mit einem Bus unterwegs, um an den Brennpunkten der Stadt mit Lebensmitteln und Decken so gut es geht zu helfen. Dabei wird die Arbeit vor allem vom Ehepaar Scharf geleistet.

»Warum machen sie das überhaupt?«

»Ich sehe es als meine Pflicht an, anderen Menschen zu helfen, und denke, dass ich dadurch nach diesem Leben bei Jesus sein werde.«

»Ist das dann aber nicht egoistisch? Egoismus ist doch kein positiv belegter Charakterzug im Christentum.«

»Selbstlosigkeit ist eine christliche Tugend, mit dieser gehen meine Frau und ich durchs Leben.«

Ich bin mir ziemlich sicher, dass diese Frage vor dem Jüngsten Gericht über alles entscheiden wird. Satan wird auf Egoismus plädieren und »In die Hölle mit ihm!« schreien, während Jesus mit sanfter Stimme haucht: »Selbstlosigkeit! Gebt ihm eine Wolke, reicht ihm eine Harfe!« Wenn Gott sich Satans Meinung anschließen wird, werden nicht nur die Scharfs, sondern ganze Kirchengemeinden geschlossen in die ewige Verdammnis wandern.

Während wir uns unterhalten, setzt sich Angelika Scharf dazu. Sie trägt die Uniform der Heilsarmee und wirkt nicht wie jemand, der gerne stillsitzt. Gerade hat sie einer jungen Mutter dabei geholfen, ihre Wohnung aufzuräumen.

»30 Säcke mit Müll und noch einmal so viele folgen noch. Eine richtige Messi-Wohnung.«

Sie trägt eine schwarze Uniform mit Schulterpolstern, in den Kragen sind zwei »H« eingestickt. Auch die Hose ist schwarz, ebenso die Mütze, die durch eine rote Linie aufgelockert wird, die sich einmal um sie herumdreht. Vorne auf der Mütze, direkt über der Stirn, prangt erneut gut lesbar: *Die Heilsarmee*. Dazu ihr Logo, die Krone des Lebens.

»Ist die überall auf der Welt gleich?«, will ich mit Blick auf die Uniform wissen.

»Ja«, sagt Scharf.

»Es gibt Abweichungen in den Details, aber sie ist immer sofort als Uniform der Heilsarmee zu erkennen.«

»Zum Beispiel an der Krone«, meint Scharf und zeigt auf die Krone des Lebens.

»Das stimmt nicht«, korrigiert Frau Scharf lächelnd ihren Mann, der erstaunt die Augenbrauen hebt, »in den USA ist die Krone durch einen Adlerflügel ersetzt.«

Herr Scharf schnauft zustimmend.

»Warum?«, will ich wissen.

»Es gab Ende des 19. Jahrhunderts eine kurzzeitige Abspaltung, als der dortige Anführer seine Abberufung nicht akzeptieren wollte. Um nicht mit dessen Heilsarmee verwechselt zu werden, entwarf die reguläre Heilsarmee ein neues Wappen, eben den Adlerflügel. Als die Krise überstanden war und es wieder eine einzige Heilsarmee gab, behielt der amerikanische Teil dieses Symbol einfach.«

»Kurzzeitig gab es damals sogar drei Heilsarmeen in den USA, weil der Anführer der Abgespalteten wiederum abgesetzt wurde und erneut seine eigene Heilsarmee gründete, der aber dann außer ihm fast niemand mehr angehörte.«

»Wie kam es denn zur Wiedervereinigung?«

»William Booth persönlich reiste an«, erklärt Frau Scharf und diese knappe Bemerkung klingt so, als ob alles Weitere sich daraus wie bei einem Naturgesetz ergeben würde. Tatsächlich kam es zur Wiedervereinigung unter der ursprünglichen Leitung der Heilsarmee. Also unter der Führung von General William Booth.

Bei ihm handelte es sich offenbar um einen Segen für die Armen, aber nicht unbedingt für seine Familie. Ein arbeitswütiger Frommer, getrieben von der Wut, nie genug gegen all das Elend auf der Welt tun zu können. Er selbst nannte als seinen Erweckungsmoment einen Abend im Jahr 1844.

> »Als er am späten Abend von einer Versammlung durch ungepflasterte Straßen seinem Heim zustrebte, ließ ihn die mahnende Stimme Gottes nicht mehr zur Ruhe kommen. Mit der gleichen Klarheit, wie Saul auf dem Weg nach Damaskus das Licht sah, kam ihm zum Bewusstsein, dass Gott ihm ein ganz neues Leben schenken wollte. Plötzlich war ihm auch klar, dass er das Unrecht wiedergutmachen musste, das er anderen Mitmenschen angetan hatte. Da war das silberne Bleistiftetui, das er Freunden durch einen betrügerischen Trick abgewonnen hatte. Wie oft hatte er

Äpfel gestohlen und seine Gefährten beim Murmelspiel betrogen!«

Warum er sich mit Saulus verglich, ist wohl vor allem dem Wunsch nach Nähe zu biblischen Heroen geschuldet. Das Klauen eines Apfels spielt sich jedenfalls nicht gerade in der gleichen Kategorie ab wie das Organisieren von Christenverfolgungen und Lynchmorden, also die Verbrechen von Paulus, bevor er in einem dramatischen Augenblick Jesus als seinen Heiland annahm.

Dabei war William Booths Frömmigkeit nicht die Ausnahme, sondern die Regel in seiner Familie. Auch seine Frau Catherina hatte schon als Kind immer wieder die Bibel gelesen und schrieb ihrem Mann später lange Briefe, wenn er als Wanderprediger durch England reiste. Oft schloss sie diese mit Mahnungen wie: »Sing nicht noch bis Mitternacht nach einem harten Arbeitstag!« Auch die zwei Söhne und zwei Töchter wurden voll in diese fromme Welt einbezogen. Mit Sätzen, die wie Abrissbirnen für die Kindheit klingen, wurde ihnen mitgeteilt: »Ihr seid nicht in dieser Welt um euretwillen. Ihr seid hierhergekommen, um anderen zu helfen. Die Welt wartet auf euch!« Sie fügten sich und so sahen es die Booths mit Freuden, dass eine Tochter ihre Puppe als Evangelistin anzog, während einer ihrer Söhne drei Tage aufblieb, bis er endlich einen Fehler in dem Rechenschaftsbericht der Mission gefunden hatte, den bislang alle vergeblich gesucht hatten. Vermutlich ist es Teil der Legendenbildung, dass es drei Tage waren, andererseits war er der Sohn einer Frau, die am Tag der Diagnose eines letztlich tödlich verlaufenden Brustkrebs ihren Ehemann zwang, eine geplante Auslandsreise noch an diesem Abend anzutreten, weil Pflichten nun einmal Pflichten sind. Ein Ehemann, von dem die Heilsarmee stolz behauptet: »Er ist der einzige Familienvater, der je eine gewaltige religiöse Organisation geschaffen hat!« Der Prophet Mohammed wird das nicht gerne hören.

Auch wenn die Booths als Eltern wenig einfühlsam waren, was wohl mit dazu führte, dass William am Ende seines Lebens keinen Kontakt mehr zu seinen Kindern hatte, obwohl sie allesamt in der Heilsarmee dienten, waren sie auf einem anderen Gebiet ihrer Zeit weit voraus. In der Heilsarmee galt von Beginn an die Gleichberechtigung der Geschlechter, es gab keine Posten, die Frauen verschlossen waren, auch das Predigen war ihnen von Anfang an möglich. Vor allem Catherina, die selbst als ausgezeichnete Predigerin galt, setzte sich dafür ein und hielt im Jahr 1860 auch die erste Predigt selbst, was für großes Aufsehen sorgte. Ihren Auftritt kündigte William knapp mit den Worten an: »Meine liebe Frau möchte ein paar Worte sagen.«

Die Booths bauten ihre Kirche auf wie eine Armee. Schließlich war der Kampf gegen Hunger, Armut, Prostitution und Gottlosigkeit nicht weniger ein Krieg als der um Bodenschätze oder Ländereien zwischen gewöhnlichen Armeen. Das führt zu einer militarisierten Sprachregelung, wie es sie sonst in Kirchen nicht gibt. Missionshäuser werden Armeekorps genannt, das Niederknien zum Gebet heißt Kniedrill und ein Halleluja wird nach der Aufforderung »Feuert eine Salve!« gerufen. Der Schwur der Heilsarmee beginnt mit »Pflanzt die Bajonette auf« und Verstorbene werden »zur Herrlichkeit befördert«. Als William Booth selbst 1912 starb, hatte »der General sein Schwert niedergelegt«. Wenn die Heilsarmee sich entscheidet, in einem Land aktiv zu werden, wird dort »Krieg geführt« und die ersten Aktivitäten als »das Feuer eröffnen« gefeiert. Alles recht martialisch, zumal ja noch die Uniformen, das rot-blaue Blut-und-Feuer-Banner und Parolen wie »Haltet aus!« hinzukommen. Nur das Magazin hat abgerüstet und heißt heute ganz bieder *Heilsarmee-Magazin* und nicht mehr *Kriegsruf*. Die Heilsarmee setzte als eine der ersten Organisationen gezielt auf die Wirkung von Musik. Dabei wurden manchmal zwei Fliegen mit einer Klappe geschlagen. Ihr populärer Song »Bless his name

[Anm.: natürlich den von Jesus], he sets me free« geht zurück auf das Lied »Champagne Charlie is my name«, das sich um den Säufer Charlie dreht. Booths Begründung, warum genau das als Vorlage dienen sollte, lautete: »Warum soll denn der Teufel all die besten Melodien haben?«

»Wie finanziert sich eigentlich die Heilsarmee?«, möchte ich von den Scharfs wissen.

»Vor allem Spenden, hier in Dresden benötigen wir 400 000 Euro und die werden fast komplett von den Einwohnern gestellt«, erklärt Frau Scharf, bevor sie auf die Uhr schaut und sich verabschiedet. »Ich begleite einen Bedürftigen aufs Amt, Formulare ausfüllen.«

»Es ist außerdem üblich, dass Mitglieder zehn Prozent ihres Gehalts abgeben«, schiebt Herr Scharf nach.

Ich nicke, aber mir geht weiterhin meine Höllenfahrt nicht aus dem Sinn.

»Warum genau komme ich in die Hölle?«, möchte ich wissen wie jemand, der jetzt über das Kleingedruckte im Vertrag diskutieren will.

»Jesus hat uns durch seinen Tod die Möglichkeit gegeben, ihn als unseren Retter anzunehmen.«

»Na und? Eine Möglichkeit ist doch auch nur ein Angebot. Angebote kann man ablehnen.«

»Sie können es ja auch ablehnen«, lächelt Scharf.

»Und werde dafür bestraft.«

»Handlungen haben Konsequenzen, das ist der Preis für unseren freien Willen.«

Ich versuche, mein letztes Ass auszuspielen.

»Ist Jesus überhaupt für unsere Sünden gestorben, wenn er drei Tage später wieder lebt? Welche Lebensversicherung würde denn Geld ausschütten, wenn ich drei Tage nach meinem Tod in die Filiale komme und die Auszahlung verlange, weil ich schließlich gestorben bin?«

»Ich verstehe Ihren Punkt und wenn ich nicht an Jesus glauben würde, würde ich es vielleicht auch so sehen. Aber die tiefere Wahrheit verschließt sich jenen, die sie ablehnen.«

An einer solchen Rhetorik zerschellen alle Argumente. Ich resigniere und bereite mich auf ein Nachleben in sehr großer Hitze vor. Aber zumindest will ich möglichst viele andere Menschen mit mir in den Abgrund reißen. Und fange direkt jetzt damit an.

»Was ist mit den Schwulen?«

»Was soll mit ihnen sein?«

»Homosexualität ist eine Sünde, oder?«

»Gott sieht es als Sünde, ja.«

»Obwohl er die Menschen selbst so geschaffen hat?«

»Ist Homosexualität angeboren oder erworben? Das ist eine große Frage.«

»Und die landen alle in der Hölle?«

Anstatt knapp mit Ja zu antworten, meint Scharf: »Wir müssen da unterscheiden. Gott verurteilt die Sünde, aber nicht den Sünder. In diesem Fall haben auch wir als Evangelikale große Fehler begangen, weil es zu oft so wirkte, als ob wir Homosexuelle verurteilen. Vielleicht kann man es mit den Alkoholikern vergleichen, da verurteilen wir auch nur den Alkohol, aber nicht den Menschen, der davon abhängig ist.«

»Also kann es sein, dass ein Homosexueller in den Himmel kommt?«

»Wenn er ein Leben führt, das Jesus gewidmet ist, und er versucht, nicht zu sündigen, ja.«

»Also kein Sex für Homosexuelle?«

»Es ist in Gottes Hand, wie er das Leben eines Menschen beurteilt. Aber Homosexualität ist eine Sünde, das steht fest.«

Während die Heilsarmee also schon Mitte des 19. Jahrhunderts kein Problem damit gehabt hätte, das Frauenmagazin *Emma* zu abonnieren, wird ein Wagen auf dem Christopher Street Day so schnell wohl nicht Wirklichkeit werden. Bald darauf schaut auch Herr Scharf auf die Uhr. »Ich muss in zehn Minuten los, eine Runde mit dem Bus fahren.«

Wir stehen auf und gehen hinter das frühere Schulgebäude, wo es eine weitläufige Wiese gibt und einen Parkplatz mit zwei Kleinbussen. In einen wuchten gerade zwei Mitarbeiterinnen Kisten mit Obst und Gemüse. Diesen wird Scharf gleich durch die Stadt fahren und an den bekannten Treffpunkten anhalten, damit sich die Bedürftigen mit Lebensmitteln versorgen können. »Im Winter haben wir auch diesen sogenannten Kältebus, mit dem fahren wir durch die Straßen und bieten Frierenden an, einzusteigen, damit sie sich aufwärmen können. In Deutschland erfrieren im Winter wieder Menschen.«

Dann steigt er in den Bus, setzt sich die Mütze der Heilsarmee auf und beginnt seine Runde.

Ich setze mich in die nächste Straßenbahn ins Zentrum und habe noch Zeit, bis mein Zug nach Berlin geht. Also spaziere ich durch die Straßen. Es gibt erstaunlich viele Ausländer hier, was aufgrund der Pegida-Berichte in den Medien etwas überrascht. Junge Asiaten und Musliminnen mit Kinderwagen. Außerdem Osteuropäer. Ich gehe zum Burger King im Bahnhof. Die Bedienung ist ebenfalls Asiatin. Sie berät die Kunden mit einer solchen Begeisterung, dass in der Schlange gezischt und geseufzt wird. Augenpaare fixieren immer wieder unruhig die Uhren an Handgelenken und in Smartphones. Aber die Bedienung lässt sich davon nicht beirren, sie berät weiter auskunftsfreudig und geduldig. Als die ältere Frau vor mir bezahlt, schiebt sich von rechts ein kleiner Junge mit seinem Vater an den Tresen. In dem Moment, als die Kundin mit ihrem Tablett davongeht, schiebt er sich endgültig vor mich und bestellt für sich und seinen Vater. Während sie warten, zischt der Vater ihm zu: »Du musst aufpassen, die wollen einen immer übers Ohr hauen, das werden sie mit dir später auch versuchen! Bleib ordentlich, dann können die dir nichts anhängen.« Ich weiß nicht, ob er mit »die« die Mitarbeiter in Fastfood-Restaurants meint oder die Nachbarn oder den Staat, er hat sich jedenfalls einen guten Zeitpunkt ausgewählt, um sein Kind über die Schlechtigkeit der Menschheit aufzuklären. Irgendwie muss man die Zeit ja rumbekommen, bis endlich das Essen kommt, für das man sich so tapfer vorgedrängelt hat.

Eine halbe Stunde später überquert der IC wieder die Elbe und für wenige Augenblicke sehe ich das Ufer, von dem aus Dresden tatsächlich eine wunderschöne Stadt ist. Ich lese noch ein wenig in Magazinen der Heilsarmee und stelle fest, dass der Unterhaltungswert der ultrafrommen Gründergeneration wirklich beeindruckend war. William Booth selbst hatte ein erstaunliches Talent für schlagfertige Sprüche. Hätte er 100 Jahre später gelebt, wäre er womöglich ein gefeierter Late-Night-Talker geworden. Eine Kostprobe: »Wenn zu Moses' Zeiten Komiteesitzungen stattgefunden hätten, wären die Kinder Israels niemals durch das Rote Meer gezogen.«

Station 6
Metropolitan Community Church

»Und bevor mich nun jemand fragt, ob ich tatsächlich an schwule Engel glaube: Ja, ich glaube an schwule Engel. Ich glaube an lesbische Engel und ich glaube an heterosexuelle Engel.«

Ich sitze in einem Beerdigungsinstitut. Es hat die schlichte Pietät, die solche Orte des Abschiednehmens immer haben. Dunkle Farben, ein ordentlich aufgeräumter Schreibtisch, kein Müll. Ein Plakat bietet Beratung für Beerdigungen an: *Was ist, wenn ich nicht mehr in der Kirche bin? Wer kümmert sich um mein Grab, wenn ich niemanden mehr habe?*

Mir sitzt ein Mann gegenüber, der nicht nur dieses Beerdigungsinstitut leitet, sondern auch so hager und so groß ist, dass er in jedem Film die Rolle des Totengräbers übernehmen könnte. An ihm passt alles, er bringt auch diesen subtilen Schwenk ins Wunderliche mit, den man oft nicht einmal genau beschreiben kann, weil er mehr Aura als bewusstes Verhalten ist. Mein Bestatter heißt Schwaigert, trägt eine Brille und das Haupthaar hält sich wacker, muss aber an der Stirnfront schon erhebliche Geländeverluste beklagen.

Schwaigert hat den Satz mit den schwulen Engeln gesagt. Nicht einfach so, sondern als Teil einer Predigt. Denn neben seinem weltlichen Beruf hier ist er auch Pastor.

»Soll ich erklären, was die Metropolitan Community Church ist?«, fragt er mich.

»Ein bisschen habe ich schon dazu gelesen und auf eurer Homepage die PDF-Dateien runtergeladen.«

»Sehr gut, wenn ich das nämlich hätte erzählen sollen, wäre ich morgen früh noch nicht fertig.«

Der große Mann legt erleichtert die Hände auf die Sessellehnen. Wäre doch wirklich schade, wenn er nun die ganze Gesprächszeit für diese Erläuterung verwenden müsste. Als er kurz darauf anfängt, über sein Leben zu erzählen, und nach 20 Minuten immer noch nicht auf der Universität ist, sondern noch in seinem schwäbischen Heimatdorf, weiß ich, dass seine Warnung vor dem *morgen früh noch hier sitzen* berechtigt war. Schließlich gelingt es mir aber, ihn durch unterstützende Zeitrafferfragen (»An welcher Uni studierten Sie dann?«) zu zaghaften Sprüngen in der autobiographischen Erzählung zu bringen.

Er ist der Pastor der Metropolitan Community Church (MCC) in Stuttgart. Eigentlich wollte Schwaigert evangelischer Pfarrer werden, doch nach seinem Coming-out als Student änderten sich seine Pläne: Er hätte seiner Meinung nach zu viele Kompromisse machen müssen, um nicht in Konflikte zwischen der vorherrschenden Meinung in der Kirche und seiner Sexualität zu geraten. Also nahm er Kontakt zur MMC auf. »Das war 1994 und das war damals noch nicht so einfach, so ohne E-Mails. Also schrieb ich Briefe nach Los Angeles und reiste nach London, um dort zum Geistlichen ordiniert zu werden.«

Bei der MCC handelt es sich um eine evangelikale Kirche, die 1968 gegründet wurde. Aus einer einzelnen Gemeinde in Los Angeles wurden bis heute über 200, drei davon auch in Deutschland. Außergewöhnlich an ihr ist nichts … obwohl, nein, das stimmt so nicht ganz. Sie heißt Schwule, Lesben und Transgender willkommen und akzeptiert sie als vollwertige Christen und Menschen und sieht in ihrer sexuellen Orientierung nichts Sündhaftes. Die Kirchengründung damals war eine Reaktion auf die massive gesellschaftliche Diskriminierung Homosexueller. Als Polizisten zum wiederholten Male einen Freund von Troy Perry misshandelten, gründete er die MCC in Los Angeles. Ein Ziel dabei war es, dadurch besser vor Polizeiwillkür geschützt zu sein, aber vor allem, homosexuellen Christen in einer Zeit, in der die Kirchen Homosexualität verdammten, eine Heimat zu bieten.

»Wie reagierten denn die anderen Kirchen, als ihr im Jahr 2000 in Stuttgart eröffnet habt?«

»Die Amtskirchen ignorieren uns und die Fundamentalisten verdammen uns, die wettern gegen Homosexualität.«

»Verletzt euch diese Ablehnung durch die anderen Christen?«

»Ich kann da nur für mich sprechen, es ist mir nicht in jedem Fall wichtig, was andere Leute von mir halten. Die Fundamentalisten etwa, die sind mir gleichgültig. Ich finde es eher arm, was die für ein Bild des Glaubens haben.«

»Was halten Sie von den Bibelstellen, in denen Homosexualität verdammt wird?«

Schwaigert lacht und murmelt: »Ach ja, diese Listen.«

Ich warte, bis er mit dem Lachen fertig ist.

»Und? Was ist jetzt mit diesen Bibelstellen? Irritieren Sie die nicht?«

Erst jetzt merkt er, dass ich wirklich eine Antwort hören möchte. Je nachdem, wo man sucht, sind diese Listen mit Bibelstellen mal länger und mal kürzer. Immer dabei ist aber das Dritte Buch Moses, wo Gott persönlich Moses seine »Verordnungen zum Schutz der Ehe und gegen Unzuchtssünden« diktiert. Wobei sich gleich 14 der insgesamt 18 Verordnungen damit beschäftigen, wer wessen Scham unter welchen Bedingungen sehen, niemals sehen oder gerade jetzt nicht sehen darf.

Pastor Schwaigert leitet eine Freikirche, die Homosexualität als Gottesgeschenk sieht. Christliche Fundamentalisten sind darüber empört.

Es gibt dabei recht klare Anweisungen wie »Niemand soll sich irgendeiner seiner Blutsverwandten nähern, um ihre Scham zu entblößen« oder »Du sollst die Scham deines Vaters und die Scham deiner Mutter nicht entblößen«, aber auch »Die Scham der Tochter deines Sohnes oder der Tochter deiner Tochter, ihre Scham sollst du nicht entblößen, denn es ist deine Scham«. Manche der Verbote lesen sich hingegen fast wie knifflige Denksportaufgaben: »Du sollst nicht zugleich die Scham einer Frau und ihrer Tochter entblößen, noch die Tochter ihres Sohnes oder die Tochter ihrer Tochter nehmen, um ihre Scham zu entblößen, denn sie sind Blutsverwandte; es wäre eine Schandtat.« Außerdem stellt Gott nach all diesen Einschränkungen fest: »Auch sollst du bei keinem Vieh liegen, dass du dich mit ihm verunreinigst. Und keine Frau soll sich vor ein Vieh stellen, um sich mit ihm einzulassen; es ist eine schändliche Befleckung!« Und zwischen all diesen Verboten von Inzest und Sodomie heißt es eben auch: »Du sollst bei keinem Manne liegen, wie man bei einer Frau liegt, denn das ist ein Greuel.«

Noch deutlich massiver ist Gottes Drohung gegen Schwule (Lesben scheinen ihm egal zu sein, es geht immer nur um Mann und Mann, nicht um Frau und Frau) an einer späteren Stelle im Dritten Buch Moses. Im Abschnitt »Strafen für Götzendienst und Unzucht« sagt er unmissverständlich: »Wenn ein Mann bei einem Mann liegt, als würde er bei einer Frau liegen, so haben sie beide einen Greuel begangen, und sie sollen unbedingt getötet werden!« Gott hat damit eine Todesstrafe gegen Schwule ausgesprochen. Man sollte aber vielleicht erwähnen, dass dieses Gespräch Gottes mit Moses ohnehin kein Plädoyer für gewaltfreie Konfliktlösungen darstellt. Er fordert für nicht weniger als 14 weitere Vergehen ebenfalls die Todesstrafe. Hier eine kleine Auswahl:

> »Wer seinem Vater oder seiner Mutter flucht, der soll unbedingt getötet werden!«
>
> »Wenn ein Mann mit einer Frau Ehebruch treibt, so sollen der Ehebrecher und die Ehebrecherin unbedingt getötet werden.«
>
> »Wenn ein Mann bei seiner Schwiegertochter liegt, so sollen sie beide unbedingt getötet werden!«
>
> »Wenn ein Mann bei einem Tier liegt, so soll er unbedingt getötet werden und das Tier soll man umbringen.«
>
> »Wenn eine Frau sich irgendeinem Tier nähert, um sich mit ihm einzulassen, so sollst du die Frau töten und das Tier auch; sie sollen unbedingt getötet werden!«

»Wenn ein Mann bei einer Frau liegt zur Zeit ihres Unwohlseins und ihre Scham entblößt, so sollen beide ausgerottet werden aus der Mitte ihres Volkes!«

Wenn es nach Gott geht, reicht also schon ein falsches Wort gegen die Eltern, um getötet zu werden. Auch Ehebruch ist todeswürdig, ebenso intimer Kontakt mit einer Frau, die ihre Regelblutung hat. Als Entschädigung dafür, dass Moses und sein Volk sich diesem Strafenkatalog Gottes fügen, verspricht er ihnen »ein Land, in dem Milch und Honig fließen«. Und auch viel Blut, wie man nach diesen Anweisungen vermuten muss. Neugierig höre ich zu, was Schwaigert zu solchen und ähnlichen Bibelpassagen zu sagen hat.

»Der Fehler ist doch, sie nicht in ihrer Zeit zu sehen. Diese Stellen betreffen eine ganz andere Gesellschaft in einer ganz anderen Epoche.«

»Es gibt aber Christen, die diese Worte für zeitlos wahr halten.«

»Und das ist falsch. Außerdem greifen sich diese Christen auch nur die Passagen heraus, die ihnen passen. Gott spricht sich auch gegen das Essen von Schweinefleisch aus, trotzdem essen diese Christen Schwein, während sie Homosexualität verdammen.«

»Vielleicht ist ihr Fehler aber auch nur, dass sie eben Schweinefleisch essen.«

»Wie meinen Sie das?« Der Pastor mit dem Beerdigungsinstitut schaut mich neugierig an.

»Könnte es nicht so sein, dass diese Christen in Sachen Homosexualität genau das machen, was die Bibel fordert, und sich beim Schweinefleisch eben falsch verhalten?«

Er lacht und streckt seine langen Beine aus.

»Wie gesagt, das sind keine historischen Dokumente. Die Bibel ist eine Sammlung von Gleichnissen und Bildern, die wir als Vorbild für unser heutiges Handeln nehmen können. Ein

Beispiel: Natürlich hat die Sintflut nie stattgefunden, so viel Wasser gibt es auf der ganzen Welt nicht!«

Ich finde nicht, dass sich so etwas aus dem Mund eines religiösen Menschen richtig anhört. Dass Gott alles aus dem Nichts erschaffen hat, kann er akzeptieren, dass aber genau dieser Gott auch genug Wasser organisieren kann, um eine Sintflut zu veranstalten, ist dann plötzlich außerhalb des Vorstellbaren. Warum? Wir sprechen hier doch nicht vom THW, sondern vom allmächtigen Herrn im Himmel!

In der Metropolitan Community Church ist es kein Problem, die Bibel so zu deuten wie Schwaigert. Sie versteht sich als Netzwerk, das ein liberales Christentum ermöglichen soll. Auch wenn die öffentliche Wahrnehmung die einer »schwulen Kirche« ist, will sie das nicht sein, sie will jeden mit offenen Armen empfangen. Die Stuttgarter Gemeinde hat das in ihrem Text »Ein Traum von Inklusivität« so formuliert: »Jona zeigt uns, dass Gottes Liebe größer ist als unsere menschlichen Grenzen, als unsere menschlichen Kategorien. Unser Schwerpunkt auf Inklusivität und inklusiver Sprache stammt aus diesem Wissen. In der MCC versuchen wir, Menschen nicht durch irgendwelche Grenzen aus unserem Leben und aus unserer Gemeinschaft auszuschließen – sei es nun wissentlich oder unbeabsichtigt.«

Was mich allerdings etwas erstaunt, ist die Gleichgültigkeit, mit der Schwaigert die christlichen Argumente gegen Homosexualität beiseitewischt. Jedenfalls ist es kein theologischer Konter, zu sagen, »das ist Quatsch«, um damit den entsprechenden Bibelstellen jeden Bezug zur Wirklichkeit abzusprechen. Gleichzeitig sind für ihn die Wunder und Predigten von Jesus sehr wohl eine Richtschnur für heute. Auch er liest die Bibel also selektiv, nur mit dem Unterschied, dass er daraus keine Diskriminierungen ableitet. Wäre ich ein schwules Mitglied seiner Gemeinde, würde mich Schwaigerts Rhetorik, mit der er die vorhandenen Vorurteile anderer Christen abtut, nicht beruhigen. Es ist unter Christen eben nicht der Normalfall, das Alte Testament (die schwulenfeindlichen Passagen finden sich dort) zu lesen, als sei es nicht viel mehr als eine Märchensammlung der Israeliten. Doch Schwaigert zieht seine Strategie konsequent durch. Als er wieder von der Liebe Gottes spricht, wende ich ein: »Gott ruft aber in der Bibel immer wieder zum Mord auf. Sogar zu Völkermorden.«

»Diese Geschichten muss man ebenfalls aus der Zeit heraus sehen, die wurden geschrieben von einem Nomadenvolk, das von allen Seiten bedroht wurde. Natürlich haben sie versucht, sich in ihren Erzählungen mächtiger zu machen.«

»Aber man kann die Bibel als Pastor doch nicht so interpretieren, immerhin sind auch die Zehn Gebote im Alten Testament.«

»Die Vorstellung, dass Gott mit Blitzen die Zehn Gebote in Stein gebrannt hat, ist auch falsch.«

Ein Moment Stille, dann sage ich: »Nein, ist sie nicht, diese Vorstellung ist eine der Grundlagen des Christentums.«

Hier sitzen ein Pastor und ein Konfessionsloser und einer von beiden besteht darauf, dass Gott die Zehn Gebote so gemeint hat, wie er sie Moses auf dem Berg Sinai übergab. Und dieser eine ist nicht der Pastor. Willkommen in der Metropolitan Community Church.

»Woran muss ich denn überhaupt glauben, um Mitglied Ihrer Kirche sein zu können?«, frage ich nun erstaunt. Schwaigert lacht und denkt nach.

»Wir sind in der Tat ziemlich offen. Wir haben auch wenige Dogmen. Sie sollten aber mindestens glauben, dass Gott uns liebt und Jesus ein Beweis dieser Liebe ist.«

»Sind die Geschichten rund um Jesus denn auch nicht wahr?«

»Ich denke, dass er Außergewöhnliches geleistet hat und auch Wunder tat. So wie es damals viele gab, die Wunder taten. Was ihn aber wirklich von den anderen unterschied und was seinen göttlichen Ursprung beweist, ist die Weisheit seiner

Reden. Das macht das Neue Testament zu einem so klugen Buch, weil darin alles über den menschlichen Charakter offenbar wird. Die Herodes-Geschichte zeigt, wozu Menschen im Bösen fähig sind.«

»Braucht es wirklich die Herodes-Geschichte, um das zu merken?«

»Es geht darum, wie mit dem Bösen umgegangen wird. Die Bibel hilft uns, ein gutes Leben zu führen und ein Vorbild für andere zu sein.«

»Was passiert eigentlich nach dem Leben, also im Tod? Himmel und Hölle?«

»Das weiß ich nicht.«

Ich muss lachen.

»Ist das jetzt ein Witz?«

Das Alte Testament ist also frei interpretierbar und nun gibt es nicht einmal eine Idee vom ewigen Leben? Schwaigert schaut mich irritiert an, rutscht tiefer in den Sessel und holt etwas weiter aus.

»Ich glaube schon, dass da nach dem Tod etwas ist. Doch wie dieser Ort genau aussieht, das kann niemand wissen. Er wird nahe bei Gott sein. Ab da versagt uns die Sprache. Wie will man die Nähe zu Gott in Worte fassen? Wie will man einen Orgasmus in Worte fassen? Es ist das gleiche Problem, das geht über unsere Fähigkeiten hinaus.«

Das ist wirklich eine etwas andere Kirche. Das Himmelreich mit einem Orgasmus in Verbindung zu bringen, ist erstaunlich wenig verklemmt. Zumal er noch einige Sätze über weniger guten Sex in seinem Leben nachschiebt, die sich ihm beim Thema Orgasmus aufdrängen.

Seine Stuttgarter Gemeinde machte er seit dem Jahr 2000 bekannt, indem er durch die Schwulenbars der Stadt zog und auch auf dem Christopher Street Day warb. Bald schon hatte er deswegen den Spitznamen »euer Merkwürden« weg, »in Anlehnung an euer Hochwürden«, wie er grinsend hinzufügt.

Mehrere Dutzend Mitglieder kommen seitdem regelmäßig in die sonntäglichen Gottesdienste. Weniger als 100 Mitglieder hat die Gemeinde. »Im Gottesdienst sind wir zum Teil besser besucht als manche eingesessene Kirche hier. Von der Gesamtzahl an Mitgliedern natürlich nicht.«

Während unseres Gesprächs fahren alle paar Minuten Straßenbahnen am Fenster vorbei. Die Haltestelle befindet sich nur wenige Meter entfernt. Ratternd und quietschend kommen sie an, öffnen ihre Türen mit einem scheppernden Ton und setzen sich dann wieder in Bewegung. Schwaigert fällt das längst nicht mehr auf, aber mich irritiert es immer wieder aufs Neue. Es klingt, als ob die Straßenbahn direkt in meinem Ohr anhält.

»Wie haben die Leute denn in den Homo-Bars reagiert?«

»Sehr unterschiedlich«, Schwaigert schließt etwas zu theatralisch die Augen, »die einen waren neugierig und kamen in die Gemeinde, um sie kennenzulernen. Die meisten haben ablehnend reagiert, sei es wegen zu vieler schlechter Erfahrungen mit Religionen, sei es, weil sie schlicht kein Interesse an Religionen haben. Und einige wenige haben auch richtig aggressiv reagiert. Die wollten von dem Thema nichts hören.«

»Also doch recht viel Ablehnung?«

»Ich sage immer: Es ist leichter, schwuler Christ in der Kirche zu sein als schwuler Christ unter Schwulen.« Er lacht laut, als ob er selbst diesen Spruch gerade zum ersten Mal gehört hätte.

Die eigentliche Gemeinde existiert in angemieteten Räumen, die an Hotelsäle erinnern, in denen Meetings und Mitarbeitercoachings stattfinden. Weiträumig, hell und seelenlos steril. Schwaigert setzt viele seiner Predigten auch auf YouTube und da sieht man ihn fast jedes Mal in einem andersfarbigen Talar. Mal in Grün, dann in Lila, Weiß oder Schwarz. Bei einer Predigt trägt er auch die Regenbogenfahne als Schal um den Hals. Inhaltlich sind seine Auftritte von denen anderer christlicher Prediger nicht zu unterscheiden. Wobei dann doch auffällt, wie oft er sich mit kritischen Worten gegen die Exklusivität im Christentum wendet. Die Menschen sollten generell weniger verurteilen, was der andere glaubt und wie er lebt, ruft er der Gemeinde zu.

»Mir geht es auch nicht in erster Linie um das Leben nach dem Tod«, kommt er darauf zurück, »oder darum, mich in diesem Leben so zu verhalten, dass Gott mich danach belohnt. Vor allem geht es mir um dieses Leben als Wert an sich. Wir fragen uns viel zu oft, was eigentlich nach dem Tod passiert. Wichtiger ist aber doch, was davor passiert. Was passiert in deinem Leben, was fängst du damit an? Das sind die Fragen, die manchmal zu kurz kommen in der Religion.« Dass ich nicht sofort antworte, legt er zu seinen Gunsten aus und spricht weiter.

»Ich glaube, wir werden nach dem Tod von Gott ohnehin aufgezeigt bekommen, was wir getan haben und auch, was möglich gewesen wäre. Aber er wird uns auch zeigen, was wir wirklich für ein Mensch waren. Und das wird schmerzhaft. Da wird sich jeder Einzelne mit seinen eigenen Fehlern und seiner Fehlerhaftigkeit konfrontiert sehen.«

Wichtig ist der Metropolitan Community Church, dass sie keine »schwule Kirche« ist, auch wenn sie das zu Beginn im Grunde war. Gründer Troy Perry, der heute wie ein gemütlicher Onkel wirkt, unter dessen freundlicher Schale eine natürliche Autorität liegt, war zunächst Baptistenprediger und heiratete 1959 mit 19 Jahren eine Frau, mit der er zwei Kinder hatte. Dass er schon damals immer wieder mit Männern intim wurde, versuchte er gegenüber sich selbst als jugendliche Experimentierphase zu entschuldigen. Seine Frau, die wohl auch schon zuvor Verdacht geschöpft hatte, ließ sich von ihm scheiden, nachdem sie ein Buch über Homosexualität in den USA unter der Matratze gefunden hatte. Er wurde gedrängt, als Prediger aufzuhören, und ging zur Army. Zwei Jahre lang war er in Deutschland stationiert. Im Jahr 1968 (übrigens dem Geburtsjahr von Schwaigert) entschied er sich, wieder zu predigen, und gründete die

MCC. Seine erste Predigt hielt er in seiner eigenen Wohnung und es kamen ganze zwölf Personen, von denen neun Freunde von ihm waren. Seitdem hat sich die Kirche immer weiter entwickelt und verfügt heute über 200 Gemeinden in mehr als 30 Ländern.

Dass die MCC in den USA gegründet wurde, liegt unter anderem an der wichtigeren Rolle, die Kirchengemeinden dort spielen. In den 1960er Jahren gab es für offen homosexuelle Mitglieder praktisch keinen Platz in den christlichen Kirchen. Wer allerdings in keiner Kirche war, erfuhr eine große soziale Ausgrenzung. Mittlerweile hat sich das Klima deutlich geändert, weswegen Schwaigert auch erklärt, dass die MCC das Opfer ihres eigenen Erfolges wird.

»Wir werden vermutlich nicht ewig existieren, aber das ist auch nicht schlimm«, schiebt er sofort nach, »wir haben nicht diesen Ewigkeitsanspruch, wie er zum Beispiel bei den Katholiken da ist. Heute sind die Kirchen deutlich offener gegenüber Homosexuellen, Transgendern und Bisexuellen. Sie freuen sich nicht, wenn jemand so ist, aber die Zeit der offenen Verurteilungen und der Ausgrenzung ist in den meisten Kirchengemeinden vorbei.« Trotzdem gibt es auch bis heute noch massive Anfeindungen. Ein besonderes Problem sind die Heilungsversuche, speziell in einigen amerikanischen Kirchen. Dabei wird versucht, Homosexuelle von ihrer »Krankheit« zu heilen, als ob es sich um Stottern oder eine Rechtschreibschwäche handelt.

Die sogenannte Ex-Gay-Bewegung spielt dabei eine wichtige Rolle. Sie besteht aus amerikanischen Christen, die von sich behaupten, früher homosexuell gewesen zu sein, bevor eine Therapie sie erfolgreich davon heilte. Sie verkaufen sich als lebenden Beweis dafür, dass Homosexualität eben keine Veranlagung ist, sondern ein erlerntes Verhalten, das korrigiert werden kann. Ihnen gegenüber steht wiederum die Ex-Ex-Gay-Bewegung, die aus früheren Ex-Gay-Mitgliedern besteht, die sich nun wieder als homosexuell bezeichnen. Manche von ihnen nennen sich etwas pathetischer auch Ex-Gay-Survivor, also Überlebende.

»Sind eigentlich Schwule und Lesben gleich engagiert bei euch?«, möchte ich wissen, während wieder eine Straßenbahn in meinem Ohr anhält.

»Wie gesagt, wir sind nicht nur eine Kirche für Schwule und Lesben, wir sind auch für Transgender und Bisexuelle offen. Und für alle anderen auch, die ausgegrenzt werden.«

»Aber die meisten werden doch schwul oder lesbisch sein.«

»Ja.«

»Und, sind beide gleich aktiv?«

»In den ersten 20 Jahren waren die schwulen Mitglieder ganz klar tonangebend, aber dann kam Aids und bis Mitte der 90er Jahre starb fast die Hälfte der Priester daran. Diese Lücke wurde von den Lesben geschlossen, und zwar ganz großartig. Die Nachfolge von Troy Perry übernahm mit Nancy Wilson auch eine Frau.«

»Und wie sieht die Zukunft aus?«

»Wir werden vielleicht andere Randgruppen mehr im Fokus haben, wenn die Ausgrenzung von Homosexuellen, von Transgendern und Bisexuellen nicht mehr so stark ist. Es gibt noch viele andere Felder, in denen Diskriminierung zuhause ist. Zum Beispiel Ageism, also Altersdiskriminierung, oder Lookism, also die Diskriminierung aufgrund des Aussehens. Oder auch die Diskriminierung, die mit der Sprache transportiert wird. Ein Beispiel, das bekannteste Buch von Troy Perry heißt: ›The Lord Is My Shepherd and He Knows That I Am Gay‹.« Wieder einmal breitet Schwaigert seine Arme theatralisch aus. Offenbar habe ich das Problem noch nicht verstanden.

»Na und?«

»My Lord!«, grenzt Schwaigert mit übertriebener Deutlichkeit ein. »Lord!«

»Ja?«

»Lord ist männlich, heute würden wir Gott nicht mehr mit einer solchen Begrifflichkeit des Patriarchats bezeichnen.«

»Sondern wie? Mit ›The Lady Is My Shep…‹«

»Gar keine Festlegung!«, unterbricht er mich. »Warum müssen wir das überhaupt tun?«

Und so frisst die Revolution auch in diesem Fall ihre Kinder (bzw. eher ihren Vater) und die Bücher des Gründers werden mit dem gendergerechten Blick des 21. Jahrhunderts noch einmal kritisch überprüft.

Als ich mich verabschiede, schwelgt »euer Merkwürden« noch einmal in Erinnerungen an den Moment, als er wusste, dass er Priester bei der Metropolitan Community Church werden will. »Als ich zum ersten Mal sah, wie ein Mann Hand in Hand mit seinem Partner am Abendmahl teilnahm, wusste ich, dass das der Kern des Glaubens ist.«

Dann ächzt und seufzt wieder eine Straßenbahn heran, hält an und fährt wieder los. Doch dieses Mal höre ich sie nicht leiser werden. Ich sitze in ihr und mache mich auf den Weg zum Hauptbahnhof.

Es hat Spaß gemacht, sich mit Schwaigert zu unterhalten, aber ich bin doch etwas enttäuscht von der theologischen Gleichgültigkeit, mit der er schwulenfeindliche Bibelstellen abtut, und ich finde auch, dass er es sich mit dieser Haltung zu einfach macht. Schließlich werden diese Bibelstellen von schwulenfeindlichen Christen eben nicht einfach als historische Dokumente gelesen, sondern als moralischer Kompass für das Hier und Heute. Dass er auch den Zehn Geboten ihren betonhaften Dogmatismus abspricht und sie zu einer Art Empfehlungsschreiben Gottes reduziert, an das man sich halten kann oder auch nicht, erstaunte mich ebenfalls. Aber gut, dass wird er wohl irgendwann mit dem Herrn persönlich besprechen müssen, ob er sie nun in den Stein brannte oder nicht. Vermutlich wird es ein kurzes Gespräch werden.

Station 7
Scientology

»Was ist jetzt mit dem Säbelzahntiger?«

Sabine Weber schaut irritiert aus dem Fenster und murmelt: »Diese Frage gab es noch nie.«

»Wirklich nicht«, bin ich erstaunt, »mich würde das sofort interessieren, wenn ich Scientologe wäre. Wenn auch Tiere in ihrer jeweiligen Art wiedergeboren werden, was ist dann mit den ausgestorbenen Tieren? Was ist mit dem Säbelzahntiger?«

Bislang verlief der Rundgang durch die Scientology-Kirche in Berlin reibungslos.

Weber ist Anfang 50, hat kurzes, schwarzes Haar und eine austauschbare PR-Eloquenz, die auch Autos und Waschmittel bewerben könnte. Sie trägt einen blauen Hosenanzug, der wohl ihre Dynamik und Vitalität unterstreichen soll. Sie zeigt mir das Gebäude, das aussieht, als ob hier die Kulissen eines zweitklassigen Sciencefiction-Films und einer Ärztesoap zusammengelegt wurden. Überall an den Wänden gibt es Symbole wie Pyramiden oder Dreiecke, die nicht hochwertig aussehen, sondern wie günstige Requisiten. Ergänzt werden sie durch allerlei geometrische Formen, die dem Ort eine Atmosphäre der Wissenschaftlichkeit, der Rationalität und kühlen Analytik verleihen sollen. Alle paar Meter hängen Fernseher an den Wänden, die über verschiedene Themen informieren, die angehende Scientologen wissen sollten.

Auf den Fenstersimsen, auf Tischen, in Regalreihen, in Zimmern und Gängen, ja eigentlich überall, sind außerdem bunte Boxen mit den Werken von L. Ron Hubbard ausgestellt. Sie erinnern mit ihren knalligen Motiven an Computerspiele, enthalten aber Bücher und CDs mit Vorträgen des Religionsgründers.

Die Cover sind von der Bildsprache her immer recht ähnlich, irgendwie glüht, glitzert und strahlt ständig der Hintergrund. Mal wegen der Sterne, mal wegen der Sonne, mal wegen ausbrechender Vulkane und mal, ohne dass der Grund für Glühen, Glitzern, Strahlen erkennbar ist.

Vermutlich gibt es keine andere Religion, die in der Öffentlichkeit so negativ dasteht und der von fast allen abgesprochen wird, überhaupt eine Religion zu sein. So einfach kann man es sich aber nicht machen. Schließlich haben die Scientologen auch ein theologisches Fundament. Sie glauben an die Wiedergeburt und daran, dass aus dem ständigen Werden und Vergehen ein Ausweg möglich ist. Gleichzeitig glauben sie an einen Schöpfergott, der nicht klar definiert ist. Vor allem aber glauben sie an die Dianetik, womit deren Erfinder ins Spiel kommt: L. Ron Hubbard. Wer ein Gebäude der Scientologen besucht, wird schnell feststellen, dass es an diesen Orten viele Bücher gibt, aber nur einen Autor. Hubbard ist damit der erste Mensch der Welt, der eine Religion vom ersten bis zum letzten Satz selbst verfasst hat. Knapp 36 000 Seiten umfasst sein religiöses Werk und Mitglieder seiner Kirche sollen alle Schriften lesen. (Dabei können sie froh sein, dass die Lektüre auf die Texte beschränkt ist, die einen Bezug zu Scientology haben, denn der schreibwütige Hubbard verfasste daneben auch noch Hunderte Kurzromane.) Weber ist seit 30 Jahren Mitglied und hat erst 8000 Seiten des Gründers studiert. In knapp 11 000 Tagen nur etwas mehr als eine Seite am Tag zu schaffen, spricht entweder nicht für den größten Glaubenseifer oder für einen sehr trockenen und schwer lesbaren Schreibstil Hubbards.

Das Herzstück dieser Religion ist der Glaube an die Dianetik. Bei dieser Therapieform sitzen sich zwei Menschen gegenüber, wobei der eine einen schuhkartongroßen Kasten mit mehreren Knöpfen und einer Metallskala vor sich stehen hat, die an einen Geigerzähler erinnert. Aus dem Kasten führen zwei Drähte und an deren Ende befinden sich Metallstäbe, die der andere Mensch in seinen Händen hält. Das Gerät heißt E-Meter und soll unterbewusste Regungen erkennen, damit an diesen Traumata und Problemen gearbeitet werden kann. Die Person, die den E-Meter bedient, ist der Auditor, also der Therapeut, ihm gegenüber sitzt der Patient, der Pre-Clear genannt wird. Sie sind alleine in einem Raum und nichts, was hier gesagt wird, darf ein Dritter erfahren. Die Dianetik geht davon aus, dass der Mensch durch traumatische Ereignisse in früheren Leben an der vollen Entfaltung seiner Möglichkeiten gehindert wird. Wer nicht vor anderen Menschen sprechen kann, wurde womöglich in einem seiner früheren Leben von seinem Vater geohrfeigt, sobald er den Mund aufmachte. Der Auditor begibt sich mit dem Patienten also auf eine Reise in die vergangenen Leben und sucht dort nach Gründen für aktuelle Probleme. Dass der Mensch sich überhaupt an solche Ereignisse erinnert, liegt am reaktiven Verstand, der für Hubbard die Wurzel alles Bösen ist.

Der reaktive Verstand speichert nicht nur Ereignisse aus früheren Leben, sondern auch aus unserem aktuellen. Besonders schwer zu entdecken sind dabei Erinnerungen, die im bewusstlosen Zustand entstanden. Während der Verstand nämlich ausgeschaltet war, zeichnete der reaktive Verstand weiter auf. Er macht das immer, unser ganzes Leben lang. Leben für Leben für Leben. Der reaktive Verstand ist für Wut, Zorn und Brutalität verantwortlich. Alle Bestialitäten, die Menschen Menschen zufügen, gehen auf das Konto eines nicht therapierten reaktiven Verstandes zurück. Wer erfolgreich auditiert ist, also seinem reaktiven Verstand den Stachel gezogen hat, wird Clear genannt. Und wer Clear ist, sollte auf dem Heiratsmarkt einige gute Argumente auf seiner Seite haben, denn:

> »Man kann einen Clear auf alle Psychosen, Neurosen, Zwänge und Verdrängungen testen und ihn auf alle autogenen

Krankheiten prüfen, auf die als psychosomatisches Leiden verwiesen wird. Arthritis verschwindet, Kurzsichtigkeit bessert sich, Herzkrankheiten gehen zurück, Asthma verschwindet, der Magen arbeitet richtig. Diese Tests bestätigen, dass der Clear von solchen Leiden völlig frei ist. Zusätzliche Tests seiner Intelligenz zeigen, dass sie sich weit über der heutigen Norm befindet. Wenn man seine Handlungen beobachtet, so zeigt sich, dass er ein Dasein voller Tatkraft und Befriedigung verfolgt.«

Nur zur Erinnerung hier ein paar Dinge, die der reaktive Verstand anrichtet: »Er kann bei einem Menschen Arthritis, Schleimbeutelentzündung, Asthma, Allergie, Nebenhöhlenentzündung, Erkrankung der Herzgefäße, hohen Blutdruck und so weiter auslösen.« Außerdem ist er »der Verstand, der ständig mit Krieg droht. Wenn es einen Teufel gegeben hat, so hat er den reaktiven Verstand erfunden.«

Wer nun denkt, dass er eine solche Therapie beginnen will, sollte aber nicht mit besonders viel Herzlichkeit rechnen. Der Auditor wird es dem Patienten nicht leicht machen. Mitgefühl ist tabu und auch bei tränenreichen Gefühlsausbrüchen wird keine helfende Hand gereicht. Und solche Ausbrüche kommen regelmäßig vor, schließlich werden auch vergangene Leben untersucht und niemand von uns kommt durch die Jahrtausende, ohne schlimme Dinge erlitten und getan zu haben. Trotzdem ist die oberste Regel: Den Patienten nicht trösten, das verlangsamt die Heilung! Dementsprechend eiswandkalt wird der ideale Auditor definiert: »Wenn ein Auditor sich in der Gemütsverfassung befindet, dass er dasitzen und pfeifen kann, während Rom vor ihm abbrennt, und bereit ist, darüber zu lächeln, wird er optimale Arbeit leisten.«

Ein wichtiger Begriff im Zusammenhang mit dem E-Meter, der Wiedergeburt und dem Auditing ist das Thetan. Weber setzt sich mit mir zusammen auf eine Couch und schaltet in einem Fernseher den dementsprechenden Clip an. Menschen werden gezeigt, die Sport machen, die im Büro sitzen oder Auto fahren. Eine tiefe Stimme fragt: »Im Verstand sind Erinnerungen an alles, was Ihnen je passiert ist. Wenn Sie diese Bilder sehen können, selbst wenn Ihre Augen geschlossen sind, wer schaut dann auf diese Bilder?« Und löst das Rätsel gleich selbst auf. Thetan schaut auf die Bilder. Thetan ist mit der Seele vergleichbar, geht aber über die christliche Vorstellung hinaus, weswegen die Scientologen sich gegen diesen Begriff entschieden. Jeder Einzelne von uns *ist* ein Thetan und hat zusätzlich einen Verstand und einen Körper. Thetan ist das, was bleibt, wenn unser aktuelles Leben mit diesem aktuellen Körper und diesem aktuellen Verstand vergangen ist, und Thetan ist das, was sich danach mit einem neuen Körper und einem neuen Verstand in ein weiteres Leben stürzt. Nach dem Abspann möchte Weber direkt zum nächsten Fernseher laufen, weil ich aber nicht schon wieder einen Film sehen will, frage ich: »Warum sind Sie eigentlich Scientologin? Wie wird man das in Deutschland?«

»Neugierde und die Suche nach dem tieferen Sinn. Deswegen habe ich in den 70er Jahren mehrere Kurse besucht und so begann es.« Sie klingt jetzt wie jemand, der über seine Ehe spricht, was indirekt sogar stimmt. Schließlich hat sie über die Kirche ihren Mann kennengelernt.

»Was waren Sie davor?«

»Evangelisch. Das war ich auch noch lange Zeit parallel.«

»Das geht?«

»Von uns aus, ja.«

»Aber von der evangelischen Kirche aus nicht?«

»Die hatten damit ein Problem, aber ich wurde nicht rausgeworfen. Ich entschied mich schließlich selbst für den Austritt, als die evangelische Kirche immer aggressiver gegen Scientology wetterte. Ich wollte meine eigene Diskriminierung nicht auch noch über die Kirchensteuer finanzieren.«

»Und was war der Grund, sich ausgerechnet Scientology anzuschließen?«

Weber stemmt jetzt die Arme in die Hüften.

»Der entscheidende Moment war, als ich in einer dieser Sitzungen begriff, dass ich schon viele Male gelebt habe. Ich weiß noch, wie ich danach einen Freund anrief und sagte, dass ich in zehn Minuten bei ihm bin und er alle Geschichtsbücher auf den Tisch legen soll, die er hat.« Zum ersten Mal strahlt sie richtig und nicht auf ihre einstudierte Art.

»Warum die Geschichtsbücher?«

»Plötzlich hatte ich einen ganz anderen Bezug zur Geschichte, es kam mir vor, als ob ich mir das alles noch einmal ansehen muss.«

»Was waren Sie denn schon alles?«

»Tut mir leid, aber das ist mir zu privat«, lässt sie mich nicht an ihren früheren Leben teilhaben.

»Einfach nur so zu privat oder auf eine peinliche Art zu privat?«

»So privat, wie man auch Fremden nicht einfach so sein Familienalbum zeigt.«

Ich habe das Gefühl, ihre Euphorie abgewürgt zu haben, als wir weitergehen. Wir kommen in einen weiteren Raum, an dessen Wänden erneut Fernseher hängen. Außerdem gibt es mehrere Tische. *Tests und Einschreibungen* steht an der Wand.

»Hier werden die E-Meter-Tests gemacht?«

Weber schüttelt den Kopf.

»Die richtigen Auditing-Räume befinden sich weiter oben im Gebäude, da kommen wir noch hin. Hier werden die E-Meter nur den Besuchern vorgeführt.«

Sie will mir jetzt ein Video darüber zeigen, wie sehr sich Scientology um die Verbreitung der Menschenrechte bemüht. Aber egal wie oft sie auf den Startknopf drückt, es tut sich nichts. Alternativ möchte sie an einem weiteren Fernseher den Clip über die Gefahren von Drogen starten. Auch hier das gleiche Problem. Mir ist das ganz recht, weil mich diese werbeweltsauberen Aufklärungsfilme ohnehin langweilen. Weber hingegen ist diese Panne merklich unangenehm. Schließlich bemüht sich die Kirche um das Image einer perfekt funktionierenden Institution. Sie wird immerhin von Leuten geführt, die Clear sind, was auf die allermeisten Menschen der Welt nicht zutrifft, die stattdessen von ihrem reaktiven Verstand zu Irrationalität, Wut und Hass verführt werden.

Wenn es sich nicht um das Starten kleiner Videoclips handelt, scheint es mit der Perfektion aber gut zu klappen. Über eine neu eröffnete Kirche schreibt Scientology selbst, dass sie nicht nur ein »architektonischer Triumph« ist, sondern der Besucher in ihr »auf völlige Perfektion« trifft. Diese Rhetorik zieht sich wie ein roter Faden durch die Bekanntmachungen der Kirche. Das eigene Schiff definiert »mit jedem Zentimeter den Begriff ›ideal‹ neu« und Verbesserungswünsche haben die Passagiere schon deswegen nicht, weil, »um eine reibungslose Fahrt zu gewährleisten, jeder Wunsch der Gemeindemitglieder vorausgeahnt wurde!« Auch die eigene Druckerei ist auf dem »hochmodernsten Stand der Technologie«, das Verlagshaus ist »unübertroffen von irgendeinem anderen auf der Erde« und hat sämtliche Titel (insgesamt 10 072) von L. Ron Hubbard jederzeit im Angebot. Hubbard selbst wurde auch nicht einfach 74 Jahre alt, sondern »74 Jahre, zehn Monate und elf Tage«. Das ist eine Präzision, die von Pedanterie nur schwer zu unterscheiden ist.

Weil Weber die Clips trotz aller Mühe nicht zum Abspielen bringt, lassen wir es und besuchen die weiteren der insgesamt sechs Stockwerke. Die Flure sind sauber und steril. In einem länglichen Raum finden die Sonntagsandachten statt, die Gottesdienste der Scientologen. Der Boden glänzt, als ob gerade frisch geputzt wurde, und an den Wänden hängen Pyramiden, ineinander verkeilte Dreiecke, Kreuze mit Lichtstrahlen und geometrische Formen. Während die eine Längswand aus Fenstern besteht, hängen an der anderen Informationen zu Clear und der Dianetik. Karg und eher ungemütlich sind dabei die Sitzgelegenheiten für die Gläubigen, die auf einfachen Holzstühlen ohne Polsterung Platz nehmen. Von einem kleinen Pult aus wird der Gottesdienst geleitet.

»Gibt es Zeremonien, mit denen der Übertritt zu Scientology offiziell wird?«, möchte ich wissen.

Weber schüttelt den Kopf. »So etwas haben wir nicht. Jeder muss für sich selbst wissen, ob er Scientologe ist oder nicht. Es gibt auch Menschen, die nicht einmal wissen, dass sie im Grunde Scientologen sind.«

»Und gibt es auch umgekehrt Scientologen, die im Grunde keine Scientologen sind?«

»Wie meinen Sie das?« Weber schaut mich erstaunt an und lächelt bemüht.

»Mitglieder, bei denen Sie das Gefühl haben, dass sie eigentlich nicht in diesen Glauben passen.«

»Es gibt immer Leute, zu denen ein besserer Draht besteht als zu anderen. Aber ich vermute, dass sich niemand in einer Kirche engagiert, der das nicht aus Überzeugung macht.«

»Wer wird eigentlich Mitglied? Sind das vor allem Leute aus anderen Religionen oder Verzweifelte, die auf Hilfe durch die Dianetik hoffen?«

»Schwer zu sagen, die Dianetik ist vermutlich für die Lebenswirklichkeit vieler Menschen erst einmal wichtiger. Sie merken, dass es ihnen hilft, ihre Probleme zu lösen, und dann folgt oft erst ein tieferes Interesse an den Glaubensinhalten. Wir haben aber auch Leute hier, die sich nur für das Auditing interessieren und vielleicht noch manchmal ein Seminar besuchen, aber kein Mitglied sind.«

»Beim Auditing wird ja auch oft in vergangene Leben geschaut.«

»Sehr salopp formuliert, aber es gibt tatsächlich Zugang zu diesen früheren Leben.«

»Was ist, wenn dabei herauskommt, dass man im letzten Leben Adolf Hitler war?«

Weber lacht auf, beinahe verdächtig. Komme ich da einem dunklen Geheimnis auf die Spur? Will sie mir deswegen nicht sagen, wer sie bisher so alles war?

»Ein sehr theoretischer Fall«, weicht sie aus.

»Aber möglich. Würde der Mensch, der im letzten Leben Hitler war, Mitglied werden dürfen?«

Sie denkt nach.

»Sehr unwahrscheinlich, dass er sich für ein Auditing melden würde. Wer in seinen früheren Leben sehr viel Böses getan hat, meidet ganz unbewusst die Nähe zu uns. Manchmal schlägt das sogar in Hass um.«

»Sind die Kritiker von Scientology also Menschen, die in früheren Leben Kriminelle, Mörder und sonstige dubiose Gestalten waren?«

»Nein«, wehrt sie entschieden ab, »zum einen ist es keinesfalls so, dass jede Kritik an uns unfair oder von Hass getrieben ist. Wie jede andere Organisation machen wir Fehler. Zum anderen ist es unseriös, ein solches pauschales Urteil zu fällen. Mir ist jetzt auch im Detail nicht bekannt, welche Motive welche Kritiker haben.«

»Was würden Sie machen, wenn ein Patient sich als wiedergeborener L. Ron Hubbard herausstellt?«

»Wir sind ziemlich sicher, dass er aufgrund seiner Leistungen und Verdienste den Kreislauf aus Leben und Tod verlassen hat.«

»Wird Hitler dann irgendwann einsam seine Runden auf dieser Erde drehen, wenn längst alle anderen Menschen sich den Ausstieg aus diesem Kreislauf erkämpft haben?«

»Wie gesagt, das ist ein sehr spezieller Fall.«

»Aber es gibt doch einen Menschen, der jetzt gerade lebt und der im letzten Leben Hitler war. Ein Thetan, der als Hitler wirkte und jetzt vielleicht als Hausfrau irgendwo in Niedersachsen lebt. Das dauert doch ewig, bis dieser Thetan seine bösen Taten auf einer kosmischen Ebene mit guten verrechnet hat.«

»Eine spannende Überlegung«, stimmt Weber zu, geht aber nicht weiter darauf ein.

Scientology ist der Ansicht: »Der Mensch ist im Grunde gut.« Alles, was er an Bösem hervorbringt, liegt an seinem untherapierten reaktiven Verstand. Das Auditing ist dabei der Schlüssel zu einer neuen Ära für die Menschheit. Eine Ära, in welcher der reaktive Verstand seinen Schrecken verloren hat. Hubbard war sich seiner Sache so sicher, dass er im Stile eines sozialistischen Klassenkämpfers des 19. Jahrhunderts schrieb:

> »Wir stehen hier an einer Brücke zwischen dem einen Zustand des Menschen und einem höheren. Der Auditor wird vielleicht zu sehen bekommen, wie Sitten, Gesetze, Organisationen und Gesellschaften die Brücke zu meiden suchen, jedoch, vorwärtsgetrieben, in ein darunterliegendes Nichts stürzen.«

Überhaupt, Hubbard. Egal auf welchem dieser sechs Stockwerke man sich bewegt, er ist überall. Seine Bücher und CDs liegen aus, an den Wänden hängen Fotos von ihm, es gibt gerahmte Zitate von Hubbard und es gibt Hubbards Büro. Vor dem stehen wir jetzt. Es ist ein schönes Büro. Hell und offen. Mit einem entspannenden Blick über die Dächer der anliegenden Häuser. In den Regalen stehen seine wichtigsten Werke und auf dem schwarzen Schreibtisch ein silberner Briefbeschwerer, in den sein Name eingraviert ist. Alles ist so eingerichtet, als ob Hubbard jeden Moment von einem Meeting zurückkehrt und sich in seinem ordentlichen Büro wieder an die Arbeit macht.

»In jedem Scientology-Gebäude auf der Welt ist das schönste Zimmer für L. Ron Hubbard reserviert. Damit zeigen wir unsere Verehrung für seine Leistungen für die Menschheit.«

Mehrere Augenblicke schauen wir beide in den leeren Raum.

Weber ergriffener als ich, aber ich habe das Gefühl, dass diese Ergriffenheit nicht ganz authentisch ist. Es kann doch nicht sein, dass man jeden Tag diesen leeren Raum sieht und dabei tief in seinen Gefühlen berührt wird. Sicher bin ich mir allerdings darin, dass wir in diesem Moment nicht an das Gleiche denken. Ich denke nämlich daran, dass Hubbard einmal sein Kind nach Kuba entführte und von dort aus seiner Frau mitteilte, den Jungen in mehrere Teile geschnitten und in einen Fluss geworfen zu haben. Und ich frage mich, was da wohl mit seinem reaktiven Verstand los war.

Wir laufen erneut einen Flur entlang. An der Wand wieder ein Foto des Gründers.

»Eine Sache verstehe ich nicht«, meine ich und Weber lächelt mir aufmunternd zu, »die Dianetik ist doch eine Therapieform und ist beeinflusst unter anderem von Sigmund Freud.«

»Hubbard hat sich später sehr von solchen Lehren distanziert. Die Dianetik ist mehr als eine Therapie, sie verhilft dem Menschen auf jeder Ebene zu mehr Vitalität.«

»Wie auch immer, darum geht es mir gar nicht. Ich frage mich stattdessen, wie da überhaupt die Religion dazugekommen ist. Die Dianetik könnte doch auch ohne religiöse Umgebung funktionieren. Wie kam das Glaubenssystem dazu?«

Weber nickt nachsichtig und berichtet dann von den Anfängen der Dianetik. »Nachdem immer mehr Patienten auf schmerzliche Geschehnisse aus vorigen Leben gestoßen waren und durch deren Behebung massive spirituelle Verbesserung erfahren hatten, konnten die Fakten nicht länger ignoriert werden. Ganz kurz gefasst kann man sagen, dass das die Geburtsstunde der Scientology-Religion war.«

Oder anders ausgedrückt: Scientology entstand als Nebenprodukt einer neuen Therapieform.

Wir befinden uns mittlerweile in einem Auditing-Raum. Er ist karg eingerichtet, das bisschen Platz wird praktisch genutzt. In diesem Fall heißt das, dass ein Holztisch den Raum teilt. Auf der einen Seite sitzt der Auditor, auf der anderen der Patient. Tücher liegen auf dem Tisch, falls die Hände des Patienten feucht werden, was die Ergebnisse verzerren kann. An der Wand hängt eine Tabelle, die die verschiedenen Stufen zeigt, die bei Scientology durchlaufen werden können, um nicht nur dem reaktiven Verstand seine Macht über uns zu nehmen, sondern auch, um in den höchsten Erlösungsstufen als Thetan eine ungeahnte Freiheit zu erleben.

Ich blicke auf die verschiedenen Stufen, die Namen tragen wie »Scientology Drug Rundown« oder »Happiness Rundown«, bevor die Grade I bis IV folgen. Danach ist die Stufe »New Era Dianetics« dran, dann »Expanded Dianetics« und dann noch »Clear Certainly Rundown«, bevor schließlich eine entscheidende Stufe erreicht ist: Clear! Ab dieser Stufe hat der reaktive Verstand keine Macht mehr über uns. Im Moment kommen danach noch 13 weitere Stufen. Die höchste ist aktuell OT VIII.

»Wir warten aber alle ungeduldig darauf, dass die Kirche die Stufe OT IX freigibt, an der wird mit Hochdruck gearbeitet«, klärt Weber auf.

»Auf welcher Stufe ist Tom Cruise?«

»Wir geben solche Auskünfte nicht weiter, das muss jeder Scientologe selbst entscheiden, ob er so etwas kommuniziert.«

(Ein anderer Scientologe hat später weniger Bedenken und verrät, dass Tom Cruise wohl auf der aktuell höchsten Stufe ist, also OT VIII.)

»Auf welcher sind Sie?«

»Grad IV.«

Wie bitte, Grad IV? Nur Grad IV? Ich bin enttäuscht. Ich überprüfe es noch einmal auf der Tabelle.

»Das ist unter Clear«, antworte ich tadelnd, »weit unter Clear.«

»Ich hatte durch die Öffentlichkeitsarbeit andere Prioritäten.«

Sie scheint mit ihrer Entscheidung gut leben zu können. Ich weniger. Warum stellt mir Scientology keinen Clear zur Seite?

Ein Gefühl der Enttäuschung macht sich in mir breit. Sie ist ein gewöhnlicher Mensch und vor allem hat sie ihren reaktiven Verstand so wenig unter Kontrolle wie ich. Ich hätte gerne jemanden getroffen, der weiter ist als der Durchschnittsmensch.

»Scientology lehnt den Einsatz von Medikamenten ab, oder?« Während ich das frage, setze ich mich auf den Platz des Patienten. Es ist ein bequemer und weicher Stuhl, was mich nach all dem, was Hubbard zur Philosophie hinter der perfekten Auditing-Sitzung schrieb, erstaunt. Forderte er doch, die Zeit nicht mit dem Vorbereiten einer angenehmen Umgebung zu verschwenden.

»Alle Mittel, die den Verstand benebeln und unser Bewusstsein beeinträchtigen, stärken den reaktiven Verstand. Deswegen werden Sie auch keine Scientologen treffen, die betrunken sind oder Drogen nehmen.«

»Auch keine Medikamente?«

»Vor allem in der Psychiatrie wird schnell und viel mit Tabletten gearbeitet, die den Verstand beeinträchtigen. Da sind wir ja nicht die Einzigen, die den inflationären Einsatz von Pillen kritisieren.«

»Und was ist, wenn ich mein Leben lang ein frommer Scientologe war und jetzt Lungenkrebs im Endstadium habe, der so grausame Schmerzen verursacht, dass diese nur durch Morphium und andere pharmazeutische Mittel gelindert werden können?«

»Was soll dann sein?« Weber schaut mich fragend an, aber ich glaube, sie ahnt, worauf ich hinauswill.

»All diese Mittel manipulieren das Bewusstsein massiv. Patienten wissen dann oft nicht mehr, dass sie sich vor Stunden mit Verwandten unterhalten haben. Und Bewusstlosigkeit ist das Einfallstor des reaktiven Verstandes, um uns mit Ängsten und Traumata zu belasten, sagt Scientology. Müsstet ihr dann den Einsatz solcher pharmazeutischen Mittel nicht ablehnen?«

»Nun, es gibt sicherlich verschiedene Formen, um mit Erkrankungen umzugehen. Wir empfehlen, präventiv vorzugehen, viele Krankheiten lassen sich auch über ein professionelles Auditing schon im Vorfeld behandeln, bevor sie überhaupt ausbrechen.«

»Ist Krebs durch Auditing heilbar?«

»So kann das sicherlich nicht gesagt werden, aber es gibt tatsächlich Krankheiten, die ihre Wurzeln auch in früheren Leben haben. Und sei es auch nur, weil die Person in diesem Leben ungesunde Verhaltensweisen hat, die ihren Anlass in früheren Leben haben und nie behandelt wurden.«

»Aber wenn es jetzt nun einmal in diesem Leben so ist, wie es ist, und die Schmerzen unerträglich sind?«

Weber nickt mir verständnisvoll zu. »Wir sind eine sehr junge Kirche. Wir beschäftigen uns aktuell intensiv mit dieser Problematik, denn die Gründergeneration ist nun in einem Alter, in dem sich die natürlichen Todesfälle häufen. Grundsätzlich gilt aber, dass man bei Schmerzen zum Arzt gehen muss. Dianetik ist kein Ersatz für die Schulmedizin.«

Ich nicke und halte die beiden Stäbe in den Händen, mit denen die Reaktionen des reaktiven Verstandes gemessen werden.

»Wie lange dauert so eine Sitzung eigentlich?«

»Sehr unterschiedlich, das kann sich über viele Stunden hinziehen. Wenn es lange dauert, wird auch eine Pause gemacht. Wichtig ist dabei, dass der Auditor den Patienten dabei nie alleine lässt. Er geht sogar mit zur Toilette und wartet vor ihr.«

Mein Besuch der Kirche neigt sich ihrem Ende zu. Auf dem Weg durch die Flure, in denen Bilder von Scientologen zu sehen sind, die weltweit in Krisengebieten helfen, fällt mir ein, dass ich eine wichtige Sache noch gar nicht gefragt habe.

»Wie viele Scientologen gibt es eigentlich?«

»Schwer zu sagen, in den meisten Ländern gibt es keine offizielle Mitgliedschaft, wie sie in Deutschland verlangt wird. Wir gehen von zirka zehn Millionen aus.«

»Und in Deutschland?«

»Hier sind es etwa 3000.«

An dieser Stelle widersprechen sich die Aussagen der Kirche etwas. In offiziellen Videos wird davon gesprochen, dass sich jedes Jahr knapp 4,4 Millionen weitere Menschen Scientology anschließen. Wäre das der Fall, würden alle zweieinhalb Jahre zehn weitere Millionen hinzukommen. Empirische Untersuchungen, die nicht von der Kirche in Auftrag gegeben wurden, gehen wiederum von nur knapp 100 000 Scientologen weltweit aus. Welche Zahlen nun tatsächlich stimmen und welche von einem reaktiven Verstand negativ beeinflusst wurden, ist schwer zu beantworten. Zumal auf Erlösungsstufen unterhalb von Clear. Aber die Wahrheit dürfte in diesem Fall nicht in der Mitte liegen, sondern deutlich näher an den Zahlen der empirischen Untersuchung.

Bevor wir uns endgültig verabschieden und während wir schon in der Eingangstür stehen, drängt sich eine letzte Frage auf.

»Was ist mit Xenu?«

Weber lächelt wie jemand, der es gewohnt ist, mit den immer gleichen Vorurteilen konfrontiert zu werden.

»Ich habe knapp 8000 Seiten in Hubbards Werk gelesen und nicht einen Hinweis auf eine solche Figur gefunden.«

»Xenu ist also eine Erfindung eurer Gegner?«

Sie nickt und schließt dabei die Augen. Als sie diese wieder öffnet, geben wir uns die Hand und ich verlasse die Kirche.

Was sie da über Xenu gesagt hat, irritiert mich etwas. Sie klang sehr überzeugt, aber bei Recherchen zu Scientology wird klar, dass es sich eigentlich nicht um eine Erfindung von außen handeln kann. Dafür geben zu viele Scientologen selbst an, dass in ihrem Glauben eine Gestalt mit Namen Xenu vorkommt. Warum aber behauptet Weber dann das Gegenteil? Zwei Möglichkeiten kommen mir dafür in den Sinn. Entweder hat sie in 30 Jahren tatsächlich nicht ein einziges Mal etwas von dieser Gestalt gehört oder aber sie wollte mich aus taktischen Gründen in die Irre führen. Für die zweite Option spricht, dass die

Xenu-Geschichte wirklich sehr abenteuerlich ist und dazu geeignet, potentielle Mitglieder abzuschrecken. Aber wie muss man sich eigentlich eine Geschichte vorstellen, die mit religiösen Menschen sogar die Menschen abschreckt, die gerne bereit sind, an Wunder zu glauben? Offenbar so:

> »73 Millionen Jahre vor unserer Zeit lebten die Menschen in einer Welt, die den USA der 1950er Jahre sehr ähnlich war. Eine sehr ähnliche Welt mit sehr ähnlichen Problemen, z.B. Überpopulation. Ein Diktator mit Namen Xenu lockte darum Millionen Menschen unter dem Vorwand einer Einkommenssteuerprüfung in die Behörden und ließ sie dort von Psychiatern bewusstlos machen. Die eingefrorenen Körper wurden auf dem Gefängnisplaneten Erde in Vulkane geworfen. Die danach aus ihren körperlichen Hüllen entlassenen Thetane wurden erneut eingefangen und in mehreren Kinos dazu gezwungen, brutale Bilder in sich aufzunehmen, die ihren reaktiven Verstand auffüllten.«

Viele Menschen, so wie Weber, finden den Weg zu Scientology über die Dianetik und die Faszination dafür, schon viele Male gelebt zu haben. Wenn stattdessen direkt zu Beginn von einem Massenmord die Rede ist, der mit einer Einkommenssteuerprüfung beginnt, in Vulkanen weitergeht und in Kinos endet, wirkt das vermutlich aber eher abschreckend. Da laut ehemaligen Kirchenmitgliedern die Xenu-Geschichte erst auf der Erkenntnisstufe OT III eingeführt wird, weiß Weber womöglich nicht, was da noch kommen wird.

Einige Wochen später besuche ich die Kirche noch einmal, um einer Sonntagsandacht beizuwohnen. Wieder begrüßt mich Weber und wirkt genauso akkurat wie beim ersten Treffen. Im Andachtsraum sitzen die Gläubigen schon auf ihren Stühlen. Wir sind etwas zu spät, weil ich auf dem Weg zur Kirche plötzlich den Eindruck hatte, nicht angemessen für einen Gottesdienst gekleidet zu sein. Also kehrte ich heim und tauschte einen roten Pullover gegen einen grauen. Damit mache ich nichts falsch, dachte ich. Und das stimmte auch. Ich hätte aber auch mit Rot nichts falsch gemacht. Und mit Grün, Gelb oder wenn mich Lady Gaga eingekleidet hätte. Im Andachtsraum sah es aus, als ob die Anwesenden gerade vom Kreuzfahrtschiff an Land gekommen wären. Bunte Kleider, zwei farbenfrohe Hüte, dazwischen feine Anzüge und immer wieder Umstandsmode. Kaum jemand scheint für diesen Anlass besonders viele Gedanken an seine Garderobe verschwendet zu haben. Der Priester trägt ein Kreuz um den Hals, in dessen Mitte vier Strahlen in alle Himmelsrichtungen zeigen. Er begrüßt die Gemeinde und erinnert daran, dass wir alle in dieser Falle sitzen, die der Kosmos uns da gestellt hat und in die wir als Menschen prompt reingelaufen sind. Mit der Falle ist unsere aktuelle Existenz gemeint und die Anwesenden wissen, wie man aus ihr entfliehen kann: über die Erlösungsstufen, Schritt um Schritt. Dann erinnert der Priester daran, dass John F. Kennedy sich massiv gegen L. Ron Hubbards Thesen gestellt hatte und ermordet wurde. Ich habe keine Ahnung, ob das eine subtile Drohung gegen mögliche Kritiker sein soll oder was genau diese Andeutung bezweckt. Es folgt ein Massen-Auditing, bei dem wir alle erst einmal im Chor bestätigen, dass wir bereit dazu sind: Ja! Ja! Ja! Was dann folgt, ist etwas ernüchternd. Der Priester fordert uns auf, an eine Sache zu denken, die wir an uns ändern wollen.

»Habt ihr alle etwas? Ja? Dann stellt euch jetzt vor, dass jeder andere hier im Raum euch für diesen Wunsch ein Okay gibt. Jeder von euch bekommt von jedem anderen hier das Okay, dass ihr das ändern könnt.« Danach soll an etwas gedacht werden, das wir nicht ändern wollen. Und danach wieder an etwas, das wir ändern wollen. Und wieder etwas, das nicht. Und wieder etwas, das doch. Und nicht. Und doch. Und nicht. Und doch. Und nicht. Und doch. Nicht. Doch. Nicht. Doch. Nicht.

Mir fällt schon bald nichts mehr ein und so denke ich irgendwann bei »Was willst du an dir ändern?« nur noch »nicht jedem Änderungsdruck nachgeben« und bei »Was willst du an dir nicht ändern?«, »weiterhin nicht jedem Änderungsdruck nachzugeben«.

Als ich glaube, dass es endlich vorbei ist, geht es in die nächste Runde.

»Was wollte Ihr Vater an Ihnen ändern?«

»Was wollte Ihr Vater nicht an Ihnen ändern?«

Auch in diesem Fall wiederholen sich die Fragen mit der Subtilität eines Presslufthammers.

Während ich noch fürchte, dass die Fragerunde auch auf Geschwister, Tanten, Nichten und Urgroßeltern übergreift, hört das Auditing auf. Nicht aber, bevor der Priester immer wieder »Okay?« ruft und die Gemeinde mit »Okay!« antwortet.

Okay?

Okay!

Okay?

Um wieder den Bezug zur Realität herzustellen, berühren jetzt alle mit den Händen den Boden und danach die Stuhllehne. Nun spricht die Gemeinde noch das »Scientology-Gebet für völlige Freiheit«, das traditionell die Sonntagsandacht abschließt und mit dem Satz beginnt: »Möge der Schöpfer des Universums alle Menschen befähigen, ein Verstehen ihrer geistigen Natur zu erreichen«, und mit dem Satz endet: »Und Freiheit, jenes Verstehen und Bewusstsein zu erreichen, das die völlige Freiheit ist. Gebe Gott, dass es so sei.«

Mich beeindruckt diese Andacht nicht. Sie kommt ohne Musik aus, ohne große Reden und ohne feierliche Momente. Sie wirkt so spröde wie eine Auktion, auf der sich Touristen freudlos eine graue Nachttischlampe ersteigern.

Was mich aber ganz allgemein stört, sind die vielen Geheimnisse. Ich möchte nicht erst langsam von Erkenntnisstufe zu Erkenntnisstufe aufsteigen, um dann wie beim Adventskalender zu staunen, was sich hinter dem neuen Fenster bzw. der aktuellen Stufe verbirgt. Vor allem nicht, wenn das jederzeit auch eine Einkommenssteuerprüfung durch Xenu sein könnte. Wobei mich als Autor die schiere Schaffenskraft von L. Ron Hubbard schwer beeindruckt hat, das muss ich zugeben.

Ach so, ich erhielt einige Zeit später noch eine E-Mail in Sachen Säbelzahntiger. Nicht ganz befriedigend, für meine Begriffe, aber vielleicht muss man sich eben mit dieser Erklärung abfinden: »Ich bin in der Literatur noch nicht auf diesen Fall gestoßen. Natürlich können weder Sie noch ich ausschließen, dass im Laufe der letzten 15 Millionen Jahre nicht irgendein Wesen auf die Idee gekommen sein könnte, eine Zeitlang die Identität eines Säbelzahntigers anzunehmen. Und verschwindet diese genetische Linie, sprich, der Säbelzahntiger steht als Körper nicht mehr zur Verfügung, dann müsste sich dieses Wesen, fürchte ich, anderweitig orientieren.«

Station 8
Quäker

Wenn man durch Niedersachsen fährt, macht die Landschaft den Eindruck, als ob Gott nichts mehr eingefallen wäre. Er hat kleine Wälder dahingestellt und Felder und hier und dort schlängelt sich ein Bach oder sogar ein Fluss hindurch. Im Hintergrund steigen Berge auf, die das Ganze einrahmen wie in einem Poesiealbum. Aber irgendwie fehlt trotzdem etwas, der eine mutige Pinselstrich in der Landschaft, der dem Ganzen das Einzigartige gibt. Geysire oder ein aktiver Vulkan vielleicht. So wie es jetzt ist, ist es eben auf bekannte Weise schön und damit auch etwas langweilig. Von Hannover geht es mit der S-Bahn hinüber in den Kurort Bad Pyrmont. Ein Atomkraftwerk kühlt sich an der Weser, die hier unauffällig zwischen kleinen Gemeinden vor sich hin fließt.

Als ich aussteige, ist viel los am Bahnhof. Ich weiß nicht, wie meine Verabredung heißt, aber da es nicht viele Menschen gibt, die mit dem Buch *Die Quäker – Eine Einführung* an Bahnhöfen (oder sonst wo) stehen, und ich an diesem Bahnhof eine Quäkerin treffen soll, wage ich es, sie anzusprechen. Volltreffer! Leonie Glahn ist eine Frau Anfang 50, die verbindlich wie eine Mittelstufenlehrerin wirkt. Sie hat blondes Haar, das sich langsam weiß färbt, und sie wirkt, wie die meisten meiner religiösen Ansprechpartner, offen und freundlich. Im Auto geht es hinauf in die Stadt, die vom »weißen Gold« lebt, wie Glahn mir sagt, womit die Salze und Heilquellen gemeint sind. Außerdem wird im Moment eine wichtige Zufahrtsbrücke ausgebaut, damit sie künftig breit genug für zwei LKWs nebeneinander ist. »Ob es für den Konsum wirklich solche Bauarbeiten braucht, weiß ich nicht«, sagt sie. Wir fahren durch die Stadt, man merkt Bad Pyrmont die ruhige Atmosphäre an, die Kurorte auszeichnet. Schon die Architektur gibt die Richtung vor. Es sind gemütliche und doch herrschaftliche Gebäude in der Innenstadt, sie wirken sowohl einladend als auch imponierend. Die in Beton gegossenen Äquivalente zu den Chefarztkitteln, die viele der Kurbesucher täglich sehen, so dass sie sich schon alleine durch diesen Anblick besser aufgehoben fühlen.

Kurz darauf halten wir vor einem großen Haus, das eine Schule sein könnte. »Das ist es, das Quäkerhaus«, stellt Glahn vor. Deswegen bin ich hierher gereist. Es hat eine gute Lage. Auf der anderen Straßenseite erstreckt sich eine für Autos gesperrte Allee den Hügel hinauf. Vor dem Quäkerhaus selbst gibt es einen Garten und in diesem wiederum einen Friedhof mit Urnenwand. Auf dem Nachbargrundstück befindet sich ein aufgegebenes Krankenhaus und auf der gegenüberliegenden Straßenseite ein jüdischer Friedhof. Das Haus selbst wirkt gepflegt, aber nicht wie ein Ort, der gut besucht wird. In einer Aula stehen Stuhlreihen und auf diesen liegen Decken und Plakate, bei denen es niemand eilig hat, sie wegzuräumen. Bevor ich fragen kann, spricht es Glahn selbst aus. »In Bad Pyrmont gibt es nur noch zwei Quäker und wenn aus der Umgebung welche anreisen, haben wir bei den stillen Andachten um die zehn Anwesende.«

Sie selbst ist eine von nur zwei Personen in Deutschland, die eine Halbtagsstelle von den Quäkern bezahlt bekommen. »Dafür bin ich hier im Prinzip auch Hausmeisterin«, meint sie lachend und führt mich durch die Räumlichkeiten. Über eine Treppe geht es in ein zweites Stockwerk, das sie mit ihrem Sohn bewohnt. Im Untergeschoss gibt es eine Küche, um größere Besuchergruppen zu verköstigen, einen Versammlungsraum mit Billardtisch und ein weiteres Zimmer mit Blick auf die anliegende Wiese. Dominiert wird es von mehreren Tischen. »Hier findet auch das Café Willkommen statt«, erklärt Glahn, »Flüchtlinge können sich hier mit Einheimischen austauschen und Hilfe und vor allem Anschluss finden.«

Wir laufen wieder nach oben in die Aula.

»Ist das hier eigentlich eine Kirche?«

»Wir verwenden das Wort ›Kirche‹ nicht, wir sprechen von einem Andachtshaus. Die Kirche ist zu sehr auf das Christentum fixiert, das wollen wir aufbrechen.«

Direkt hinter der Aula befindet sich ein heller Raum mit großen Fenstern, in dem es eine Kaffeemaschine und einen Stuhlkreis gibt.

»Hier treffen wir uns auch oft und unterhalten uns.« Glahn legt Brote und Aufstriche auf den kleinen Tisch in der Mitte.

Ich sitze nun einer Nobelpreisträgerin gegenüber! Also irgendwie zumindest. 1947 erhielten zwei Hilfsorganisationen der Quäker den Friedensnobelpreis in Anerkennung ihrer sozialen Leistungen verliehen. Meine Irgendwie-auch-Nobelpreisträgerin schmiert sich ein Butterbrot. Sie steht der ältesten Gemeinde in Deutschland vor, die im Jahre 1800 ihr Versammlungshaus errichtete und wenige Jahre davor von der religiösen Freiheit im Fürstentum Waldeck-Pyrmont angelockt worden war.

Am Anfang der Quäkergeschichte steht der englische Bürgerkrieg von 1642 bis 1649. Auch wenn diese Zeit grausam war, war sie doch auch eine Epoche der religiösen Gründerzeit. Überall bildeten sich neue Bewegungen, von denen die meisten schnell wieder verschwanden oder nur wenige Jahrzehnte lang ihre Anziehungskraft behielten. So wie die *Fifth Monarchy Men*, die nach einem Putschversuch gegen den König durch die Hinrichtung ihrer Anführer zerschlagen wurden, oder die *Muggletonianer*, deren letztes Mitglied 1967 gestorben ist. Daneben gibt es aber auch Gruppen, die bis heute großen Einfluss haben. Vor allem die Puritaner, Baptisten und Quäker, die allesamt später den Charakter der USA entscheidend mitprägen sollten.

Der englische Bürgerkrieg war das geschichtliche Ereignis und George Fox die historische Figur, die es brauchte, damit sich die Quäker entwickeln konnten. Bei ihm handelte es sich um einen außerordentlich ernsthaften Mann, der aus seinem fehlenden Sinn für Humor schon früh eine Tugend machte. Als der Schweizer Theologe Paul Wernle 1908 die Lebensaufzeichnungen von Fox herausgab, entschuldigte er die massiven Kürzungen im Vorwort so: »Die Beschränkung auf eine Auswahl statt einer ganzen Übersetzung ergab sich uns mit der Notwendigkeit, weil das Ganze so gut wie keine Leser gefunden hätte. Nicht nur des Umfangs wegen. Die Erzählung wiederholt sich unendlich, die eingelegten Briefe sind von einer ermüdenden Breite und Monotonie.«

Wernle, den eine große Sympathie für Fox und seine Religion auszeichnete, stellte dann auch direkt eine Vermutung an: »Allein die Notwendigkeit, 40 Jahre lang unaufhörlich reden zu müssen, und eigentlich doch immer dasselbe, hat seine Originalität stark vermindert.«

Auch wenn es sich wirklich nicht um ein literarisches Meisterwerk handelt und Fox das gesprochene Wort offenbar deutlich besser einsetzen konnte als das geschriebene, liegt damit seine eigene Lebensbeschreibung vor. Es ist das Zeugnis eines manischen, tapferen und gehässigen Menschen. Vermutlich sind all diese Charakterzüge nötig, um eine Religion zu gründen. Vermutlich sind es die gleichen, die darüber entscheiden, wer es heutzutage in die Chefetagen schafft und wer ein einfacher Angestellter bleibt.

Mit 19 Jahren sprach Gott zu ihm: »Du siehst, wie junge Leute zusammengehen in Eitelkeit und alte Leute in die Erde. Du musst dich von ihnen abwenden und dich von ihnen, den Jungen wie den Alten, fernhalten und ihnen allen ein Fremder sein.« Er verließ danach sofort seine Familie und schrieb dazu unbekümmert: »Darauf, am 9. Tage des 7. Monats 1643, verließ ich nach Gottes Befehl meine Verwandtschaft und brach allen Umgang und alle Kameradschaft mit Jung und Alt ab.« Es begannen Wanderungen durch England und Diskussionen mit religiösen Würdenträgern, die ihn jedoch nicht zufriedenstellten. In seinem Buch lesen sich die Enttäuschungen in ihrer nüchternen Klarheit so: »Einer riet mir, zu rauchen und Psalmen zu singen, nun mochte ich aber den Tabak nicht und zum Psalmensingen war ich nicht aufgelegt«. Oder: »Ich ging sieben Meilen zu ihm, aber ich fand, dass er nur ein leeres, hohles Gefäß war.«

Besonders tragisch verlief der Besuch bei einem Baptisten, in dessen Blumenbeet Fox während des gemeinsamen Spaziergangs versehentlich trat. Woraufhin der andere in eine solche Wut geriet, »als ob das Haus in Flammen stünde«. Der grüblerische junge Mann zog weiter umher und schließlich geschah das, was solchen Leuten oft passiert: Gott meldete sich!

> »Ein anderes Mal, als ich am Morgen eines ersten Tages über ein Feld ging, offenbarte mir der Herr, dass in Oxford oder Cambridge erzogen sein noch nicht genüge, um tüchtig und

fähig zum Dienste Christi zu machen, ich verwunderte mich darüber, denn das war die allgemeine Meinung der Leute.«

In dieser Zeit der Wanderungen und unter dem Einfluss eines religiösen Pluralismus, der zwar nicht gefördert wurde, aber in Zeiten politisch-religiöser Krisen kaum kontrollierbar war, entwickelte er sein eigenes theologisches Konzept. Nicht die Kirche und die Sakramente sind für das Verhältnis zum Herrn entscheidend, sondern nur das »innere Licht Gottes«, das in jedem Menschen leuchtet. Damit sprach er dem Klerus seine Macht- und Vermittlerrolle ab und erklärte den Gottesglauben zu einer in wortwörtlicher Hinsicht privaten Angelegenheit. Es ist kein Wunder, dass er mit einer so radikalen Gottesvorstellung auf Schwierigkeiten stieß. Schwierigkeiten, die ihm körperliche Übergriffe, schriftliche Schmähungen und mindestens acht Kerkeraufenthalte einbrachten. Außerdem erklärte er Frauen für gleichberechtigt, was in einer Zeit, in der ihnen ein »Verstand wie von einer Gans« nachgesagt wurde, ebenfalls nur auf wenig Begeisterung stieß. Fox hätte aber vermutlich auch ein Problem gehabt, hätte er Frauen diese Rechte nicht zugebilligt, schließlich handelte es sich bei der grauen Eminenz und dem finanziellen Förderer der Bewegung um Margaret Fell, die nach dem Tod ihres ersten Gatten auch direkt George Fox heiratete. Sie schrieb als Quäkerin einige der wichtigsten Dokumente dieser Religion und gilt auch als eigentliche Autorin des historischen Friedenszeugnisses, das 1661 König Charles II. »feierlich, aber ohne den Hut abzunehmen«, übergeben wurde und einen Aufruf zur Gewaltlosigkeit darstellte.

»Woran glauben die Quäker denn?« Als ich das frage, überlegt Glahn erstaunlich lange.

»Wir haben keine Dogmen«, fängt sie an, »deswegen ist das schwer zu sagen. Also wir lehnen auf jeden Fall Krieg ab und auch den Einsatz von Gewalt. Wir glauben auch, dass jeder

Mensch einen einzigartigen Wert hat und deswegen nicht diskriminiert werden darf.«

»Das klingt aber eher nach den UN-Menschenrechten als nach einem Glauben.«

»Weil bei uns Glaube sehr individuell gelebt wird. Wir schreiben auch niemandem vor, wie ein echter Quäker zu leben und zu beten hat.«

»Was ist mit Themen wie Abtreibung und Freitod?«

»Wir haben da kein Dogma, das muss jeder mit seinem Gewissen vereinbaren.«

»Dann habt ihr auch kein Problem mit Homosexualität.«

»Nein.«

»Woher wissen Sie das? Wenn jeder denken darf, was er will, kann es ja auch Schwulenfeinde geben.«

»Ich weiß, was Sie meinen, aber der Respekt vor dem Einzelnen schließt das eigentlich aus.«

»Aber irgendwas muss doch da sein, was für alle gilt.«

Glahn denkt wieder nach und plötzlich lächelt sie erleichtert. »Das Friedenszeugnis! Das Bekenntnis zu Frieden und Gewaltlosigkeit ist etwas, das wir alle teilen.«

»Wie sieht es zum Beispiel mit dem Leben nach dem Tod aus?«

»Da gehen die Meinungen auseinander. Auch die Vorstellungen davon, wer oder was Gott ist, können sehr verschieden sein. Es gibt mittlerweile auch starke fernöstliche Einflüsse.«

»Aber es gibt ein Leben nach dem Tod?«

»Ich weiß es nicht.« Glahn zuckt mit den Schultern.

»Aber Gott gibt es auf jeden Fall, oder?«, will ich auf Nummer sicher gehen.

Sie zuckt wieder mit den Schultern. Ich muss lachen.

»Was soll das heißen?«

»Es gibt auch Quäker, die keine Gottesvorstellung haben.«

»Das ergibt aber doch keinen Sinn«, ergreife ich Partei für den alten und sehr ernsten George Fox, der im 17. Jahrhundert doch eindeutig mit Gott in Kontakt stand, als er die Quäker gründete. »Wer entzündet denn bitte das Licht Gottes im Menschen, wenn nicht Gott? Die Evolution?«

»Es gibt auch abstrakte Vorstellungen von Mächten, die walten. Spirituelle und esoterische.«

»Wenn die Gründergeneration heute solchen Quäkern begegnen würde, würde sie diese Leute überhaupt als Quäker akzeptieren? Leute, die den Bezug zum christlichen Gott abgelegt haben und zum Teil sogar von Göttern ganz allgemein?«

»Das ist eine gute Frage«, sie überlegt wieder, »darüber habe ich noch nie nachgedacht.«

Schließlich kommt Glahn zum Ergebnis, dass sie es akzeptieren würden.

Nach allem, was über die Gründer rund um Fox bekannt ist, darf das allerdings bezweifelt werden. Ihr Glaube wurzelte fest im Christentum. Fox stand in einem regen Austausch mit Gott, wie eine Auswahl von »Unterredungen« aus seinen Lebenserinnerungen zeigt:

> »Ein anderes Mal hatte ich die Offenbarung, dass Gott, der die Welt gemacht hat, nicht in Tempeln mit Händen gemacht wohne. Der Herr zeigte mir deutlich, dass er nicht in diesen Tempeln wohne, sondern in den Herzen der Menschen.«

> »Der Herr offenbarte mir durch seine unsichtbare Kraft, dass ein jeder erleuchtet werde durch das heilige Licht Christi. Und ich erkannte, dass es in allen leuchtete und dass alle, die daran glaubten, aus der Verdammnis zum Licht des Lebens kamen und Kinder des Lichts wurden.«

> »Der Herr sagte zu mir: Du musst hingehen und gegen jene großen Götzen schreien und gegen die, welche drinnen anbeten.«

Eine weitere Anweisung von Gott sollte außerdem dafür sorgen, dass die Quäker für ihre Feinde eine leichte Angriffsfläche boten. Wenn man einmal davon absieht, dass eine gewaltlose Bewegung immer schon ein dankbares Opfer für ihre Feinde war: »Ferner verbot mir der Herr, als er mich in die Welt hinaussandte, meinen Hut abzunehmen vor irgendjemandem, hoch oder niedrig; und ich hatte den Befehl, zu allen, Männern und Frauen, ›Du‹ zu sagen, ohne irgendeinen Unterschied zu machen zwischen Reich oder Arm, Groß oder Klein, und ich sollte unterwegs auf meinen Reisen den Leuten nicht guten Morgen oder guten Abend sagen.«

Durch dieses Verhalten stießen sie die Mächtigen des Landes (und alle anderen) konsequent vor den Kopf. Aber die schwerwiegendste Einschränkung, die sich die Quäker selbst auferlegten, bestand im Verweigern von Eiden und Schwüren. Für sie musste jedes Wort jederzeit ehrlich sein. Diese Verweigerung ermöglichte es ihren Gegnern, sie ins Gefängnis werfen zu lassen. Ein Quäker musste vor Gericht nur aufgefordert werden, seine Aussage zu beeiden, und schon wurde er wegen seiner Verweigerung abgeführt.

Würde George Fox also heute durch Quäkergemeinden ziehen, die das Christentum als Fundament abgeschafft haben, würde er ihnen zwar mit Respekt begegnen, wie es sein Glaube verlangte, doch er würde solche Menschen nicht als Quäker ansehen. Andererseits: Bei wie vielen anderen Religionen wäre der Stifter nicht ebenfalls erstaunt, wenn nicht gar entsetzt, was aus seinen Ideen wurde? So gesehen kann Fox erleichtert sein, denn die Gewaltlosigkeit haben die Quäker all die Zeit über durchgehalten. Einige haben nur die Begründung ausgetauscht und beziehen sich nicht mehr auf das Christentum, sondern auf andere oder mehrere Religionen oder direkt auf den Humanismus.

Was den Quäkern an Gewaltbereitschaft fehlte, machten sie durch Penetranz wett. Von Beginn an gab es eine umfangreiche

Missionarsarbeit, die auch vor den ganz großen Namen nicht zurückschreckte. 1657 versuchte eine Quäkerin den Herrscher des Osmanischen Reichs, Mehmed IV., vom Übertritt zu überzeugen. Der Sultan zeigte sich interessiert an diesem Gespräch, mehr aber nicht. Ein Jahr später versuchten zwei Quäker ihr Glück bei Papst Alexander VII. Sie teilten ihm mit, dass er der Antichrist sei und sie ihm das nun gerne anhand der Bibel nachweisen würden. Einer der beiden überlebte diesen Besuch nicht, während der andere nur nach langen diplomatischen Bemühungen freigelassen wurde.

Durch ihre radikale Ablehnung der Sakramente und der damit zusammenhängenden Macht einer christlichen Elite stießen sie frontal mit den Herrschenden zusammen. Ihr Gottesbild war nicht weniger als ein Angriff auf die Existenz der bestehenden Kirchen. Auch deswegen wurden sie massiv verfolgt. 1660 wurde die Quäkerin Mary Dyer in Boston, das damals noch zum britischen Weltreich gehörte, gehängt. Ihr Vergehen: Sie widersetzte sich wiederholt dem Verbot, als Quäkerin die Stadt zu betreten. Während der 1660er Jahre wurden etwa 400 Quäker umgebracht und 20 000 verhaftet. Mit dem Quaker Act von 1662 wurden ihre Versammlungen verboten. Trotzdem gelang George Fox 1666 der vielleicht wichtigste Schritt zur Etablierung seiner Religion. Seit diesem Jahr fanden regelmäßige Jahres-, Halbjahres- und Monatstreffen statt. Als 1689 der Toleration Act die Diskriminierung beendete, gab es 60 000 Quäker.

Öffentliche und politische Ämter blieben ihnen aber weiterhin verschlossen, weil sie keine Eide (auch Amtseide) leisteten. Was in dieser Hinsicht ein Nachteil war, nutzte ihnen wiederum im wirtschaftlichen Bereich. Da sie als besonders ehrlich und unbestechlich galten, genossen sie ein großes Vertrauen und gründeten einige Unternehmen, die bis heute überlebt haben, etwa die Schuhmarke Clarks oder die Barclays Bank.

»Kommen Sie, ich zeige Ihnen den Friedhof«, schlägt Glahn jetzt vor. Dass sie mich mit Sie anspricht, ist ein weiterer Unterschied zu den Duz-Fanatikern des 17. Jahrhunderts. Wir treten hinaus ins Freie und laufen eine Treppe hinunter auf die Wiese, deren Mauer mehrere Dutzend Urnen enthält. Die älteste gehört John Pemperton, der 1727 in Philadelphia geboren wurde und als Missionar nach Deutschland kam, wo er 1795 in Bad Pyrmont starb. Skeptisch betrachtet Glahn drei Maulwurfshügel.

»Jetzt wird er frech«, murmelt sie, »einen Hügel hätte ich ihm gelassen, aber nun kamen die beiden dazu.« Sie zeigt auf zwei kleinere neben dem größten, der aus dieser Wiese herausragt, wie ein Eisberg aus dem Polarmeer.

»Wie bekämpft ein Quäker denn so einen Maulwurf?«

»Gift will ich nicht einsetzen, ich werde die Erde abtragen«, entscheidet sie.

»Seid ihr denn in jeder Hinsicht gegen Gewalt?«

»Also wenn eine Person angegriffen wird und sich verteidigt, ist das natürlich ihr gutes Recht. Gewalt lehnen wir vor allem als Machtinstrument ab und als Mittel, Konflikte zu lösen.«

»Und was wäre die Antwort der Quäker auf den Islamischen Staat? Seid ihr gegen ein militärisches Eingreifen?«

Glahn schaut auf die Maulwurfshügel, während die Sonne auf die grüne Wiese scheint und eine Biene immer wieder unsere Köpfe umkreist.

»Was passiert danach? Nach dem Eingreifen? Gewalt hat ja keinen Plan.«

»Aber jetzt im Moment organisiert der Islamische Staat Massaker, von denen Menschen betroffen sind.«

»Wir haben in dieser Weltregion schon viele falsche Entscheidungen gefällt, wir sollten uns aus der Logik der Waffengewalt lösen und andere Wege finden. Aber ich bin nun auch keine Expertin für die Frag, wie dort eine bessere Zukunft aufgebaut werden kann. Immer mehr Krieg kann es aber nicht sein.«

Die Quäker haben sich tatsächlich konsequent geweigert, an kriegerischen Auseinandersetzungen teilzunehmen, was ihnen auch wiederholt sogar unter Freunden heftige Kritik einbrachte. Gleichzeitig organisierten sie schon Anfang des 19. Jahrhunderts, nach den Napoleonischen Kriegen, Hilfsfonds, um die leidende Bevölkerung zu versorgen. Deutschland profitierte dann nach dem Ersten Weltkrieg außerordentlich von den sogenannten Quäkerspeisungen, die von 1919 bis 1926 fünf Millionen Kinder mit Essen versorgten. Auch nach dem Zweiten Weltkrieg standen sie als Helfer bereit.

Weil sie ihren Pazifismus nicht aufgeben wollten, haben sie sogar den einzigen Quäkerstaat, den es je gab, wieder aufgelöst. Es war zwar kein unabhängiger Staat, aber die britische Regierung überließ dem Quäker William Penn ein großes Gebiet in Nordamerika, wo er ab 1682 Gouverneur war. Er nannte dieses Land Pennsylvania und erließ Religionsfreiheit, ein allgemeines Wahlrecht und Schutz- und Bürgerrechte für Indianer. Viele Quäker, aber auch andere verfolgte Gruppen, ließen sich dort nieder, weswegen es auch kein Zufall ist, dass der Missionar in diesem Urnengrab aus Philadelphia kam, der Hauptstadt dieses Staates. Als aber England 1693 für einen Krieg gegen Frankreich die Entsendung von Truppen verlangte, leisteten die Quäker stattdessen eine Kriegssteuer. So kauften sie sich wiederholt aus der Pflicht frei, Soldaten zu schicken, aber letztlich erschien es ihnen doch als Heuchelei und als Verletzung des Friedenszeugnisses, weswegen sich die Quäker aus der Regierungsverantwortung zurückzogen. Allerdings hatte das »heilige Experiment«, das letztlich scheiterte, immerhin 85 Jahre Bestand gehabt.

»Gibt es eigentlich eine Möglichkeit, aus der Quäkergemeinschaft ausgeschlossen zu werden?«

Glahn schiebt unschlüssig die Erde eines Maulwurfshügels hin und her. »Das kann theoretisch sein, aber in der Praxis passiert das fast nie. Irgendwann ist ja meistens der Punkt erreicht, an dem die Betroffenen von selbst merken, dass es nicht mehr passt.«

»Gibt es Fälle, wo jemand ausgeschlossen wurde?«

»Ich wüsste keinen«, sie schweigt kurz, »doch, Richard Nixon!«

»Der US-Präsident?«

»Ja.«

»Warum?«

»Wegen Watergate. Die US-Quäker hatten ihm mitgeteilt, dass das gegen alle Werte verstößt, die ihnen etwas bedeuten.«

Man muss also schon US-Präsident sein, die eigene Nation belügen und eine internationale Krise provozieren, bevor es langsam eng werden kann mit der Mitgliedschaft.

Ich muss nun aufbrechen und als wir wieder die Treppen hinaufgehen, überlegt Glahn, ob der fehlende Erfolg der Quäker in Deutschland mit dem »fehlenden Humor« hierzulande zu tun hat. Die Quäker hätten davon einigen. Es erstaunte mich, das zu hören, zumal George Fox in seinen eigenen Aufzeichnungen nicht nur einen pathologisch ernsthaften Eindruck macht, sondern zusätzlich mit heiliger Empörung auf jedes Anzeichen von Lebensfreude reagierte. Als er einmal mehrere Männer kegeln sah, wütete er: *»Wie könnt ihr Gott dienen, solange ihr eurem Vergnügen nachgeht? Ihr könnt nicht Gott dienen und den weltlichen Vergnügen, dem Kegeln, Jagen und dergleichen!«* Heute leben die Quäker von ihrem verdient guten Ruf, sind aber als Religionsgemeinschaft kaum noch relevant. In den USA gibt es knapp 80 000, in Großbritannien 15 000 und Länder wie Deutschland kommen auf wenige Hundert. Als wir uns verabschieden, gibt mir Glahn noch einen Rat mit auf den Weg: »Wichtig ist die innere Einstellung, nicht die äußeren Statussymbole.« Ich verlasse das Quäkerhaus und sehe auf dem Parkplatz einen Porsche stehen. Gut möglich, dass Glahns Ratschlag auch von ihm inspiriert wurde.

Station 9
Sunniten

»Wenn jemand den Islam annimmt und sein Glaube ist aufrichtig, so wird Gott ihm die Verfehlungen, die er sich zuvor hat zuschulden kommen lassen, verzeihen. Und die gute Tat, die er anschließend verrichtet, wird ihm um ein Zehn- bis Siebenhundertfaches angerechnet, während die schlechte Tat nur als ein einziges Vergehen vermerkt wird, sofern Gott nicht gänzlich über sie hinwegsieht.«

Vermutlich ist der Islam die Religion, die die großzügigsten Willkommensgeschenke anbietet. Eine völlige Entschuldung des Sündenkontos und zusätzlich Zinsen auf gute Taten, die den Wert um das bis zu 700-Fache steigen lassen. Mindestens jedoch um das Zehnfache. Fast noch attraktiver ist aber, dass schlechte Taten nur einmalig gewertet werden und nicht ausgeschlossen ist, dass Gott völlig über sie hinwegsieht.

Wer will bestreiten, dass es sich hier um ein sensationelles Angebot handelt? Also wer, außer Martin Luther natürlich, der gar nicht mehr mit dem Thesenschreiben nachkommen würde, wäre er Moslem. Mich jedenfalls macht das neugierig und deswegen stehe ich an einem Montagmorgen vor einer Tiefgarage in Köln. Mit mir stehen dort 30 pensionierte Lehrer. Ein Zaun trennt uns von mehreren Fußballplätzen, auf denen noch der Frühnebel hängt, dahinter erhebt sich ein Fernsehturm und verliert sich hinter grauen Regenwolken. Hin und wieder schimmert seine Aussichtsplattform durch das Grau, bevor das Nieselwetter ihn wieder verhüllt.

»Willkommen in der Zentralmoschee von Köln-Ehrenfeld«,

begrüßt uns schließlich Ayse Ayin, eine Referentin für Öffentlichkeitsarbeit von vielleicht 40 Jahren. Genau genommen ist es mehr als eine Moschee, die sich auf dem Gelände befindet. Es ist gleichzeitig die Deutschlandzentrale des Moscheenverbands DITIB. Die Moschee selbst hat eine ungewöhnliche Architektur, die Außenwand ist nicht geschlossen, stattdessen sind an mehreren Stellen Mauerteile herausgelöst und leicht versetzt vor dem restlichen Kuppelbau eingelassen. Die so entstandenen Öffnungen im Bau dienen als Fenster, um das Innere mit Licht zu fluten. Zwei dürre Minarette stehen wie gigantische Zahnstocher oder Kugelschreiber neben der Moschee, sind allerdings nur optische Reize ohne tatsächliche Funktion. Es gibt keinen Ruf des Imam zum Gebet. Zumindest nicht nach außen hörbar. In der Moscheeanlage selbst wird über Lautsprecher an die Gebetszeiten erinnert. Aktuell macht das Gotteshaus aber den Eindruck, als ob es einen schweren Autounfall hatte. Ein Gerüst umfasst den kompletten Bau von innen und außen, als ob gebrochene Knochen geschient werden müssen.

Als das Moscheeprojekt 2007 bekannt wurde, kam es zu heftigen Protesten in der Stadt. Rechtsextreme Parteien und Organisationen wie Pro Köln forderten einen Baustopp. Aber auch Intellektuelle wie der Schriftsteller Ralph Giordano sprachen sich dagegen aus. Die Stadt unterstützte das Vorhaben jedoch von Beginn an und die Demonstrationen von Pro Köln wurden jedes Mal von deutlich mehr Gegendemonstranten erwidert. Von dieser aufgeheizten Stimmung ist heute nicht mehr viel übrig. Von Zeit zu Zeit versammeln sich noch eine Handvoll Menschen gegenüber der Moschee, um allgemein gegen die Verfolgung von Christen in der islamischen Welt zu demonstrieren.

»Die sehen uns nun mal als Vertreter der islamischen Welt, dabei sind wir ein deutscher Verein, der nicht einmal staatliche Förderung bekommt. Wir finanzieren uns selbst«, erklärt Ayse ihrer Besuchsgruppe.

»Aber ihr seid doch DITIB und DITIB wird vom türkischen Staat gelenkt«, kommt ein erster Zwischenruf von einem hageren Mann in Lederjacke, der bestimmt Sport unterrichtet hat.

»Das ist eine gute Gelegenheit, zu erläutern, was DITIB ist«, erklärt Ayse. »Wir sind der Dachverband von etwa 900 Ortsgemeinden in ganz Deutschland. Wir sind als gemeinnützig anerkannt und leisten durch Sprach- und Alphabetisierungskurse auch Integrationsarbeit.«

»Das finde ich gut!«, erklärt eine Frau mit weißem Halstuch, die direkt vor Ayse steht und jede ihrer Bemerkungen mit freundlichem Nicken begleitet. Der eigentliche Fragensteller findet es noch nicht gut. »Aber die Lenkung geschieht von der Türkei aus, oder?«

»Wir sind dem Präsidium für religiöse Angelegenheiten unterstellt, aber Sie sollten sich das jetzt nicht so vorstellen, als ob da jeden Morgen ein Fax auf dem Tisch liegt mit Anweisungen, was wir zu tun haben.«

»Sondern?« Aus dem früheren Sportlehrer ist schon nach wenigen Minuten ein investigativer Journalist geworden.

»DITIB gehört dem sunnitischen Islam an und unsere höchste religiöse Autorität ist das Präsidium für religiöse Angelegenheiten. Die theologischen Fundamente werden aber nicht nach Lust und Laune geändert, daher sind wir in unserer täglichen Arbeit unabhängig.«

Der Sportlehrer nickt, aber es ist kein zustimmendes Nicken. Weltweit gibt es etwa 1,7 Milliarden Moslems, von denen mit etwa 1,4 Milliarden die allermeisten dem sunnitischen Islam angehören.

Wir betreten den zur Moschee gehörenden Gebäudekomplex durch einen Seiteneingang und bleiben schon nach dem ersten Treppenabsatz im Flur stehen. Mehrere der Besucher setzen sich auf die Treppe, andere lehnen an der Wand, der Rest bildet eine Traube um Ayse.

»Wir haben nicht nur die Zentralmoschee an diesem Platz, sondern auch die Deutschlandzentrale von DITIB. Außerdem soll es eine öffentliche Einrichtung sein, deswegen die Räumlichkeiten hinter mir.« Sie deutet nach hinten, wo sich hinter einer gläsernen Tür eine breite Verkaufsfläche mit mehreren Räumen für Geschäfte zeigt. Aktuell sind die Ladenflächen noch nicht eingerichtet, aber Ayse berichtet von geplanten Läden wie Bäckereien, Blumengeschäften oder Buchhandlungen. »Wir achten dabei aber auf zwei Dinge: Es muss mit muslimischen Moralvorstellungen harmonieren, weswegen wir hier jetzt keinen Waffenshop oder ein Spielkasino zulassen würden. Und es darf keine Konkurrenz für die schon bestehenden Geschäfte in der Nachbarschaft darstellen, sondern nur eine Ergänzung.«

»Warum hat die Einkaufsmeile noch nicht eröffnet, obwohl die Moschee schon genutzt wird?«, fragt ein Mann, der breitbeinig auf den Treppenstufen sitzt. Gut möglich, dass er es immer gehasst hat, wenn seine Schüler das taten. Jetzt ist er mal an der Reihe.

»Es gab Schwierigkeiten mit dem Bau, das hat für Verzögerungen gesorgt, deswegen sind wir auch mit der Vermietung der Ladenflächen noch vorsichtig gewesen. Die Moschee selbst ist aber schon seit mehreren Jahren in Betrieb.«

»Wie viele passen da rein?«, will der Breitbeinige wissen.

»1200 Menschen. Aber zu den normalen Gottesdiensten kommen natürlich deutlich weniger. Ansonsten haben wir hier noch ein Jugendzentrum, eine islamische Fachbibliothek, einen Konferenzraum und ein Zentrum für islamische Religionspädagogik.«

Danach machen wir uns auf den nicht unbeschwerlichen Weg in das zweite Stockwerk. Viele der Veteranen der Klassenzimmer warten lieber in der Schlange vor dem Aufzug, anstatt die Wendeltreppe zu nehmen, die sich um die Betonröhre dreht, in der der Fahrstuhl seine immer gleiche Reise tut. Im

Vorbeigehen höre ich eine der Frauen sarkastisch flüstern: »Islamische Religionspädagogik«, und bin mir nicht sicher, ob sie nun Religionspädagogik allgemein kritisiert oder nur die islamische Spielart davon. Oben angekommen stehen wir in einem ebenfalls noch nicht bezogenen Raum mit Tresen, in den das Schild *Info* DITIB eingelassen ist. Das hier soll eines Tages der Warteraum sein, in dem Besucher ihre Zeit verbringen, bevor ihr Termin bei DITIB beginnt. Er ist schon fast bezugsfertig, aber noch stehen mehrere Holzbalken in der Ecke, auch das Deckenlicht fehlt noch.

»Was wir in diesem Gebäude auch haben, sind ein Reisebüro und ein Bestattungsinstitut. Die beiden arbeiten bei uns sehr eng zusammen. Warum das? Weil viele Moslems sich in ihren Heimatländern oder der Heimat ihrer Vorfahren begraben lassen.«

»Warum lassen sich so viele nicht in Deutschland beerdigen?«, möchte eine weißhaarige Frau wissen, die ihre Hände nervös ballt. Ich schätze, sie ist Kunst- oder Ethiklehrerin.

»In Deutschland ist aktuell noch das Problem, dass es in vielen Bundesländern die Sargpflicht gibt, aber der muslimische Leichnam muss direkt dem Boden übergeben werden. Auch ist unsere Vorstellung die, dass die Totenruhe unangetastet bleibt. Auf muslimischen Friedhöfen wird also nicht nach 20 oder 30 Jahren der Platz neu vergeben.«

»Man kann in Deutschland aber auch Familiengräber kaufen«, ruft jemand.

»Das ist eine Preisfrage, das kann sich nicht jeder leisten!«, zischt ihn der Sportlehrer mit der Lederjacke nieder.

»Und auch im Familiengrab werden die Neuen auf die Alten gestapelt, als ob es Bierkisten wären«, formuliert es eine Kollegin recht plastisch.

»Im Christentum fand eine Anpassung an neue Umstände statt, weswegen es da mittlerweile auch Urnenbestattungen gibt. Ist eine solche Wandlung auch im Islam zu erwarten?«, möchte der Herr wissen, der vorhin so rebellisch auf der Treppe saß.

»Es gibt schon Anpassungen, das merkt man. Zum Beispiel entscheiden sich immer mehr Eltern, die selbst schon in Deutschland geboren wurden, ihre Kinder hier zu bestatten, wenn sie aufgrund einer Krankheit oder eines Unfalls früh sterben. Also da haben auch Moslems ihre Perspektive zunehmend verändert. Das ist ein Prozess.«

»Und was ist jetzt mit den Urnen?«, weist der Exlehrer sie wenig subtil darauf hin, seine Frage nicht beantwortet zu haben.

»In einer so großen Religion ist immer Bewegung und Dynamik, aber dass es so bald Feuerbestattungen gibt, glaube ich nicht. Da sehe ich auch keinen aktuellen Impuls aus irgendeiner Ecke.«

Es gibt in den islamischen Schriften viele Anweisungen bezüglich der Beerdigungsrituale. Diese hängen auch davon ab, unter welchen Umständen eine Person zu Tode kam. Wer Suizid begeht, hat es im Jenseits schwer. Mohammed erklärte: »Wer sich selbst erdrosselt, wird sich in der Hölle weiter erdrosseln. Und wer sich mit einem Messer ersticht, wird sich in der Hölle weiterhin erstechen.« Unabhängig von den Todesumständen gilt aber, dass der Leichnam vor dem Begräbnis mehrmals gründlich gewaschen werden muss: »Wascht sie dreimal, fünfmal oder öfter gründlich mit Wasser und Lotos und streut anschließend etwa Kampfer über sie!«

Mittlerweile haben wir das Gebäude verlassen und stehen auf einer Art Innenhof direkt neben der eingerüsteten Moschee. »Da gab es bei der Herstellung des Betons Probleme, er war brüchig, darum muss das nun alles noch einmal geprüft werden«, meint Ayse, während wir uns auf Höhe des dritten Stockwerks befinden, das von der Straße aus durch eine vielstufige Treppe Tag und Nacht erreicht werden kann. »So ein Kuppeldach bringt das Problem mit sich«, meint Ayse mit Blick auf die Moschee, »dass sich die Tauben dort ganz besonders gerne treffen. Deswegen haben wir zweimal in der Woche einen Falkner hier, der die verscheucht. Tauben sind ganz dumme Tiere, die kommen trotzdem immer wieder. Die merken sich, wann der Falkner kommt, und warten dann, bis er wieder weg ist.«

»Dann sind sie ja gar nicht dumm!«, bricht eine Exlehrerin eine Lanze für die Tauben.

»Deswegen kommt der Falkner jetzt immer zu anderen Zeiten, um sie zu verwirren. Aber das wird immer schwerer.«

»Ich denke auch, dass Tauben dann nicht dumm sein können«, widerspricht jetzt ein zweiter Pensionär. Ayse übergeht diese Widerworte, kommt aber auch nicht vom Thema weg.

»Die Falken sind angefüttert, wenn sie herkommen, wir wollen nicht, dass sie die Tauben hier töten. Es soll kein Blut auf der Moschee sein.«

»Ein Falke bringt da nicht viel, ihr braucht einen Bussard«, kommt eine weitere Anmerkung, dieses Mal von einem dürren Mann, der vermutlich Biologielehrer war und 40 Jahre lang immer vor den Herbstferien mit seinem Leistungskurs Exkursionen zum Falknern organisierte. Auf jeden Fall klingt er sehr selbstsicher in seinem Urteil.

»Da ist auch immer ein Bussard dabei«, beruhigt Ayse ihn, »ein Bussard und ein Falke.«

»Aber dumm sind die Tauben ja nicht, wenn all der Aufwand nicht reicht«, kommt schon wieder jemand auf den Vorwurf der Dummheit zurück. Immer mehr Lehrer stimmen nickend zu. Auf der Besucherterrasse von DITIB ist mittlerweile eine Taubenlobby entstanden.

Was nun? Ayse scheint in der Defensive. Wird sie ihre Meinung über Tauben korrigieren? Bleibt ihr überhaupt etwas anderes übrig? Zu überwältigend scheinen die Argumente gegen ihre These zu sein, dass es dumme Tiere sind. Aber was ist, wenn sie nachgibt? Wird die Gruppe sie danach überhaupt noch ernst nehmen? Ich werde es nie erfahren, denn sie revidiert nicht! Stattdessen legt sie die gesamte Lehrerschaft rhetorisch aufs Kreuz. »Vielleicht sind Tauben ja inselbegabt. Lassen Sie uns nun runter in die Gebetsräume gehen.« Ende der Diskussion. Der Debattierpreis geht an Ayse.

Auf dem Weg zu den Gebetsräumen kommen wir an einem großen Raum mit mehreren Waschbecken vorbei. »Hier findet die rituelle Waschung vor dem Gebet statt, eine Waschung reicht für drei Gebete, es sei denn, dass der Gläubige in der Zwischenzeit unrein wurde.«

Und unrein wird man offenbar sehr schnell, der Gang auf die Toilette reicht aus, aber auch Bluten oder Erbrechen. Geschlechtsverkehr macht die Waschung ebenfalls wieder notwendig. Blähungen sowieso. Der Prophet Mohammed hat sehr genaue Vorstellungen davon hinterlassen, wie die Waschung auszusehen hat: »Ihr Gläubigen! Wenn ihr euch zum Gebet aufstellt, dann wascht euch vorher das Gesicht und die Hände bis zu den Ellbogen und streicht euch über den Kopf und die Füße bis zu den Knöcheln.« Und noch genauere Gedanken machte er sich darüber, unter was für Bedingungen die Waschung wiederholt werden muss und wann nicht. So zwingt das Lachen während des Gebets zwar dazu, das Gebet zu wiederholen, aber nicht die Waschung. Haare und Nägel können geschnitten werden, ohne die Waschung wiederholen zu müssen. Während der Menstruation soll die Frau am besten gleich ganz auf das Beten und somit auf die Waschung verzichten. Und was ist zu tun, wenn einem jemand während des Gebets die Nachgeburt eines Kamels auf den Rücken legt? Auch diese Eventualität hat Mohammed bedacht (weil es ihm selbst passierte): »Wenn jemand einem Betenden Aas oder andere unreine Dinge auf den Rücken legt, ändert dies nichts an der Gültigkeit des Gebets.«

Da speziell Körpersäfte eine ständige Bedrohung für die eigene Reinheit sind, musste sich der Prophet notgedrungen auch viel mit delikaten Fragen beschäftigen und wurde so zu einem mittelalterlichen Vorläufer des Doktor-Sommer-Teams der *Bravo*. Er wurde von einem Anhänger unter anderem gefragt: »Wie soll ein Mann die Waschung verrichten, wenn er seiner Frau beigewohnt hat, aber keinen Samenerguss hatte?« Antwort: »Er soll vor dem Gebet die kleine Waschung verrichten und zusätzlich seinen Penis waschen.«

Der Gebetsraum könnte auch eine Sporthalle in der Schule sein. Der Boden ist mit Matten ausgelegt, damit auch Ältere oder Kranke sich hinknien können. Außer uns Besuchern ist fast niemand da. In einer Ecke hockt ein junger Mann an der Wand und schaut gelangweilt herüber, während Ayse sich mit vollem Körpereinsatz auf den Boden wirft, um die korrekte Gebetshaltung zu demonstrieren. Während sie sonst kein Kopftuch trägt, hat sie sich beim Betreten des Raums eines übergezogen.

»Jetzt keine Fotos«, ermahnt sie noch, bevor sie in die Knie geht und danach mit der Stirn den Boden berührt. Die Warnung vor Fotos hätte sie sich sparen können, denn diese Lehrergeneration verweigert sich offenbar noch komplett dem technischen Fortschritt. Schon zuvor wurde Ayse belächelt, weil sie annahm, die Anwesenden würden Facebook nutzen. »Das ist wie Onlinebanking, da werden die Daten gestohlen und verkauft«, wurde sie belehrt.

»Es gibt mehrere Punkte zu beachten«, erklärt Ayse, als sie wieder auf den Beinen steht. »Ein gläubiger Moslem sollte fünfmal am Tag beten, es muss in Richtung Mekka gebetet werden und davor muss die rituelle Waschung erfolgen. Männer und Frauen beten übrigens im gleichen Raum, aber getrennt voneinander.«

»Gibt es feste Uhrzeiten für das Gebet oder bin ich da flexibel?«, fragt eine korpulente Besucherin, bei der ich keine Ahnung habe, was sie unterrichtet haben könnte. Vielleicht Musik.

»In klaren Grenzen flexibel«, meint Ayse und zeigt zur Wand, wo eine digitale Anzeigetafel leuchtet. Zu sehen sind darauf mehrere Uhrzeiten, diese geben vor, wann welches Gebet zu verrichten ist. Dabei geht es nicht um eine exakte Uhrzeit, sondern um einen Zeitraum, in dem es geschehen sollte, wobei die Anfangszeit besonders empfohlen wird. Insgesamt gibt es fünf Pflichtgebete zur Morgendämmerung, zum Mittag, zum Nachmittag, zum Sonnenuntergang und zum Abend.

»Was tue ich, wenn ich nicht die Gelegenheit hatte, jedem einzelnen davon nachzukommen, oder sie schlicht vergessen habe?«, fragt ein Lehrer.

»Dann muss es im nächsten Gebetszeitraum nachgeholt werden, indem es vor dem eigentlichen Gebet für diesen Zeitraum gesprochen wird.«

»Also nicht nachsitzen, sondern nachbeten!«, versucht sich jemand an einem Witz und wird mit ein paar Lachern belohnt. Zwei ältere Männer mit Schnurrbart schreiten mit ernsten Gesichtern an uns vorbei. Sie wirken sehr konzentriert. Streiten sie über eine theologische Frage? Nein, es geht um türkischen Fußball. Ein Stürmer von Galatasaray Istanbul ist aktuell in einem schweren Formtief.

»Warum kommen Ihre Imame alle aus der Türkei?«, möchte eine Frau in blauer Jacke wissen.

»Weil in Deutschland das Studium der islamischen Theologie nicht angeboten wird«, setzt Ayse an und bevor sie sich selbst korrigieren kann, wird sie schon korrigiert: »Doch, das geht jetzt!«

»Ja, da haben Sie recht«, stimmt sie zu, »aber bis aus diesen Studiengängen die ersten Imame kommen, die eine Gemeinde leiten, vergehen noch zehn bis fünfzehn Jahre. Das ist eine lange Ausbildung, viele ändern im Verlauf des Studiums ihre Meinung oder haben keine Lust, Imam zu werden. Nicht jeder, der Theologie studiert, will schließlich Geistlicher werden.«

»Gibt es das Zölibat für Imame?«, meldet sich der Sportlehrer zu Wort.

»Nein, so was haben wir nicht.«

»Ich finde es nicht gut, dass die Imame alle aus der Türkei

kommen, die kennen dann unsere Kultur ja kaum und sollen trotzdem Vorbilder und Ratgeber für Menschen sein, die hier leben«, merkt die Frau in der blauen Jacke noch an.

»Aber das machen andere Religionen ebenfalls so. Das ist kein Phänomen des Islam. Die orthodoxen Kirchen haben oft Pfarrer aus Russland oder Griechenland und sogar manche katholischen Gemeinden werden von ausländischen Pfarrern geleitet.«

»Das finde ich ja auch nicht gut«, zeigt sich die Frau in der blauen Jacke überkonfessionell stur, »und dass hier Frauen und Männer getrennt beten, auch nicht.«

»Getrennt, aber im gleichen Raum«, versucht Ayse sie etwas zu versöhnen.

Die beiden Männer gehen nachdenklich und schweigend an uns vorüber und aus dem Raum hinaus. Offenbar in tiefer Sorge um Galatasaray Istanbul. Wir hingegen stehen immer noch auf dem weichen Untergrund und lassen uns von Fatma die Gebete erläutern.

Natürlich hat Mohammed auch zum Gebet genaue Vorstellungen hinterlassen. Mit den fünf Gebeten »tilgt Gott die Verfehlungen, die ihr begangen habt«. In Sandalen darf gebetet werden und auch in Synagogen oder Kirchen, solange es in diesen weder Statuen noch Bilder gibt. Ein Muezzin darf lachen, während er zum Gebet ruft, beim Gebet selbst aber nicht. Niemand soll zum Gebet eilen, sondern »ruhig und würdevoll dorthin gehen«. Es darf ruhig eilig vollzogen werden, »aber in aller Vollständigkeit«. Und warum ist das Niederwerfen so wichtig? Deswegen: »Gott gibt den Engeln den Befehl, diejenigen von ihnen, die Gott angebetet haben, aus der Hölle zu holen. Die Engel führen diesen Befehl aus. Sie erkennen die Gläubigen an den Spuren, die die Niederwerfungen auf ihren Körpern hinterlassen haben.«

Mohammed hat aber auch bei diesem Thema den Blick für

die Details nicht verloren. Darf man zum Beispiel »ein Gewand tragen, das mit Stickereien oder Ähnlichem verziert ist, und es während des Betens betrachten?«, wurde er gefragt und verbot es, weil es vom Gebet ablenkt. Offenbar waren seinen Mitstreitern viele Kinder vergönnt, jedenfalls wollten sie auch wissen, was zu tun ist, »wenn jemand das Gebet verrichtet und ein kleines Mädchen klammert sich dabei um seinen Hals«. Mohammed hatte dabei den irgendwie naheliegenden Rat: »Wenn du eine Niederwerfung verrichtest, leg sie auf die Seite, wenn du dich wieder aufrichtest, nimm sie wieder auf.« Das Gebet ist aber auch deswegen ein so wichtiges Ritual, weil, »wenn zum Gebet gerufen wird, der Teufel die Flucht ergreift, um die Worte des Gebetsrufs nicht hören zu müssen«.

Unsere Führung erreicht mittlerweile den Konferenzraum. Ein kreisrunder Saal, der auch von anderen Vereinen und Organisationen gemietet werden kann. »Solange sie unseren ethischen Maßstäben nicht widersprechen. Also wird hier nie die Jahreshauptversammlung der Metzger stattfinden. Wir hatten aber auch schon mal eine Anfrage der NPD, die haben wir natürlich auch abgelehnt.« Die Lehrer und ich setzen uns auf den Rand der Bühne, während Ayse noch letzte Informationen zur rechtlichen Situation des Bürgersteigs vor der Tür verbreitet, also ab wo er zu DITIB gehört und bis wohin er noch öffentliches Land ist. Aber niemand hört noch genau zu. Und auch Ayse kommt einmal ins Stutzen, als sie bemerkt, dass an der Wand ein Mitarbeiter der Security sitzt und auf seinem Smartphone spielt. Er trägt ein schwarzes T-Shirt, ist muskulös, um die 20 und entspricht mit seinen gegelten Haaren ziemlich genau dem Bild eines imponierenden Türstehers.

»Was machst du da?«, ruft sie ihm zu. Überrascht schaut er auf und meint: »Die Tür bewachen.« Alle meine Lehrer erkennen seinen Blick. Es ist der Blick eines Schülers, der gerade beim Abschreiben, Schlafen oder Musikhören erwischt wurde.

»Die da?« Ayse zeigt zur Seitentüre die etwa 20 Meter entfernt ist.

Er nickt.

»Und das machst du vom Stuhl aus und mit dem Rücken zur Straße? Ich bin beeindruckt.«

Er lacht verlegen und läuft zur Tür, um von dort aus in den nieselnden Kölner Vormittag zu schauen.

»Haben Sie noch irgendwelche Fragen?«, wendet sie sich ein letztes Mal an die Gruppe.

Der Sportlehrer mit der Lederjacke hat noch eine: »Stimmt es eigentlich, dass muslimische Männer mehrere Frauen haben dürfen, oder ist das ein Vorurteil?«

»Das hängt von der jeweiligen Gesetzeslage ab. In Deutschland ist das verboten und in der Türkei auch. Im Iran aber nicht, da kommt so etwas vor.«

»Wird das denn in der islamischen Welt kritisiert?«

»Ich kann nicht für die islamische Welt sprechen, ich bin nur eine Mitarbeiterin von DITIB in Deutschland. Aber meine persönliche Meinung ist, dass ich die Vielehe nicht gut finde, allerdings auch sehe, wie im Westen zum Teil Affären über Jahre geführt werden. Diese zusätzlichen Frauen haben keinerlei rechtliche Sicherheit, die haben sie in einer Vielehe schon. Aber wie gesagt, ich befürworte dieses System nicht. Ich befürworte beides nicht.«

Kurz darauf beweist sie bei der Verabschiedung noch einmal, dass sie über gute Menschenkenntnis verfügt. Eine Teilnehmerin der Gruppe bedankt sich im Namen aller bei ihr und schlägt dabei einen so langatmig-staatsmännischen Ton an, dass Ayse sie bei der ersten Gelegenheit abwürgt.

»Wir wollen uns für die Offenheit sehr herzlich bedanken, mit der wir hier empfangen wurden und die nicht überall selbstverständlich ist, zumal…«

»Das freut mich. Und auch ich möchte die Gelegenheit noch wahrnehmen, um mich herzlich für Ihr Kommen zu bedanken.

Sie sind jederzeit willkommen, wieder diese Moschee zu besuchen.«

Bevor ich Köln verlasse, überquere ich noch die Domplatte und blicke zu dieser gigantischen Kirche hinauf, die aussieht, als ob sie direkt hier vor Ort aus einem Felsen geschlagen wurde. Im Vergleich dazu sieht die Zentralmoschee aus wie ein normaler Mensch neben einem Basketballstar. Als ich später im Zug sitze und über den Rhein fahre, entdecke ich irgendwo über den Dächern der Stadt den Fernsehturm. Die Moschee ist nur wenige Meter von ihm entfernt.

Auf zwei Werken bauen die islamische Theologie und Moral im Wesentlichen auf. Das eine, den Koran, wird jeder zumindest vom Namen her kennen. Allah diktierte ihn Mohammed Wort für Wort, es dauerte schließlich 23 Jahre, bis die 114 Suren abgeschlossen waren. Wenn man die Standardeinstellungen eines gewöhnlichen PC-Schreibprogramms wie Microsoft Word verwendet, umfasst der Koran zirka 600 Seiten. Damit hat das Autorenduo Allah/Mohammed im Schnitt zwei Wochen pro Seite gebraucht, was sie zu den vermutlich langsamsten Schriftstellern aller Zeiten macht. Gleichzeitig aber mit zu den erfolgreichsten, denn nach der Bibel ist der Koran das am weitesten verbreitete Buch der Welt.

Alles in allem ist der Koran ein Leitfaden dafür, wie Menschen ein gottgefälliges Leben führen können. Ein rustikaler Knigge aus dem Frühmittelalter, der von Fragen über Krieg und Frieden bis dahin, welche Kleidungsstücke man zuerst anziehen sollte, alle Bereiche des Lebens abzudecken versucht. Die Hadithen wiederum sind so etwas wie der Praxistest dessen, was der Koran in der Theorie vorgibt. Am Beispiel Mohammeds wird gezeigt, wie sich ein Mensch in bestimmten Lebenssituationen korrekt zu verhalten hat. Die Hadithen sind das wohl pedantischste Benimmbuch, das es gibt, und gleichzeitig von einigen der einflussreichsten Gestalten der muslimischen Geschichte beeidet.

Mohammed selbst hatte vermutlich neun Frauen, wobei die Hadithen an einer Stelle auch von elf Frauen sprechen. Er brach am liebsten an Donnerstagen zu Reisen auf, aß gerne Süßigkeiten und wäre heute wohl kein Freund der Dönerläden, denn »wer Knoblauch oder Zwiebeln gegessen hat, soll sich von uns und unserer Moschee fernhalten«. Als er schließlich starb, hatte er »in Haar und Bart nicht mehr als 20 graue Haare«. Und wem auch immer er im Traum begegnet, kann beruhigt sein, dass es wirklich Mohammed ist, weil »der Teufel meine Gestalt nicht annehmen kann«. Keine gute Idee wäre es hingegen, zu behaupten, ihm im Traum begegnet zu sein, obwohl es nicht stimmt. Denn »erzählt keine Lügen über mich! Wer dies dennoch tut, dessen Aufenthaltsort wird die Hölle sein.«

Ungläubige werden in der Hölle landen, Juden sind zu bekämpfen und was er über Türken sagte, hätte er sich wohl verkniffen, wenn er gewusst hätte, dass sie eines Tages den Islam annehmen werden: »Die Stunde des Gerichts wird nicht eintreten, bevor ihr die Türken bekämpft habt. Das sind Menschen mit kleinen Augen, bräunlichen Gesichtern und platten Nasen. Ihre Gesichter sehen aus wie ein Schild, der mit Leder überzogen ist.« Über Frauen wusste er zu berichten: »Die Hölle wurde mir gezeigt. Und die Mehrzahl ihrer Bewohner waren Frauen.« Was wesentlich damit zusammenhängt, dass Engel die Frauen »bis zum Morgengrauen verfluchen«, wenn »ein Mann seine Frau auffordert, zu ihm ins Bett zu kommen, sie sich aber weigert«. Auch zählt die Zeugenaussage eines Mannes vor Gericht doppelt so viel wie die einer Frau. Auch das kann der Prophet erklären: »Der Grund dafür ist euer mangelhafter Verstand!«

Sogar im Niesen und Gähnen zeigen sich Glaubensstärke und -schwäche. Der Muslim hat die Pflicht, einem niesenden Glaubensbruder »Gottes Erbarmen zu wünschen«, denn »Gott liebt das Niesen«. Das Gähnen hingegen ist vom Teufel, »unterdrücke es, so gut es geht!« Man sollte außerdem immer zuerst den linken Schuh anziehen. Und wo Mohammed schon bei den Schuhen ist, schiebt er noch die naheliegende Empfehlung nach: »Man soll nicht laufen, wenn man nur einen Schuh anhat.«

Die Hadithen geben aber auch einen Ausblick auf das Jüngste Gericht.

> »Gott ruft die Menschen zu sich, und die Brücke wird über den Abgrund der Hölle gelegt. Ich werde der Erste sein, der diese Brücke überqueren darf. Später werden diese Menschen, mit denen Gott Erbarmen hat, aus der Hölle erlöst. Gott gibt den Engeln den Befehl, diejenigen von ihnen, die Gott angebetet haben, aus der Hölle zu holen. Die Engel führen diesen Befehl aus. Sie erkennen die Gläubigen an den Spuren, die die Niederwerfungen auf ihrem Körper hinterlassen haben. Denn Gott hat es dem Feuer verboten, diese Spuren zu verzehren. Diese Menschen also verlassen dann die Hölle. Das Feuer hat ihren gesamten Leib aufgefressen, mit Ausnahme jener Körperpartien, wo die Niederwerfungen ihre Spuren hinterlassen haben. Verbannt und geschwärzt sind ihre Glieder. Dann aber wird das Wasser des Lebens über sie gegossen und sie wachsen und gedeihen wie der Samen der Wüste in dem fruchtbaren Boden, den der Wasserlauf mit sich führt.«

Wer in der Hölle zurückbleibt, muss sich auf eine grausame Ewigkeit einstellen, aber unter denen, die Gott zu sich holt, wird vermutlich auch nicht jeder rundum glücklich sein. Das Paradies ist nämlich keineswegs eine klassenlose Gesellschaft und Enttäuschungen damit programmiert: »Im Paradies gibt es 100 Rangstufen, die Gott für jene bestimmt hat, die für seine Sache eintreten. Der Abstand zwischen zwei solchen Stufen entspricht dem zwischen Himmel und Erde. Und wenn ihr an Gott eine Frage richtet, so fragt ihn nach Al-Firdaus! Al-Firdaus ist der höchstgelegene und beste Teil des Paradieses!«

Es gibt also 100 Formen des Paradieses, aber nur eine Hölle. Zumindest weiß man da unten genau, woran man ist. Notwendige Bedingung dafür, ins Paradies zu gelangen, ist der muslimische Glaube. Was bei 1,7 Milliarden Moslems nicht überrascht. Gott hat bei dieser enormen Auswahl keinen Grund, sich um jüdische, christliche, buddhistische oder atheistische Gastarbeiterseelen zu bemühen.

Station 10
Fliegendes Spaghettimonster

Ich bin in Brandenburg, es sind 31 Grad Celsius und ich fahre durch den bislang heißesten Tag des Jahres. Weil die Deutsche Bahn das Konzept Klimaanlage nicht versteht, friere ich in diesem Zug, anstatt mich nur von der Hitze zu erholen.

Vor dem Fenster zieht eine monoton-idyllische Landschaft vorbei. Felder, Felder, Bäume, Felder, Bäume, Felder, Windräder, Felder, Bäume. Je weiter sich der Zug von Berlin entfernt, umso mehr Mühe geben sich die Ortsnamen, nach Isolation und Verlorenheit zu klingen: Nassenheide, Bergsdorf, Zehdenick (Mark) und Zehdenick-Neuhof, Vogelsang und Hammelspring. Ich lerne das schöne Wort »Bedarfsbahnhof« kennen, das vor beinahe jeder Haltestelle darauf hinweist, dass hier nicht gehalten wird, wenn niemand den Halteknopf drückt. Der Himmel ist porentief blau. Ein einziges Flugzeug ist sehr klein und sehr hoch zu sehen und wirkt in diesem Blau so verloren wie ein Ertrinkender mitten im Ozean.

Einige Bedarfshaltestellen später wird als nächster Halt Templin durchgesagt. Templin hat einen höheren sozialen Status als Vogelsang oder Hammelspring, denn Templin ist kein Bedarfshalt. Hier wird aus Prinzip gestoppt. Als wir in den Bahnhof einfahren, achte ich darauf, ob die Haltestellte »Templin Bahnhof« oder »Templin Stadt« heißt. Verabredet bin ich in »Templin Bahnhof«. Leider steht auf dem Schild einfach nur TEMPLIN. Ziemlich selbstbewusst, aber auch ein wenig ungeschickt, wenn es mehr als eine Haltestelle im Ort gibt.

Als ich mich entschieden habe, sitzen zu bleiben, bemerke ich im letzten Moment eine Gestalt auf dem Bahnsteig, die aussieht wie der Weihnachtsmann in Zivil. Sie ist auf diese Art korpulent, die mit Geborgenheit assoziiert wird statt mit Maßlosigkeit. Bei der man an Lebkuchen denkt und nicht an Bluthochdruck. Mit Rauschebart und gestreiftem Hawaiihemd steht sie da. Vor allem fällt ihre Kopfbedeckung auf, eine weiße Mütze mit Fischgrätenmotiv. Es könnte das Logo eines hippen Fisch-Restaurants sein, gehört aber zu einer in den USA entstandenen Religion mit dem Namen »Kirche des Fliegenden Spaghettimonsters«. Ihr Prophet heißt Bobby Henderson, er wurde von diesem höchsten Wesen auserwählt, sein Evangelium niederzuschreiben. Die Schöpfung spielte sich laut dieser Offenbarung so ab:

> »Es gibt keine Zeugen dafür, aber wir vermuten, dass das Ganze eher schleppend vor sich ging. Am Anfang dürfte die Schöpfung ganz spannend gewesen sein, aber dann hat das Fliegende Spaghettimonster die nächsten zehn bis hundert Jahre damit verbracht, das Universum mühsam so zu präparieren, dass es älter aussieht, als es ist.«

Im Evangelium werden auch andere Fragen thematisiert, die die Menschen beschäftigen. Warum lässt Gott Leid zu?: »Vielleicht haben sie Es erzürnt, oder möglicherweise ist Es aus irgendeinem anderen Grund zu beschäftigt, um einzugreifen.«

Wie sieht der Himmel aus? »Biervulkan und Stripper bzw. Stripperinnen für alle.«

Wie sieht die Hölle aus? »Wie der Himmel, nur ist das Bier schal und die Stripperinnen haben Geschlechtskrankheiten.«

Vor allem aber kreisen die Moralvorstellungen der Pastafarianer, wie sich die Anhänger des Spaghettimonsters nennen, um die acht »Am liebsten wäre mir's«, die ihre Antwort auf die Zehn Gebote sind und Aussagen enthalten wie:

> »Am liebsten wäre mir's, du würdest nicht meine Existenz als Mittel benutzen, um jemanden zu unterdrücken, zu unterwerfen, zu bestrafen, zu vernichten und/oder du weißt schon.«
>
> »Am liebsten wäre mir's, du würdest nicht Multimillionendollar-Kirchen, Moscheen, Tempel, Schreine für Meine Nudlige Güte erbauen. Das Geld kann man nun wirklich sinnvoller anlegen.«
>
> »Am liebsten wäre mir's, du würdest nicht rumgehen und Leuten erzählen, ich würde zu dir sprechen. Du bist nicht SO interessant. Nimm dich mal zurück.«

Mein Gastgeber, ein Rentner, der sich Bruder Spaghettus nennt, ist das Oberhaupt der Gemeinde in Templin. Ihr gehören noch vier weitere Personen an, von denen zwei seine Frau und sein Sohn sind und die beiden anderen sich nicht öffentlich bekennen wollen.

»Die Kirche ist hier nach dem öffentlichen Dienst der größte Arbeitgeber, da will sich niemand Probleme machen«, meint er mit tiefer, sonorer Stimme, während wir an einem Hallenkomplex vorbeifahren, bei dem es sich um eine von der Kirche geleitete Behindertenwerkstatt handelt. Templin ist weniger eine Stadt als eine lose Aneinanderreihung von Siedlungsblöcken. Abgesehen von einem kleinen Zentrum gibt es nur Höfe und winzige Ortsteile, die weit von einer Kompaktheit entfernt sind, die Kleinstädte auszeichnet. Bruder Spaghettus fährt 20 Minuten, bevor wir an seinem kleinen Hof ankommen.

Es sieht romantisch aus, wie hier Blumenwiesen, ein Teich und die anliegenden Wälder eine ruhige Oase zu bilden versuchen. Eine Stromleitung, die direkt über dem Grundstück verläuft, und die steinernen DDR-Grenzpfosten, mit denen das Gelände abgesteckt ist, versuchen ihrerseits, diese Idylle zu stören. Wir steigen aus und in der Tür zum Haus steht die Frau des religiösen Würdenträgers. Sie führt keine Spaghettisymbole mit sich, stattdessen hat sie einen Besen in der Hand und kehrt den Eingangsbereich.

Kurz darauf sitzen wir in einer Scheune, in der wiederum ein Raum als Kirche eingerichtet ist. Dort liegt alles bereit, was für die traditionelle Nudelmesse nötig ist. Fischernetze, Säbel, mehrere Darstellungen des Spaghettimonsters und allerlei Piratenutensilien. Bruder Spaghettus erklärt dazu, »unser Schöpfer sieht uns am liebsten in Piratenkluft«. Jetzt sieht er uns allerdings erst einmal mit Bierflaschen in der Hand in diesem kühlen Gemäuer sitzen.

Ich habe gleich zu Beginn einige Fragen zum Evangelium, die sich beim Lesen ergaben. Zum Beispiel drängte sich mir der Verdacht auf, dass es sich um eine elitäre Gemeinschaft handelt, die einen Großteil der Gesellschaft bewusst ausschließt. Unter anderem wegen solcher Passagen:

> »Pastafarianer ernähren sich jeden Monat ein paar Tage lang ausschließlich von Instant-Nudelsuppen, um der Zeit zu gedenken, als sie noch hungrige Studenten waren.«

Was soll dieser Verweis auf die Studentenzeit? Viele Menschen haben nicht einmal Abitur gemacht, weswegen werden die ausgegrenzt? Piraten hatten auch kein Abitur! Woher kommt also dieser Auserwähltheitsgedanke, der sich über den Besuch einer

Universität definiert? Ich bin gespannt auf ein Gespräch über die theologischen Grundlagen des Pastafarianismus. Zwar ist mir klar, dass es sich um eine satirische Religion handelt, die als trojanisches Pferd die Religionen mit den eigenen Mitteln schlagen will und sich gegen Kirchenprivilegien einsetzt. Aber bei der großen Zahl von Riten und Festen, die sie feiern, vermute ich einen satirisch-intellektuellen Ehrgeiz, diese Fassade aufrechtzuerhalten.

Bruder Spaghettus unterbricht mich aber schon nach der ersten Frage mit einem nachsichtigen Lächeln: »Da bist du uns offenbar direkt in die Falle gegangen. Wir sind keine Religion, wir geben nicht einmal vor, eine zu sein.«

Das war es also dann schon mit der Fassade. Kein Bestehen auf die eigene göttliche Mission, kein Spaß an der Debatte, nicht einmal ein müder Versuch. Statt einer Verteidigung der nudligen Theologie kommt eine spröde Belehrung: »Die Kirche des Fliegenden Spaghettimonsters Deutschland e.V. ist eine wegen Förderung kirchlicher und gemeinnütziger Zwecke als gemeinnützig anerkannte Körperschaft.«

»Wie viele Mitglieder hat euer Verein?«, frage ich, ohne dass es mich noch sonderlich interessiert. Ich kam hierher, um zu sehen, wie weit Bruder Spaghettus wohl das Spiel mitspielt, sich über theologische Fragen zu streiten. Er spielt es gar nicht. Er ist ein normaler Religionskritiker mit Schwäche für Piratenkostüme.

»Mittlerweile deutschlandweit 180. Seit der Aktion im letzten Herbst wurden es deutlich mehr.«

Bei dieser Aktion handelte es sich um das Anbringen eines Schildes am Ortseingang, auf dem die Uhrzeiten der freitäglichen Nudelmesse standen. Bruder Spaghettus hatte es an der gleichen Stange befestigt, an der auch die sonntäglichen Gottesdienste angegeben werden. Dagegen haben sich die beiden christlichen Kirchen erfolgreich gewehrt.

»Es stellte sich heraus, dass die Stange Kirchenbesitz ist«, erklärte er.

Mittlerweile hat sein Schild aber Asyl auf der Stange mit den Partnerstädten von Templin gefunden. Der Bürgermeister hat das durchgesetzt.

»Wo gibt es in Deutschland die meisten Pastafarianer?«, will ich wissen.

»In Bayern. Eigentlich kann man sich merken, dass wir da besonders stark sind, wo der Leidensdruck besonders hoch ist. Also im katholischen Bayern und in Europa im katholischen Polen. Da gibt es 100 000 Mitglieder des Fliegenden Spaghettimonsters.«

»100 000?«

»Ja.«

Ich nehme einen weiteren Schluck aus der Flasche.

»Das glaube ich nicht.«

»Zumindest hat die Facebook-Seite dort 100 000 Mitglieder.«

»Aber die kann man doch nicht einfach zu Mitgliedern erklären, nur weil sie eine Seite liken.«

Bruder Spaghettus irritiert das nicht. Er zuckt mit den Schultern. Seine Frau lächelt unsicher. Spaghettus hat insgesamt ein recht lockeres Verhältnis zu Mitgliedszahlen (außer wenn es um seinen Verein geht, da duldet er keine Karteileichen und wirft raus, wer nicht zahlt). Weltweit sieht er mal 100 Millionen Mitglieder und dann wieder 30 Millionen.

»Könnte ich zugleich katholisch sein und Mitglied in eurem Verein?«

Bruder Spaghettus schüttelt den Kopf.

»Wie soll das gehen?«, will seine Frau wissen.

»Ich könnte an Gott glauben, aber die Kirchenprivilegien ablehnen und darum hier mitarbeiten.«

»Du kannst nicht an Gott glauben und bei uns Mitglied sein«, stellt Bruder Spaghettus klar.

»Warum nicht?«

»Wir glauben an eine rational erklärbare Welt.«

»Aber ich kann doch Naturgesetze und Wissenschaften akzeptieren und dennoch den Sinn des Lebens aus einer Religion beziehen.«

»Dann hast du kein rationales Weltbild!«

»Warum nicht? Der Sinn des Lebens ist eine persönliche Angelegenheit, die kann nicht rational beantwortet werden.«

»Wir würden so jemanden nicht aufnehmen«, schüttelt er energisch den Kopf, »wir setzen uns für eine Gesellschaft ein, die nicht von religiösem Aberglauben dominiert wird.«

Ich nehme wieder einen Schluck und schaue in sein Gesicht. Bart und Kopfbedeckung sind noch gleich, aber die kompromisslose Haltung ist neu. Hier sitzt nicht mehr der Weihnachtsmann, hier sitzt der unnachgiebige Kalif Spaghetti, der keine Abweichung von der reinen gottlosen Lehre duldet.

»Religionen sind ein Grundübel«, führt er weiter aus, »vor allem Dogmen, weil sie das kritische Denken verbieten. Und Leute mit solchen Meinungen entscheiden dann über so wichtige Fragen wie aktive Sterbehilfe oder Abtreibung.«

Bruder Spaghettus spricht noch viel über Aktionen, die er im Auftrag des Fliegenden Spaghettimonsters unternommen hat. Von Wortgefechten mit Predigern auf Kirchentagen und von Reisen durch verschiedene Städte, um in jeder eine Nudelmesse zu feiern. Nach einer letzten Anekdote über eine Demonstration vor dem Scientology-Zentrum in Berlin verlasse ich die fünfköpfige Gemeinde wieder, setze mich in den Zug und rolle an den diversen Bedarfshaltestellen zurück Richtung Hauptstadt. Hammelspring, Vogelsang, Zehdenick-Neuhof … Berlin.

Ich hatte mir mehr vom Besuch in Templin versprochen. Diese Satirereligion hat mit Satire eigentlich nichts zu tun. Satire darf sich nicht selbst entlarven. Sie muss sich ernst nehmen, sonst ist sie keine Satire, sondern nur ein infantiler Witz. Wenn dieser Anspruch aufgegeben wird, bleibt nicht mehr als eine normale Religionskritik mit albernen Kostümen übrig. Schade eigentlich. Nicht zuletzt auch wegen der Mühe, die sich der Gründer Bobby Henderson gemacht hat, um den Mitgliedern geeignete Werkzeuge an die Hand zu geben. Er schuf eine Schöpfungsgeschichte, Rituale und Feiertage. Aber das bringt alles nichts, wenn diese Werkzeuge von den Gläubigen verschmäht werden. Die Nudelmessen reduzieren sich vor diesem Hintergrund zu Treffen weniger Gleichgesinnter, die sich darüber lustig machen, dass andere Menschen ähnliche Riten ganz ernsthaft vollziehen. Andere nachzuäffen, ist aber noch keine Satire.

Dass Bruder Spaghettus hier draußen in der Provinz unermüdlich gegen Kirchenprivilegien kämpft, ist vielleicht aber doch wieder ein Beweis für die Existenz des Fliegenden Spaghettimonsters. Es segnet die Arbeit seines Anhängers, indem es seine weichgekochten Nudeln über ihm ausbreitet.

Für mich aber geht die Reise zu den Göttern an anderer Stelle weiter, während ich aus dem Zug heraus in den Himmel schaue, der sich mittlerweile einige Wolken zugelegt hat. Es ist immer noch ein heißer Tag, ich friere. Die Klimaanlage.

Station 11
Raelismus

Am Anfang war nicht das Wort, sondern der Knall. Und dann noch einer und noch einer. Es muss ziemlich laut gewesen sein, damals, als die Aliens die Erdoberfläche formten. Berge wurden erschaffen, Flüsse durch das Erdreich gesprengt, Ozeane entworfen. Was wir heute als Natur begreifen, ist in Wahrheit eine Kulturleistung. Die Baumeister unserer Erde sind uns dabei ähnlicher, als wir glauben. Bei den Aliens handelt es sich um eine Menschenrasse. Sie nennen sich Elohim, leben auf einem weit entfernten Planeten und sind unsere Erschaffer. In Klonlaboren rund um das heutige Jerusalem wurden wir lebendig. Durch die Hand und die Petrischalen der Elohim.

Knapp 23 000 Jahre und eine atomare Vernichtung später sitze ich mit Joseph Mumpert in einem asiatischen Restaurant in Berlin. Er ist davon überzeugt, dass es die Elohim gibt. Wer das glaubt, gehört dem Raelismus an. Mumpert ist aktuell der einzige Raelist Berlins, vor drei Jahren gab es noch ein Ehepaar, aber das ließ sich scheiden und beide zogen weg. Trotzdem macht er einen zufriedenen Eindruck, wie er da mit Glatze und freundlichem Lächeln sitzt. Ein durchtrainierter Mann in seinen Vierzigern, der Yoga und sinnliche Meditation betreibt. »Ich bin im Senegal als Moslem aufgewachsen und erhielt von einem Freund, der in Paris studierte, die beiden Bücher Raels mitgebracht. Als ich sie las, war ich überwältigt. Plötzlich ergab alles einen Sinn.« Rael ist der Prophet, der 1973 von einem Elohim den Auftrag bekam, die Menschheit über ihre wahre Herkunft und ihre Bestimmung zu unterrichten. »Bis dahin kannte ich nur den Koran, doch seine blumige Sprache überzeugte mich nicht ganz. Es war, als ob da noch ein wichtiges Verbindungsteil fehlt.« Das Verbindungsteil bestand in der Existenz der Elohim, von deren Wirken alle religiösen Texte der Welt inspiriert sind.

Vor unserem Treffen las ich die heiligen Bücher der Raelisten. In *Das Buch, das die Wahrheit sagt*, geht es darum, wie der Prophet und Namensgeber dieser Religion, Rael, mit den Außerirdischen in Kontakt trat und was sie ihm offenbarten. Bevor er zum »letzten Propheten« wurde, hieß er Claude Vorilhon und war Verleger und Sänger. 1973 dann, am 13. Dezember, wurde er mit Hilfe von Telepathie auf einen Vulkan in Frankreich geführt. Was dort oben geschah, beschreibt er selbst so:

»Eine fliegende Untertasse! Ich hatte schon immer fest an sie geglaubt, aber nie zu hoffen gewagt, je selbst eine zu Gesicht zu bekommen. Ihr Durchmesser betrug etwa sieben Meter, unten war sie flach, auf der Oberseite kegelförmig und etwa 2,50 Meter hoch. An der Unterseite blinkte ein grellrotes Licht und an der Spitze von Zeit zu Zeit ein weißes, das an das Blitzlicht eines Fotoapparates erinnerte.«

Schließlich entstieg ein etwa 1,20 Meter großer Elohim dem Ufo. »Er hatte leicht mandelförmige Augen, schwarze lange Haare und einen kleinen schwarzen Bart. Er trug einen grünen einteiligen Anzug, der den ganzen Körper einhüllte. Seine Haut war weiß, mit einem leichten Stich ins Grüne, etwa so wie bei einem Leberkranken.«

Es entspann sich ein Gespräch zwischen den Welten.

Mensch: »Woher kommen Sie?«

Der Elohim antwortete mit kräftiger, sehr gut artikulierter, aber leicht näselnder Stimme.

Elohim: »Ich komme von sehr weit her.«

Mensch: »Sie sprechen Französisch?«

»Ich spreche alle Sprachen dieser Welt.«

Mensch: »Kommen Sie von einem anderen Planeten?«

Elohim: »Ja.«

Mensch: »Weshalb kommen Sie?«

Elohim: »Heute, um mit Ihnen zu sprechen.«

Mensch: »Mit mir?«

Elohim: »Ja, mit Ihnen, Claude Vorilhon, Herausgeber einer kleinen Automobilsport-Revue, verheiratet, Vater von zwei Kindern.«

Im weiteren Verlauf erläutert *Das Buch, das die Wahrheit sagt*, dass die Elohim uns erschaffen haben und die Bibel das beweist. Man muss bei ihr nur berücksichtigen, dass sie von Menschen verfasst wurde, die technologisch auf einem sehr primitiven Niveau lebten, weswegen sie oft Metaphern benutzten, um das

Wirken der Aliens zu beschreiben. Das Buch ist eine Auflistung von biblischen Ereignissen und deren korrekter Deutung. Im Grunde ist es eine kommentierte Ausgabe der Bibel, die alle Gleichnisse so erläutert, dass sie mit der Existenz einer hochmodernen Alien-Rasse in biblischen Tagen harmonieren. Über die Trompeten von Jericho heißt es beispielsweise:

> »Zur Belagerung Jerichos wird dem jüdischen Volk ein Militärberater gesandt. Es wird für Sie sehr leicht sein zu verstehen, wie die Mauern eingestürzt sind. Sie wissen, dass eine Opernsängerin mit einer sehr hohen Stimme ein Kristallglas zum Zerspringen bringen kann. Nun, durch Anwendung von stark verstärktem Ultraschall kann man jede Betonmauer zum Einsturz bringen. Das ist es, was dank eines sehr komplizierten Instruments, das die Bibel ›Posaune‹ nennt, gemacht wurde: ›Wenn man den Ton des Widderhorns halten wird, sobald ihr den Schall der Posaune hören werdet, wird die Mauer der Stadt einstürzen.‹«

Auf diese Weise wird die gesamte Bibel vom Kopf auf die Füße gestellt. Jonas befand sich nicht in einem Wal, sondern in einem U-Boot, Jesus tat keine Wunder, sondern bediente sich fortschrittlicher Elohim-Medizin und wenn von Heuschreckenschwärmen die Rede ist, handelt es sich in Wahrheit um Kampfflugzeuge der Elohim.

Als der Blitzkrieg gegen Jericho geführt wurde, war die Urkatastrophe allerdings schon geschehen. Die Vertreibung aus dem Paradies lag bereits hinter der Menschheit und auch dieses Ereignis fand etwas anders statt, als es in der Bibel steht. Um das zu verstehen, ist ein kurzer Exkurs in die Innenpolitik der Elohim nötig. Auf ihrem Heimatplaneten gab es immer schon Vorbehalte gegen das Klonen, die Gegner dieser Forschung befürchteten unter anderem, dass sich eines Tages eine künstlich geschaffene Menschenart gegen ihre Schöpfer erheben könnte.

Also wurde das Klonen nur unter der Auflage erlaubt, dass es weit entfernt stattfindet. Die Fortschrittskritiker wurden dabei von einem Elohim mit Namen Satan angeführt. Auf unserer Erde fanden die Wissenschaftler dann eine geeignete Atmosphäre vor. Sie bauten die Oberfläche des Planeten nach ihren Bedürfnissen um (in der Bibel sind das die sechs Schöpfungstage) und gründeten ihre Klonlabore. Was dann geschah, war ein Feuerwerk der Kreativität. Die Wissenschaftler der Elohim lieferten sich regelrechte Wettkämpfe darum, wer die schönsten Blumen und spektakulärsten Tiere erschuf. Die Krönung des Ganzen war jedoch der Mensch, das Ebenbild der Elohim. Maßgeblich vorangetrieben wurde dieses Klonprojekt von einem genialen Wissenschaftler mit Namen Luzifer. Er leitete ein Genlabor an dem Ort, wo sich heute Jerusalem befindet.

Weil er gegen eine der strengen Auflagen verstieß, die der Rat der Ewigen auf dem Heimatplaneten erlassen hatte, kam es zum Sündenfall. Die Elohim hatten die klare Anweisung erteilt, den Menschen niemals wissenschaftliche Bücher zur Verfügung zu stellen, damit sie ihnen niemals gefährlich werden konnten. Luzifer allerdings sah den Wissensdurst der Menschen und wollte ihn stillen, indem er sie in die Wissenschaften einführte. Satan meldete diesen Regelverstoß und als Strafe wurde das gesamte Klonprojekt auf Eis gelegt. Alle Wissenschaftler kehrten zum Heimatplaneten zurück. Nur das Team Luzifer durfte nicht zurückkehren und blieb verbannt auf der Erde, wo es unter militärischer Beobachtung stand. Die Menschen wurden aus den Genlaboren, riesigen Landschaften unter Glas, geworfen und die Eingänge bewacht. (Natürlich sind die Cherubim, die in der Bibel mit Flammenschwertern wachen, nur eine Metapher. Tatsächlich handelte es sich um »Militär mit atomaren Desintegrationswaffen«.) Der Rauswurf aus dem Paradies fand also tatsächlich statt, wenn auch etwas anders als gedacht. Luzifer ist die Schlange, die wissenschaftlichen Bücher sind der Apfel und das Genlabor ist das Paradies.

Die verbannten Wissenschaftler ließen sich von den Menschen mit Nahrungsmitteln versorgen und verlangten von ihnen auch, angebetet zu werden. Auf diese Weise gelang es ihnen erfolgreich, auf ihrem Heimatplaneten die Stimmung zu ändern und zu demonstrieren, dass diese Menschen friedlich sind und keine Gefahr darstellen. Es folgte eine kurze Phase der scheinbaren Harmonie zwischen Menschen und Elohim, wobei sich die Aliens vor allem für die Juden interessierten. (Erschaffen im Labor von Team Luzifer und preisgekrönt: »Das Volk Israel wurde von der wissenschaftlichen Jury im Verhältnis von Intelligenz und Genie zum gelungensten irdischen Menschentyp gewählt.«) Es kam zu Liebesbeziehungen zwischen den Erschaffern und ihren klügsten Geschöpfen. Die Elohim gaben ihren jüdischen Frauen Waffen, die diese an jüdische Krieger weitergaben.

Als die Juden jetzt mit mächtigen Elohim-Waffen Kriege führten, legte Satan dem Rat der Ewigen Beweise dafür vor, wie brutal die Menschen waren. Der Rat beschloss daraufhin, das Klonprojekt endgültig zu stoppen, und feuerte Atomraketen auf die Erde, die alles Leben auslöschten (Sintflut). Die Elohim wurden von der Erde abberufen, doch gelang es ihnen noch, einen Menschen (Noah) in ein Raumschiff zu setzen, in dem er das atomare Inferno überlebte. Er trug Zellen aller Lebewesen der Erde bei sich, so dass die Schöpfung weitergehen konnte, nachdem die Strahlung nachgelassen hatte.

Ich spreche Mumpert auf diese Gewaltexzesse an. Er denkt kurz nach, ohne sein Lächeln einzubüßen. »Sie sind nie ohne Grund gewalttätig und auch nie offensiv.«

»Aber sie haben die Erde vernichtet.«

»Weil die Menschen sie herausforderten.«

»Findest du das eine gerechte Strafe?«

»Die Elohim haben sich genau überlegt, was sie tun. Wir können manches vielleicht nicht verstehen, so wie Kinder die Entscheidungen ihrer Eltern oft nicht begreifen können.«

»Du kannst diese Brutalität also auch nicht verstehen?«
»Doch.«

Es gibt zirka 70 000 Raelisten auf der Welt, wobei die Mitglieder lieber aufzählen, in wie vielen Ländern diese Religion vertreten ist. Obwohl der erste Eindruck es vielleicht nicht vermuten lässt, sind die Elohim mittlerweile ein überaus friedliches Volk. Zumindest lehren das die Raelisten und gehen mit gutem Beispiel voran. Gewaltlosigkeit ist eine der wichtigsten Tugenden, Meditation spielt eine große Rolle. Mumpert kann ich mir auch nur schwer dabei vorstellen, wie er mit dem Ruf »Die Elohim sind groß!« (wobei es in diesem Fall wohl eher lauten würde: »Die Elohim sind klug!«) auf den Lippen eine Zeitungsredaktion auslöscht oder rothaarige Frauen verbrennt, weil sie seinen Erschaffern ein Graus sind. Womöglich würde er jetzt aber nicht zufrieden vor mir sitzen und einen Cocktail trinken, wenn es nach *Das Buch, das die Wahrheit sagt* keine zweite Offenbarung von Rael gegeben hätte. Die Elohim klingen im ersten Buch noch deutlich brutaler und gewaltbereiter, erst Buch 2 (Titel: *Die Außerirdischen haben mich auf ihren Planeten mitgenommen*) korrigiert einige ihrer Aussagen. Gravierend ist vor allem, dass die Elohim in Band 1 den Menschen noch offen mit Vernichtung drohen, wenn sie nicht einsehen, wer ihre Erschaffer sind, und sie nicht freudig begrüßen.

In Band 2 lassen sich die Elohim jedoch so zitieren: »Zuerst muss eine Stelle in der Botschaft richtiggestellt werden, die einen möglichen Eingriff unsererseits zur Vernichtung der Menschheit betrifft: Es ist wichtig, klarzustellen, dass wir nicht eingreifen werden.« Aus einer ungeduldigen Alien-Rasse sind nachsichtige Schöpfer geworden, die nur dann mit ihrer Schöpfung in Kontakt treten, wenn diese wirklich Interesse daran hat. Wenn die Menschen das nicht zeigen, respektieren die Elohim das und werden nicht auf die Erde kommen. Unabhängig davon möchten sie trotzdem, dass hier endlich die Regierungsform

Geniokratie eingeführt wird, also die Herrschaft der Genies. Nur sie ermöglicht Fortschritt. Und Fortschritt ist wichtig. Wahlen gibt es keine mehr, sobald die klügsten Köpfe die Geschicke der Menschheit lenken. Mit einem Körper-Gesellschaft-Vergleich erklärt Rael, warum die Geniokratie nötig ist.

> »Der Fuß hat nicht zu entscheiden, ob die Hand einen Gegenstand berühren soll oder nicht. Es ist das Gehirn, das entscheiden muss, und wenn der Gegenstand gut ist, wird auch der Fuß davon profitieren. Kopernikus (Anm.: Hirn) wurde von einer Reihe unfähiger Menschen (Anm.: Füße) verurteilt, weil er alleine die zum Verständnis ausreichende Erkenntnisstufe besaß.«

»Was muss man tun, um ein guter Raelist zu sein?«, will ich von Mumpert wissen.

»Ein guter Mensch. Gute Taten werden mit schlechten Taten verrechnet und am Ende deines Lebens entscheidet sich, ob du auf dem Planeten der Ewigen leben darfst.«

»Das ist das Paradies?«

»Ja, dort leben alle Menschen, die die Menschheit voranbrachten oder gutes taten. Auch alle Propheten sind dort.«

»Jesus und Mohammed?«

»Auch sie. Und Buddha, Moses, Joseph Smith. Alle.«

»Was ist mir L. Ron Hubbard?«

»Wer ist das?«

»Der Gründer von Scientology.«

»Das weiß ich nicht, wenn er aber ein Prophet der Elohim war, auf jeden Fall.«

»Was ist mit Ritualen? Die Christen gehen in die Kirche, Moslems beten Richtung Mekka. Habt ihr auch so was?«

»Nur die Zellplanübertragung. Dabei legt eine raelistische Autorität dem neuen Mitglied die befeuchteten Finger auf das Stirnbein, wodurch ein Kontakt zwischen dem Menschen und einem

Raumschiff der Elohim hergestellt wird. Über das Stirnbein werden die DNS-Daten übermittelt und die Elohim wissen dann, dass ein weiterer Mensch die Wahrheit gesehen hat.«

»Warum das Stirnbein?«

»Es enthält den reinsten genetischen Code des Menschen.«

»Gibt es noch weitere Zeremonien?«

»Nichts Verpflichtendes. Das brauchen die Elohim auch nicht. Es wird viel meditiert, vor allem die sinnliche Meditation. Ich gehe auch oft zu Seminaren der Raelisten.«

»Wenn ein Raelist schwul ist, hat er dann ein Problem mit den Elohim?«

»Überhaupt nicht. Sie haben Rael mitgeteilt: ›Es ist nicht natürlich, andere zwingen zu wollen, die gleiche Sexualität zu haben wie man selbst.‹«

»Stehst du denn in Kontakt zu unseren Erschaffern?«

»Durch intensives Meditieren gelange ich manchmal auf den Planeten der Ewigen. Aber sie haben mich noch nie bewusst kontaktiert.«

»Vielleicht liegt es ja an deiner Glatze?«

Ich hatte überlegt, ob ich das überhaupt ansprechen soll, aber es drängte sich auf. Für die Raelisten haben die Kopf- und Gesichtsbehaarung eine besondere Bedeutung. Es handelt sich dabei um so etwas wie intergalaktische Telefonzellen und die Länge der Haare entscheidet darüber, wie gut das Netz ist. In der ersten Offenbarung heißt es dazu:

> »Das menschliche Gehirn ist wie ein umfangreicher Sender, der imstande ist, eine große Anzahl von Wellen und äußerst klaren Gedanken auszutauschen. Die Telepathie ist in Wirklichkeit nichts anderes. Aber diese Art Sender braucht Antennen. Diese Antennen sind die Kopf- und Barthaare. Es ist ihnen sicher aufgefallen, dass viele eurer Wissenschaftler sehr lange Haare und Bärte tragen. Die Propheten und Weisen ebenso. Jetzt verstehen Sie, warum.«

Mumpert lächelt etwas gequält, während er sich über seine Glatze fährt. Er ist auch frisch rasiert.

»Es gibt Meditationsübungen, durch die das ausgeglichen werden kann. Wenn die Elohim sich bei mir melden wollten, würden sie es tun. Sie haben aber keinen Grund dafür.«

»Warum gibt es denn nur knapp 30 Raelisten in Deutschland?«

»Meine persönliche Vermutung ist, dass die Deutschen zu nüchtern sind, sie können die Schönheit der Elohim nicht sehen, weil sie zu sehr auf materielle Dinge konzentriert sind. Die Elohim lehnen unseren Kapitalismus ab.«

»Wie finanziert ihr euch?«

»Jedes Mitglied spendet drei Prozent seines Einkommens, wenn es ihm möglich ist.«

»Kannst du dir vorstellen, dass andere Menschen euch seltsam finden?«

»Wer sich ernsthaft mit den Elohim beschäftigt, weiß, dass es sie gibt. Seltsam ist, wer urteilt, ohne sich zu informieren.«

»Ich habe gelesen, dass ihr eurem Anführer testamentarisch euer Stirnbein hinterlasst. Das finde ich wirklich seltsam.«

> »Der Tod soll nicht Anlass für traurige Versammlungen sein, denn es ist der Augenblick, in dem der geliebte Mensch vielleicht ins Paradies der Ewigen eingeht, wo er in der Gemeinschaft der Elohim, unserer Schöpfer, lebt. Du wirst deshalb verfügen, dass du nicht religiös beigesetzt wirst, sondern du wirst deinen Körper der Wissenschaft vermachen oder anordnen, dass man ihn so unauffällig wie möglich verschwinden lässt, mit Ausnahme deines Stirnbeines, genauer gesagt des Teils oberhalb der Nasenwurzel, 33 Millimeter über dem Mittelpunkt der Achse, die deine beiden Pupillen verbindet, mindestens einen Quadratzentimeter dieses Knochens, den du an den Guide der Guides senden lassen wirst, damit er ihn in unserer irdischen Botschaft aufbewahrt. Denn jeder Mensch

wird von einem Computer beobachtet, der seine Taten vermerkt und am Ende deines Lebens die Bilanz darüber zieht!«

»Die Bedeutung des Stirnbeins habe ich ja schon erklärt. Aktuell verbieten die Staaten uns noch, diese wichtige Zeremonie durchzuführen. Aber die ersten Christen wurden auch unterdrückt und heute können sie ihre Rituale frei ausüben.«

»Aktuell würde es euch aber auch dann nichts nützen, wenn die Staaten kein Problem damit hätten, wem ihr nach dem Tod euer Stirnbein vermacht, schließlich existiert die Botschaft ja noch nicht, in der die Stirnbeine aufbewahrt werden sollen.«

Die Raelisten verfolgen zwei Ziele, ein persönliches und ein universelles. Im persönlichen möchten sie zu denen gehören, die nach dem Tod auf dem Planeten der Ewigen aufgenommen werden. Das universelle Ziel ist es, ein Botschaftsgebäude für die Elohim auf der Erde zu eröffnen. Seit Rael 1973 von den Aliens als »letzter Prophet« ausgewählt wurde, ist die Botschaft ganz oben auf der Agenda. Dass es bis heute keine gibt, liegt womöglich auch daran, dass die Elohim wählerisch sind, was den genauen Standort angeht. Es soll in Jerusalem gebaut werden. Bislang weigern sich die israelischen Behörden aber, einen Flecken Erde dafür freizugeben. So ganz alternativlos scheint das Heilige Land aber nicht mehr zu sein, denn mittlerweile wird auch in Peru gesucht. (Die Option Schweiz klang vielversprechend, leider hatten die Eidgenossen die Bedingung, umgekehrt auf dem Heimatplaneten der Elohim eine Schweizer Botschaft zu eröffnen. Daran scheiterte das Projekt schließlich.)

Ob es denn überhaupt eine gute Idee ist, die Außerirdischen auf die Erde einzuladen, frage ich Mumpert. Immerhin haben sie diesen Planeten einst verlassen, nachdem sie ihn atomar verwüstet hatten. Weswegen sollte es beim zweiten Aufeinandertreffen anders verlaufen?

»Keine Sorge, sie sind friedlich, sie werden uns nichts tun. Sie besitzen nicht einmal Waffen. In ihrer Kultur sind Waffen verpönt«, beruhigt mich der einzige Raelist der Stadt.

»Damals haben sie uns aber mit Atomwaffen bekämpft.«

»Sie hatten damals ihre Gründe, heute wird das nicht mehr passieren.«

»Woher weißt du das?«

»Ich spüre es.«

Er nimmt einen Schluck Tee und schaut mich beruhigend an. Ich bin aber nicht beruhigt.

»Haben sie sich eigentlich jemals dafür entschuldigt, uns vernichtet zu haben?«

»Das müssen sie nicht.«

»Ich finde schon. Werden sie sich entschuldigen, wenn sie in ihrer intergalaktischen Botschaft landen?«

»Sie hatten ihre Gründe und sie haben auch zu unserem Besten gehandelt.«

»Ich misstraue intergalaktischen Mächten, die die Menschheit ausgerottet haben und ein paar Tausend Jahre später ohne ein Wort der Reue zum Tatort zurückkehren.«

Mumpert lächelt nachsichtig. »Wenn sie da sind, wirst du es verstehen.«

Die Zeit bis zum Bau und der Eröffnung der Botschaft vertreiben sich die Raelisten unter anderem damit, animierte Videos der Elohim-Ankunft zu veröffentlichen. Elegante graue Ufos nehmen darin Kurs auf die »Embassy of the Elohim«, sie überfliegen das Gebäude und landen auf dem Dach. Wenn sich die Lücke öffnet, erlebt die Menschheit einen emotionalen Ausnahmezustand, als ob sämtliche Groupies sämtlicher Boybands sämtlicher Jahrzehnte gleichzeitig in Ekstase geraten. Sie werden nämlich alle herauskommen: der Abraham, der Buddha, der Moses, der Jesus, der Mohammed, der Joseph Smith und alle anderen Propheten, die in ihrer jeweiligen Zeit von den Elohim als Botschafter eingesetzt wurden. Sie kehren vom Planeten der Ewigen zurück und werden bei uns bleiben. Es wird keine Invasion sein, sondern eine Vereinigung unter Freunden. Wenn man den Raelisten glauben kann, haben die Aliens längst das primitive Stadium von Krieg und Vernichtung hinter sich gelassen. Sie lesen, sie dichten, sie meditieren und sie besitzen einen Sinn für Humor, verrät mir Mumpert, dem aber leider auch auf Nachfrage kein einziger populärer Witz der Elohim einfällt.

Ganz so ausgeglichen, wie er glaubt, sind die Elohim aber vielleicht doch nicht. Zumindest gibt es ein Indiz dafür, dass sie weiterhin zu Gefühlen wie Eifersucht und Rachsucht fähig sind. Das Ziel dieser Gefühle sind die Juden, diese einst als besonders gelungene Menschenart prämierte Gruppe. Die Bücher Raels enthalten eine Reihe von negativen Bemerkungen über und Vernichtungsdrohungen gegen sie:

> »Ihre ursprüngliche Verfehlung bestand darin, sich mit ihrer wissenschaftlichen Schöpfung vereinigt zu haben. Deshalb haben sie so lange gelitten.«

> »Für sie ist die Zeit der Vergebung gekommen und sie werden jetzt in ihrem wiedergefundenen Land in Ruhe leben können. Es sei denn, sie begehen einen neuen Fehler, indem sie Rael nicht als unseren Gesandten anerkennen.«

> »Wir wünschen, dass unsere irdische Botschaft in Israel errichtet wird, auf einem Territorium, das die Regierung ihnen geben wird. Wenn sie es ablehnen, können sie sie woanders bauen, und Israel wird, da es unseren Gesandten nicht anerkannt hat, eine neue Bestrafung erleiden.«

> »Hier liegt deine letzte Chance, sonst wird ein anderes Land unser Botschaftsgebäude auf seinem Gebiet errichten und dieses Land wird nicht weit von deinem entfernt sein und der Staat von Israel wird erneut zerstört werden.« (Anm.: Aktuell ist Peru im Spiel, das ziemlich weit weg ist.)

»Wenn du vor 2000 Jahren erkannt hättest, dass Jesus unser Gesandter ist, wären alle Christen der Welt jetzt nicht Christen, sondern Juden.« (Anm.: Die Elohim wissen offenbar nicht, dass das Judentum keine missionierende Religion ist und diese Leute darum keine Juden geworden wären.)

»Die Verbindung, die zum Volk Israel bestand, ist im Begriff, abgebrochen zu werden.«

»Wenn ein anderes Land ein Botschaftsgebäude zusagt, hat Israel noch ein letztes Mal die Möglichkeit, ein Vorzugsrecht zu ziehen. Bei erneuter Ablehnung werden die Juden wieder zerstreut.«

»Die Juden sind ein halsstarriges Volk.«

Auf diesem Niveau werden die Juden in allen Veröffentlichungen kritisiert. Ich frage Mumpert, ob die Elohim Antisemiten sind.

»Im Gegenteil. Die Juden beten einen Gott an, der in Wahrheit ein Elohim mit Namen Jahwe ist. Er hat auch Rael die Bücher diktiert.«

»Dass sie die Juden erschaffen haben, heißt doch nicht, dass sie keine Antisemiten sein können. Es gibt ja auch Juden, die Juden hassen.«

»Sie hassen die Juden nicht, aber sie nehmen ihnen übel, dass sie das Wissen über den Ursprung der Menschheit und ihre Erschaffer für sich behielten, als sich die Elohim ihnen offenbarten. Diese Botschaft war für alle Menschen bestimmt, aber sie machten ein Geheimnis daraus.«

Während er das sagt, zieht er eine Halskette unter seinem Hemd hervor. Es ist das silberne Symbol der Raelisten: ein Davidstern, in dessen Mitte sich ein Windrad befindet. Hierbei handelt es sich um eine entschärfte Version des eigentlichen Erkennungszeichens. Das besteht ebenfalls aus einem Davidstern, doch anstelle des Windrades befindet sich in der Mitte ein Hakenkreuz. »Da haben die Juden schwer Druck gemacht, dass wir das Windrad einsetzen«, meint er und ich weiß nicht genau, ob da ein tadelnder oder verständnisvoller Unterton mitschwingt. Wer das Original kaufen möchte, kann es über den Raelisten-Shop bestellen. Die günstigste Version des Davidkreuzes bzw. Hakensterns kostet 57 Euro, die teuerste 374. Wobei ich mir nicht sicher bin, ob es die ohnehin schwierigen Verhandlungen mit Israel erleichtert, wenn das dort geplante Botschaftsgebäude von gigantischen Hakenkreuzen gekrönt wird.

Ich möchte noch etwas mehr darüber erfahren, wie sich die Raelisten organisieren. Als großer Segen hat sich für die weltweit verteilte und überschaubare große Bewegung das Internet erwiesen. Mumpert kann sich über Foren, Chats und Videoschaltungen mit anderen Mitgliedern austauschen. Bevor es das Internet gab, fühlte er sich manchmal alleine als Raelist. Den höchsten Feiertag stellt der erste Sonntag im April dar, an diesem Tag wird der Erschaffung des ersten Menschen gedacht.

»Hast du schon einmal ein Ufo gesehen?«

»Ja, auf Seminaren der Raelisten bewegen sich manchmal welche über das Firmament.«

»Und hier in Berlin?«

»Ich bin mir nicht sicher, aber ich glaube schon.«

»Das heißt, sie beobachten uns?«

»Sie wissen alles.«

»Greifen sie auch in den Verlauf der Geschichte ein?«

»Seitdem sie nicht mehr mit uns auf der Erde leben, nur noch selten. Aber es kommt vor, dass sie in ihrem Sinne intervenieren.«

»Hätten sie dann nicht auch die Judenvernichtung stoppen können?«, möchte ich wissen, weil mich das Verhältnis der Elohim zu diesem Volk immer noch beschäftigt.

»Die Juden«, merkt Mumpert mit freundlicher Stimme an, »spielen eine wichtige Rolle für die Elohim. Es handelte sich um das erste Volk, dem sie die Wahrheit anvertrauten. Doch leider wollten sie diese Wahrheit für sich behalten. Das hat den Elohim nicht gefallen.«

»Also war es eine Retourkutsche, dass die Aliens den Holocaust nicht stoppten?«

»So könnte man es sehen.« Mumpert nimmt einen Schluck Tee. »Andererseits ist der Staat Israel ein Beispiel dafür, dass die Elohim die Juden nicht aufgegeben haben. Sie schützen im Moment dieses Land.«

Offenbar haben unsere Erschaffer ein sehr grobkörniges Gerechtigkeitsempfinden. Ich beschließe, keine weiteren Fragen mehr zu diesem Thema zu stellen, würde aber bis auf Weiteres keinem Juden raten, auf dem Planeten der Ewigen mit Kippa herumzulaufen.

Doch Mumpert hat noch eine letzte Anekdote zum Thema anzubieten.

»Rael selbst ist Jude«, erklärt er und relativiert sich gleich selbst, »er hat einen jüdischen Stiefvater.«

»Weiß man, wer sein eigentlicher Vater ist?« Ich habe zu viele religiöse Bücher gelesen, um nicht zu ahnen, dass ein göttlicher Vater nicht weit ist, wo ein Prophet einen Stiefvater hat.

»Jahwe«, enttäuscht er mich nicht.

»Sein Vater ist ein Elohim?«

»Jahwe ist auch der Vater von Jesus. Das heißt, sie sind Brüder.«

Er schaut mich triumphierend an, als ob er gerade die letzten Zweifel an der Richtigkeit des Raelismus ausgeräumt hätte.

»Stiefbrüder«, korrigiere ich und komme mir vor wie jemand, der einem Kind erzählt, dass es den Weihnachtsmann nicht gibt.

»Sie haben den gleichen Vater«, wiederholt Mumpert tapfer.

Später erfahre ich noch, dass sie sich sogar begegnet sind, Jesus und Rael. Auf dem Planeten der Elohim, auf den er eingeladen wurde, weswegen sein zweites Buch den griffigen Titel trägt: *Die Außerirdischen haben mich auf ihren Planeten mitgenommen.* Man erfährt darin,

dass es zirka sieben Milliarden dieser Aliens gibt (Stand 1975), dass sie eine Sprache sprechen, die dem Althebräischen sehr ähnelt, dass sie nicht arbeiten müssen, weil sie Robotersklaven haben, dass das Klima dem an unserem Äquator gleicht, dass es in dieser Welt rosarote Eichhörnchen mit Teddybärköpfen gibt und dass es ein friedlicher Planet ist, auf dem jeder ärztlich betreut wird, der Anzeichen von Gewalt zeigt. Nachdem Jahwe Rael über seine tatsächlichen familiären Wurzeln aufgeklärt hatte, bot er ihm das Du an.

> »Ab jetzt kannst du ›Du‹ zu mir sagen, wenn du dich an mich wendest, denn du bist mein Sohn und ich bin dein Vater.« Das war für mich der bewegendste Moment dieser ganzen Reise. Ich konnte auch in den Augen Jahwes eine große Emotion und viel Liebe sehen. Auch Jesus schien dieselben Gefühle zu empfinden. Dann konnte ich meinen Vater und meinen Bruder zum ersten Mal in die Arme nehmen.«

Am Ende unseres Treffens erzählt Mumpert noch, dass er in wenigen Monaten seine Freundin nach raelistischem Ritus heiraten möchte.

»Dann erhöht sich die Zahl der Raelisten in Berlin um 100 Prozent. Ihr werdet dadurch die am schnellsten wachsende Religion der Stadt.«

»Zahlen sind nicht wichtig. Was du fühlst und weißt, das zählt, denn das sehen sie.«

Danach trennen wir uns und laufen beide durch eine sternenklare Nacht nach Hause. Ich stelle mir vor, wie Mumpert jetzt glücklich hinauf in den Himmel blickt und den Elohim auf ihrem fernen Planeten zuzwinkert. Mir gefällt dieses Bild so gut, dass ich mich entschließe, selbst den Sternen zuzuzwinkern.

Und, wer weiß, vielleicht hat ja irgendwo weit da draußen ein Elohim meinen Gruß erwidert.

Station 12
Bahai

»Hier ist das Licht!« steht an der Hausfassade des Berliner Bahai-Büros. Das passt ganz gut. Welche Religion würde von sich nicht gerne sagen, dass sie das Licht ist? Nur einen kleinen Schönheitsfehler gibt es dabei: Es handelt sich um das Motto einer Firma, die auf dem Übersichtsschild direkt über den Bahai steht. »BPS-Leuchtsysteme – Hier ist das Licht«. Darunter deutlich spröder: »Bahai – Nationaler Geistiger Rat der Bahai in Deutschland, Vertretung Berlin«. Das Büro liegt zentral, fünf Minuten von der Friedrichstraße entfernt, zehn vom Alexanderplatz. Und nur wenige Schritte vom Naturkundemuseum.

Ich klingle, laufe in einen Innenhof und werde schließlich von einem jungen Mann empfangen, der so auch in einer PR-Agentur arbeiten könnte. Polohemd, freundliches Lächeln, smart und auf eine unverbindliche Art sympathisch. Er hat ein kleines Büro mit Vorraum und Besprechungszimmer. Neben den zwei Schreibtischen für Alexander Blom und eine Kollegin bleibt noch Platz für eine Bücherwand. Mehr ist nicht möglich.

»Glaubt ihr an die Evolutionstheorie?«

Alexander wirkt etwas überrascht über diesen Einstieg. Er schenkt mir Wasser ins Glas, während er nachdenkt. »Wie kommst du denn als Erstes darauf?«

»Weil ein paar Meter entfernt das Naturkundemuseum ist und da behauptet wird, dass Dinosaurier Millionen Jahre vor uns lebten.«

»Wir denken schon, dass es eine Evolution gab. Allerdings hat Gott die Schöpfung vollkommen gestaltet, weswegen auch der Mensch von Anfang an vollkommen war. Wenn der Mensch sich erst durch evolutionäre Schritte entwickelt hätte, hätte Gott eine unvollkommene Schöpfung erschaffen.«

»Na und?«

Alexander muss lachen und lässt dann den Satz »Gottes Schöpfung ist aber vollkommen« so fallen wie ein Mathematiker, der seinen Kollegen amüsiert darauf hinweist, Plus und Minus verwechselt zu haben.

»Also war der Mensch immer so, wie er heute ist?«

»Er war nie ein Tier, das sich weiterentwickelte.«

»Was hat diese Vorstellung dann mit der Evolutionstheorie zu tun?«

»Wir bestreiten nicht, dass es seit vielen Millionen Jahren Leben gibt, aber der Mensch ist nicht das Ergebnis einer solchen Auslese. Gott hat sich für alle Lebewesen einen Plan ausgedacht und sie dann auf die Erde geschickt.«

»Warum hat Gott dann so viele Hundert Millionen Jahre lang nur Pflanzen und Tiere erschaffen und kam erst so spät auf den Menschen?«

»Er hat sicherlich nicht experimentiert und kam irgendwann auf die Idee, den Menschen zu erschaffen. Das folgte schon alles einem Plan.«

Später lese ich im Buch eines Oberhauptes der Bahai ausführlicher, wie die Rolle des Menschen gesehen wird.

> »Wenn wir uns nun eine Zeit vorstellen, zu welcher der Mensch der tierischen Welt angehörte oder nur ein Tier gewesen wäre, sehen wir, dass das Dasein unvollkommen gewesen wäre. Das heißt, es hätte den Menschen nicht gegeben, und dieses höchste Glied, das im Körper der Welt dem Gehirn und Verstand im Menschen entspricht, hätte gefehlt. Die Welt wäre dann ganz unvollkommen gewesen. Somit ist

bewiesen, dass die Vollkommenheit des Daseins gestört gewesen wäre, wenn es eine Zeit gegeben hätte, in welcher der Mensch dem Tierreich angehörte; denn der Mensch ist das höchste Glied dieser Welt, und sicherlich wäre ihr Körper unvollkommen, wenn das Hauptglied fehlt.«

Auf den Wiesen vor dem Europäischen Haus der Andacht blühen Rosen. Ein Gotteshaus, das wie eine Mischung aus Kurhotel und Blumenladen wirkt.

Ich kann verstehen, wie sich die Bahai das vorstellen. Wie das aber mit der Evolutionstheorie vereinbar ist, bleibt mir ein Rätsel. Alexander ergänzt dann noch, dass Gott für alle Lebewesen eine Art Zeitplan erstellt hat, wann sie auf die Erde kommen, wodurch Gott an einen begeisterten Modelleisenbahner erinnert, der seine kleinen ICEs, Regionalbahnen und Transporter zu programmierten Zeiten in die Miniaturwelt mit Wald, See und kleinen Dörfern schickt. Keine uninteressante Vorstellung, dass der Schöpfer sich Gedanken darüber machte, wann er den Tyrannosaurus Rex auf den Planeten schickt und wann er die Zeit für den Menschen gekommen sieht. Aber eigentlich ist die Evolutionsfrage nur ein Detail gewesen. Viel wichtiger ist vielleicht, zuerst einmal zu erfahren, wer die Bahai eigentlich sind. Alexander wirkt ein bisschen erleichtert, als wir endlich vom Speziellen ins Allgemeine wechseln.

Die Bahai sind noch relativ jung. 1844 rief der Perser Siyyid Ali-Muhammad (genannt: »der Bab«) diese Religion aus und als Teil seiner Agenda forderte er gesellschaftspolitische Reformen wie die Stärkung der Frauenrechte oder Schulbildung für alle. Außerdem griff er die religiösen Eliten an, was vermutlich der wichtigste Grund für deren brutale Reaktion war. Die muslimischen Machthaber ließen ihn gefangen nehmen und hinrichten. Dennoch hatten die sechs Jahre zwischen seinem ersten öffentlichen Auftreten und seinem Tod gereicht, um eine Anhängerschaft zu bilden, die bestehen blieb.

»War er ein Prophet?«, möchte ich von Alexander wissen.

»Der Bab verkündete das Kommen eines Boten Gottes, der das goldene Zeitalter der Gerechtigkeit einläutet.«

»Und ist dieser Bote mittlerweile gekommen oder warten wir noch?«

»Ja, 1863 offenbarte sich der Perser Bahaullah als dieser Bote Gottes.«

»War der Bab also so etwas wie Johannes der Täufer und Bahaullah wie Jesus?«

Alexander macht ein Gesicht, als ob Gott gerade ihren Facebook-Beziehungsstatus auf *Es ist kompliziert* geändert hätte.

»Schwieriger Vergleich, aber so in etwa. Johannes der Täufer hat jedenfalls selbst keine Religion gestiftet. Jesus hat übrigens das Kommen von Bahaullah angekündigt.«

»Dann ist Jesus wiederum für Bahaullah das, was Johannes der Täufer für Jesus war?«

Alexander gefallen diese Vergleiche mit christlichen Figuren offensichtlich nicht. Er schüttelt wieder zaghaft den Kopf.

»Alle Propheten haben auf das Kommen des goldenen Zeitalters verwiesen. Moses, Jesus, Mohammed. Aber auch Krishna, Zarathustra und Buddha.«

Die Bahai zweifeln den göttlichen Ursprung anderer Religionen nicht an und glauben, dass auch sie ihre Lehren aus der einen göttlichen Quelle bezogen, weswegen auch ihre Werke zum religiösen Weltkanon gehören. In jeder Religion sprachen außerdem Propheten im Namen Gottes. Auch Bahaullah wird nicht für alle Zeiten der letzte Gottesbote sein, sondern nur im Moment. Auch wenn es ein recht langer Moment von zirka

1000 Jahren sein wird. Dahinter steckt der Gedanke, dass es nicht die eine Offenbarung durch Gott gibt, sondern dass es sich um einen ewigen Prozess handelt und die Menschheit während immer neuer Herausforderungen auch immer durch weitere Offenbarungen gestützt wird. Während andere Religionen finden, dass es reicht, nur einmal und für alle Zeiten ein Update in Form prophetischer Offenbarungen zu erhalten, sind die Bahai der Meinung, dass so etwas regelmäßig nötig ist. Wären Religionen Betriebssysteme, jeder IT-Experte würde die Bahai für ihre Vorsichtsmaßnahmen loben.

Bahai glauben an einen einzigen Gott, der über die drei großen A verfügt: Allgegenwärtig, Allmächtig, Allwissend. Im Grunde könnten sich Christen, Juden und Moslems dieser Vorstellung anschließen, aber trotzdem haben die Bahai einen eigenständigen Weg gewählt. Vor allem liegt das an der Rolle von Bahaullah. Dieser Weg ist auch der Grund für die Verfolgung der Bahai im Iran (früher Persien). Während der dort herrschende Islam in Mohammed den letzten Propheten Gottes sieht und jeden Zweifel daran hart bestrafen lässt, zweifeln die Bahai diese Rolle Mohammeds nicht nur an, sondern verwerfen sie sogar. Sie sprechen ihm keineswegs ab, ein göttlicher Prophet zu sein, aber sehr wohl, dass es nach ihm keine weiteren mehr gab. Dabei haben sie durchaus eine wohlwollende Sicht auf ihn und eine umso schlechtere von den arabischen Stämmen:

> »Mit den arabischen Stämmen verglichen, waren die Wilden und die unzivilisierten Indianer Amerikas entwickelt wie ein Platon. Diese Volksstämme von ihrem Blutdurst zu heilen, war höchste Güte, und Zwang und Widerstand gegen sie die reinste Gnade.«

Mohammed als Entwicklungshelfer und Zivilisationsbringer. Man kann nicht behaupten, dass die Bahai ihn als Person oder als religiöse Figur verächtlich machen würden. So wie sie insgesamt auf Angriffe gegen andere Religionen weitestgehend verzichten. Im Gegenteil betrachten sie diese auch alle als Teil der einen Religion und sehen dafür eine Zweiteilung des Prophetenstatus vor. Es gibt die unabhängigen und die abhängigen Propheten (die ich eher Alphapropheten und Verwalterpropheten genannt hätte). Über sie heißt es: »Die unabhängigen Propheten sind die Gesetzgeber und die Begründer eines neuen Zeitalters. Durch ihr Erscheinen erhält die Welt ein neues Gewand. Die anderen Propheten sind Nachfolger und Stützen, denn sie sind Zweige und nicht unabhängig.«

Zu den Alphapropheten gehören zum Beispiel Abraham, Moses, Christus, Mohammed, der Bab und Bahaullah. Verwalterpropheten waren Salomo, David, Jesaja, Jeremia und Hesekiel.

Doch letztlich hätten die Bahai wohl genauso gut, statt ein Loblied auf Mohammed zu singen, eine Karikatur von ihm in ihren heiligen Texten abdrucken können. Von Anfang an wurden sie von ihrer muslimischen Umwelt verfolgt. Ihre Anführer verschwanden in düsteren Kerkern und Mitglieder wurden auf offener Straße gelyncht. Bahaullah, der sich zum Propheten erklärte, wurde zwar nicht wie der Bab hingerichtet, musste aber das Land verlassen und begann eine Flucht, die ihn zuerst von Teheran nach Bagdad und dann weiter nach Konstantinopel und Adrianopel führte. Schließlich wurde er auf Geheiß des Sultans nach Akka im heutigen Israel überführt, das damals noch Teil des Osmanischen Reichs war. Dort verbrachte er mehrere Jahre im Gefängnis und versuchte in Briefen an die europäischen Führer auf die Lage seiner Religionsgemeinschaft hinzuweisen. An Napoleon schrieb er: »Erkundige dich, welches unser Verbrechen ist und warum wir in diesem Gefängnis eingekerkert sind.« Er bekam keine Antwort, woraufhin er ein zweites Schreiben verschickte. Der Inhalt in Kürze: »O Napoleon, weil du nicht auf meinen Ruf gehört und keine Antwort gegeben hast, wird dir bald deine Herrschaft genommen, und du selbst wirst vernichtet werden.«

Abdul Baha, der Sohn des engagierten Briefeschreibers, berichtete später in einem seiner eigenen Werke, wie es nach dieser einseitigen Korrespondenz weiterging: »Nicht lange danach, im Jahre 1870, brach der Krieg zwischen Deutschland und Frankreich aus. Obwohl damals niemand an den Sieg Deutschland geglaubt hatte, erlitt Napoleon eine völlige Niederlage; er musste sich dem Feinde ergeben und seine Größe verwandelte sich in tiefste Erniedrigung.«

Diese Briefe werden von den Bahai als ein Beweis der prophetischen Begabungen von Bahaullah gesehen. Und es sind in der Tat außergewöhnliche Dokumente. Bahaullah schrieb Napoleon nämlich »bald nach Ankunft in diesem Gefängnis in Akko«, wo er 1868 eintraf. Zu diesem Zeitpunkt lebte Napoleon schon fast ein halbes Jahrhundert nicht mehr. Als er starb (1821), war Bahaullah gerade vier Jahr alt gewesen. Auch wenn Napoleon natürlich für überraschende Rückkehren bekannt war, ist es doch eine Minderheitenmeinung, dass er nach seinem Tod noch Brieffreundschaften pflegte oder weiterhin französische Heere in die Schlacht führte.

Abdul Baha, der von den Bahai fast so sehr wie sein Vater verehrt wird, geht in seinen Lehrgesprächen, die als *Beantwortete Fragen* veröffentlicht wurden, auf alle Themen ein, die theologisch irgendwie von Bedeutung sind. In 84 Kapiteln beschäftigt er sich mit den verschiedensten Bereichen rund um den Menschen, die Welt und Gott. Neben knappen Worten zu biblischen Gestalten wie Abraham (»vollendeter Erzieher«), Moses (»ein Mann, der stotterte«) und Jesus (»Erzieher des Menschengeschlechts«) beschäftigte er sich beispielsweise mit dem Weltall, der Beziehung von Tieren zu Menschen, mit den Gründen für verschiedene Charaktereigenschaften, dem Leben nach dem Tod, dem Einfluss der Sterne, der Willensfreiheit und mit

Streiks. Er gehörte neben seinem Vater zu den großen Autoritäten der Bahai und wurde in Akka beigesetzt. Auch die sterblichen Überreste von Bab und Bahaullah ruhen dort, während die Geburtshäuser der beiden im Iran zerstört wurden.

Für die Bahai ist Israel seitdem der spirituelle Mittelpunkt (die meisten wohnen aber in Indien). Auf dem Berg Karmel steht ihr größter Tempel und dort befindet sich auch der höchste Rat der Gemeinschaft.

»Wurde der Tempel deswegen in Israel erbaut, weil Bahaullah dort zufällig starb?«

»Dass er dort starb, war kein Zufall«, erwidert Alexander.

»Sondern?«

»Schicksal! Es war vorherbestimmt. Am Berg Karmel wird Gott dereinst die Völker empfangen. Bahaullah hat diesen Berg viermal mit seinem Sohn besucht und angewiesen, dass dort auch das Grabmal für Bab errichtet werden soll.«

»Entscheidet Gott alles und wir sind hier nur Darsteller, die ihre Rollen spielen?«

Alexander nickt wie jemand, der gelernt hat, dass Nicken eine freundlichere Geste ist, als jemanden finster zu fixieren. Unabhängig davon, was dieser Jemand gesagt hat.

»Wir alle haben ein Schicksal, das lässt sich nicht abwenden. Aber der Weg, bis es in Erfüllung geht, der kann beeinflusst werden. Deswegen haben wir den freien Willen. Es ist wie mit einer Kerze, es ist ihr Schicksal, dass sie irgendwann erlischt, aber ob das passiert, weil sie irgendwann niedergebrannt ist oder weil ein Luftzug sie ausblies, ist Teil des bedingten Schicksals.«

»Wir können es uns innerhalb unseres Schicksals also schöner oder weniger schön einrichten?«

»Ja.«

»Dann haben wir aber auch nur einen bedingten freien Willen, wenn das Schicksal vorgegeben ist.«

»Weswegen?«

»Weil unser freier Wille nicht stark genug ist, unser Schicksal zu bestimmen.«

»Ich verstehe deine Gedanken noch nicht.« Alexander lächelt. Er wirkt etwas irritiert, aber nicht aus Angst, dass er einen Widerspruch in seinem Glauben bemerken könnte, sondern in der Befürchtung, dass ich einen Bereich des Glaubens womöglich nicht begreife.

»Was ist zum Beispiel mit dem Germanwings-Piloten? War es sein Schicksal, 150 Menschen gegen einen Berg zu fliegen? Wenn ja, kann man ihm keinen Vorwurf machen, dann war Gott schuld.«

»Sein Schicksal war es sicherlich nicht, so etwas zu tun. Er hat womöglich aber das Schicksal gehabt, früh zu sterben, den Weg dahin suchte er sich jedoch selbst.«

»Was passiert jetzt mit ihm?«

Alexander schaut mich nun doch etwas gequält an. »Gott ist gerecht und verzeihend.«

»Er wird den Piloten also nicht bestrafen?«

»Wir können nicht wissen, was mit ihm passieren wird, aber Gott wird ihn angemessen für das behandeln, was er getan hat.«

»Gibt es bei euch eine Hölle für Leute wie ihn?«

»Nach dem Tod löst sich die Seele vom Körper und tritt wieder in die Gegenwart Gottes ein. Wenn sich die Seele nahe bei ihm befindet, ist das der Himmel, je weiter sie von ihm entfernt ist, ist es die Hölle.«

»Es sind also keine zwei Stockwerke wie bei den Christen?«

»Nein, ein Raum und die jeweilige Entfernung sind entscheidend.«

Ich nicke, was er zufrieden zur Kenntnis nimmt. Was Gott angeht, haben die Bahai sich entschlossen, erst gar keine Spekulationen über sein Aussehen oder sein Wesen anzustellen. Darum heißt es über ihn, dass er »eine eigene Daseinsstufe besitzt, die der Mensch nicht verstehen kann«. Vom theologischen Anspruch her sehen sich die Bahai als die Universalsteckdose, in die sämtliche anderen religiösen Stecker passen. Für sie stammen alle Religionen vom selben Gott und wurden auf der Erde nur zu verschiedenen Zeiten und in verschiedenen Kulturen eben auf ihre jeweilige Art ausgelebt. Egal ob Hindus, Buddhisten, Juden, Christen oder Moslems, ihre Propheten verkündeten alle die gleichen Grundwahrheiten, weil sie ihr Wissen aus derselben Quelle bezogen. Zu den überall gleichen Werten gehören Barmherzigkeit, Rechtschaffenheit und Gottbezogenheit.

Jeder Prophet brachte gleichzeitig weitere göttliche Lehrer unter die Menschen, immer an die Bedürfnisse der jeweiligen Zeit angepasst. Darum gibt es bei den Bahai eine Kette der »aufeinanderfolgenden Religionen«, die fast wie eine wissenschaftliche Formel klingt: Krishna – Moses – Zarathustra – Buddha – Christus – Mohammed – Bab – Bahaullah. Wichtig ist dabei, dass die nachfolgenden Propheten keine verbesserte Version des Vorgängers sind, also nicht auf das iPhone »Krishna« die modifizierte Version iPhone »Moses« folgt, die eine noch längere Akkulaufzeit hat. Es geht nicht um besser oder schlechter, sondern um die Bedingungen zur jeweiligen Zeit. Wenn es besondere Herausforderungen gab, schickte Gott einen neuen Propheten. Er wird das auch weiterhin machen, nur ist in den nächsten 1000 Jahren nicht damit zu rechnen, sagen die Bahai.

»Wenn das so ist, warum werdet ihr dann im Iran verfolgt?«

»Nicht alle sehen die Gemeinsamkeiten der Religionen heute schon, Menschen neigen dazu, sich solchen großen Erkenntnissen zu verschließen. Für uns ist aber die Einheit aller Menschen das große Ziel. Bahaullahs Vision war es, dass die gesamte Erde ein Land ist«, erklärt Alexander.

Ich nicke nur und er fährt fort.

»Wir unterstützen deswegen Institutionen wie die UN als Schritt in die richtige Richtung. Abdul Baha erklärte, dass alle Kriege und alles Blutvergießen in der Geschichte Folge von Vorurteilen waren. Ohne diese Vorurteile gäbe es also auch keine Kriege, deswegen brauchen wir die Einheit der Menschheit.«

Wer sich nun den Bahai anschließen will, um seinen Teil zu dieser Gemeinschaft beizutragen, muss das aus freien Stücken machen. Bei den Bahai gibt es nicht das All-inclusive-Paket, das Moslems, Juden und (die meisten) Christen anbieten, bei denen der Nachwuchs schon in jungen oder jüngsten Jahren Mitglied wird. Bei den Bahai muss ein Antrag gestellt werden, der eine Begründung enthält, warum man sich für diesen Glauben entschieden hat.

»Ab 15 Jahren kann man eintreten«, meint Alexander, der das auch in diesem Alter getan hat.

Was nun die Seele betrifft, so ist sie unsterblich und entwickelt sich ständig weiter. Auch nach dem Tod. Ihr Ziel ist es, »die Gegenwart Gottes zu erreichen«. Sie nimmt auch keinen Schaden, wenn der Körper verletzt wird oder krank ist, mit dem sie wiederum über den Verstand verbunden ist. Dass die Seele nicht durch körperlichen Verfall Schaden nimmt, heißt aber nicht, dass sie unverletzbar durch unser Leben zieht. Im schlimmsten Fall kann es sogar zu einer Art Seelenbehinderung kommen, wenn nicht genug geistig-spirituelles Wachstum gewährleistet wurde. Das kann in der nächsten Welt zu Einschränkungen führen. Andererseits bleibt immerhin eine Ewigkeit Zeit, die Seele wieder zu heilen.

Nach dem Tod entwickelt sich das Bahaitum zum verwirklichten Traum aller Gegner von Sexismus und Chauvinismus. Die Seele behält ihre Individualität bei und kann mit anderen Seelen in Kontakt treten, aber: »Diese Gemeinschaft ist rein geistig und hängt von der uneigennützigen und selbstlosen Liebe der Menschen füreinander ab.« Es zählen also nur noch die inneren Werte, weil es andere gar nicht mehr gibt.

Bevor ich gehe, empfiehlt mir Alexander noch einen Besuch im Europäischen Haus der Andacht, dem größten Tempel der

Bahai in Europa, der im Main-Taunus-Kreis steht. Ich besuche ihn bald darauf und er ist erstaunlich schwer zu erreichen, obwohl er nur eine knappe halbe Stunde vom Frankfurter Hauptbahnhof entfernt ist. Nur leider auf einem Hügel, weit weg von der S-Bahn-Haltestelle Lorsbach. Weil ich an einem Samstagnachmittag anreise und weil Großstadtmenschen schnell vergessen, wie viele leere Stellen auf Provinzfahrplänen zu finden sind, habe ich den letzten Bus des Tages schon verpasst. Um kurz nach 15 Uhr. Für diesen Fall ist aber vorgesorgt, denn neben dem Fahrplan steht die Telefonnummer eines Ruftaxis. Klingt super und wäre es auch, wenn mir eine elektronische Frauenstimme nicht mitteilen würde, dass diese Telefonnummer nicht existiert. Also fahre ich schließlich mit einem normalen Taxi hinauf auf den Berg. Es lässt mich am Beginn des langen Weges zum Haus der Andacht heraus. Es ist ein asphaltierter Fußgängerweg hinauf zu diesem weißen Gebäude mit zwiebelartiger Dachkonstruktion. Hinter dem Gotteshaus folgen Wälder und Wiesen, es ist ein ruhiger Ort. Ruhig ist es auch im Gotteshaus selbst. Zwei Frauen sitzen im großen Andachtsraum. Es ist absolut still. So sehr, dass man sich bei jedem Schritt einbildet, trockene Äste zu zerbrechen, sobald der Fuß auch nur den Boden berührt. Um den eigentlichen Saal ist ein Flur angelegt, der das Umkreisen des Innenbereichs erlaubt. Ich trete nun auch ein. Totale Ruhe, bis auf meine Schuhe, die bei jedem Auftreten klingen, als würden unter ihnen Luftballons platzen. Endlich sitze ich, endlich kehrt wieder Ruhe ein. Ich höre meinen Atem. Die beiden Frauen scheinen nicht einmal mehr zu atmen, ich beobachte sie, sie bewegen sich einfach gar nicht. Sie könnten auch Wachsfiguren sein, die hier nur mal eben abgestellt wurden.

Bald darauf erhebe ich mich so leise wie möglich und doch gefühlt mit der Unauffälligkeit einer Bombenexplosion. Ich trete aus der Tür und atme wieder frei. Bevor ich abreise, besuche ich auch noch das Bahai-Zentrum, das sich am Beginn des

Weges zum Haus der Andacht befindet. Eine Mitarbeiterin begrüßt mich und stellt sich als Charlotte vor. Sie bietet Tee an. Ihre Eltern stammen aus dem Iran und widmeten sich der weltweiten Verbreitung der Religion, was sie letztlich hierher geführt hat. Charlotte lacht. Wir schauen uns zusammen die Bahai-Buchhandlung an. Neben vielen Werken rund um die Religion und ihre wichtigsten Persönlichkeiten und Vorstellungen gibt es etwas, das mich besonders begeistert. Das Brettspiel »Nunki – The Bahai Activity Game«, das vom Spielfeld her ein wenig an »Mensch ärgere dich nicht« erinnert, nur in Kreisrund und mit zwölf Feldern. Das Spiel lebt von pantomimischen Aufgaben ebenso wie von Fragerunden, die sich um solche Themen drehen: »Wie stellt man eine Speerspitze pantomimisch dar? Was bezeichnet Abdul Baha als Grundlage der Kultur? Welche fünf Kuchensorten könnte man für das 19-Tage-Fest backen?« Als ich das Zentrum wieder verlasse, habe ich also nicht nur an einem erstaunlich leisen Ort versucht, keinen Krach zu machen, sondern habe ein Brettspiel entdeckt, das einen Glauben mit Spaß und Unterhaltung verbreiten will, denn »es gibt viele Wege zum Ziel. Begib dich auf eine inspirierende Spielreise beim weltweit ersten interaktiven Bahai-Gesellschaftsspiel.«

Insgesamt wirken die Bahai ganz angenehm, auch wenn ich einige ihrer theologischen Begründungen und Herleitungen mindestens ungeschickt finde. Dass sie aber alle Religionen als grundsätzlich gleichwertig ansehen, ist sympathisch und auch sonst klingen ihre Motive nobel. Gleichzeitig kommen sie mir irgendwie auf eine versponnene Art langweilig vor. Außerdem frage ich mich, was ich von einem Propheten halten soll, der Napoleon Jahrzehnte nach seinem Tod einen Brief schreibt, sich über die ausbleibende Antwort ärgert und trotzig einen zweiten Brief verschickt, der dem Franzosen eine schwere militärische Niederlage ankündigt.

Station 13
Charismatische Christen

Und wieder bin ich in Stuttgart. Und als ob die Stadt den Anspruch hätte, jeden Besucher sofort mit den Klischees zu versorgen, die einem zu ihr einfallen, gerate ich als erstes in eine S21-Demonstration. Keine Ahnung, warum es die überhaupt noch gibt. Soweit ich das mitbekommen habe, ist das Thema eigentlich seit einer deutlichen Niederlage der S21-Gegner bei einer Volksabstimmung durch. Aber trotzdem versammeln sie sich weiterhin vor dem Bahnhof. Ihre Fahnen wehen im Herbstwind neben denen der Piraten, der Gewerkschaften und der Kommunistischen Partei. Am Rand stehen ein paar Polizisten und langweilen sich. Keine Wasserwerfer, keine Hundertschaften, die Zeit der Konflikte ist vorbei. Was bleibt, ist trotzige Folklore. Auf der kleinen Bühne spielt eine Band Schlagzeug. Was so laut ist, dass die Sängerin kaum verstanden wird. Ich höre immer nur ihre Schlusszeile heraus, weil sie die besonders grimmig in die Runde brüllt: »Sackbahnhof, yeah!«

Die Zeit drängt etwas, weswegen ich zu den U-Bahnen hinunterlaufe. In weniger als 30 Minuten beginnt nämlich die *Supernatural Heilungskonferenz*. Das ist kein Ärztekongress, sondern das Treffen religiöser Menschen. Es gibt YouTube-Clips, auf denen Prediger von Spontanheilungen berichten, sogar Hirntumore lösten sich im Gebet komplett auf. Gebete statt Gerätemedizin sozusagen. Ich möchte wissen, ob ich von den Gebetschirurgen diese Form der Heilung erlernen kann, um Freunden zu helfen, aber auch, um mir künftig die Krankenversicherung zu sparen. 59 Euro kostet die Investition in eine Zukunft, in der ich jeden Schnupfen, jeden Knochenbruch und jede Alzheimererkrankung im Gebet heilen kann. Organisiert wird die Konferenz vom Gospel Forum Stuttgart. Charismatische Christen gehen davon aus, dass Jesus und der Heilige Geist permanent Wunder vollbringen, wenn wir uns nur der Liebe Gottes öffnen. Oft wird die charismatische Bewegung auch als Pfingstlerbewegung bezeichnet, da an Pfingsten das Kommen des Heiligen Geistes gefeiert wird.

Weltweit gibt es etwa 600 Millionen charismatische Christen, womit sie zu den am schnellsten wachsenden religiösen Gemeinschaften gehören. Das Gospel Forum in Stuttgart ist die größte charismatische Gemeinde in Deutschland und hat sich eine Megachurch gebaut. Also eine besonders große Kirche, die von Ausstattung und Einrichtung her eher einer Sportarena als mittelalterlichen Domen ähnelt. In den USA können solche Kirchen bis zu 30 000 Zuschauer aufnehmen, womit sie die gleiche Kapazität haben wie die Fußballstadien von Bayer Leverkusen, Hannover 96 oder dem VfL Wolfsburg. Mit Fußballstadien kann das Gospel Forum zwar nicht mithalten, aber 2500 Plätze sind dennoch beachtlich, wobei *mega* trotzdem ein wenig zu selbstbewusst klingt. Der Kölner Dom bringt es auf 20 000 und wäre damit in den USA definitiv ein *Megadome*.

Es ist kurz vor 19 Uhr, als vor mir die Kirche aufsteigt. Sie befindet sich an einem Hügel und erinnert spontan mehr an ein Bowlingcenter. Blaue und graue Mauern, der Schriftzug in dezentem Rot und mehrere Fahnen vor dem Eingang. Mitarbeiter sind damit beschäftigt, den steten Strom an Autos auf den Parkplatz zu lotsen. Im Foyer warten die Teilnehmer, unterhalten sich miteinander und warten, bis die Türen zur eigentlichen Kirche sich öffnen. Es gibt einen Büchertisch mit Fachliteratur, bei der die Untertitel oft am meisten Eindruck machen:

Erweckungskultur – Sei bereit für die nächste große Erweckung

Den Himmel erlebend – Wie wir in Gottes Dimension eintreten können

Träger seiner Gegenwart – Die Pläne des Himmels enthüllen

Wie im Himmel, also auch auf Erden – Verändere die Welt, in der du lebst

Kraft zum Heilen – Die alltäglichen Wunder Gottes empfangen

Ästhetisch haben mir aber besonders zwei Cover gefallen. Auf dem einen ist die Klagemauer im Hintergrund zu sehen, während davor ein Mikrofon in einer Stange hängt, als ob gleich ein Redner oder Stand-up-Comedian die Bühne betritt. Dazu der Titel: *Der Nazarener – Alle Jesus-Worte im O-Ton, thematisch gegliedert*. Noch eine Idee besser, weil es schon optisch keine Fragen offen lässt, ist Heilung: *Gottes Wille für dich – Was sagt die Bibel wirklich über ein Leben in gottgegebener Gesundheit*. Das dazugehörige Bild schraubt die Erwartungshaltung jedenfalls gleich erheblich nach oben, zu sehen ist nämlich das Rollstuhlsymbol, das man auch von Behindertenparkplätzen kennt, nur dass sich in diesem Fall das Strichmännchen erhebt und schließlich aufrecht davonläuft.

Immer mehr Menschen strömen in den Vorraum. Es bilden sich Schlangen vor den Kassen. Obwohl es sich hier um eine sehr spezielle Veranstaltung handelt, sieht man das den Besuchern nicht an. Ein Treffen von Gothic-Anhängern oder Motorradfahrern kann nur schwer als solches übersehen werden, aber dass hier die Leute an die Heilung von Tumoren durch Gebete glauben, ist weder an den Kleidern, Frisuren, dem Alter noch dem Geschlecht ablesbar. Es sind vor allem Ehepaare, die in ihre letzten Berufsjahre eingebogen sind und die man sich gut als Protagonisten von kleinlichen Nachbarschaftsstreitereien um Zaunverläufe und sonntägliches Rasenmähen vorstellen kann. Männer mit grauem Haar und Frauen mit einigen gefärbten Strähnen im dünn gewordenen Pferdeschwanz. Komplettiert werden sie durch einige junge Paare und vereinzelte Rentner. Alleine kommt fast niemand. Wer hier wartet, könnte genauso gut auf Einlass zu einem Helene-Fischer-Konzert warten. Obwohl, vielleicht doch eine Spur biederer, also statt Helene Fischer eben Andrea Berg.

Wer hier gar nicht vertreten ist, sind die Batikhosen tragenden Menschen aus dem esoterischen Milieu, das ja auch eine große Begeisterung für Wunder und Heilen hat, aber um den christlichen Glauben einen großen Bogen macht.

Kurz vor Beginn der Supernatural Heilungskonferenz, auf der ich lernen will, wie man Krebs, Alzheimer und Erdnussallergien durch den Glauben an Jesus Christus heilen kann.

Und nun öffnen sich die Türen. Die Leute strömen hinein, ich ströme mit. Zumindest ganz kurz, bevor mich ein Türsteher aufhält und mitteilt, dass mein ausgedrucktes Ticket an der Kasse gegen ein Bändchen getauscht werden muss. Als ich es um das Handgelenk gelegt bekomme, frage ich, ob ich hier auch Ersatz erhalte, wenn das hier zerreißt.

»Das hält bis Freitag!«, verspricht die Dame. Gottvertrauen zeigt sich oft gerade in den kleinen Dingen!

In der Kirche fängt eine Band leise an zu spielen. Auf dem Balkon gegenüber der Bühne setze ich mich hin. Der Saal ist gut gefüllt, als die christliche Popband mit einem Song die »Supernatural Heilungskonferenz« eröffnet. In einer Mischung aus Kirchenlied und Sommerhit werden die Besucher eingestimmt:

»Die ganze Welt soll hörn,
Wie gut du zu uns bist,
Wie groß und grenzenlos,
Gott, deine Gnade ist.

Ich singe, denn du bist gut,
Und ich tanze, denn du bist gut,
Und ich rufe: Du bist gut,
Du bist gut zu mir«

Das Publikum braucht gar nicht erst animiert zu werden. Sofort gehen Arme in die Höhe, mehrere Leute tanzen in entrückter Begeisterung und alle anderen stehen da und klatschen. Als die Band dann erstmals den Namen »Jesus« fallen lässt, jubeln die vielleicht 1000 Anwesenden, als ob sie 14 wären und nicht »Jesus«, sondern »Justin Bieber« gesagt worden wäre.

»Der Name Jesus bringt Heilung.
Der Name Jesus bringt Freiheit.
Der Name Jesus steht über aller Welt.«

Die Musik verhallt und geht schließlich endgültig im Beifall unter, bevor ein Moderator die Bühne betritt und sichtlich bewegt (oder mindestens gut einstudiert) das Wort ergreift, um gleich für den nächsten Jubelsturm zu sorgen. »Wenn du heute Abend hier bist, hat Gott etwas für dich vorbereitet!« Dann schiebt er kumpelhaft nach: »So ist er halt!« Er fordert die Besucher auf, sich gegenseitig zu erzählen, von wo sie angereist sind. Überall drehen sich Köpfe von einer zur anderen Seite. In meiner Umgebung schwirren Städtenamen herum: Ulm. Konstanz. Bielefeld. Amsterdam. Aalen. Ein älterer Herr mit schwarzem Bart, untersetzt und zierlich, beugt sich in die Reihe vor uns zu den »Holländern«, einem ebenfalls älteren Paar. »Das freut mich ja, dass Sie extra aus Holland angereist sind.«

Etwas überrascht schauen sie ihn an. »Wir nicht. Wir sind aus Sindelfingen.«

»Die kommen aus Holland!«, ruft jemand und zeigt auf das Paar neben den Sindelfingern. Das Männlein lächelt und deutet entschuldigend auf seine Ohren. Bei der Lautstärke kann das schon einmal passieren.

»Was für ein schöner Abend. Das ist der Abend, den der Herr für uns gemacht hat!«, stellt der Moderator fest und es scheint so, als ob er sich sehr anstrengen müsste, für irgendeine Aussage keinen Applaus zu bekommen. Ein kleiner Prediger aus Myanmar übernimmt jetzt das Mikrofon und berichtet davon, wie es mit seiner christlichen Gemeinde seit der Öffnung des Landes weiterging. Seit vier Jahren organisiert er ein Festival und die Zahlen sprechen für sich: erst 4000 Besucher, dann 8000, dann 15 000, dann 20 000 Besucher. Es geht also für das Christentum in Myanmar steil bergauf. Was ihnen dort aber noch fehlt, sind beeindruckende Redner, Redner mit Ausstrahlung. Leute wie der blonde Prediger, der nach ihm die Bühne betritt. Seine kunstschneeweißen Zahnreihen strahlen, er schaut sich entschlossen um, er trägt einen Anzug und sieht aus wie ein Posterboy der Bewegung. Charmant grüßt er die Gemeinde mit den zwei deutschen Sätzen, die er kann, »Guten Abend« und »Ein Bier bitte«, bevor er loslegt. Er ist Heiler. Also beginnt die Konferenz für mich erst jetzt richtig. So sehen also die Leute aus, die schlimmste Krankheiten nicht nur heilen, sondern restlos aus dem Körper entfernen.

Während im Saal immer wieder Menschen auf die Knie sinken oder aufstehen, um mit erhobenen Armen den Herrn zu preisen, berichtet er von einem konkreten Fall der Heilung.

Zuvor ruft er allerdings noch in die Runde: »Gibt es hier einen Arzt?« Niemand hebt die Hand. Es sind knapp 1000 Menschen und darunter angeblich kein Arzt. Nur sehr zögerlich geht schließlich irgendwo in den hinteren Reihen doch noch eine Hand in die Höhe. Der Prediger wendet sich an die Gemeinde und stellt fest: »Durch einen Arzt geheilt zu werden, ist keine Heilung zweiter Klasse!« Offenbar gibt es gewisse Vorbehalte, was das Geheiltwerden durch ganz profane Menschen angeht, wenn man erst einmal die Wunderheilungen Gottes erlebt hat. Aber trotz dieses Appells wirkt es doch so, als sei für den Besucher der Heilungskonferenz die spirituelle Behandlung die Premiumbehandlung. Der weltliche Arzt ist gesetzliche Krankenkasse, der spirituelle Arzt ist Privatversicherung. Nach dieser Feststellung relativiert der Prediger das Monopol der Ärzte: »Wir haben Medizin nicht studiert, aber Krankheiten sind ein geistiges Thema.« Und schon ist er in seiner eigenen Geschichte, die er immer wieder durch Kunstpausen, schnelle Schritte zum Bühnenrand und zurück, den theatralischen Einsatz der Arme und mit mal ruhiger, mal lauter, mal schmeichelnder und mal aggressiver Stimme unterstreicht. Er berichtet von einer Frau, die mit einer schlimmen Halswirbelverletzung sterbend vor ihm lag, und von der Aufforderung Gottes, sie zu retten. Im Wesentlichen passierte dann das:

Gott spricht zu ihm: »Werde mein Chirurg!«

»Was soll ich tun?«

Gott: »Zieh den Arztkittel an, im Geiste!«

Er zieht ihn an, im Geiste. »Und jetzt?«

Gott: »Und jetzt gib ihr eine Narkose!«

»Wie das?«

Gott: »Eine spirituelle Narkose!«

Also hat er »eine volle Ladung Heiliger Geist in sie gepumpt, auf dem geistigen Weg«.

Gott: »Und jetzt operiere!«

»Wie das?«

Gott: »Mit den Werkzeugen, die ich dir in die Hände gab!«

Er tat auch das und »durch die geistige Heilarbeit positionierten sich die Knochen um. Ich habe alles wieder an den richtigen Ort gebracht. Ich sah dabei, dass die Nerven am Hals zerstört waren. Gott, was nun?«

Gott: »Hol dir neue Nerven aus dem Königreich Gottes!«

Also griff er sie sich direkt aus dem Himmel (im Geiste), wo es offenbar auch ein Ersatzteillager für den menschlichen Körper gibt.

Nach vollbrachter Operation ging die Frau zum Arzt und die (weltlichen) Ärzte sagten: »So eine gute Operation haben wir noch nie gesehen! Wie hieß der Chirurg?«

»Sein Name ist Jesus!«

Ein neuer Rekord an Jubel und Applaus erfüllt die Kirche. Aus allen Richtungen wird verzückt »Jesus!« gerufen. Aber der Pastor ist schon weiter und wirft in den Raum, dass Gott hier heute Nieren, Augen, Waden und einen Urogenitaltrakt heilen wird. Außerdem geht er nun zum praktischen Teil über und will im Publikum heilen. Eine Frau hat Probleme mit dem Ischiasnerv. Er bittet sie, aufzustehen und ihm die genaue Stelle zu zeigen. Er schreit die Frau bzw. den Ischiasnerv an, dass der Schmerz »im Namen Jesu« verschwinden soll. Jetzt! Er fordert die Frau auf, ein paar Meter zu gehen.

»Und?«, will er wissen.

Mit leiser Stimme erklärt sie: »Der Schmerzt strahlt noch etwas ins Bein.«

»Aber ist es vielleicht weniger schmerzhaft oder genauso wie davor?«

»Schon besser.«

»Gott hat sein Heilungswerk begonnen!«, verkündet der Pastor und erntet Applaus, der aber sicher lauter wäre, wenn der Ischiasnerv endlich ganz geheilt wäre. Nun berührt eine Assistentin den Problemrücken, den der Pastor wieder anschreit, bevor die Frau eine weitere Runde geht.

»Es ist immer noch ein bisschen da«, flüstert sie. Sie trägt einen roten Pullover und Jeans und ist offenbar eine so grundehrliche Hausfrau, dass sie sogar dem Erwartungsdruck einer jesustrunkenen Halle widersteht, endlich einen schmerzfreien Rücken zu verkünden.

Wieder fragt der Pastor nach und wieder ist es besser als davor. Trotzdem kann er damit eigentlich nicht zufrieden sein. Er hat eine Frau an den Halswirbeln operiert, ausschließlich mit seinen geistigen Kräften, er hat ihr neue Nerven eingebaut und sie wieder gesund bekommen. Dieser Fall hier ist viel weniger kompliziert, einfach nur ein eingeklemmter Nerv. Aber es will und will nicht gelingen. Er schickt sie noch einmal auf die Reise, doch weiterhin ist es nur etwas besser, aber nicht weg.

»Wir können nicht immer sofortige Heilung versprechen, aber der Heilungsprozess hat begonnen!«, lautet schließlich seine Diagnose, bevor er auf die Bühne zurückkehrt. Währenddessen rutscht meiner Nachbarin der Ehering vom Finger, ohne dass sie das irgendwie als göttliches Zeichen deutet. Manche übersehen eben das Wirken des Herrn, auch wenn es sie förmlich anspringt.

Für heute schließt die Tagung. Die Band spielt noch einmal, während die Gäste gehen. Überall glückliche und seelische Gesichter. Auch wenn das ganz große Wunder noch nicht dabei war. Es bleiben ja noch zwei Tage. Um mich weiterzubilden, habe ich mir am Infotisch das Buch eines bekannten Heilers gekauft, um es in Vorbereitung auf morgen zu lesen. Genau genommen war es das mit dem Rollstuhlcover. Der Verfasser heißt Andrew Wommack und stellt schon im Vorwort fest, dass es »nun tatsächlich schon fast 40 Jahre her ist, dass mich Krankheit das letzte Mal überwältigte«. Außerdem ist er der Entdecker von »mindestens 100 verschiedenen Gesetzen und Prinzipien zum Thema Heilung«. Er kann sich anbahnende Grippen binnen Minuten durch Gebete heilen und war bei nicht weniger als drei Totenauferstehungen dabei, eine davon betraf seinen eigenen Sohn. Wie so oft bei religiösen Karrieren stand auch bei ihm am Anfang ein einschneidendes Erlebnis:

> »Ganz zu Anfang wurde bei mir eine unheilbare Krankheit festgestellt. Doch nach drei Tagen erklärte mich der gleiche Arzt, der die Diagnose gestellt hatte, für gesund, denn ich hatte gebetet und Heilung empfangen. Ich habe also erlebt, dass Gott mich von einigen Dingen geheilt hat.«

Hätte er in Erwägung gezogen, dass es sich auch einfach nur um eine korrigierte Fehldiagnose gehandelt hat, hätte er vermutlich niemals dieses Buch geschrieben, weil er kein Heiler geworden wäre. Nun aber verlief sein Leben eben so, wie es verlief, und er heilte Trommelfelle und stellte sogar das Hörvermögen bei Menschen wieder her, denen das Trommelfell operativ entfernt worden war. Verkrüppelte Gliedmaßen wurden geheilt und Menschen standen aus ihren Rollstühlen auf.

Wie ist das möglich und warum hat nie jemand eine Kamera dabei, wenn Querschnittslähmungen geheilt werden (so was würde sicherlich viral gehen)? Es ist eine schlichte Einstellungssache. Wir müssen an die Heilungskräfte durch Jesus glauben, denn:

> »Solange du nicht zu dieser Haltung gelangst, wird Satan dich immer wieder passiv sein lassen. Denk dran: Du musst dem Teufel widerstehen – ihn aktiv bekämpfen –, dann flieht er von dir. Du kannst nicht einfach in passiver Weise sagen: ›Herr, wenn es dein Wille ist, dann heile mich.‹ Du musst in deinem Herzen von der Wahrheit des Wortes Gottes, was Heilung anbelangt, überzeugt sein und dann dem Teufel aktiv entgegentreten.«

Es gibt vor allem zwei Kräfte auf der Welt, Team Gott und Team Satan. Alles Gute kommt von Gott und alles Böse vom Satan, wobei der Satan zwar durch Krankheiten gegen uns arbeitet, aber dass wir überhaupt krank werden können, ist unsere eigene Schuld.

»Gott erschuf die Menschheit nicht, damit sie stirbt. Der Tod ist etwas, das der Mensch erwählt hat, nicht jedoch Gott. Ursprünglich hatte der Herr geplant, dass unser Körper für immer lebt. Krankheit war kein Bestandteil von Gottes Plan. Sie war ein Teil dessen, was wir unwissentlich mit dem Sündenfall erwählt haben. Wie in einer Kettenreaktion brach sich das Böse nach dem Sündenfall seinen Weg in die Welt: ›Sünde hat Bakterien, Viren, Pilze, Infektionen und Ähnliches hervorgebracht, was nie Bestandteil von Gottes ursprünglichem Plan für die Menschheit war.‹ Gott hatte eigentlich andere Vorstellungen: ›Gott ist ein guter Gott und er lässt die Menschen nicht sterben. Gott ist nicht derjenige, der Menschen an tödlichen Krankheiten wie Krebs oder Aids erkranken lässt. So läuft das nicht.‹«

In jedem von uns ist also das Potential angelegt, unsterblich zu sein. Es liegt an jedem Einzelnen, was er daraus macht. Mit diesem Gedanken schlafe ich ein.

Am nächsten Morgen warte ich wenige Hundert Meter vom Gospel Forum entfernt an einer Ampel und bestaune eine Waschanlage für Autos, die auf jeden Fall eine *Mega Car Wash* wäre, wenn Waschanlagen sich auch mit Megatiteln schmücken würden. Stattdessen nennt sie sich recht bescheiden Mr. Wash. Unter einem 20 Meter hohen, silbernen und kreisrunden Vordach glitzern Hunderte weiße Neonlichter. Die ganze Zeit biegen Autos ein und gehen in dieser Kulisse unter, als ob diese Waschanlage eigentlich für Flugzeuge und Yachten gedacht wäre. Der Gehweg führt an diesem Autotempel vorbei und an den blauen Bändern an den Handgelenken der Fußgänger erkenne ich, dass die meisten auf dem Weg zum Gospel Forum sind.

Dort ist alles wie gestern. Die Stimmung unter den Christen ist großartig. Wieder spielt die Band ein Lied zu Ehren Jesu und die blonde Sängerin verkündet: »Ich werde leben, ich werde nicht sterben!«, bevor der blonde Prediger wieder die Bühne betritt und die Deutschen feiert. »Das deutsche Volk ist toll, ich liebe es!« Am Tag zuvor hat er auch schon das deutsche Gehirn gefeiert. Und sein deutsches Auto. Bei all der Begeisterung überrascht es fast, dass er nur »Guten Abend« und »Ein Bier bitte« in dieser Sprache sagen kann. Das Publikum hört ihm gebannt zu. Jesus will uns helfen, ruft er, und Jesus will uns retten. Außerdem ist nichts Schlechtes an Gott, nichts! Alles Schlechte kommt von Satan. Applaus. Arme recken sich dem Himmel entgegen. Jesus ist bereit für Europa, wenn Europa bereit für Jesus ist, verkündet der Prediger noch, bevor er an einen Heiler in rotem Baumfällerhemd übergibt. Er ist mehr der Praktiker und ruft deswegen alle zur Bühne, die glauben, sündig zu sein. Etwa 50 Menschen drängeln sich dort, als er ein Gebet spricht und mit dem Hinweis endet: »Jesus hat nun die Sünden in den See des Vergessens getan. Auch wenn du die Sünde erst vor fünf Minuten begangen hast, ist sie nun weg.« Dafür gibt es laute »Jesus, yeahh!«-Rufe, die mich an die Band gestern auf der S21-Demo erinnern. Sackbahnhof, yeah! Jesus, yeah!

Man merkt, dass heute mehr Dynamik in der Kirche ist. Die Stimmung ist euphorischer, ein besonders engagierter Christ kniet seit Minuten auf dem Boden und ist nun in eine Haltung übergegangen, die den muslimischen Gebetstraditionen entspricht. Sehr lange verharrt er so in Verehrung Gottes, während seine Frau sich mit ausgebreiteten Armen begnügt. Er ist mir schon gestern aufgefallen, weil er Anfang 20 ist, lässige Kleidung trägt und eine Baseballkappe schief auf dem Kopf sitzen hat. Er entspricht optisch in keiner Weise der Vorstellung eines religiösen Menschen, sondern könnte eher als Skateboarder, Rapper oder Sprayer durch Stuttgart ziehen.

Sehr wahrscheinlich hat diese Stimmung viel mit einem kleinen Mann zu tun, der in seinen Fünfzigern ist und nun unter dem Jubel der Leute auf die Bühne kommt. Er ist ein amerikanischer Superstar der Szene, kommt also aus dem Land der richtigen Megachurches. Er macht einen großväterlichen Eindruck und es würde auch nicht verwundern, wenn er jetzt einfach sein neues Comedyprogramm vorstellt. Wobei er tatsächlich als Einziger seine Auftritte mit kleinen Anekdoten und seichten Witzen auflockert, die ich mir aber allesamt nicht merken kann.

Dafür bewegt sich die Konferenz unter seiner Leitung nun in ganz neue Sphären des Übernatürlichen. Nach dem gestrigen Ischias-Reinfall muss aber auch irgendwas kommen. Zuerst begnügt er sich damit, von Wundern zu berichten, die er erlebte und tat: »Eine Frau hatte einen schweren Unfall und verlor dabei ihren Wadenmuskel. Die Ärzte konnten ihr nicht helfen, dann betete ich für sie und der Wadenmuskel ist über Nacht nachgewachsen.« Yeah, Jesus! Im Publikum werden Hände zur Siegerfaust geballt! Aber die Geschichte geht noch weiter: »In meiner Gemeinde hörte eine Frau davon und bat uns, dass wir auch für sie beten. Auch ihr Wadenmuskel wurde geheilt!« Applaus, einige rufen Amen. Und weiter geht es: »Eine dritte Frau wurde vom Pferd getreten und ihr Bein wurde dabei …« Um es kurz zu machen: Auch sie erhielt einen neuen Wadenmuskel. Das Gleiche geschah dann noch einem Arzt. Erneut einer Frau und noch einer Frau. Außerdem renkte sich die Hüfte einer anderen Gottesdienstbesucherin wieder ein und auch die deformierten Füße eines Kindes rückten in die richtige Position, als es mit seiner Mutter den Livestream einer Predigt des Pastors sah. Jedes dieser Wunder, von denen er spricht, wird von den Leuten mit ehrlicher Begeisterung aufgenommen. Sie freuen sich über das Wirken und die Güte Jesu und sie freuen sich auch für die Geheilten.

»Jesus wird heute ein Wunder freisetzen!«, prophezeit er der Menge und knüpft sich danach die Unterhaltungsindustrie vor. »Disneyland nennt sich den glücklichsten Ort der Welt. Falsch! Unsere Gemeinde ist der glücklichste Ort der Welt!« Tosender Beifall. Jesus Christus – Mickey Mouse 1:0!

Überall in der Kirche haben sich mittlerweile Gruppen gebildet, die Kranke in ihre Mitte genommen haben, ihnen Hände auflegen oder diese zumindest im Gebet auf sie richten. »Ihr werdet spüren, dass um die Krankheit und um das Problem der Betroffenen so etwas wie ein Stahlband gelegt ist, das ist der Teufel, der weiter Besitz beansprucht, reißt es mit euren Gebeten weg!« Im Hintergrund liefern die Musiker dezent die passend entrückten Melodien. Der Pastor ist jetzt richtig in Heilungslaune, er spürt, dass hier etwas Besonderes in der Luft liegt. »Spürt ihr das auch?« Ja, alle spüren es. Er breitet die Arme aus. »Nun sollen alle herkommen, die Gehörverlust und Gedächtnisverlust haben«, ruft er in die Runde und ergänzt noch eine dritte Gruppe von Gepeinigten: »Und auch die, die eine Walnussallergie haben.«

Die nächste Stunde über wird Jesus angerufen und werden die Dämonen und der Teufel aufgefordert, Gehirne, Waden, Ellbogenknochen und Gehörgänge zu verlassen. Es wird geheilt und gebetet, der Heiland angerufen und sich umarmt. Von der Bühne aus feuert der Pastor die Entrückten und Verzückten mit immer neuen Heilungsgeschichten an, die er selbst erlebt hat. Wie die mit dem Mann, dem ein Baumstamm die linke Augenhöhle zertrümmerte und der seitdem eine Titaniumplatte im Gesicht hatte. Bis die Augenhöhle im Gottesdienst des Pastors geheilt wurde.

»Auch die Titaniumplatten waren weg!« Wieder gehen Fäuste triumphierend in die Höhe und springen Leute vor Begeisterung auf und ab. Jesus ist so gut zu uns. Der Prediger feuert die Heilenden und Heilsuchenden weiter an: »Unsere Gesellschaften haben akzeptiert, dass Prostataerkrankungen ab einem gewissen Alter einfach dazugehören. Das ist aber falsch! Es gibt keine Prostataerkrankungen im Himmel. Das gibt es nicht! Und wir dürfen sie auch nicht auf der Erde zulassen!«

Als dieser Abend seinem Ende zugeht, werden vier Personen auf die Bühne geschickt, die heute Heilung erfahren haben. Die ältere Frau hat jetzt eine gesunde Hüfte, nachdem sie von Geburt an eine Hüftverletzung hatte. Eine junge Sportlerin hat nun keine verstauchte Hand mehr. Ein bräsiger Glatzkopf, der als gute Seele jeder Kneipe durchgeht, hat keine tauben Zehen mehr, der Tinnitus ist weg und auch seine Bauchspeicheldrüse fühlt sich »halt einfach erneuert an«, meint er etwas allgemein. Der Letzte in der Reihe trägt ein grünes Hemd, ist hager und groß und hatte seit einem Unfall vor vielen Jahren eine Narbe am Unterschenkel. Die ist jetzt komplett verschwunden, als gebetet wurde. Insgesamt eine beachtliche Ausbeute. Tief bewegt verlassen die Leute ihre Plätze und werden beim Rausgehen von einer sehr irdischen Durchsage begleitet: »Auf der rechten Seite des Parkplatzes P3 darf über Nacht kein Auto stehen, die werden sonst abgeschleppt.«

Im Hotel lese ich im Buch des Pastors Andrew Wommack weiter, der Menschen wieder zum Leben erweckt hat und seit Jahrzehnten nicht mehr krank war, weil er die richtigen Gebete betet und auf die richtige Art an Gott glaubt. Was ich mich den ganzen Tag über fragte, war, warum wir überhaupt krank werden. Wie ich vermutet habe, findet sich bei Wommack eine ausführliche Antwort. Wir werden aus drei Gründen krank: »Einer davon ist Sünde. Ein anderer Grund ist, dass wir in einer gefallenen Welt leben und es geistliche Kämpfe gibt. Manchmal greift Satan uns einfach mit bestimmten Dingen an. Eine Erkrankung kann nichts weiter als ein direkter Angriff des Teufels sein.« Grund drei besteht in alltäglichen Risiken im Haushalt, Straßenverkehr oder in der Natur.

Wer nun das Heilen ernst nimmt, stellt schnell fest, dass es sich dabei um keine Gnade durch Gott handelt, sondern um etwas, das jedem Menschen zusteht. Gott kann und will niemandem die Heilungen verwehren, der wirklich an ihn glaubt. Niemand muss also betteln und flehen, jeder hat seine Heilung selbst in der Hand. Wobei der Autor nicht müde wird, auf den größten Fehler hinzuweisen, den Menschen machen. Es ist gar nicht so wichtig, wie stark dein Glaube ist, entscheidend ist, wie stark dein Unglaube ist: »Selbst wenn dein Glaube winzig ist, reicht er dennoch aus, um einen Berg ins Meer zu stürzen. Du brauchst keinen großen Glauben. Du brauchst nur einen Glauben, der nicht durch die entgegengesetzte Kraft des Unglaubens aufgehoben oder zunichtegemacht wird.«

Um das zu erläutern, wählt er ein Beispiel aus seiner eigenen Laufbahn als Heiler. Er wollte während einer Predigt einen Rollstuhlfahrer heilen. Doch die Dinge liefen dramatisch anders als geplant:

> »›Im Namen Jesu von Nazareth, steh auf und geh!‹ Als ich ihn aus seinem Rollstuhl zerrte, kam er hoch und fiel flach zu Boden. Weil er querschnittsgelähmt war, konnte er weder stehen noch sich abstützen. Als das passierte, ging ein Raunen durch die schockierte Menge. Man konnte ihren Unglauben spüren. Auch ich war schockiert. Ich sagte zu mir: Schau, was du diesem Mann angetan hast. Du hast ihn beschämt und gedemütigt. Auch ich fühlte mich beschämt und gedemütigt, es war ein schreckliches Gefühl.«

Er verliert sich danach etwas in den Details (so wie sein Buch eigentlich auch nach 20 Seiten hätte abgeschlossen sein können, weil er im Grunde sehr oft wiederholt: Heilen ist Christenpflicht), bevor er fortfährt:

> »Mein messerscharfer Verstand brauchte drei Jahre, um das endlich zu begreifen: Als die Menschen schockiert waren und ich in Panik geriet, war das Unglaube. Ich war besorgter darüber, was die Menschen sagen würden, als darüber, was Gott zu sagen hat. Sich Sorgen über die Meinung anderer zu machen, ist Menschenfurcht. Furcht ist das Gegenteil von Glaube. Eigentlich ist Furcht Glaube im Rückwärtsgang.«

Wer Heilung erfahren möchte, sollte also nach diesem Dreipunkteplan vorgehen:

Erstens: Jesus als Erlöser annehmen.

Zweitens: verstehen, dass Heilkräfte wie Naturkräfte nach klaren Gesetzen funktionieren.

Drittens: den Unglauben ausmerzen, denn er verhindert Heilung aus Gründen, die mit Punkt zwei zu tun haben.

Gott kann niemanden heilen, der nicht wirklich an Heilung glaubt. Das sehen seine Heilgesetze nicht vor, die er erschaffen hat und an die er sich auch selbst hält. Und er kann auch keine dauerhafte Heilung bringen, wenn es Unglaube in uns gibt. Wer aber all diese Voraussetzungen erfüllt, ist praktisch unsterblich, denn die Krankheiten, mit denen der Teufel uns bekämpft, können ihm nichts anhaben. Man ist dann zurück im paradiesischen Urzustand, als es keine Krankheit und keinen Tod gab. Daher scheint es so, als ob Andrew Wommack auch noch in 500 Jahren auf der Welt sein wird, kerngesund und durch den Glauben an Jesus gegen Sünden, Verfall und Tod gefeit. Glückwunsch!

Abgeschlossen wird die Heilungskonferenz nicht in der Kirche, sondern im Rahmen der »Holy Spirit Night« in der Porsche Arena, einer Mehrzweckhalle, in der laut Anzeigetafel dieses Jahr auch noch Fettes Brot, die Wrestlingliga WWE, Eckhart von Hirschhausen und Sido auftreten werden. Die Arena steht in der Mercedesstraße, ist mit der Hanns-Martin-Schleyer-Halle verbunden und liegt in unmittelbarer Nachbarschaft zum Volksfest Cannstatter Wasen. Mehr konzentriertes Stuttgart an einem Fleck geht nicht. Heute ist einiges anders, denn nicht nur ist die Arena mit ihrer Kapazität für 6100 Gäste deutlich größer als die vergleichsweise gemütliche Kirche, sondern auch bei den Zuschauern hat sich was getan. Das Gospel Forum hat Hunderte Freikarten in der Stadt verteilt, das heißt, hier sind nicht nur überzeugte Christen, sondern auch manche Neugierige. Begrüßt werden die Zuschauer von einer hippen jungen Band, die im Grunde das Gleiche singt wie die bisherige auch, nur eben auf ein junges Publikum zugeschnitten. Heute befindet sich die Bühne nicht wie beim Frontalunterricht in der Schule vor den Besuchern, sondern mittendrin. Das führt dazu, dass auch der erste Prediger (der Blonde, der den Ischiasnerv nicht heilen konnte, was seinem Selbstbewusstsein aber hörbar keinen Abbruch tat) von einer Seite auf die andere Seite des Rings tigert, um seinen Worten noch mehr Theatralik zu verleihen. Eine solche 360-Grad-Bühne ist wie geschaffen für solche Auftritte. Sie wirken dadurch noch dramatischer und lebendiger. Er spricht wieder über unsere Zeit, die *die* Zeit ist, lobt aber dieses Mal weder das deutsche Volk noch deutsche Autos. Dafür will er, dass sich jetzt jeder zu seinen Nachbarn umdreht und ihnen sagt, dass es schön ist, sie hier zu sehen. »Ihr könnt euch auch Umarmen oder einen High Five geben, wenn euch Umarmen zu persönlich ist. Ihr könnt alles machen, solange ihr die Intimsphäre respektiert!«

Als Hauptredner tritt wieder der amerikanische Pastor auf, der so viele Heilungen an den Wadenmuskeln bezeugen kann. Sein Auftritt ähnelt seinem vorherigen erstaunlich genau. Zuerst spricht er freundlich über seine Familie, erzählt den einen oder anderen Witz und kommt dann abrupt auf Wunder zu sprechen, die er erlebt hat. Heute leitet er über, indem er kurz innehält, um dann mitzuteilen: »Irgendwer hat eine Pilzerkrankung oder einen Virus im Kopf. Jesus hat ihn gerade geheilt!«

»Yeah!«, schreit jemand hinter mir, zwei Frauen vor mir reißen die Arme zum Lobpreis in die Höhe, aus anderen Ecken wird »Jesus« und »Amen« gerufen.

»Unsere Gesellschaft hat sich daran gewöhnt, Arthritis als eine Krankheit zu sehen, die unvermeidbar ist. Das ist falsch! Arthritis gibt es im Himmel nicht. Wir sollten nicht anerkennen, dass es sie hier gibt!«

Nachdem er am Tag zuvor schon den Prostatabeschwerden

den Kampf angesagt hat, ist nun also die Arthritis dran. Wieder Applaus. »Amen!«

Er ruft immer weitere Krankheiten in den Saal hinein, denn heute soll noch mehr geheilt werden als gestern. Heute hat er Verstärkung, an allen Ausgängen stehen Gebetsteams, die den einzelnen Besuchern als Helfer zur Seite stehen, wenn diese es wünschen.

So wie gestern auch formieren sich die Heilenden und die Kranken umeinander, damit die Kraft Jesu im Körper und der Psyche des Einzelnen wirken kann. Auch meine Sitznachbarin hofft auf Heilung. Während sich die kleinen Gruppen sammeln und die Köpfe zusammenstecken, was ein wenig an die Kreisbildung beim Familienduell erinnert, ermutigt der Prediger sie immer weiter und verkündet Siegesmeldung auf Siegesmeldung, die immer von Applaus und »Jesus«-Rufen begleitet werden und die Gebete der Anwesenden noch mehr motivieren.

»Jemand hier ging durch eine traumatische Sache, von der er sich bis heute nicht ganz erholt hat. Das hat gerade geendet!«

Er deutet in eine Ecke des Saals. »Manche haben Probleme mit der Verdauung. Jesus bringt euch jetzt Heilung. Du wirst ein Brennen in deinem Bauch fühlen, das ist Jesus, der jetzt heilt.« Und weiter: »Verletzte Wirbelsäulen und Nackenschmerzen, Jesus heilt sie!«

Schließlich ist es Zeit für einen ersten Zwischenstand, er bittet darum, mit den Gebeten aufzuhören.

»Die mit den Herzbeschwerden sollen jetzt einfach nur ruhig stehen bleiben, aber ihr anderen Kranken sollt euch jetzt schnell bewegen und sehen, ob ihr schon geheilt seid. Und winkt, wenn ihr es schon seid.«

Einige Hände gehen nach oben, ich schaue zu meiner Nachbarin, ihre Hand bleibt unten. Es folgt eine weitere Runde, in der sich die Gläubigen um die Kranken positionieren, und erneut wird die Frage gestellt, wer schon Heilung spürt. Weitere

Hände gehen in die Höhe, die in dem großen Saal oft so verloren wirken wie das Winken von Schiffbrüchigen in Richtung eines fernen Dampfers. Wieder winkt meine Nachbarin nicht mit, ich wüsste gerne, ob sie enttäuscht ist, kann sie das aber jetzt nicht fragen. Bald darauf geht die Heilungskonferenz zu Ende, indem der Pastor nochmal alle aufruft zu winken, die heute Abend Heilung durch den Heiligen Geist erfahren haben. Tosender Applaus, als aus allen Ecken der Arena Arme in die Luft gehen. Erstaunlicherweise geht nun auch der Arm meiner Nachbarin nach oben. Ein echtes Wunder.

Auch wenn die Stimmung wieder euphorisch ist, bleibt sie hinter derjenigen im Gospel Forum zurück. Vielleicht sind zu viele neutrale Gäste da, die auf den Besucherrängen sitzen und nicht einmal applaudierten, als eine junge Frau von ihrer erfolgreichen Flucht aus dem Reich Satans berichtete. Oder es ist einfach die schiere Größe der Arena, die der Stimmung einen kleinen Dämpfer verpasst. Als ich durch das Foyer gehe, sind überall die Mitglieder der Gebetsteams im Einsatz. Besucher schildern ihnen ihre Beschwerden und gemeinsam versuchen sie die Krankheiten zu heilen. Nur zwei Schritte vom Ausgang entfernt erlebe ich schließlich die zugleich rührendste und traurigste Situation der gesamten Konferenz. Eine Frau und ein Mann sind über einen Rollstuhl gebeugt und halten den Querschnittsgelähmten an den Händen, alle drei beten inbrünstig dafür, dass er wieder gehen kann. Es hat etwas von Kindern, die hoffen, dass ihr Haustier wieder lebt, wenn sie nur fest genug daran glauben.

Müde fahre ich ins Hotel zurück. Drei Tage Supernatural Heilungskonferenz haben leider nicht gereicht, um mich zum Heiler zu machen. Nicht einmal eine Migräne oder einen ordinären Schnupfen kann ich nun wegbeten. Trotzdem brauche ich nun aber etwas Erholung von den Predigten und den sehr monothematischen Liedern, die alle Jesus für den Größten halten. So eine manische Verehrung hat irgendwann auch etwas

Zermürbendes, wenn sie ständig auf einen niederprasselt. Links von meiner Straßenbahn rotieren bunte Kirmesattraktionen durch die Luft und erinnern an Fackeln in der Dunkelheit. Schießbuden, Hau den Lukas, Die Wilde Maus. Überall Trachten. Der Cannstatter Wasen ist eines der größten Volksfeste der Welt, das trotzdem in den überregionalen Medien kaum vorkommt, weil es terminlich gegen das Oktoberfest in den Ring steigt und dort als Sparringspartner in den Staub sinkt.

Station 14
Lahore-Ahmadiyya

Es ist ein kleines Wohnzimmer. Etwas düster und immer kurz davor, unordentlich zu wirken. Überall liegen Hefte, Bücher und Zeitschriften herum. Auf einem Cover wirbt eine muslimische Hilfsorganisation um Spenden ab 30 Euro aufwärts. An der Wand hängen schwarz-weiße Aufnahmen von Männern mit Bärten. Zwei Farbaufnahmen zeigen die Kabbala und eine Moschee in Medina.

»Möchten Sie etwas trinken? Einen Tee?«

Ich nicke. Amir Aziz kommt kurz darauf mit einer vollen Tasse zurück.

»Für Sie nichts?«, frage ich ihn, während ich den Löffel bewege.

»Es ist noch Ramadan«, erklärt er lächelnd.

Aziz ist ein zierlicher Mann, er wirkt nicht wie jemand, der eine Gemeinde anführt, eher wie jemand, der unauffällig in der hintersten Reihe betet. Im Grunde stimmt beides. Er ist Imam und er führt keine Gemeinde. Also eigentlich führt er schon eine, aber aktuell gibt es kaum Mitglieder. Zur Freitagspredigt kommen sieben Leute, vielleicht auch mal zehn, manchmal ist er auch ganz alleine in seiner Moschee.

Seine Moschee, das ist die älteste Deutschlands. 1928 eröffnet, hätte sie für 400 Gläubige Platz. Der Pionier für den Islam in Deutschland war nicht die Türkei oder ein arabischer Staat, sondern das damalige Indien und heutige Pakistan. Die muslimische Organisation Lahore-Ahmadiyya baute dieses Gotteshaus und unterhält es bis heute. Bei den Lahore-Ahmadiyya handelt es sich um eine Erneuerungsbewegung, die den Islam Mitte des 19. Jahrhunderts sowohl gegen eine falsche Deutung von innen als auch gegen die Angriffe christlicher Missionare und die stärker werdenden Naturwissenschaften verteidigen wollte. Ihr Anführer hieß Mirza Ghulam Ahmad und wurde 1835 in Indien geboren. Über ihn heißt es (von seinen Anhängern):

> »In seinen Schriften, Vorträgen und öffentlichen Streitgesprächen wies er nicht nur die Masse der Anschuldigungen gegen den Islam zurück, sondern ging zum Gegenangriff über und bewies im Lager seiner Gegner die Überlegenheit der islamischen Lehre.«

Er verteidigte den Islam und verlangte, dass diese Religion »die Herzen und Sinne der Menschen auf einfühlsame, liebevolle Weise, durch Vernunftargumente und moralische Aufrufe gewinnen sollte«. Als seinen größten Förderer nannte er dabei Allah persönlich, denn:

> »In dieser Zeit des schlimmsten Niederganges der Moslems erhielt Mirza die Offenbarung von Gott, dass das Zeitalter des weltweiten Triumphes des Islam, das im heiligen Koran vorausgesagt ist, jetzt angebrochen sei. Aber es würde ein geistiger, sittlicher und religiöser Triumph sein.«

Vermutlich ging er schon zu diesem Zeitpunkt den religiösen Eliten auf die Nerven, da er sich seit 1885 als von Allah berufener Prophet des Islam bezeichnete. Im Islam gilt aber Mohammed als der letzte Prophet Gottes, weswegen Mirza Ghulam Ahmad sich mit diesem Anspruch außerhalb des muslimischen Konsenses bewegte. Immerhin konnte ihm zu Beginn noch zugutegehalten werden, dass er sich dem immer stärker werdenden christlich-westlichen Einfluss entgegenstemmte. Doch dann ging er einen entscheidenden Schritt weiter:

> »Gegen Ende des Jahres 1890 offenbarte Gott Mirza Ghulam Ahmad, dass Jesus Christus, von dem sowohl Christen als auch Moslems annahmen, dass er lebendig im Himmel lebe, niemals zum Himmel lebendig aufgestiegen sei und dass er in der Tat auf dieser Erde gestorben sei; dass aber der allgemeine Glaube an seine Wiederkunft aus dem Himmel vollkommen falsch sei. Die Offenbarung sagte weiterhin, dass das göttliche Versprechen hinsichtlich der zweiten Ankunft des Messias in seiner eigenen Person erfolgt sei.«

Mirzam Ghulam Ahmad hatte also einen sozialen Aufstieg vom Propheten zum Messias erlebt. Zu ebendem Messias, auf den die Moslems seit Jahrhunderten warten. Diese Bekanntmachung brachte ihm eine Vielzahl von Fatwas ein, die ihn der Gotteslästerung anklagten. Gleichzeitig griff er damit frontal das Christentum an, in dem die Himmelfahrt Christi ein Dogma darstellt. Mit einer Verkündigung gleich beide großen Weltreligionen gegen sich aufzubringen, ist jedenfalls eine Leistung. Wenn Jesus aber nicht am Kreuz gestorben ist, was ist dann aus ihm geworden? Bevor das geklärt werden kann, muss daran erinnert werden, dass im Islam die Kreuzigung Jesu ohnehin bestritten wird. Er wurde von Gott lebendig in den Himmel gerufen, ohne dass auch nur ein Nagel in die Nähe seiner Hände kam. Aber fiel die Kreuzigung deswegen aus? Nein, sie fand tatsächlich statt und alle dachten auch, dass Jesus derjenige ist, der da gefoltert wird. In Wahrheit war es aber ein anderer

Jude, dem Gott das Aussehen von Jesus verliehen hatte. Jesus ließ sich also von einem Körperdouble vertreten, als es wirklich unangenehm wurde. So weit die klassische Sichtweise im Islam. Die Ahmadiyya sehen das etwas anders. Jesus litt am Kreuz, starb aber nicht, sondern fiel nur in eine tiefe Bewusstlosigkeit. Nachdem er für tot gehalten worden war, pflegten ihn seine Jünger gesund und als er wieder bei Kräften war, verließ er verständlicherweise auf dem schnellsten Weg das Land. Gemeinsam mit seiner Mutter Maria machte er sich nach Kaschmir auf, wo laut der Ahmadiyya einer der zwölf Stämme Israels lebte. Ihm predigte Jesus das Evangelium und starb schließlich in Srinagar, der Hauptstadt von Kaschmir. Sein Grab kann dort bis heute besucht werden. Es befindet sich in einem unscheinbaren weißen Haus mit grünem Dach im Viertel Khanyar (wer es besuchen will, hier ist der genaue Standort: tinyurl.com/p4jh5vc). Es gibt ohnehin noch einen ganz weltlichen Grund, warum Jesus nicht körperlich zu Gott aufgefahren ist: »Es ist absolut unsinnig, sich vorzustellen, dass Jesus dort oben seit 2000 Jahren auch all die Funktionen ausüben müsste, denen ein Körper aus Fleisch und Blut nun einmal unterliegt.« Im Klartext: Es gibt keine Toiletten im Paradies, nicht einmal Dixi-Klos.

»Ihr lehnt Mohammed also als letzten Propheten ab?«, frage ich Aziz, der in seinem weichen Sessel beinahe verschwindet.

»Nein, Mohammed ist Gottes Prophet und die vollkommene Verkörperung der islamischen Lehre!«, stellt er klar und wenn nicht Ramadan wäre, würde er nun vielleicht einen Schluck Tee trinken, bevor er weiterspricht. Aber es ist Ramadan und darum schweigt er einfach nur längere Zeit, bevor er wieder ansetzt.

»Aber Allah schickt auch immer wieder Reformer der Religion und ein solcher war Mirza Ghulam Ahmad.«

Das überrascht mich und es kommt mir auch so vor, als ob das dem Sendungsbewusstsein von Mirza Ghulam Ahmad nicht vollständig gerecht würde.

»Mehr nicht? Ich dachte, er sah sich selbst als Propheten und Messias.«

»Kein Mensch kann über der vollkommenen Verkörperung Mohammeds stehen.« Aziz schaut mich dabei an wie ein Vater, der seinem Kind eine Weisheit fürs Leben mit auf den Weg gibt. Dabei ist die Sache längst nicht so eindeutig, wie er gerade behauptet. Innerhalb der Ahmadiyya-Gemeinschaft entbrannte schon bald nach dem Tod von Mirza Ghulam Ahmad ein Streit, was er eigentlich war. Als Folge davon kam es zu einer Spaltung in die Lahore-Ahmadiyya (auf deren Sofa ich gerade sitze) und die Jamaat-Ahmadiyya. Die Lahore halten ihn für einen Reformer, eine Art Martin Luther, der den Lehren des Islam wieder Geltung verschaffen wollte und dazu von Allah aufgefordert wurde. Die Jamaat halten ihn hingegen für einen Propheten und für den von allen Moslems erhofften Messias. Dieser Messiasstreit erinnert an die Spannungen im Judentum vor 2000 Jahren, als Jesus sich als Messias präsentierte und auch nicht akzeptiert wurde. (Von ein paar wenigen abgesehen, die ihm folgten und die Keimzelle des späteren Christentums bildeten.)

»Seid ihr also als Bildungs- und Reformbewegung gestartet?«, will ich von Aziz wissen, der daraufhin übertrieben zustimmend nickt und lächelt. Er hat mich offenbar nicht verstanden. Das ist kein Wunder, schließlich kam er erst vor zehn Tagen aus Pakistan nach Deutschland. Ich versuche es noch einmal und nun versteht er mich wirklich.

»Wir möchten den Islam so lehren, wie er im Koran steht. Er darf nicht mit Gewalt verbreitet werden, sondern nur durch Argumente. Wir dürfen auch nicht vergessen, dass es 95 Prozent Übereinstimmung mit den Vorstellungen anderer Religionen gibt.«

»95 Prozent?«

»Ja, nur fünf Prozent Unterschiede und die dürfen kein Anlass für Gewalt sein.«

Er hält seine Hand in die Höhe, um es zu unterstreichen.

Daumen, Zeigefinger, Mittelfinger, Ringfinger, kleiner Finger. Das macht fünf Finger. Fünf Prozent!

»Was wäre eigentlich, wenn Sie jetzt doch einen Tee trinken?«, stelle ich eine Frage aus dem Fünfprozentbereich.

»Dann müsste ich einen Tag an das eigentliche Ende des Ramadan dranhängen.«

»Aber warum eigentlich?«

»Weil das so ist.«

Die älteste Moschee Deutschlands steht in Berlin, leidet aber unter Besuchermangel. Oft ist der Imam der einzige Teilnehmer des Gottesdienstes.

Er klingt dabei nicht gereizt, auch wenn das die trotzige Antwort eines Kindes sein könnte. Aber es klingt jetzt auch nicht gerade wie die reflektierte Antwort, die man erwarten würde, wenn eine Bewegung so sehr die Notwendigkeit von Debatten und intellektuellen Auseinandersetzungen betont.

»Gehen wir in die Moschee?«

Ich habe meinen Tee ausgetrunken. Aziz nickt und wir ziehen im Flur die Schuhe an. Sein Haus befindet sich direkt neben der Moschee, sie steht auf seinem Grundstück, wie bei anderen Leuten ein Gartenhaus. Über einen schmalen Pfad mit Steinplatten geht es hinüber. Keine 20 Schritte. Die Moschee steht mitten in einem Wohngebiet an einer Straßenecke. Für jemanden, der zufällig in dieser Gegend spazieren geht, muss sie so überraschend wirken wie eine Ritterburg oder eine Gokartbahn. Obwohl sie immerhin 400 Plätze hat, erscheint sie wie eine Schrumpfversion einer Moschee. Nicht dominant, sondern kompakt. Sie ist weiß, hat ein Zwiebeldach und zwei Ebenen mit verzierten Zinnen, auf denen wiederum kleinere Türmchen befestigt sind. Zu beiden Seiten stehen noch einmal zwei richtige Türme, die wie Wächter des Gotteshauses wirken.

»Hier ruft kein Imam«, verneint Aziz meine Frage, ob von dort oben auch zum Gebet gerufen wird. Wir ziehen die Schuhe aus und betreten das Gebäude. Angenehme Kühle, niemand ist da. Ein leerer Raum, der kreisrund angelegt ist. »Die Moschee ist dem Taj Mahal nachempfunden.« Dass sie auch der in Deutschland völlig unbekannten Badshahi-Moschee in Pakistan nachempfunden ist, verschweigt er. Vermutlich aus ebendiesem Grund.

Farbige Decken liegen auf dem Boden und wenn man nach oben sieht, erkennt man, dass der Verputz rund um das Zwiebeldach geplatzt ist. Das Gebäude könnte einige kleinere Reparaturen vertragen, ist aber insgesamt noch in einem guten Zustand. Oder wieder. Seine Geschichte passt ganz gut nach Berlin, wo nicht erst seit dem Flughafen spektakuläre Bauprojekte zum guten Ton gehören. Sie zeigt auch eine muslimische Tradition der gewaltlosen Missionsarbeit, die zwischen all den IS-Hinrichtungsvideos schnell untergeht. Warum wurde aber in den 1920er Jahren überhaupt Deutschland für dieses Projekt ausgewählt? Deswegen:

> »Unter all den Ländern Europas scheint keines in einem solchen Ausmaß für die Verbreitung des Islam bereit zu sein wie Deutschland. Es erlitt eine Niederlage im Krieg und denkt nun ernsthaft über die künftige Richtung des Wiederaufbaus, über die Hinwendung zu einer Ordnung innerhalb einer neuen Ära von Frieden und Weiterentwicklung nach. Jedermann hier ist sich sicher, dass eine Wiedergeburt ohne die Hinwendung zu einer wahren Religion unmöglich ist. Das Christentum erlitt eine vollständige Niederlage.«

Ein Land in der Sinnkrise, das sich vom christlichen Glauben entfremdet hat, soll eine alternative Religion präsentiert bekommen. Im Kapitalismus nennt sich das Markteinführung, bei Religionen heißt es Missionsarbeit. Gleichzeitig hofften die

Ahmadiyya dadurch, die Angriffe christlicher Missionare in Indien abwehren zu können. Anstatt ihnen nur in der eigenen Heimat entgegenzutreten, wollten sie ihre Gegenaufklärung in deren Heimatländer tragen. Darum begann schon vor der Mission in Deutschland eine in Großbritannien. In Berlin wurde ein Grundstück erworben, das eigentlich für eine neue Kirche vorgesehen war. Als diese nicht realisiert wurde, »wurde mit Hilfe Gottes, des Allmächtigen, dieses Land für den Bau der Moschee gekauft«. Womit Allah 1924 erstmals in Berlin als Immobilienmakler aktiv wurde. Doch von Beginn an wurde der Moscheebau sabotiert. Nicht von islamophoben Deutschen (im Gegenteil waren die Einheimischen neugierig, was diese exotische Religion betraf), sondern von verfeindeten muslimischen Organisationen. Nachdem ein ägyptischer Student erfolgreich das Gerücht verbreitet hatte, die Ahmadiyya wären Spione der Engländer, sagte der türkische Botschafter seine Rede und Teilnahme an der Grundsteinlegung ab. Trotzdem gingen die Bauarbeiten für die Moschee los, die von der Lokalpresse unbefangen grob als »seltsames Haus« beschrieben wurde, das »den Eindruck eines Tempels aus dem alten Phönizien macht – oder so ähnlich«.

Bald stellte sich heraus, dass Gott vielleicht doch kein so gutes Händchen hatte, denn das erworbene Grundstück musste aus Kostengründen verkleinert werden. Trotzdem konnte auch das den Bau nicht aufhalten und so hieß es 1928 in einem Zeitungsartikel:

> »Die im Jahr 1925 begonnene Moschee am Fehrbelliner Platz in Wilmersdorf ist in diesen Tagen fertiggestellt worden und wird nunmehr für den regelmäßigen mohammedanischen Gottesdienst zur Verfügung stehen.«

Obwohl die Kosten explodiert waren, gelang es der damaligen Lahore-Gemeinde, sie zu tragen. Dabei half ihr auch eine rabiate Art der Gleichberechtigung, die sie in finanziellen Fragen einführte. Der Heimatgemeinde in Pakistan wurde mitgeteilt, dass jedes Mitglied spenden muss. Dieser Hinweis richtete sich speziell an die Frauen:

> »Viele unserer Schwestern denken vielleicht aufgrund der Tatsache, dass ihre Ehemänner oder Beschützer sich am religiösen Dienst beteiligen, sei dies auch für sie ausreichend. Dies ist jedoch nicht richtig. Ebenso wie die guten Taten des Ehemannes nicht der Frau angerechnet werden, werden auch seine Spenden von keinem Nutzen für die Frau sein.«

Daraufhin wechselten Ringe, Halsketten und anderer Schmuck ihren Besitzer, damit im weit entfernten Europa eine Moschee eröffnen konnte, die mutmaßlich kein einziger Spender je betreten hatte. Nun stand sie also da, die erste Moschee Deutschlands (wenn man von einer kurzlebigen Holzmoschee für Kriegsgefangene während des Ersten Weltkriegs absieht), doch der Ansturm auf den neuen Glauben blieb aus:

> »Eine große Anzahl deutscher Moslems hat es dort nie gegeben. Die wenigen jungen deutschen Moslems (maximal 20 Personen vor 1945) nutzten zwar die Moschee und das Gästehaus, schlossen sich aber in der ›Tarika Mohamedija‹ als eigenständige Organisation zusammen, welche keine tiefgreifende Bindung an die Lahore-Ahmadis hatte.«

Von diesen 20 fielen wiederum 15 als Soldaten im Zweiten Weltkrieg, weswegen nach 1945 nur noch fünf übrigblieben.

Aziz spaziert mit mir durch die Moschee, der also der große Publikumserfolg verwehrt blieb. Auf Bücherregalen liegen muslimische Gebetsbücher und der Koran, aber auch die Bibel, Werke über Jesus, über Yoga und fernöstliche Religionen. Aziz schaut auf die Uhr.

»Erwarten Sie jemanden?«

»Die Christen«, bestätigt er, »um 13 Uhr.«

Ich schaue auf die Uhr, es ist 12 Uhr 50. Sie kommen erst in zehn Minuten. Deutsche Pünktlichkeit macht auch vor dem Christentum nicht halt. Aziz wird das auch bald wissen. Oder auch nicht, denn schon stampft ein breiter Mann in gelbem Hemd, das bedrohlich spannt, die Stufen hinauf, zieht seine Sandalen aus und setzt seine Füße in die Moschee. Hätte der Boden in diesem Moment gewackelt, es hätte nicht so sehr irritiert, wie es eigentlich sollte.

»Guten Tag.« Er lächelt und reicht Aziz die Hand. Hinter ihm tauchen immer mehr Menschen auf, die alle um die 50 sind und als Kirchengemeinde einen gemeinsamen Ausflug in die Moschee machen. Frauen und Männer in Kniebundhosen und mit kleinen Rucksäcken versammeln sich um Aziz. Es sieht aus wie der Beginn einer Stadtführung am Brandenburger Tor. Nur dass weniger Fotoapparate gezückt werden. Ich rechne durch, es sind 24 Leute. In diesem Moment befinden sich mit diesen wenigen Neugierigen und graumelierten Christen mehr Menschen in der Moschee, als es 1930 deutsche Moslems in ganz Berlin gab. Wenn sich Aziz nun in die Predigt seines Lebens hineinsteigert, könnte er auf einen Schlag 24 Neumitglieder gewinnen. Das wäre ein Coup, den man bis in die Zentrale in der Stadt Lahore in Pakistan hören würde. Er versucht es aber nicht einmal, stattdessen erzählt er wieder von den 95 Prozent und dem Taj Mahal und dann fragt der korpulente Anführerchrist: »Gibt es den heiligen Koran in jeder Sprache der Welt?«

Aziz verneint lächelnd, als ob er sich dafür entschuldigen müsste. Als eine Frau wissen will, ob Männer und Frauen in dieser Gemeinde gemischt im Gottesdienst sitzen (tun sie übrigens nicht), spreche ich den korpulenten Fragesteller an.

»Warum sagen Sie *heiliger* Koran?«

»Für die Moslems ist er das.«

»Aber Sie sind kein Moslem, oder?«

»Nein.«

»Warum sagen Sie dann nicht einfach Koran?«

»Weil er heilig ist.«

»Ist er das für Sie?«

»Nein.«

Aziz berichtet seinen Gästen davon, dass die Ahmadiyya Gewalt ablehnen und niemandem ein Glaube aufgezwungen werden darf. Ihr Ansatz ist der, im intellektuellen Austausch die Überlegenheit des Islam nach außen zu demonstrieren und gleichzeitig nach innen gegen Fehlinterpretationen des Korans anzugehen. Und sie machen sich dabei Gedanken über wirklich jede Lebens- und Nachlebenslage. Himmel, Hölle und Sex sind drei der wesentlichen Themen, die Menschen in ihrer Religion beschäftigen (auch wenn das Thema Sex ansonsten oft tabuisiert wird), und darum beschäftigt sich die Gemeinde natürlich auch mit diesen. Wie ist es zum Beispiel mit Sex im Paradies? Das sieht schlecht aus, sehr schlecht sogar:

> »Es heißt auch, dass es ›in der Beziehung mit den Frauen im Paradies keinerlei Fortpflanzung gibt‹ Und da eine sexuelle Beziehung, wie sie im Leben verstanden wird, ein Erfordernis der Natur ist, um der Fortpflanzung zu dienen, ist es klar, dass die Beziehung der Geschlechter oder die Gemeinschaft von Männern und Frauen nach der Auferstehung eine völlig andere Bedeutung hat.«

Geschrieben hat das mit Muhammad Ali eine der theologischen Koryphäen der Lahore-Ahmadiyya. Während Mario Barth im Paradies für seine Mann-Frau-Witze also kein Publikum mehr finden wird, zeigt sich dafür die Hölle als Ort mit Wendemöglichkeit. Für evangelikale Christen wie die Heilsarmee ist sie eine Sackgasse ohne Wendemöglichkeit, aber die Ahmadiyya betrachten sie eher wie einen Kreisverkehr:

»Eine andere Überlegung, die zeigt, dass diese Strafe zur Läuterung dienen soll, ist die, dass dem Koran zufolge und den Aussprüchen des Propheten nach alle, die in der Hölle sind, schließlich wieder daraus freigelassen werden. Dies ist ein Punkt, über den es selbst bei den muslimischen Theologen ein großes Missverständnis gibt. Sie machen einen Unterschied zwischen den muslimischen und nichtmuslimischen Sündern und behaupten, dass letzten Endes alle muslimischen Sünder aus der Hölle genommen werden, nicht aber die nichtmuslimischen. Weder der Koran noch die Tradition halten diese These aufrecht.«

Die Besucher haben mittlerweile die Moschee wieder verlassen. Weiterhin als Christen. Aziz kommt zu mir und wirkt zufrieden. Er hatte noch nicht viele Gelegenheiten, sich mit Besuchern zu unterhalten. Vor nicht einmal zwei Wochen saß er noch in Pakistan und bereitete sich auf sein Leben in Deutschland vor. Seine Familie kommt womöglich noch nach, das wird er entscheiden, sobald er einen ersten Eindruck hat. Aziz ist der neue Hoffnungsträger einer Gemeinschaft, die zwar Pionierarbeit leistete, aber dafür kaum belohnt wurde.

»Die Stadt Berlin wirbt auf Prospekten gerne mit unserer Moschee«, verrät Aziz. Die Ziele waren aber mal ambitionierter, als nur vom Tourismusbüro abfotografiert zu werden. Die Lahore-Ahmadiyya wollten den Westen für den Islam begeistern. Heute leben zwar tatsächlich Millionen Moslems in Deutschland, aber mit dieser Entwicklung haben die Ahmadiyya nichts zu tun. Vor allem Türken und Araber kamen hierher und gründeten ihre eigenen Moscheegemeinden, wodurch die älteste Moschee und ihre Philosophie endgültig an den Rand gedrängt wurden. Der Einfluss auf die muslimische Gemeinde ist gering und oft schlägt ihr Misstrauen entgegen. Vor allem wegen der Prophetenfrage, bei der den Lahore-Ahmadiyya ein Verrat an Mohammed vorgeworfen wird.

Als die Ahmadiyya noch eine junge Bewegung waren und in Berlin die Moschee eröffneten, zog der Islam nur wenige und vor allem hoffnungslos verschrobene Einzelgänger an. Eine prägende Figur der Anfangszeit, und gleichzeitig der Prototyp des damaligen Islaminteressierten, war Hamid Hugo Marcus. Er wurde 1880 als Jude geboren, zog 1903 zum Studium nach Berlin und erhielt Mitte der 30er von Hitler das »Ehrenkreuz für Kriegsteilnehmer«. Zu diesem Zeitpunkt war er schon Moslem, denn er konvertierte 1932, blieb aber erstaunlicherweise noch bis 1936 Mitglied der Synagogengemeinde. Volle vier Jahre war er also Jude und Moslem gleichzeitig. Er war maßgeblich an der ersten Übersetzung des Korans ins Deutsche beteiligt und veröffentlichte Beiträge zu islamischen Themen in Fachmagazinen. Gleichzeitig war er aber Mitarbeiter der Zeitschrift »Sexus – Monographien aus dem Institut für Sexualwissenschaft in Berlin« und setzte sich aktiv gegen den § 175 des Strafgesetzbuches ein, der sexuelle Handlungen zwischen Männern unter Strafe stellte. Mit den Worten »Als Betroffener wusste er um die Problematik natürlich genau Bescheid« outete die Ahmadiyya-Gemeinde ihn sehr diskret als homosexuell. Ein schwuler Jude also, der zum Islam konvertierte und sich für die Rechte Homosexueller einsetzte. Gut möglich, dass Hamid Hugo Marcus in seiner Generation der Mensch war, der am weitesten von dem entfernt war, was man heute Mainstream nennen würde.

Während mein Besuch in der Moschee langsam endet, kommen drei junge Moslems herein. Es sind Studenten und sie fragen Aziz, ob sie mit ihm beten könnten. Sie stellen sich auf Teppiche, während Aziz sich vor ihnen an der Wand positioniert, die in Richtung Mekka zeigt. Neben Aziz befindet sich ein kleiner Tisch mit Mikrofon. Für den optimistischen Fall, dass hier irgendwann so viele Gläubige anwesend sind, dass nur durch Lautsprecherverstärkung auch die hintersten Reihen erreicht werden. Sie knien sich hin und beten.

Die Zeiten sind bescheiden und so ist das hier schon fast ein Massenauflauf für die Lahore-Ahmadiyya. Deutlich besser läuft es hingegen bei der abgespalteten Jamaat-Gemeinde. Sie hat alleine in Deutschland 40 000 Mitglieder und über 40 Moscheen sowie weltweit zirka zwölf Millionen Mitglieder. Im Vergleich dazu gibt es aktuell nur wenige Dutzend Lahore-Ahmadiyya in Deutschland und weltweit wenige Zehntausend. Während die beiden Parteien sich in ihrer Ablehnung der Gewalt einig sind und den Islam mit Argumenten verbreiten wollen, bleibt der unüberbrückbare Graben in der Prophetenfrage.

Ich verlasse die Moschee, während Aziz mit seinen Gottesdienstbesuchern am Beten ist, und laufe zur S-Bahn hinüber, die zu Fuß fünf Minuten entfernt ist. Auf dem Weg liegt auch noch eine christliche Kirche, die ebenfalls weiß gestrichen ist und vergoldete Kuppeln hat. Offenbar war diese Gegend mal der letzte Schrei für alle, die schicke Gotteshäuser errichten wollten.

Station 15
Judentum

»Es sprach aber Gott, der Ewige, zu Abraham: Geh aus deinem Lande und aus deinem Geburtsort und aus deines Vaters Haus in das Land, das ich dir zeigen werde.« Mit dieser Aufforderung begann vor zirka 3000 Jahren die Geschichte des Judentums und damit des Monotheismus. Abraham kam dieser Aufforderung nach und erlebte dadurch einige der berühmtesten Ereignisse der Menschheitsgeschichte hautnah mit. Viele sogar als direkt Betroffener. Er war es, der Gott davon überzeugte, Sodom und Gomorrha zu verschonen, wenn sich dort nur zehn gute Menschen finden ließen. (Dass Gott nicht auf zehn kam und darum »Schwefel und Feuer herabregnen ließ«, ist wieder eine andere Geschichte.) Er beschnitt sich selbst, um so den Bund mit Gott zu bestätigen. Und wenn die Thora davon berichtet, dass ein Vater auf Gottes Aufforderung hin seinen Sohn opfern wollte und im letzten Moment von einem Engel davon abgehalten wurde, ist dieser Vater ebenfalls Abraham.

Hätte Gott damals Abraham nicht aufgefordert, seine Heimat zu verlassen, würde ich heute nicht vor einem Reihenhaus in Kiel stehen und mich fragen, ob der Taxifahrer oder ich etwas falsch gemacht hat. Eigentlich sollte hier die jüdische Gemeinde ihren Sitz haben. Aber es ist nur ein Backsteinhaus neben anderen Backsteinhäusern. Kein Schild, nichts. Als ich gerade in meinen Unterlagen die Adresse überprüfen will, öffnet sich die Tür und ein mittelalter, großer, schlanker Mann steht da. Er ist sportlich gekleidet und auf seinem Kopf ist eine Kippa festgemacht, eine religiöse Kopfbedeckung.

Walter Joshua Pannbacker gibt mir die Hand. »Willkommen in der jüdischen Gemeinde.« Es ist eine sehr enge jüdische Gemeinde, ist mein erster Eindruck. Im Flur befindet sich die Garderobe und es ist fast nicht möglich, beim Vorbeigehen nicht die dort hängenden Jacken zu berühren. In einem kleinen Eingangsbereich gibt es eine Art Tresen, hinter dem sich eine Mitarbeiterin und eine Kaffeemaschine befinden, während davor auf dem Stuhl ein junger Mann wartet. Pannbacker öffnet eine Tür gegenüber und wir betreten einen weiteren engen Raum, der aus nicht viel mehr als Regalen mit deutschen und hebräischen Büchern, Aktenordnern und einem Schreibtisch besteht. »Das ist mein Büro«, meint er, »das habe ich mir bis vor kurzem mit unserer Sozialarbeiterin geteilt.« Pannbacker ist in dieser Gemeinde das berühmte Mädchen für alles. Er ist Gemeindevorstand, leitet die Gottesdienste, unterrichtet Hebräisch, bereitet Menschen auf den Übertritt zum Judentum vor, hört sich die Sorgen älterer Mitglieder an, organisiert Tage der offenen

Tür und macht bei Veranstaltungen auch noch die Security. Eigentlich ist er nicht nur Mädchen für alles in Kiel, sondern wird auch regelmäßig von anderen Gemeinden in Schleswig-Holstein angefragt, um bei ihnen Gottesdienste zu organisieren. »Aktuell haben wir hier im Norden keinen Rabbiner«, erklärt er, der aktuell ein Vorbeter und Lehrer ist, aber sich vorstellen kann, eines Tages Rabbiner zu werden. Dafür müsste sich an seiner Auslastungssituation etwas ändern. »60 bis 70 Stunden können das schon werden pro Woche«, meint er und macht dabei ein Gesicht, als ob er eher untertreibt als übertreibt.

Schließlich betreten wir den einzigen Raum, der keine klaustrophobische Beklemmung auslöst. Eine lange Tischreihe und dahinter am Ende des Zimmers ein mit weinrotem Tuch bedeckter Altar, auf das ein goldener Davidstern aufgenäht ist. Dahinter an der Wand folgt ein Schrank, der ebenfalls von einem weinroten Tuch verhüllt wird und auf dem eine goldene Krone über mehreren hebräischen Schriftzeichen zu sehen ist. Pannbacker reicht mir nun auch eine Kippa. »Wir sind jetzt in unserer Synagoge«, erklärt er dazu. Es ist üblich, dass Männer in jüdischen Gotteshäusern Kopfbedeckungen tragen. Die jüdische Gemeinde von Kiel wurde von den Nazis zerstört und es dauerte bis in die 1990er Jahre, bevor sich wieder eine gründete. Und dann gleich zwei auf einmal. »Das andere ist eine rein russische Gemeinde«, erklärt Pannbacker, »mit der haben wir wenig zu tun.« Seine Gemeinde ist dagegen gemischt. Auch in ihr gibt es eine Mehrheit an russischsprachigen Mitgliedern, aber eben auch noch einen relevanten Anteil an deutschen Juden.

Das Judentum nimmt im Konzert der Religionen einen interessanten Platz ein. Es ist mit knapp 14 Millionen Mitgliedern eigentlich nicht besonders weitverbreitet, wenn man es mit dem Christentum (2,2 Milliarden) und dem Islam (1,6 Milliarden) vergleicht, aber dennoch ist es von seiner Bedeutung her auf Augenhöhe. Wären Religionen Konzerne aus der Unterhaltungsindustrie, das Judentum könnte das Christentum und den Islam in den Konkurs klagen. Da fand ein Ideenklau auf solch atemberaubend dreistem Niveau statt, dass jeder Anwalt sich die Hände danach reiben würde, Abraham und Moses zu vertreten. Christen und Moslems haben nicht nur schlichtweg alle relevanten Personen aus der jüdischen Theologie übernommen, sondern sich nicht einmal die Anstandsmühe gemacht, sie andere Abenteuer erleben zu lassen. Die Geschichten wurden größtenteils komplett übernommen.

Das Judentum hat aber noch aus einem anderen Grund einen Eintrag ins *Guinness Buch der Rekorde* verdient: sie ist die mit Abstand älteste monotheistische Religion der Welt.

»Was passiert nach dem Tod?«, steige ich heute direkt mal mit einer der zwei Sinnfragen ein, für die Religionen ein Erklärungsmonopol reklamieren. Ich gieße mir etwas von dem vorbereiteten Tee ein und warte neugierig auf die Antwort.

»Ganz ehrlich«, beginnt Pannbacker und was nach so einem Einstieg folgt, ist mir mittlerweile klar, »ich weiß es nicht.«

»Eine Tendenz?« Ich bin nun schon mit weniger zufrieden. Eine 3000 Jahre alte Religion, aber trotzdem keine Ahnung, was nach dem Leben kommt. Das kann doch nicht sein!

»Ich denke, es ist die Gegenwart Gottes, in der wir leben werden. Aber wie das genau sein wird, das weiß ich nicht.«

»Werden wir alle bei Gott sein?«

»Ja, das vermute ich«, meint Pannbacker, fügt dann aber hinzu: »Wobei es aber auch so was wie eine Hölle gibt. Dort wird jeder landen, der ein böses Leben geführt hat.«

»Und da ist man dann für immer?«

»Nein, das ist zeitlich begrenzt.«

»Wie lange?«

»Auf elf Monate.«

»Adolf Hitler sitzt elf Monate Hölle ab und das war es dann?«

»Nein, Hitler gibt es gar nicht mehr. Wenn jemand ein Leben

geführt hat, das so grausam war, dass es für ihn und die Menschheit besser gewesen wäre, dass er gar nicht erst gelebt hätte, vernichtet Gott eine solche Seele.«

Gott ist also Antifaschist!

Im Judentum spielt der Glaube an den einen Gott und den Bund mit ihm die zentrale Rolle. Dabei ist dieser Bund eine Geschichte voller enttäuschter Hoffnungen und Erwartungen, von Wortbrüchen, Drohungen und Versöhnungen. Vielleicht ist das der Grund, weswegen er nicht nur einmal geschlossen wurde, sondern immer wieder aufgefrischt, neu verhandelt (wobei Gott eher diktiert als verhandelt) und wieder in Frage gestellt wurde.

Auf diesem Tisch liegt während des Gottesdienstes die Thora. Da wir uns in einem Gotteshaus befinden, tragen wir beide eine Kippa auf dem Hinterkopf, die aufgrund des Kamerawinkels nicht zu sehen ist.

Womit wir am Berg Sinai wären, dem zentralen Verhandlungsplatz zwischen Gott und den Juden. Hier stand nicht nur das Fortbestehen des Bundes auf der Kippe, sondern sogar das Fortbestehen des Volkes Israel. Nachdem die Flucht aus Ägypten erfolgreich verlaufen war, wollte Gott noch einmal die Regeln verkünden, auf denen der Bund aufbaute, wobei er eine Leidenschaft für den dramatischen Auftritt bewies: »Und Moses führte das Volk heraus, Gott entgegen, aus dem Lager, und sie stellten sich auf am Fuße des Berges. Aber der Berg Sinai rauchte ganz und gar, darum, weil der Ewige auf ihn niederstieg im Feuer, und es stieg auf sein Rauch, wie Rauch des Ofens.« Er rief Moses zu sich auf den Berg und verkündete ihm die Zehn Gebote, aber daneben noch viele weitere Regeln wie »Bedrücke keine Witwe und Waise, denn wenn du sie bedrückest und wenn sie zu mir schreit, höre ich ihr Geschrei!« oder »Wenn du das Kleid deines Nächsten pfändest, bis zum Sonnenuntergang solltest du es ihm zurückgeben« oder »Bestechung nimm nicht an, denn die Bestechung verblendet die Scharfsichtigen und verdreht die Worte der Gerechten«. Moses kehrte vom Berg zurück und teilte dem Volk all diese Regeln mit. Und das Volk stimmte zu. Mit dieser Nachricht machte sich Moses erneut auf den Weg hinauf »und Moses war auf dem Berge 40 Tage und 40 Nächte«.

Es ist nicht genau überliefert, was die beiden dort oben so lange besprachen, aber die Thorastellen dazu legen den Schluss nahe, dass Gott den Großteil der Zeit damit zubrachte, exakte Bauanleitungen weiterzugeben. Hier ein Auszug seiner Anweisungen, die sich nur auf den Bau der Bundeslade, also einer Truhe, beziehen:

> »Und sie sollen machen eine Lade aus Akazienholz, zwei und eine halbe Elle ihrer Länge und eine und eine halbe Elle ihrer Breite und eine und eine halbe Länge ihrer Höhe. Und überziehe sie mit reinem Golde, von innen und von außen sollst du sie überziehen, und mache oben einen goldenen Kranz ringsum. Und gieße für sie vier goldene Ringe und setze sie an ihre vier Ecken, nämlich zwei Ringe auf ihrer einen Seite und zwei Ringe auf ihrer anderen Seite. Und mache Stangen aus Akazienholz und überziehe sie mit Gold. Dann bringe die Stange in die Ringe auf den Seiten der Lade, um die Lade mit ihnen zu tragen. In den Ringen der Lade sollen die Stangen sein, sie sollen nicht herauskommen aus ihnen. Dann lege in die Lade das Zeugnis, das ich dir geben werde. Und mache eine Sühneplatte aus reinem Gold, zwei und eine halbe Elle in ihrer Länge und eine und eine halbe Elle in ihrer Breite.«

Die Erläuterungen zur Bundeslade umfassen noch einmal doppelt so viele weitere Anweisungen, bevor Gott zu den nicht weniger konkret beschriebenen Verhaltensweisen bei Opferungen wechselt. Es ist kaum zu glauben, dass jemand, der sich stundenlang in Anweisungen für den Bau einer Kiste verlieren kann, eine komplette Schöpfung in nur sechs Tagen zustande brachte!

Doch aufgrund der langen Zeit, die Moses fernblieb, wurden die Israeliten unsicher und bauten sich schließlich ein goldenes Kalb, dem sie für den erfolgreichen Auszug aus Ägypten dankten. Als Gott das bemerkte, wurde er wütend. »Mein Zorn entbrennt über sie, dass ich sie tilge!«, schrie er mit Blick auf die Israeliten und an dieser Stelle verhinderte Moses durch rhetorisches Geschick und wohl auch aus purer Verzweiflung eine Katastrophe. Er appellierte an Gott, ob er denn wirklich wolle, dass die Menschen sich erzählen werden: »In böser Absicht führte er die Israeliten heraus aus Ägypten, um sie zu töten im Gebirge und zu tilgen von dem Erdboden hinweg.« Und das nach dem ganzen Aufwand, der nötig war, um überhaupt bis hierher an diesen Berg zu gelangen. Wäre es das wirklich wert gewesen? All die Plagen gegen den Pharao und die Durchquerung des Roten Meeres?

Gott ließ sich schließlich umstimmen und Moses machte sich auf den Weg hinab zu seinem Volk. Nach dieser Auseinandersetzung mit den Nerven ohnehin am Ende, schleuderte er unten angekommen die Tafeln voller Wut auf den Boden, als er das goldene Kalb erblickte. (Später kehrte er zu Gott zurück, um Duplikate anfertigen zu lassen.) Er zerstörte es und sammelte alle Israeliten um sich, die weiterhin am Bund mit Gott festhalten wollten. Und er gab einen schrecklichen Befehl: »Legt an, jeder sein Schwert an seine Hüfte, geht hin und her von Tor zu Tor durchs Lager und erschlagt einer seinen Bruder und einer seinen Freund und einer seinen Verwandten!« An diesem Tag »fielen vom Volk 3000 Mann«. Schließlich zogen die restlichen Israeliten weiter und der Bruch mit Gott konnte verhindert werden.

»Kommen eigentlich viele Leute zum Gottesdienst?«, frage ich Pannbacker, der mit einem knappen »Nein« antwortet.

»Warum ist man dann überhaupt Mitglied einer jüdischen Gemeinde?«

»Viele Juden sind das ja gar nicht, man schätzt, dass etwa 200 000 Juden in Deutschland leben, von denen ist etwa die Hälfte in einer Gemeinde organisiert.«

»200 000 ist nicht so viel, da verbreiten die Antisemiten ja ganz andere Zahlen.«

»Die Vermehrung findet in den Köpfen der Antisemiten statt. Da sind wir dann überall: in der Politik, im Fernsehen, in der Kultur, der Presse und an der Börse. So viele Juden gibt es gar nicht, als dass sie all diese lukrativen Posten besetzen könnten. Wir haben hier in der Gemeinde jedenfalls schon Probleme damit, für unsere Senioren eine Reise nach Hamburg zu finanzieren.«

»Aber abgesehen davon, dass man keine Reisen nach Hamburg machen kann, warum wird man Mitglied?«

»Vermutlich wie in jedem anderen Verein, aus gemeinsamen Interessen, weil man Freunde treffen kann. Für viele hat das alles hier wenig mit Religion zu tun, es ist für sie ein Kulturzentrum.«

»Ist es kein Problem, am Freitag nicht zum Gottesdienst zu kommen?«

»Nein. Das Judentum ist mehr als eine Religion, es ist auch eine Nation, das jüdische Volk. Es gibt viele Gemeindemitglieder, die Juden sind, weil sie in der jüdischen Geschichte, Tradition und Kultur zuhause sind, ohne dass sie überhaupt an Gott glauben.«

Während wir uns unterhalten, warten vor der Tür schon die Jugendlichen, die gleich bei Pannbacker Hebräischunterricht haben. Danach wird er noch einen amerikanischen Rabbiner empfangen, bevor er heute Abend noch Sport macht. Wie morgen früh, bevor er mit der Gemeindearbeit beginnt. »Wobei, eigentlich ist auch das schon Gemeindearbeit«, merkt er an,

»schließlich muss ich fit sein, ich bin hier ja auch für die Sicherheit zuständig.«

Die Kieler Gemeinde ist relativ klein und das gilt für die meisten jüdischen Gemeinden außerhalb der großen Städte. Deswegen reise ich danach weiter nach München, zur zweitgrößten Gemeinde des Landes (nach Berlin). Sie hat ihren Sitz am St.-Jakobs-Platz, nur wenige Meter vom Marienplatz entfernt, wo der FC Bayern seine Titel feiert. Es gibt eine Synagoge, ein Verwaltungsgebäude mit koscherem Restaurant sowie einen Kindergarten und eine Grundschule. Außerdem ein Museum. Bevor man das Gebäude betreten kann, kommt in einem Vorraum kurz Flughafenatmosphäre auf. Ein Metalldetektor und Sicherheitspersonal, das fragt: »Haben Sie noch etwas in Ihren Taschen? Schlüssel? Smartphone?«

Erst danach öffnet sich die Tür in den Innenbereich, wo Frau Mirjam Pressler schon auf mich wartet. Sie arbeitet in der Öffentlichkeitsarbeit und führt mich durch das Gebäude. Als Erstes geht es ein Stockwerk hinab und einen Flur entlang, an dessen Ende eine verschlossene Tür den Weg versperrt. Pressler drückt einen Knopf und eine knarzende Stimme meldet sich.

»Pressler hier. Können Sie die Tür öffnen?«

Wir gehen hindurch und gelangen in einen weiteren Flur. Auf der linken Wand stehen auf Glasplatten die Namen Tausender Juden aus München, die während der Nazizeit ermordet wurden. Auf der rechten Wand stehen einzelne Wörter. Düstere Begriffe wie Auschwitz und Babyn Jar, die jedoch nach und nach ersetzt werden durch positive und optimistische, weswegen am Ende des Ganges »Leben« steht, bevor im Treppenhaus der Grundstein für diese Synagoge folgt.

»Das ist natürlich alles viel Symbolik«, vertraut Pressler der eigenen Symbolik nicht und erklärt sie mir deswegen nochmal. Wir erreichen den Vorraum der Synagoge, wo ich mir eine Kippa aus dem Korb nehme, der dort bereitsteht.

»Warum sollen Männer eigentlich eine Kippa tragen?«, will ich von Pressler wissen, während wir das Gotteshaus betreten.

»Sie ist ein Zeichen der Ehrfurcht und des Respekts vor Gott«, erklärt sie, als wir in den hellen Raum treten, dessen würfelartige Architektur mit breiten Fensterfronten Licht aus allen vier Himmelsrichtungen zulässt. Die Innenausstattung ist weitgehend aus Holz, es gibt zwei Arten von Bänken. Die einen befinden sich in der Mitte der Synagoge und sind angeordnet wie in einer Kirche. Die anderen sind seitlich hinzugefügt und in aufsteigender Höhe hintereinander angeordnet wie bei einer Tribüne. Außerdem sind vor diese Plätze feine Netze gespannt.

»Das ist ein Sichtschutz, wir sind eine orthodoxe Gemeinde und da beten Männer und Frauen zwar gemeinsam, aber räumlich getrennt«, erläutert Pressler und dreht sich zum Eingang um. »Wenn Sie über die Tür schauen, sehen Sie zwölf hebräische Wörter, das sind die zwölf Stämme Israels.« Danach dreht sie sich wieder um und deutet auf die Schriftzeichen rund um den Thoraschrank. Es sind erneut zehn hebräische Wörter. »Das sind die Zehn Gebote.« Und schon macht sie mich auf etwas anderes aufmerksam.

»Sehen Sie die Menora?«, fragt sie und zeigt auf einen siebenarmigen Kerzenständer neben dem Thoratisch. Ich nicke.

»Fällt Ihnen daran etwas auf?«

»Dass der Arm in der Mitte kürzer ist.«

»Genau, die sechs anderen Arme stehen für die sechs Millionen ermordeten Juden.«

»Ist das in jeder Synagoge so?«

»Nein, diese Tradition gibt es vor allem in Deutschland.«

Ich setze mich auf einen Platz in der ersten Reihe. Er ist gemütlich und in einer kleinen Schublade können persönliche Gegenstände aufbewahrt werden. Das ist kein Problem, weil die meisten Plätze fest für ein Jahr vergeben sind.

»Was für feste Rituale gibt es denn, die alle gläubigen Juden einhalten müssen?«

»Beschneidung der Jungen am achten Tag, der Besuch des Gottesdienstes, der Glaube an den einen Gott und das Hoffen auf den Messias sind wichtige Punkte.«

»Was wird der Messias machen?«

»Er wird das Königreich Gottes einläuten, das Zeitalter, in dem Krieg und Tod vergangen sind.«

»Weiß man in etwa, wann er kommt?«

»Nein. Aber er soll väterlicherseits von König David abstammen.«

Neben dem Bund mit Gott ist das Warten auf den Messias die zweite tragende Säule des Judentums. Da es eine sehr alte Religion ist, wartet sie auch schon auffällig lange. Zwar gibt es noch keinen Messias, aber es gab schon eine große Zahl von falschen Messiasgestalten. Die (aus jüdischer Sicht) bekannteste von ihnen heißt Jesus Christus und wurde zwar zum Stifter einer Weltreligion, scheiterte aber mit dem Versuch, von den Juden als Messias akzeptiert zu werden. Aber warum eigentlich? Es gibt mehrere Kriterien, die der Messias erfüllen muss:

»Der Messias stammt väterlicherseits von König David ab.« Jesus: Wurde von einer Jungfrau geboren und hat somit keinen Vater oder wenn doch, Gott. Gott ist wiederum kein Nachfahre von König David.

»Der Messias wird alle Juden in Israel versammeln.« Jesus: Hat er nicht.

»Der Messias hat menschliche Eltern und wird ein normaler Mensch sein, kein Halbgott oder Wundertätiger.« Jesus: Hat entweder keinen Vater oder Gott als Vater, was beides nicht der Definition menschlicher Eltern entspricht. Außerdem vollbrachte er Wunder.

»Der Messias wird dafür sorgen, dass alle Juden die Thora befolgen.« Jesus: Er hat immer wieder Teile der Thora verworfen und behauptet, dass sie nicht mehr gelten würden.

Jesus erfüllt also kein Kriterium für die Messiasrolle im Judentum, weswegen weiter gebetet und gehofft wird, dass er endlich und möglichst bald erscheinen wird, um das Zeitalter des Friedens einzuleiten. Ich blicke von meinem Sitz hoch und bemerke erst jetzt die Kerze, die über dem Thoratisch von der Decke herabhängt.

»Was ist das für eine Kerze?«

»Das ist das ewige Licht, das darf niemals ausgehen.«

Ich schaue noch einmal genau hin, bevor ich meinen Verdacht ausspreche. »Es ist aus.«

»Das kann nicht sein.«

»Doch. Es ist aus, es brennt nicht.«

Pressler stellt sich unter die Kerze, blickt gequält in die Höhe und nickt schließlich.

»Tatsächlich«, murmelt sie irritiert, »vielleicht ist der Synagogendiener krank, der sonst auf sie achtet.«

»Wollen wir es wieder anmachen?«, schlage ich vor, aber Pressler zögert.

»Ich werde das weitergeben, das ist wirklich ungewöhnlich.«

Und so verlassen wir die Synagoge mit dem Licht, das sich vom ewigen Brennen gerade eine kleine Verschnaufpause gönnt.

Da wir ohnehin am Ende der Führung angekommen sind, bringt mich Pressler nur noch schnell hinauf ins Büro der Vorsitzenden der Gemeinde, Charlotte Knobloch. Aus dem vierten Stock schauen wir noch einmal über den St.-Jakobs-Platz zur Synagoge hinüber, die wir durch den Tunnel erreicht hatten, der unter dem Platz verläuft. Pressler weist auf die sehr raffinierte Architektur des quadratischen Baus hin. Gelbe Stangen bilden ihrer Meinung nach diverse Davidsterne, aber für mich sieht das Ganze mehr aus wie die Ästhetik eines modernen Parkhauses. Schließlich eilt Pressler davon, auf der Suche nach einer geeigneten Person, um die Kerze wieder zu entflammen.

»Wir sind stolz darauf, eine religiöse Infrastruktur zu gewährleisten, die das Leben als frommer Jude ermöglicht. Das ist sonst nur in Berlin und vielleicht Frankfurt möglich«, erzählt mir Charlotte Knobloch.

»Hat es eine besondere Bedeutung, genau auf diesem Platz gebaut zu haben?«, frage ich sie, die auf dem Pass zwar schon über 80 Jahre alt ist, aber von Ihrer Vitalität her offenbar irgendwo in ihren Vierzigern stecken blieb. Bis vor wenigen Jahren war sie auch Vorsitzende des Zentralrats der Juden in Deutschland, bevor sie sich ganz auf die Gemeinde München und Oberbayern mit ihren fast 10 000 Mitgliedern konzentrierte.

»Ja«, meint sie, »dieser Ort hat eine besondere Bedeutung. Es war der Stadt und auch uns wichtig, dass wir in die Mitte zurückkehren, denn früher stand unsere große Synagoge auch mitten in der Stadt und gehörte zu den Sehenswürdigkeiten, bevor die Nazis sie zerstörten.«

Knobloch erzählt von den weiteren Plänen, die sie hat, es soll eine Seniorenresidenz geben, ein Gymnasium und einen neuen Friedhof. »Aber das sind Zukunftspläne, das wird nicht heute geschehen und auch nicht morgen.« Während sich jüdische Schulen und Seniorenresidenzen nicht von gewöhnlichen Schulen und Seniorenresidenzen unterscheiden, trifft das auf jüdische Friedhöfe nicht zu. Gräber auf christlichen Friedhöfen werden nach wenigen Jahrzehnten neu vergeben, auf jüdischen ist das nicht üblich. Jüdische Friedhöfe sind für die Ewigkeit angelegt, wer einmal hier ruht, darf nicht mehr gestört werden. Deswegen gibt es uralte Friedhöfe, wie etwa den in Worms mit knapp 1000 Jahren. Der Körper muss vollständig begraben werden, weswegen Feuerbestattungen tabu sind (und weswegen die Verbrennung der jüdischen Holocaustopfer ein weiteres schmerzhaftes Detail darstellte).

»Sind manche Besucher hier eigentlich enttäuscht, wenn sie zum ersten Mal im Leben einen Juden sehen und feststellen, dass der sich eigentlich nicht von ihnen unterscheidet?«

»Manchmal habe ich schon den Eindruck, dass da etwas Exotischeres erwartet wird. Aber solche Begegnungen sind wichtig, meine Tochter wurde noch von Mitschülern gefragt, warum sie keine Hörner auf dem Kopf hat. Das war in den 1980ern.«

»Wandern denn viele Münchner Juden nach Israel aus oder können sich das vorstellen?«

»Vorstellen können es sich viele, aber es machen wenige.«

Israel ist für jeden Juden auf der Welt ein Land, in das er sofort einwandern dürfte. Das geht auf die Erfahrungen während der Nazizeit zurück, als viele Juden auch deswegen umgebracht wurden, weil sie kein Land fanden, das sie aufnehmen wollte. Die große Welt wird plötzlich sehr klein, wenn man auf der Flucht ist. Gleichzeitig ist Israel als Staat mit eigener Armee das Symbol einer neuen jüdischen Wehrhaftigkeit, nachdem es fast 2500 Jahre keinen unabhängigen jüdischen Staat mehr gab. Die Erfahrungen aus dieser Zeit ohne eigenes Land sprechen nicht unbedingt dafür, dass man sie Minderheiten zur Nachahmung empfehlen könnte.

»Gibt es viele Deutsche, die gerne übertreten wollen?«

»Diese Zahl ist überschaubar, meistens ist es wegen der jüdischen Partner. Aber manche wollen es auch als Form der Distanzierung von den eigenen Nazigroßeltern, was zwar biographisch sicherlich nachvollziehbar ist, aber natürlich als Begründung nicht ausreicht.«

»Und wenn der Grund akzeptiert wird, wie lange dauert es, bis man Jude ist? Geht das so schnell wie bei den Christen die Taufe?«

Knobloch lächelt kurz. »Also ein bisschen theologische Vorbereitung gibt es bei den Christen ja auch. Aber es stimmt, man wird wesentlich leichter Christ als Jude. Das hat mit der Vorstellung des Bundes mit Gott zu tun, die wir Juden haben. Zum Übertritt gehören unter anderem ein intensives Studieren der religiösen Texte, das Lernen der hebräischen Sprache und bei Männern schließlich die Beschneidung.«

Kurz darauf verabschieden wir uns voneinander und ich laufe über den St.-Jakobs-Platz hinüber zur nächsten U-Bahn-Station. Während ich durch den Münchner Untergrund zum Hotel fahre, informiere ich mich über den Namensgeber der Synagoge, die Ohel-Jakob heißt. Jakob war der Enkel von Abraham und der Sohn von Isaak, den Abraham auf einem Altar opfern wollte. Vielleicht hat diese nicht ganz harmonische Familiensituation dazu geführt, dass Jakob sich recht früh eine auffällig dreiste Durchsetzungsfähigkeit zulegte und unter anderem die Notsituation seines älteren Bruders ausnutzte, um ihm für ein Linsengericht das wertvolle Erstgeburtsrecht abzukaufen. Außerdem hat er eine ganze Nacht lang mit Gott gerungen oder zumindest mit einem von Gott gesandten Engel oder zumindest mit einem von Gott gesandten Menschen, das ist nicht so ganz klar. Auf jeden Fall aber gelang ihm der bemerkenswerte Erfolg, dieses Ringen für sich zu entscheiden und vom Gegenüber mit dem Namen »Israel« gesegnet zu werden. Und nicht zuletzt ist er einer der einflussreichsten Väter der Geschichte, da auf seine zwölf Söhne wiederum die zwölf Stämme Israels zurückgehen.

Station 16
Katholische Kirche

Der Platzhirsch in Zahlen: Der katholischen Kirche gehören knapp 24 Millionen Mitglieder in 11 000 Pfarreien an. Sie verfügt über mehr Priester (zirka 14 000), als viele andere Religionen überhaupt Anhänger haben, ist einer der größten Arbeitgeber des Landes und eine der reichsten Kirchen der Welt. Außerdem verantwortlich für die schönsten Gotteshäuser des Landes, beziehungsweise für diverse Sehenswürdigkeiten wie den Kölner Dom.

Im Jahr 723 war von alldem noch nichts zu ahnen. Damals hingen viele Germanen noch anderen Göttern nach, wurden aber von christlichen Missionaren zunehmend bedrängt, sich taufen zu lassen. Der eifrigste unter ihnen hieß Bonifatius, wäre mit beinahe 1,90 Metern auch heute noch ein stattlicher Mann und muss auf die deutlich kleineren Menschen seiner Zeit umso beeindruckender gewirkt haben. Er verfügte über eine päpstliche Missionsvollmacht für Friesland, Thüringen, Hessen und Bayern, ließ mehrere Kirchen und Klöster bauen und war völlig frei von der heutigen Rücksichtnahme auf andere religiösen Gefühle. Deswegen zeigen ihn Gemälde auch gerne mit einer Axt in der Hand, wie er in seinem biblisch anmutenden Gewand einen Baum fällt. Das tat er 723 und es handelte sich nicht um irgendeinen Baum, sondern um eine von Heiden angebetete Eiche zu Ehren Thors. Bonifatius forderte die germanischen Götter heraus, indem er das Heiligtum zu Kleinholz verarbeitete und daraus einen Altar bauen ließ. Mit solcher brachialer Götzendienstkritik gelang es ihm, die Germanen an der Macht ihrer Götter zweifeln zu lassen. Er selbst wurde entweder 754 oder 755, aber auf jeden Fall am 5. Juni, auf einer Mission in Friesland erschlagen und erfüllte sich so im fortgeschrittenen Alter von über 80 Jahren den selbst verkündeten Wunsch, als Märtyrer in die Kirchengeschichte einzugehen.

Knapp 1300 Jahre nach seinem Tod sitze ich in einem Zug nach Wittenberg. Natürlich führt kein Weg an dieser Stadt vorbei. Also eigentlich schon, denn mittlerweile ist es ein verschlafenes Nest mit ICE-Anschluss. Wäre Wittenberg aber ein Mensch, dann ein Rentner, der als junger Mann die Welt gesehen hat, unglaubliche Dinge erlebte und nun im Seniorenheim zufrieden seine Suppe schlürft. Hin und wieder wird er besucht und erzählt dann von früher. Von Berlin aus braucht der Zug nur

40 Minuten. Ich bin auf dem Weg zum Mann mit der vielleicht undankbarsten Jobbeschreibung, die das religiöse Deutschland zu vergeben hat.

»Sie sind katholischer Pfarrer und können es ertragen, täglich das Gesicht von Martin Luther mit seinen kirchenspaltenden Augen in Schaufenstern, Museen und auf dem Marktplatz zu sehen? Sie bekommen keine Schwindelgefühle, wenn Sie an dieser einen ganz bestimmten Kirche mit diesem einen ganz bestimmten Tor vorbeikommen? Nein? Wirklich nicht? Hier drehen Touristen sich in Münzautomaten Luther-Gedenkmünzen. Trotzdem okay? Super, dann sind Sie unser Mann!«

Als ich in Wittenberg ankomme, sehe ich zuerst einmal nur ältere Leute. Erst langsam fallen auch die Jugendlichen und jungen Erwachsenen auf. Es dauert eine gewisse Zeit, so wie sich auch die Augen immer erst an die Dämmerung gewöhnen müssen, bevor sie klarere Konturen erkennen können. Es ist sauber hier. Alles ordentlich, alles aufgeräumt.

Ich erreiche den Marktplatz, auf dem Martin Luther in Überlebensgröße steht und sich geduldig von einer Rentnergruppe nach der anderen aufs Gruppenfoto nehmen lässt. Schwarz, leicht rostend und seine Bibel unbeweglich in Händen haltend. Wenige Meter weiter erhebt sie sich: die *eine ganz bestimmte Kirche*. Die Schlosskirche zu Wittenberg. Ausgerüstet mit seinen 95 Thesen marschierte er am 31. Oktober 1517 an ihr Tor und hämmerte sie in das massive Holz. (Mittlerweile wird in der Forschung heftig gestritten, ob es überhaupt einen Thesenanschlag gab, aber Religion hat mit Glauben zu tun und mir gefällt dieses Bild einfach zu gut, wie Luther stoisch seine Thesen in die Tür hämmert, als dass ich darauf verzichten will.)

Noch bevor ich die Kirche erreiche, biege ich schon ab und gelange durch eine Seitengasse in die Mauerstraße, wo die katholische Kirche von Wittenberg ihren Sitz hat. Neben einer bescheidenen Kirche, die architektonisch offenbar alles will, nur nicht auffallen, und einem dazugehörigen Kindergarten befindet sich das Pfarrhaus. Es könnte auch ein normales Einfamilienhaus sein. Ich steige die Treppenstufen hinauf und klingle. Hinter der Fensterscheibe der Tür bewegt sich eine große Person durch den Flur, ein Schlüssel wird umgedreht. Vor mir steht Pfarrer Lorek, ein schlanker, graumelierter Mann, der in jeder Versicherungswerbung den charmanten Ehemann spielen könnte, der für alle Eventualitäten vorgesorgt hat, weswegen er nun zufrieden seiner Frau eine Erdbeere in den Mund schiebt, während sie mit Hund und Kind am Meeresstrand sitzen und den Sonnenuntergang bestaunen.

»Ich habe leider kaum Zeit, ich muss den Adventsmarkt vorbereiten«, meint er mit Blick auf die Uhr. Er ist gerade erst aus dem Urlaub zurück (katholisches Italien) und lässt es etwas entspannt angehen mit Dreitagebart und ohne Talar. In Jeans und weißem Hemd bittet er mich ins Besprechungszimmer. In der Ecke hängt ein riesiges Lebkuchenherz. »Ich liebe dich!«, steht darauf.

»Wie ist das denn so hier in Wittenberg?«, möchte ich wissen.

»Gut, wir sind eine kleine, aber aktive Gemeinde«, fängt er an und so, wie er da sitzt und spricht, könnte er auch für ein angesagtes Start-up-Unternehmen arbeiten. Ein Start-up ist die katholische Kirche aber bei weitem nicht, sie ist eher Google und Microsoft zusammen, was ihre Marktkraft (über 1,2 Milliarden Mitglieder) angeht.

»Das meine ich nicht, ich meine, in Wittenberg als Katholik. Da, wo es passiert ist.«

Er lacht kurz. »Ach, das. Als ich hier vor neun Jahren anfing, wurde ich von meinen Kollegen mit den Worten begrüßt: ›Willkommen in der Höhle des Löwen.‹«

»Und, hatten sie recht?«

»Nein, nicht auf die negative Art. Es ist offensichtlich, dass wir hier eine Minderheit sind, aber das Verhältnis zueinander ist gut. Da ist keine Ablehnung. Im Gegenteil zwingen mich die Protestanten beinahe dazu, an gemeinsamen Projekten teilzunehmen. Da klingelt dann das Telefon und schon werde ich wieder automatisch für ein ökumenisches Projekt eingeplant.«

»War das schon immer so?«

»Seitdem ich da bin, ja. Und wohl auch schon seit der Wende. Aber als die ersten Katholiken hier ankamen, als das hier nach dem Wiener Kongress preußisch wurde und danach auch katholische Soldaten hier stationiert wurden, wurde dieser Kirchenbau argwöhnisch betrachtet. Das Grundstück befand sich auch direkt an der Stadtmauer. Keine wirklich attraktive Lage, aber das ist schon lange her und mittlerweile werden hier viele Projekte gemeinsam angegangen.«

Er schaut immer wieder auf die Uhr. Zwar sind es noch vier Monate bis zum ersten Advent, aber offenbar will er frühzeitig auf dieses Fest vorbereitet sein. Aus dem Fenster fällt der Blick auf eine Wiese. Das Pfarrhaus macht den Eindruck, als ob man sich hier gut entspannen könnte.

»Ist es nicht immer wieder ein Stich, wenn man hier in der Stadt permanent auf Luther stößt?«

»Da bekommt man eine dicke Haut. Aber natürlich schmerzt es. Es schmerzt wegen der Trennung der Kirche, aber auch, weil beide Seiten sich selbst schadeten, indem manche Rituale verkümmerten, weil sie vom anderen besonders begangen wurden.«

»Ist das Ziel denn die Wiedervereinigung?«

»Als Fernziel darf das natürlich nicht aufgegeben werden, aber da bin ich realistisch, das wird noch sehr lange dauern, wenn es überhaupt jemals zu einer erfolgreichen Vereinigung kommt. Aber es gibt auch noch andere Ebenen, auf denen die Versöhnung voranschreiten muss und voranschreitet. Oft erlebe ich, dass Protestanten nicht auf dem aktuellen Stand sind, was die Reformen speziell des Zweiten Vatikanischen Konzils für Veränderungen angestoßen haben. Die sind da regelmäßig erstaunt, wenn ich sie aufkläre, dass die Kirche da längst weiter ist.«

»Worin zum Beispiel?«

»Früher wurde konsequent darauf bestanden, dass ausschließlich die katholische Kirche zum Heil führt, mittlerweile erkennt der Vatikan an, dass auch in anderen christlichen Kirchen Teile des Heils gepredigt werden.«

Lorek spricht schnell und eloquent. Fast etwas auswendig gelernt. Er bemüht sich, so viel es geht, in die wenige Zeit zu packen, die uns hier bleibt. Während er spricht, frage ich mich allerdings, warum er mich überhaupt zum Gespräch einlud, wenn wir doch schon in vier Monaten Advent haben und darum eigentlich keine Zeit mehr ist. Schließlich steht er mit einer bedauernden Geste auf und unsere Wege trennen sich schon wieder. Ich gehe noch ein wenig spazieren und schaue mir auch die Schlosskirche an. Sie ist in schweres Gerüst gekleidet, das sie fast wie ein Korsett umschließt. Die Fassade wird gestrichen, alles wird auf Vordermann gebracht. Es gibt was zu feiern 2017. 500 Jahre Reformation. Dass mittlerweile auch die Protestanten keine relevante Größe mehr in Wittenberg darstellen, will so kurz vor den Feierlichkeiten niemand so laut aussprechen. Faktisch ist das Ursprungsland der Reformation heute einer der gottlosesten Teile der Welt. Gut möglich, dass das Luther vor dem Jüngsten Gericht noch ein paar unangenehme Fragen bezüglich einer eventuellen Mitverantwortung einbringen wird.

Ich entschließe mich, nach dem Besuch in Wittenberg auch die Machtzentrale der katholischen Kirche zu besuchen. Den Ort, an dem der Papst regiert: den Vatikan. Der Vatikan ist ein unabhängiger Staat innerhalb Roms und ist aus gleich mehreren Gründen rekordverdächtig. Er ist der kleinste Staat der Welt

(0,44 Quadratkilometer) mit den wenigsten Einwohnern (zirka 850) und der höchsten Alphabetisierungsrate (100 Prozent) sowie der weltweit höchsten Kriminalitätsrate. Letztere geht auf die etwa 18 Millionen Menschen zurück, die ihn jedes Jahr besuchen und ihre Finger nicht immer in ihren eigenen Hosentaschen lassen. Dennoch ist das vatikanische Gefängnis nie überfüllt, was erstaunlich ist, schließlich kann es nur zwei Insassen aufnehmen. In all den Jahrhunderten wurde es aber so gut wie nie benutzt. Zwei Männer (einer von ihnen Priester) wurden dort schon unabhängig voneinander wegen illegaler Geldgeschäfte eingesperrt, außerdem ein schwedischer Tourist, der einen Priester angriff, und schließlich noch ein Schweizer, der ausgerechnet die Schweizergarde (weiterer Rekord: die älteste Armee der Welt, gegründet 1506) beleidigte. Laut Gerüchten wurde 2012 auch ein Kammerdiener von Papst Benedikt XVI. dort eingesperrt, als Interna aus dem Vatikan in die Öffentlichkeit gelangten. Vier bis fünf Personen haben dort also eingesessen. Kein Wunder, dass es die meiste Zeit über als Lagerraum benutzt wird. Außerdem verfügt der Vatikan über mehrere eigene Fußballmannschaften, nur leider über keinen einzigen Fußballplatz.

Verabredet bin ich mit Pater Hagenkord, der die deutsche Sektion von Radio Vatikan leitet, dem Radiosender des Heiligen Stuhls, der aktuell in 47 Sprachen auf Sendung ist, unter anderem in so exotischen wie Esperanto, Somali, Tagalog und Tigré. Das Gebäude von Radio Vatikan liegt nur wenige Meter vom Tiber entfernt. Der Eingangsbereich erinnert an ein Hotel mit etwas zu leeren Fluren. Nur ein Porträt des Papstes hängt an der Wand. Ich werde gebeten, mit dem Fahrstuhl in Etage drei zu fahren, in die deutsche Abteilung. Dort sitzt Hagenkord an seinem PC und bereitet konzentriert den aktuellen Newsletter vor. »Wir verschicken jeden Tag einen«, meint er beiläufig, »17 000 Abonnenten.« Es soll beiläufig klingen, aber der Stolz auf die Zahl lässt sich nicht überhören.

Hagenkord ist Jesuit. Traditionell leiten Jesuiten das Radio Vatikan. Ich habe ihn besuchen wollen, weil er offiziell auch Blogger ist. Das klang ziemlich lässig, zumal für eine so alte Einrichtung wie die katholische Kirche. In Wahrheit hat Hagenkord nichts Nerdiges an sich, ist aber ein sympathischer Mensch. Immerhin. Von seinem Büro aus hat man einen Blick auf die Engelsburg, eine mächtige Festung, die wie ein gigantisches gestrandetes Schlachtschiff aussieht.

»War die Kirchenspaltung von 1517 eigentlich der schwerste Schlag für die katholische Kirche?«, möchte ich in Erinnerung an meinen Wittenberger Besuch wissen.

Hagenkord schüttelt den Kopf.

»Nein, die Abspaltung der Ostkirchen, das sind ja auch viel mehr Mitglieder.«

»Besteht da die Möglichkeit, dass es irgendwann zu einer Wiedervereinigung kommt?«

»Eine der klaren Botschaften des Zweiten Vatikanischen Konzils ist der Dialog mit anderen christlichen Kirchen, inwieweit diese sich uns wieder annähern, kann ich aktuell nicht sagen. Sicherlich sind das aber sehr lange zeitliche Prozesse.«

Hagenkord wirkt dabei ganz entspannt. So sieht ein Mann aus, der weiß, dass Gottes Ewigkeit auf seiner Seite ist. Früher oder später werden die Abgefallenen ihren Fehler einsehen und sich der wahren Kirche wieder anschließen. Und wenn nicht, wird es für sie spätestens am Ende aller Tage richtig übel. Hagenkord leitet die deutsche Abteilung von Radio Vatikan seit 2009 und lebt als Jesuit in einem Männerorden, der im Grunde kein Privateigentum kennt. Geld wird in einem Gemeinschaftstopf verwaltet und wer sich etwas kaufen will, muss das von den anderen bewilligt bekommen. Das Zölibat ist Pflicht.

Was mir am Katholizismus sehr gut gefällt, ist, dass ich ihn in Taschenbuchform mit mir herumtragen kann. Um zumindest in der Theorie alles zu wissen, reicht ein kleines Buch in sanftem Blau. Es ist der *Katechismus der Katholischen Kirche,* eine

Art Fragenkatalog des Glaubens, der zu so ziemlich jedem Problem zwischen Himmel und Erde eine Erläuterung parat hat. Alleine zum Gebet findet sich eine beeindruckende Fülle, hier nur eine kleine Auswahl: »Von wem hat Jesus beten gelernt?«, »Wann hat Jesus gebetet?«, »Wie hat Jesus in seiner Passion gebetet?«, »Wie lehrt Jesus uns beten?«, »Warum ist unser Gebet wirksam?«, »Wie hat die Jungfrau Maria gebetet?«, »Gibt es im Evangelium ein Gebet Marias?«, »Wie hat die erste christliche Gemeinde von Jerusalem gebetet?«, »Wie greift der Heilige Geist in das Gebet der Kirche ein?«, »Welche wesentlichen christlichen Gebetsformen gibt es?«, »Was ist das Preisgebet?«, »Wie kann man die Anbetung beschreiben?«, »Welche verschiedenen Formen des Bittgebets gibt es?«, »Worin besteht die Fürbitte?«, »Wann tritt man in Danksagung vor Gott?«, »Was ist das Lobgebet?«. Insgesamt beschäftigen sich nicht weniger als 44 Fragen nur mit den Feinheiten des Gebets, hinzu kommen 21 weitere, die speziell das Vaterunser erläutern.

Es ist spannend, den Katechismus zu lesen. Seitdem weiß ich, dass die Häme gegenüber dem Exorzismus schnell nach hinten losgehen kann. Jeder Katholik hat nämlich schon mindestens einen Exorzismus hinter sich, denn »in gewöhnlicher Form wird der Exorzismus im Taufritus vollzogen«. Außerdem hat Gott die Welt nicht alleine geschaffen, sondern gemeinsam mit Jesus und dem Heiligen Geist, »auch wenn das Werk der Erschaffung der Welt insbesondere Gott Vater zugeschrieben wird«. In Bezug auf die Erbsünde verkündet der Katechismus, dass diese durch Fortpflanzung weitergegeben wird, gibt aber auch zu, »diese Weitergabe ist ein Geheimnis, das wir nicht völlig verstehen können«.

Sehr klar ist auch, wie das Seelenheil erreicht werden kann. Indem sich der Mensch nämlich »in den Tod Christi eintaucht«, wie die Taufe umschrieben wird. Wer das getan hat, ist ein Kind des Lichts. »Die Taufe ist für jene Menschen heilsnotwendig, denen das Evangelium verkündet worden ist und die die Möglichkeit haben, um dieses Sakrament zu bitten. Darum können jene Menschen nicht gerettet werden, die sehr wohl wissen, dass die Kirche von Christus gegründet wurde und zum Heil notwendig ist.« Durch die Lektüre des Katechismus hat auch das Fegefeuer an Schrecken verloren, denn »das Fegefeuer ist der Zustand jener, die in der Freundschaft Gottes sterben, ihres ewigen Heils sicher sind, aber noch der Läuterung bedürfen, um in die himmlische Seligkeit eintreten zu können«. Unter diesen Umständen lässt es sich doch auch im Fegefeuer aushalten, wobei das Wort dennoch einen schaurigen Klang hat. Vielleicht sollte einfach das »Feuer« aus ihm entfernt werden? Wie wäre es denn statt Fegefeuer mit Fegezimmer, das klingt viel freundlicher.

Auch steht im Katechismus, dass sich am Tag des Jüngsten Gerichts die Seele und der Körper wiedervereinen.

»In was für einem Alter wird der Körper da eigentlich sein?«, will ich von Hagenkord wissen.

»Das ist eine gute Frage. Früher vermutete man, dass der Körper 33 Jahre alt sein wird, weil Jesus mit 33 gekreuzigt wurde. Aber was bedeutet das für Menschen, die schon als Kinder gestorben sind? Um es klar zu sagen, ich wüsste auch gerne die Antwort darauf. Aktuell wird darüber noch diskutiert.«

»Aber dass wir unseren Körper zurückbekommen, das steht fest?«

»Das steht fest.«

»Kann es sein, dass Gott uns unseren Körper gibt, den wir als Säugling hatten?«

»Gott hat dem Menschen den freien Willen gegeben und die Möglichkeit, sich auszudrücken, da wäre es schon sehr eigenartig, wenn das der Fall wäre.«

»Die Beweglichkeit eines Säuglings und das Sprachvermögen eines 33-Jährigen?«

»Gottes Wege sind unergründlich, aber dafür spricht tatsächlich gar nichts«, lacht Hagenkord. »In der körperlichen Auferstehung zeigt sich jedoch, dass die katholische Kirche eine körperliche und sinnliche Kirche ist. Viele andere Glaubensvorstellungen gehen von einer Trennung der Seele von dem als unrein empfundenen Körper aus.«

Hagenkords Telefon klingelt so lange, dass er seinen Entschluss, es zu ignorieren, aufgibt und drangeht. Es folgt ein kurzes Gespräch auf Italienisch, wobei es auch auf Latein möglich gewesen wäre, denn auch in dieser Sprache sendet die deutsche Ausgabe von Radio Vatikan regelmäßig Berichte. Ich schaue aus dem Fenster und hinüber zu der endzeitlich wirkenden Engelsburg, die aus massiven Steinmauern erbaut ist und der deutlich anzusehen ist, wie sie im Verlauf der Jahrhunderte immer weiter in die Höhe wuchs. Über der Festung wacht der Erzengel Michael mit einem Schwert in der Hand, das er so hält, als ob er gerade in einen Kampf verwickelt wäre und zum tödlichen Stoß ansetzen würde. Ein Tunnel verbindet dieses Bollwerk mit dem Vatikan. Sie diente den Päpsten über Jahrhunderte als Fluchtpunkt, wobei tatsächlich zweimal der Notfall eintrat. 1527 floh Clemens VII. vor dem deutschen Kaiser Karl V. in die Engelsburg, wo er nach knapp vier Wochen Belagerung aufgab. Auch Papst Pius VII. zog sich dorthin zurück, als Napoleon 1797 Rom eroberte.

»Tut mir leid, ich fliege kommende Woche mit dem Papst nach Kuba und in die USA, da sind die Vorbereitungen immer etwas aufwendiger«, meldet sich Hagenkord zurück.

»Das war jetzt aber nicht der Papst, oder?«

Hagenkord grinst. »Nein, war er nicht.«

»Aber Sie beide kennen sich?«

»Nicht wirklich. Natürlich gibt es von Zeit zu Zeit Veranstaltungen, wo er den Anwesenden die Hand gibt, aber ich halte mich an die alte Devise: Geh nie zum Fürsten, wenn du nicht gerufen wirst.«

Wieder klingelt das Telefon, nun bleibt er standhaft.

»Ist es nicht eigentlich sehr ungeschickt, alte Männer zum

Papst zu machen? Die Welt ist mittlerweile so globalisiert, die Reisen sind also noch länger und anstrengender, um den Gläubigen auf allen Kontinenten entgegenzukommen. Warum nimmt man da nicht einen jungen Mann, der diese Strapazen besser wegsteckt?«

»Über solche Fragen wird auch diskutiert, aber gegen zu junge Päpste spricht auch, dass sie zu lange im Amt wären und dadurch eine Erstarrung einsetzen könnte. Einmal ganz davon abgesehen, dass die moralische Reife und theologische Tiefe oft eben auch mit dem Alter zu tun haben.«

Die Historie des Papsttums selbst erfüllt alle Kriterien, die auch eine gute Fernsehserie auszeichnen: Intrigen, Tragik, Komik, Leid und Freude. Es wird von 307 historisch bestätigten Päpsten ausgegangen (der erste war der immer etwas unglücklich wirkende Petrus, der sich schließlich mit dem Kopf nach unten kreuzigen ließ) und oft wurden die Kardinäle nicht gerade zimperlich behandelt, wenn es darum ging, endlich einen Nachfolger zu wählen. Im Jahr 1241 starb der gerade gewählte Papst Coelestin IV. nach nur 17 Tagen im Amt, weil er sich von den strapaziösen Bedingungen der Papstwahl nicht erholte, für die alle Kardinäle in einer Ruine in Rom festgesetzt wurden, während die Sonne unerbittlich vom Himmel brannte. Damit erhöhte sich die Zahl der Todesopfer dieser Wahl auf zwei, denn schon in der Ruine selbst war ein Kardinal an einem Hitzeschlag gestorben. Da haben es die heutigen Würdenträger deutlich besser, die in der klimatisierten Sixtinischen Kapelle sitzen dürfen und in Ruhe über den nächsten Papst entscheiden können.

»Warum kann es bei euch keine Päpstin geben?«, möchte ich wissen.

»Weil es keine Priesterinnen gibt.«

»Und warum gibt es keine Priesterinnen?«

»Weil Jesus keine weiblichen Jünger hatte.«

»Was ist denn an Frauen anders als an Männern?«

»Nichts.«

»Das stimmt doch nicht, immerhin sind sie nicht fähig, Stellvertreter Gottes zu sein.«

»Jesus hat sie schlicht nicht ausgewählt, wir kennen die Gründe nicht, er hat uns da nie ein Zeichen gegeben.«

»Ist die Marienverehrung denn eine Art Entschädigung dafür, dass Frauen keine Spitzenpositionen in der Kirche einnehmen dürfen?«

»So kann man es nicht sehen, aber sie zeigt, dass die Frau und speziell die Mutter eine enorme Bedeutung hat.«

Weil Hagenkord andeutet, demnächst zu einem Interview für Radio Vatikan aufbrechen zu müssen, komme ich schnell zu meiner letzten Frage.

»Gibt es Dinge, die Sie an der Kirche kritisieren?«

»Wir haben zu lange mit dem Schwert in der Hand die Taufe erzwungen, dafür haben wir auch einen hohen Preis bezahlt.«

»Eigentlich ja nicht, ihr seid deswegen heute die größte Kirche der Welt.«

»Moralisch hat es uns sehr belastet«, besteht er darauf.

»Das lässt sich mit mehr als einer Milliarde Mitglieder aber auch leichter verkraften als mit 5000.«

Er lächelt. »Dass wir uns vor allem aufgrund von Gewalt verbreitet haben, stimmt natürlich nicht. Die katholische Missionsarbeit war meistens friedlich. Aber die Gewaltexzesse, die es auch gab, sind eine moralische Bürde für uns.«

Danach muss er los. Wir laufen noch gemeinsam den Korridor entlang, der wie in einem Gymnasium aussieht, und als wir feststellen, dass außer uns niemand mehr in der Redaktion ist, der ein Erinnerungsfoto machen könnte, stellt Hagenkord entschlossen fest: »Selfie!« Und da blitzt er eben doch kurz auf, der Blogger, der mit den modernen Medien umzugehen versteht.

Ich verlasse das Gebäude und gehe am Tiber spazieren, bevor ich zum nahen Petersdom laufe. Je mehr man sich ihm nähert, umso engmaschiger wird das Netz an Geschäftsleuten, die mit katholischem Merchandising ihr Geld verdienen. Straßenhändler haben T-Shirts und Bilder von Heiligen im Angebot, sie bieten Vatikan-Jahreskalender an und die Jungfrau Maria als Schlüsselanhänger. Direkt vor dem Petersplatz selbst folgen mehrere Läden, die das gesamte Stammpersonal der Bibel im Angebot haben. Vor allem die Gottesfamilie ist in Dutzenden Ausführungen und Preisklassen vorhanden. Alleine das Jesuskind gibt es in zwei eigenen Regalreihen und allen möglichen Größen und (hellen) Hautfarben zu kaufen. Im Grunde handelt es sich hierbei um Spielzeugläden, die vor allem Erwachsenenpuppen anbieten. Auch der aktuelle Papst ist natürlich mit Büchern, CDs, Porträts und Gemälden vertreten. Beim Blick in die Schaufenster stellt man außerdem fest, dass Papst Johannes Paul II. sich anhaltender Beliebtheit erfreut. Auch ihn gibt es sowohl auf Fotos als auch auf Kaffeetassen. Wer hingegen schon längst aus den Regalen geräumt wurde, ist Papst Benedikt XVI. Ihn haben die Gläubigen nicht über seine Amtszeit hinaus ins Herz geschlossen, weswegen es auch keinen Bedarf an Benedikt-XVI.-Armbanduhren oder -Mützen gibt. Egal wie kapitalismuskritisch sich die katholische Kirche gibt, auch der Handel mit Vatikanprodukten folgt ganz offenbar gnadenlos dem Prinzip von Angebot und Nachfrage.

Station 17
Baptisten

Erfurts Hauptbahnhof sieht aus, als ob er sich gerade für das Familienfoto hergerichtet hätte. Der Vorplatz ist sauber und heißt Willy-Brandt-Platz, in einem herrschaftlichen Gebäude residiert die Sparkasse, so wie sich das gehört. Hinter dem Bahnhof erhebt sich ein grün bewachsener Hügel gerade noch so weit in die Höhe, dass man ihn vom Willy-Brandt-Platz sehen kann. Beschaulich liegt die Stadt irgendwo auf der ICE-Strecke zwischen Leipzig und Frankfurt. Die Straßenbahnen schieben sich durch die eine Verkehrsader der Stadt mit ihren 200 000 Einwohnern. An diesen Einwohnern fällt als Erstes auf, dass sie im Schnitt alt und weiblich sind. Viel weißes Haar, die dazugehörigen Frauen tragen Einkaufstüten von LIDL oder grüne Umhängetaschen. Auf dem Marktplatz steht außerdem ein sehr großer Mann. Er hält ein aufgeschlagenes Buch in Händen und schaut entschlossen in die Höhe. Er ist kein Student und auch kein Zeuge Jehovas, er heißt Doktor Martin Luther und ist eine Statue.

Zehn Gehminuten später stehe ich Udo Hermann gegenüber. Ein Mensch aus Fleisch und Blut. Sandalen, blaues Hemd und roter Kopf. Er hat ein freundliches Lächeln und strahlt Hilfsbereitschaft aus. Wäre er Hausmeister, wäre er von der Sorte, die auch nach Feierabend nochmal die Klingel repariert oder nach dem Licht schaut. Er ist aber kein Hausmeister, er ist Pastor der örtlichen Baptistengemeinde.

Im Vorderhaus befindet sich sein Arbeitszimmer, das aussieht wie ein Reisebüro. Auf der großen Fensterfront zur Straße läuft n-tv und auf dem Schreibtisch im Inneren liegen Dokumente und Ordner. »Kommen Sie, ich zeige Ihnen die Kirche«, schlägt Hermann vor und wir laufen durch einen kleinen Innenhof, um plötzlich vor einer von außen nicht vermuteten Kirche zu stehen. Sie sieht nicht pompös aus, eher wie eine Gemeindehalle, gelber Stein und kleine Gärten vor dem Eingang. Im Inneren jedoch ist sie erstaunlich geräumig. Durch große Fenster fällt viel Licht herein und zirka 150 Stühle stehen auf dem hellen Parkettboden, alle ausgerichtet auf eine Bühne, auf der es neben dem erwartbaren Altar auch ein Schlagzeug gibt. Es gibt noch mehr Innovationen hier. Ein Beamer kann Bilder und Videos an die Wand werfen und ein Mischpult sorgt für einen professionellen Sound. Gut genug, um die Kirche von Zeit zu Zeit für Konzerte zu vermieten. Sogar eine Orgel gibt es, sie steht in der Ecke und würde mit ihren drei Höhenmetern neben den Orgeln großer katholischer Kirchen zierlich wirken.

»Wir achten darauf, mit der Zeit zu gehen. Gottesdienste müssen nicht auf die gleiche Weise präsentiert werden wie vor 100 Jahren, wenn es seitdem solche Erfindungen gab.« Er deutet zum Mischpult. Dabei fällt mir etwas an den Stühlen für die Besucher auf, die direkt davorstehen. Vier von ihnen sind mit kleinen Boxen ausgestattet, aus denen Kopfhörer ragen.

»Was ist das?«

»Für die Simultanübersetzung in Farsi. Wir haben mehrere Flüchtlinge aus Afghanistan und Pakistan und als der Erste von ihnen gut genug Deutsch sprach, bot er an, für die anderen zu übersetzen. Er sitzt dann immer hier.« Hermann zeigt zu einem einsamen Stuhl direkt neben der Orgel.

»Es gibt unzählige christliche Gemeinschaften in diesen Ländern, die sich im Geheimen treffen. Auch im Iran«, schiebt er noch nach.

Über dem Altar hängt ein Kruzifix. Nur das Kreuz, ohne Jesus.

»Ist das Zufall, dass das Kreuz bei euch leer ist?«

»Nein.« Hermann muss lachen. »Damit wollen wir darauf hinweisen, dass Jesus auferstanden ist.«

Unter dem Holzkreuz steht das Motto der Baptisten: »Ein Herr, ein Glaube, eine Taufe«.

Das spektakulärste Element der Kirche ist aber etwas ganz anderes. Man kann es nicht sehen, es ist im Boden zu Füßen des Kruzifixes untergebracht. Die dortigen Holzplatten lassen sich leicht entfernen und geben den Blick auf ein Taufbecken frei. Es erinnert ein wenig an ein Kneippbecken, ist mit knapp drei Metern breit genug, dass ein Mensch hindurchwaten kann. Besonders wichtig ist allerdings, dass es tief genug ist, um darin unterzutauchen.

»Wir praktizieren die Gläubigentaufe, dabei wird der Getaufte vollständig unter Wasser getaucht«, erklärt Hermann, als wir uns in einem kleinen Versammlungsraum an den Tisch setzen. Hier treffen sich nach der Predigt die Gemeindemitglieder noch auf Kaffee und Kuchen, diskutieren über die Predigt und über den Klatsch und Tratsch, der über die Woche so anfällt.

Wenn Hermann zur Taufe schreitet, tut er das vollständig in weißer Kleidung, so wie auch die neuen Gemeindemitglieder in Weiß gekleidet sind.

»Warum wird man denn Baptist?«

»Das hängt natürlich von verschiedenen Faktoren ab. Bei den einen ist es eine familiäre Tradition, das ist zum Beispiel bei mir der Fall«, erklärt er, wobei durch die Gläubigentaufe seine Mitgliedschaft trotzdem ein bewusster Akt war, was ihn von Familienfriedenschristen unterscheidet, die als Säugling getauft werden und wegen der frommen Großmutter nie austreten.

»Viele konnten aber auch einfach nichts mit den starren Hierarchien in vielen anderen Kirchen anfangen oder haben erst durch die Begegnung mit dem Baptismus bemerkt, dass sie eine direkte Verbindung zu Gott haben können.«

»Ist die Gemeinde denn erfolgreich?«

»Wir haben knapp 200 Mitglieder, von denen etwa 150 zu den Gottesdiensten kommen. Von der Gesamtzahl her sind wir damit natürlich eine kleine Gemeinde, aber vom Gemeindeleben her gehören wir zu den Aktivsten in Erfurt.«

Er nickt mehrmals, er ist stolz auf diese Lebendigkeit. Schließlich ist es seine Gemeinde. Seit knapp zehn Jahren.

»Ist es eigentlich leichter, in einer ostdeutschen Stadt wie Erfurt neue Mitglieder zu finden, wo über Jahrzehnte das religiöse Leben kaum möglich war?«

»Da gibt es große Unterschiede zwischen Ost und West. Im Westen hat man es oft mit einem herausfordernden Atheismus zu tun. Wer da nicht an Gott glaubt, will dir auch unbedingt erklären, warum er das so sieht und warum er damit recht hat. Die Ostdeutschen hingegen sind eher gleichgültige Agnostiker, die fragen dann durchaus nach, was dieser Gott denn so macht und was das mit ihnen zu tun hat. Danach interessieren sie sich entweder weiterhin nicht für ihn oder möchten eben mehr erfahren.«

»Wie oft kommt es vor, dass die Erfurter mehr erfahren wollen?«

»Es ist schon die Regel, dass sie freundlich desinteressiert bleiben«, grinst Hermann.

In Deutschland sind die Baptisten eine kleine Gemeinschaft, wobei sie immerhin die größte unter den Freikirchen sind. Ganz anders ist ihre Stellung in den USA, wo der Baptismus nach dem Katholizismus mit knapp 20 Millionen Mitgliedern in 60 000 Gemeinden die größte Konfession stellt. Vier Präsidenten, Warren G. Harding, Harry S. Truman, Jimmy Carter und Bill Clinton, gehörten ihm an und auch Berühmtheiten aus dem Showgeschäft, wie Tina Turner, Britney Spears oder Kevin Costner, sind Mitglieder. Der berühmteste Baptist von allen ist aber ein anderer: Martin Luther King. Er hatte nicht nur großen Anteil an der Überwindung der Rassentrennung, sondern gilt auch als einer der besten Prediger des 20. Jahrhunderts. Dass das Aushängeschild dieses Kampfes um Gleichberechtigung ein Baptist war, ist nicht ganz überraschend. Von Beginn an gehörte der Widerstand gegen Unterdrückung zu den wichtigsten Elementen dieser neuen Kirche.

Ihren Ursprung hat sie in der zwar unsicheren und grausamen, aber in Sachen Religionsgründung auch ungewöhnlich fruchtbaren Zeit nach Ende des englischen Bürgerkrieges im 17. Jahrhundert. Die katholische Kirche hatte ihre Macht eingebüßt, das britische Eigengewächs anglikanische Kirche hatte sich noch nicht etabliert (was ihr auch nie auf vergleichbare Art wie dem Katholizismus gelingen sollte) und das theologische

Machtvakuum wurde von unzähligen Wanderpredigern, Scharlatanen, Wunderheilern und Propheten gefüllt. In dieser Zeit wurden die zwei Kirchen gegründet, die etwa 150 Jahre später enormen Einfluss auf das Aussehen der amerikanischen Verfassung haben sollten: die Quäker und eben die Baptisten.

Am Beginn dieser Kirche steht John Smyth, ein 1566 in England geborener Mann, der auf Gemälden mit seinem roten Haar und Bart und der Uniform auch ein Feldherr sein könnte. Ihn zeichneten zwei Charakterzüge aus, die denkbar schlecht miteinander harmonieren: großer Glaubenseifer und große Unsicherheit. Sein Leben lang suchte er den wahren Glauben, litt unter ständigen Zweifeln und fürchtete um die Rettung seiner und aller anderen Seelen. Er begann als anglikanischer Prediger, wurde zum orthodoxen Puritaner und danach zum ebenso frommen Kongregationisten, bevor er schließlich Methodist wurde. Was er nie war, ist Baptist. Er organisierte aber eine Gruppe von Gläubigen, die mit ihm zusammen ins religionstolerante Amsterdam zogen, wo sich zwar ihre und seine Wege trennten, da er sich erneut einer anderen theologischen Richtung anschloss, aber dennoch war der Anfang gemacht. Im Jahr seines Todes, 1612, wurde von der zweiten wichtigen Gründerfigur, Alexander (Blom) Helwys, die erste Gemeinde bei London gegründet. Helwys verfasste kurz darauf mit seiner Schrift *Eine kurze Geschichte der Ungerechtigkeit* auch das erste Plädoyer für totale Religionsfreiheit, das in den Worten gipfelte:

> »Denn die Religion der Menschen zu Gott besteht zwischen Gott und ihnen selbst, der König soll dafür nicht Rede stehen, noch soll der König Richter sein zwischen Gott und den Menschen. Sollen sie doch Ketzer, Türken, Juden oder sonst etwas sein, es steht der irdischen Macht nicht zu, sie deshalb auch nur im Geringsten zu bestrafen.«

König James sah das anders und ließ Helwys in den Kerker werfen, wo er auch starb.

In den USA war es der Jurist und Baptist Roger Williams, der 1654 als Präsident von Rhode Island volle Religionsfreiheit einführte und die Menschenrechte für Sklaven und Indianer forderte. Auch setzte er sich für eine strikte Trennung von Kirche und Staat ein und entwickelte den dafür bis heute geläufigen Begriff der »wall of separation«, die in den USA diese strikte Trennung bis heute garantiert. In Bezug auf die Sklaverei wiederum haben die Baptisten das Kunststück fertiggebracht, sowohl die entschiedensten Gegner hervorzubringen als auch die große Mehrheit der Sklavenhalter selbst. Sogar die Sklaven waren in den meisten Fällen Baptisten und beteten in Kirchen für Schwarze zum gleichen Gott wie die Weißen in ihren. Die Trennung nach Hautfarbe überlebte sogar die Sklaverei um Jahrzehnte und endete erst in den 1960er Jahren.

»Wie kann so was eigentlich passieren«, frage ich Hermann, »dass die einen Baptisten gegen die Sklaverei vorgingen und andere Baptisten erfolgreiche Sklavenhalter waren?«

»Da hat sicherlich auch manchmal der Profit über die Moral gesiegt«, meint er nach einigem Nachdenken, »schließlich sind wir ja am Ende doch alle nur Menschen. Vor allem aber müssen Sie bedenken, dass wir kaum Dogmen kennen. Unsere Gemeinden sind in ihrer Ausrichtung sehr frei, es gibt keine höchste religiöse Instanz bei uns, die entscheidet. Es kann sein, dass eine baptistische Gemeinde mit anderen Freikirchen mehr Gemeinsamkeiten hat als mit der baptistischen Gemeinde im Nachbarort.«

Er hält kurz inne und sucht nach einem weiteren Argument. »Deswegen haben wir auch das Priestertum aller Gläubigen. In der katholischen Kirche beispielsweise ist der Pfarrer für die Gemeinde die theologische Autorität, die in Streitfragen entscheidet, was richtig ist und was falsch. Wir haben so etwas nicht.« Er greift nach einer Flasche Limonade und füllt sein Glas.

»Aber Sie sind doch ordinierter Pastor.«

»Das stimmt. Ich habe eine Ausbildung, aber das ist nicht die Voraussetzung, um eine Gemeinde zu leiten.«

»Könnte ich jetzt auch eine gründen?«

»Wer soll Sie hindern? Der Name ›Baptist‹ ist nicht geschützt.«

»Wie läuft das dann? Ich finde ein paar Menschen, die in meiner Gemeinde mitmachen wollen, und dann sind wir eine Baptistengemeinde?« Die Idee finde ich nicht uninteressant.

»Theoretisch ja, aber sie müssen alle die Gläubigentaufe empfangen haben.«

»Könnte ich auch eine gründen, wenn ich schwul wäre?«

»Wissen Sie«, er räuspert sich kurz, »durch die Freikirchen zieht sich an genau dieser Stelle ein Riss. Da geht es um die Frage, ob die Bibel wörtlich genommen werden soll, und daraus wird abgeleitet, wie die Haltung zur Homosexualität ist.«

»Also wäre es an sich möglich?«

»Wir Baptisten würden Ihnen wohl eine Stelle vorschlagen, bei der Sie nicht die Gemeinde repräsentieren, da Homosexualität nicht die Art von Zusammenleben ist, die die Bibel vorsieht.«

»Ein Schwuler darf kein Aushängeschild sein?«

»Im Moment würde es dafür wohl keine Mehrheit geben.«

»Kann sich das ändern?«

»Ja, das ändert sich auch. Ich schätze, in weniger als 20 Jahren wird es auch schwule Pastoren geben.«

Nach dieser Prophezeiung herrscht kurz Stille, weil ich etwas trinke. Wobei mir diese dramatische Ruhe ganz richtig vorkommt für diese Voraussage.

»Als ich bei der Heilsarmee war«, wechsle ich das Thema, »haben die mir mitgeteilt, dass ich in der Hölle lande, weil ich nicht an Jesus glaube.«

»Hmm«, murmelt Hermann.

»Lande ich in der Hölle?«

Hermann denkt nach. Für meinen Geschmack denkt er zu lange nach. Wenn er mich von den Höllenqualen freisprechen könnte, hätte er das wohl liebend gerne sofort getan. Aber er schweigt und grübelt, als ob er überlegt, ob es irgendeinen theologischen Kniff gibt, mich da noch irgendwie rauszubekommen.

»Vor 30 Jahren hätte ich vermutlich der Heilsarmee zugestimmt«, überrascht er mich, »aber mittlerweile glaube ich, dass Gott die Menschen nicht alleine für die fehlende Taufe in die Hölle schickt. Ebenso wenig, wie er sie wegen der Taufe automatisch in den Himmel kommen lässt. Er schaut sich den Menschen an und urteilt davon ausgehend.«

»Warum sollte ich dann überhaupt Baptist werden, wenn das für das Leben nach dem Tod nicht wichtig ist?«

»Moment«, stellt Hermann entschieden fest, »die Taufe ist das besondere Band zwischen Gott und uns Menschen, das intimste Band. Es zeigt uns, dass wir Teil seiner Familie sind.«

»Aber wenn ich kein Christ bin, wirft Gott mich nicht automatisch in die Hölle. Also habe ich die Chance, als Nichtchrist in den Himmel zu kommen. Damit habe ich offenbar die gleichen Chancen wie jeder Baptist.«

»Sie übersehen dabei, dass man ja kein Baptist wird, nur um ein vermeintliches Ticket für den Himmel zu erhalten, sondern dass dahinter eine bestimmte Haltung und Nähe zu Jesus und Gott steht.«

»Mir reicht erst einmal das Wissen, dass ich nicht chancenlos bin.«

Als ich mich später etwas genauer informiere, kommen mir zunehmend Zweifel, ob Hermann mit seiner Haltung recht hatte. Womöglich wollte er mich auch nur schonen, auf jeden Fall schlägt die baptistische Literatur etwas andere Töne an. Im Glaubensbekenntnis von 1689 heißt es in deprimierender Deutlichkeit: »Doch die Gottlosen, die Gott nicht kennen und dem Evangelium Jesu Christi nicht gehorsam sind, werden in ewige Qualen geworfen, und sie werden mit ewigem Verderben bestraft vom Angesicht des Herrn und von der Herrlichkeit seiner Stärke.« So wirklich revolutionär verändert hat sich das inhaltlich seit dem 17. Jahrhundert nicht, wie ein Blick in das Glaubensbekenntnis des Bundes Evangelisch-Freikirchlicher Gemeinden in Deutschland zeigt. Da heißt es: »Wer Gottes Angebot der Gnade und Vergebung ablehnt, bleibt unter dem Zorn und Urteil Gottes, verwirkt das ewige Leben und verschließt sich in die selbstgewählte Gottesferne. Der Unglaube führt in das ewige Verderben.« Keine Ahnung, wie Hermann auf die Idee kommt, dass mein Platz unter diesen Umständen woanders sein kann als in der Hölle oder der Gottesferne, wie es mittlerweile gerne heißt, weil das freundlicher klingt.

Wer mit ziemlicher Sicherheit nicht bei Gott sitzt, ist Johann Gerhard Oncken. Aber nicht, weil er es nicht ins Paradies schaffte, sondern weil er auch dort Besseres zu tun hat, als tatenlos herumzusitzen, zum Beispiel Baptistengemeinden gründen. Oncken ist der vermutlich unbekannteste große Religionspionier der deutschen Geschichte, wenn nicht sogar der europäischen. Er hat den Baptismus im Grunde im Alleingang nach Deutschland geholt und von hier aus in Europa verbreitet. Sein Aussehen ist polizeibekannt und wurde auf Steckbriefen folgendermaßen dokumentiert: »Statur: mittel; Haare: schwarzbraun; Stirn: frei; Augen: blaugrau; Nase: proportioniert; Mund: proportioniert; Kinn: rund; Gesicht: oval; Gesichtsfarbe: gesund; besondere Kennzeichen: keine.«

Mit dieser Beschreibung wollte das Königreich Hannover die Ein- oder Durchreise von Oncken verhindern. Vermutlich hat diese Personenbeschreibung nicht wirklich viel dazu beitragen können, ihn an der Grenze festzuhalten. Oncken gründete 1834 die erste Baptistengemeinde in Deutschland, womit diese Religion nach mehr als 200 Jahren des Bestehens auch hier angekommen war. Danach ging es Schlag auf Schlag. Oncken gründete eine weitere Gemeinde in Dänemark (1839), in seiner Heimatstadt Jever in Friesland (1840), in den Niederlanden und in Bremen (beide 1845), in der Schweiz (1847). Und so weiter.

Wo auch immer im 19. Jahrhundert baptistische Gemeinden eröffneten, war Johann Gerhard Oncken nicht weit. Als er 1884 starb, gab es in ganz Europa 165 Gemeinden mit über 30 000 Mitgliedern. Die Trauerfeier wurde von der zweiten prägenden Figur des deutschen Baptismus, Julius Köbner, gehalten, der unter anderem die ersten Gesangsbücher einführte. Er überlebte Oncken nur um genau vier Wochen, bevor er an einer Lungenentzündung starb, die er sich während der Trauerrede zugezogen hatte.

Erstaunlich an Johann Gerhard Oncken ist nicht nur die enorme Energieleistung, im Laufe eines Lebens Europa eine weitere Kirche hinzugefügt zu haben, und das trotz massiver politischer Widerstände und schwerer privater Schicksalsschläge (fünf seiner Nachkommen starben schon als Kinder, er überlebte zwei seiner drei Ehefrauen), sondern auch, dass er heute praktisch vergessen ist. Wer Bücher über ihn kaufen will, hat keinen Erfolg, es existieren überhaupt nur zwei Bücher und die sind ausschließlich antiquarisch zu erhalten. Nicht einmal bei dem nach ihm benannten und weiterhin in baptistischer Tradition stehenden Oncken Verlag wird man fündig. Gibt man auf der Verlagshomepage im Suchfeld »Johann Gerhard Oncken« ein, erscheint als Antwort: *Ihre Suche lieferte keine Ergebnisse.*

Es gibt einige wenige Johann-Gerhard-Oncken-Straßen in Orten wie Wustermark-Elstal oder Delmenhorst, außerdem ein Oncken-Archiv und eine Gedenktafel an seinem Geburtshaus, die erst 116 Jahre nach seinem Tod angebracht wurde. Charmant ist hingegen die Tafel, die vor einem Wirtshaus in Onckens Heimatstadt hängt und auf der *Vom Billardjungen zum Kirchengründer* steht, was darauf anspielt, dass er in diesem Wirtshaus als Junge arbeitete und den Billardspielern assistierte. Das ist der nordfriesische Way of Life, vom Billardjungen zum Kirchengründer!

»Bei euch sind Pfarrer und Gemeinde auf Augenhöhe und ihr habt auch keinen unfehlbaren Papst«, fange ich an und bin so frei, den Papst dabei nicht als Antichristen zu bezeichnen, wie das zum Beispiel im schon erwähnten baptistischen Glaubensbekenntnis von 1689 der Fall war.

»Es gibt noch mehr Unterschiede, wir lehnen beispielsweise die herausragende Rolle von Maria ab, die bei den Katholiken massiv verehrt wird. Und natürlich die Säuglingstaufe.«

»Okay, ich verstehe, warum ihr keine Katholiken sein könnt, aber warum seid ihr nicht in der evangelischen Kirche? Die hat auch keine religiösen Autoritäten, die einen direkteren Draht zu Gott haben.«

»Die evangelische Kirche steht uns auch näher, aber auch da gibt es Unterschiede. Ein wichtiger Punkt ist auch hier die Säuglingstaufe.«

»Die ist offenbar eine echte Hürde.«

»Ja, die evangelische Kirche nimmt uns die Gläubigentaufe auch sehr übel, weil sie uns vorwirft, dass durch eine erneute Taufe die erste Taufe entwertet wird.«

Er grinst etwas, ich ordne kurz meine Gedanken und entgegne dann: »Womit sie ja auch recht hat.«

»Ja, so gesehen schon. Es ist auch für Neumitglieder oft ein schwerer Schritt, sich noch einmal taufen zu lassen. Sie verknüpfen mit ihrer Säuglingstaufe oft eine Verbindung zu ihrer Kindheit, die sie nicht überlagern wollen.«

»Aber an der Gläubigentaufe führt kein Weg vorbei?«

»In der Bibel gibt es keinen Fall von Säuglingstaufe. Wir haben jedoch auch Besucher der Gemeinde, die zwar keine Baptisten sind, aber gerne am Gemeindeleben teilnehmen. Was ihnen fehlt, ist die erneute Taufe, aber sie sind dennoch willkommene Mitglieder unserer Gemeinschaft.«

Wenn Hermann so spricht, klingt er wie ein gutmütiger Sheriff, der in seiner Wüstenstadt niemanden ausschließen will und dem man gar nicht zutraut, dass er den Laden zusammenhalten kann. Er kann es aber ganz gut. Alle drei Jahre geht er in Klausur und denkt kritisch darüber nach, ob er noch der Richtige für diese Aufgabe hier ist. Bei den Baptisten kann ein Pastor auch von den Mitgliedern abgesetzt werden. Wenn die Gemeinde nicht mehr zufrieden ist oder sich theologisch in eine andere Richtung entwickelt, sind Trennungen nicht ungewöhnlich. Bislang hat Hermann aber den Eindruck, noch der richtige Mann für Erfurt zu sein.

»Sind für Sie die Zeugen Jehovas eigentlich eine christliche Kirche?«, möchte ich wissen.

»Nein«, erklärt er ohne Zögern, »sie lehnen die Heilige Dreifaltigkeit ab und sind eine Sekte, weil sie ausschließlich ihren Mitgliedern einen Zugang zum Himmelreich versprechen.«

»Nach dieser Definition ist aber auch die katholische Kirche eine Sekte. Sie lehnt zwar die Dreifaltigkeit nicht ab, aber wirbt auch mit einem privilegierten Zugang zum Himmelreich.«

Hermann denkt längere Zeit nach. Offenbar will er sich gut überlegen, wie er darauf reagiert. Schließlich entgegnet er: »Sie lässt uns aber an diesem Privileg teilhaben.«

»Die katholische Kirche sagt deutlich, dass es außerhalb der Kirche kein Heil gibt.«

»Sie gibt jedoch zu, dass auch andere christliche Kirchen Teile dieses Heils innehaben.«

»Ja, aber nur Teile. Wenn das Heil ein Auto wäre, heißt das nur, dass die katholische Kirche euch Baptisten zubilligt, eine Radkappe und einen Scheibenwischer davon zu besitzen, während die Methodisten über einen Seitenspiegel verfügen und die Russisch-Orthodoxen vielleicht über den Auspuff und das Bremspedal. Das vollständige Auto aber steht in der Garage im Vatikan. Eine Radkappe und ein Scheibenwischer machen noch kein Auto! Die Baptisten sind also nicht im Besitz des Heils, sondern nur im Besitz mehrerer Einzelteile, die zum Heil gehören, das es woanders gibt.«

Hermann lässt sich erneut Zeit mit einer Antwort und meint dann nur: »Darüber könnte man sicherlich stundenlang diskutieren.« Womit er nur recht hat, wenn er nicht mit einem katholischen Geistlichen stundenlang darüber diskutieren möchte, sondern idealerweise mit einem der aufgeschlossenen Agnostiker aus Erfurt. Der Katechismus ist in dieser Sache jedenfalls ziemlich stur und eindeutig.

Bald darauf verlasse ich die Kirche wieder, die im Innenhof eine gewisse Geborgenheit ausstrahlt. Von der Straße aus ist es nicht möglich, sie zu sehen. Sie ist das Geheimnis, das die Erfurter Baptisten miteinander teilen.

Ich laufe wieder durch die sauberen Straßen der Stadt. Es ist nichts los. Menschen spazieren langsam umher, regelmäßig rauschen Straßenbahnen durch die Stille und am blauen Himmel schiebt sich sehr weit oben ein Flugzeug über das Firmament. Es ist eine große Passagiermaschine. Ich überlege, wie groß die Wahrscheinlichkeit ist, dass auch Baptisten an Bord sind. Wenn es in die USA fliegt, dürfte sie bei fast 100 Prozent liegen.

Bald darauf sitze ich im ICE nach Berlin und höre ein Hörbuch von Stephen King *(Sie)*. Während die schöne thüringische Landschaft an mir vorbeirauscht und in meinem Kopf eine Psychopathin ihrer Geisel Teile des Körpers abtrennt, denke ich mir, dass die Baptisten eigentlich eine recht entspannte Truppe sind. Sie sind sehr offen, bis hin zum Beliebigen. Das ist einerseits angenehm, weil sie dadurch eine erstaunliche Liberalität erreichen, aber andererseits will ich das in meiner Religion vielleicht gar nicht. Liberal kann ich schließlich auch ohne Gott sein.

Station 18
Hinduismus

Jeder weiß, dass Sri Lanka das Heilige Land ist. Das sagt ja der Name schon, schließlich steht »Sri« für »heilig« und »Lanka« für »Land«. Aus dem Heiligen Land stammen auch die Gläubigen, die sich in der westfälischen Provinz den zweitgrößten Hindutempel Europas (der größte steht in England) gebaut haben. Die Provinz hat auch einen Namen und heißt Hamm. Eine kleine, gemütliche Stadt, die überregional eigentlich nur deswegen eine gewisse Bedeutung genießt, weil dort die ICE-Züge geteilt werden. Der eine Teil fährt nach Düsseldorf weiter, der andere nach Bonn.

Ansonsten leben hier freundliche Menschen, die hilfsbereit sind und nur selten so verkniffene Gesichter zeigen, wie sie in Metropolen dazugehören und zu einer Art rauhen großstädtischen Herzlichkeit verklärt werden. Hamm ist so sehr Provinzidylle, dass es schon wieder fast verdächtig wirkt. Zwar gönnt sich der Ort ein kleines Zentrum mit Kaufhof, Sparkasse, Hotels und ein paar Museen, aber schon nach fünf Minuten im Bus rollt der Gast durch Vorstadtstraßen, an deren Rändern alte Leute ihre Hunde ausführen und dem Busfahrer zuwinken. Jede »Hier ist die Welt noch in Ordnung«-Werbung, in der eine Oma dem Enkel mit leuchtenden Augen ein Geschenk überreicht und so für ein Gefühl totaler Geborgenheit sorgt, dürfte von einem Besuch in Hamm inspiriert sein. Kinder verabschieden sich vom Busfahrer, Fahrgäste räumen ihren Platz schon, wenn sie einen Gehbehinderten zusteigen sehen, sogar Jugendliche unterhalten sich leise miteinander. Und immer diese biederen Häuser am Straßenrand, die Sicherheit und Beständigkeit ausstrahlen. Als wollten sie den jungen Leuten, die von Reisen, Abenteuern, fernen Metropolen und Kulturen träumen, sagen: »Geht nur hinaus und erlebt eure Abenteuer, wenn es euch so reizt. Aber eines Tages erbt ihr mich und kehrt zurück und habt selbst Kinder, die auch ein paar aufregende Jahre in der Ferne verbringen wollten und mich schließlich auch erben werden, denn ich werde immer noch da sein. Ich war schon immer und ich werde immer sein, ich bin Brahman.[1]«

Meine Fahrt mit dem Bus dauert fast 40 Minuten und trägt mich aus der übersichtlichen Innenstadt von Hamm in ein Industriegebiet. Ich steige an der Haltestelle »Hindutempel« aus und stehe auf der Straße. Weit und breit ist kein Tempel zu sehen. Der Bus biegt ab, die Straße ist leer, ein Schild verrät, dass sie bald in eine Autobahn mündet. Als ich gerade bei Google Maps überprüfen will, ob ich hier wirklich richtig bin, steht da im Gras das weiße Schild mit schwarzer Schrift: »Hindutempel«. Tatsächlich sehe ich ihn jetzt auch. Er ist kleiner, als ich ihn erwartet habe. Oder er wirkt nur kleiner, weil er sich in einem Industriegebiet befindet und im Hintergrund ein Kohlekraftwerk thront, das eigentlich mal ein Atomkraftwerk werden sollte, es aber schließlich nur zu einem finanziellen Desaster brachte. Am Straßenrand stehen hier LKWs anstelle von PKWs und zwischen alldem sticht dann doch zunehmend dieses Gebäude mit den zwei bunten Türmen auf dem Dach hervor. Das Gelände neben dem Tempel ist eine Brache, auf der ein hinduistisches Kulturzentrum entstehen soll. Zumindest kündigt das ein Plakat an, aber noch gehört das Gelände dem Gras, dem Sand und dem Unkraut. Die Mauer des Tempels ist rot-weiß gestrichen und gibt ihm dadurch etwas Zirkusatmosphäre.

1 Diese Anspielung werden Sie verstehen, wenn Sie den weiteren Text gelesen haben. Nur noch ein wenig Geduld.

So wie alle fernöstlichen Religionen ist auch der Hinduismus für einen Menschen mit monotheistischem Kulturhintergrund eine Herausforderung. In den abendländischen Religionen ist alles geordnet und an seinem Platz. Gott hat alles erschaffen, sieht alles und nach dem Tod wird abgerechnet. Wenn das Christentum eine graue Wand mit wenigen und übersichtlich angeordneten Bildern ist, ist der Hinduismus die totale Farbexplosion. An der Christenmauer sieht man eine ziemlich brave Darstellung von Maria, die ihren Sohn im Arm hält, an der Hindumauer wimmelt es hingegen von attraktiven vielarmigen Kriegerinnen, von Männern mit Elefantenköpfen, von nackter Haut, großen Brüsten und Phallussymbolen. In Sachen Reizüberflutung ist der Unterschied zwischen einer christlichen Kirche und einem Hindutempel der zwischen einem Schwarzweißfernseher und einem HD-Plasmabildschirm.

Und damit ist nur der visuelle Unterschied benannt, viel auffälliger ist der theologische. Im Hinduismus werden Tausende verschiedene Gottheiten verehrt. Manche Leute sprechen auch von Millionen, was aber etwas zu sehr auf den Wow-Effekt abzielt. Theoretisch stimmt das zwar, aber genauso theoretisch könnte dann auch behauptet werden, dass es nicht Millionen, sondern Milliarden, Billionen oder noch mehr Götter sind. Es gibt schlicht keine Begrenzung, es kann im Grunde unendlich viele Götter geben. Allerdings ist das nur der eine Teil der Wahrheit, der andere ist, dass der Hinduismus dem westlichen Monotheismus auf gewisse Weise gar nicht so unähnlich ist, denn es gibt im Hinduismus eine allmächtige Gottheit. Sie steht über allem, ist schon immer gewesen und wird immer sein. Hallo, Brahman!

Davon berichtet Ursula Eichhorst, die an diesem Nachmittag eine Führung durch den Tempel anbietet. Außer mir haben sich noch eine protestantische Kirchengemeinde aus Uerdingen und die Freiwillige Feuerwehr Hamm angemeldet, die standesgemäß in einem roten Feuerwehrauto vorfährt. Bevor das Heiligtum betreten wird, müssen die Schuhe ausgezogen werden, damit kein Tierleder die Götter beleidigt. »Wie ist das mit Handtaschen aus Leder?«, möchte eine Vertreterin der Freiwilligen Feuerwehr wissen. Das geht erstaunlicherweise.

Der Tempel sieht aus wie eine große Halle, in der sich Kitsch und Heiliges in etwa die Waage halten. Dünne Säulen, die in Grün, Blau und Braun bemalt sind, tragen die Decken und überall sind kleine Schnitzereien im Holz angebracht. Vor allem sind es Darstellungen von vierarmigen Frauen im Lotossitz. So wie Frauen hier überhaupt überproportional vertreten sind. »Sie haben doch eben die Türme auf dem Tempeldach gesehen«, meint Eichhorst, die die Ausstrahlung einer strengen Bibliothekarin hat, die einen Einblick ins Archiv gewährt. »98 Prozent davon sind Frauen. Frauen sind im Hinduismus gleichberechtigt und jeder ist im Tempel willkommen!«

Während sie das erzählt, stehen wir vor dem wichtigsten Heiligtum des Tempels, dem Schrein der Göttin Sri Kamadchi Ampal, nach der dieser Tempel auch benannt ist.

Danach laufen wir zum nächsten Schrein, über dem ein Wesen mit Elefantenkopf und vier Armen thront. »Das ist Ganesha, der Sohn von Shiva und Kamadchi, also der Hauptgöttin dieses Tempels. Ganesha hat als Symbol für seine Weisheit einen Elefantenkopf auf den Schultern sitzen, denn die Weisheit der Menschen ist doch sehr begrenzt, deswegen hat er keinen Menschenkopf«, teilt Eichhorst unter dem Nicken ihrer Zuhörer mit. Doch an dieser Stelle möchte sie ihr Publikum offensichtlich schonen, denn tatsächlich ist die Geschichte hinter dem Elefantenkopf wesentlich grausamer und tragischer. Ganesha wurde mit einem normalen Menschenkopf geboren und seine Mutter, die Göttin Kamadchi, beauftragte ihn, ihren Badeplatz (andere Texte sprechen von ihrem Zimmer oder Haus) zu schützen. Als sein Vater, der Gott Shiva, sich näherte, verweigerte er auch ihm den Durchgang, was den Vater so wütend machte, dass er dem armen Ganesha den Kopf abschlug.

Als er sich wieder beruhigt hatte, versuchte er den Schaden, so gut es geht, zu beheben, tötete darum einen Elefanten und setzte Ganesha dessen Kopf auf. Die Reaktion von Kamadchi auf diesen Anblick ist leider nicht überliefert, aber selbst wenn es sie geschockt haben sollte (wovon auszugehen ist), führte das nicht zu einer dauerhaften Entfremdung zwischen Mutter und Sohn. Auch nicht zwischen Mutter und Vater oder Vater und Sohn. Eine Familientherapie würde in diesem Fall wohl ein wenig länger dauern als bei anderen Familien.

Indem wir die Nebenschreine nacheinander besuchen, umrunden wir automatisch auch den Hauptschrein der Göttin. Direkt neben Ganesha wird Shiva verehrt, sein Vater, der ihm den neuen Kopf verpasste und Zerstörer und Erschaffer zugleich ist. Rechts von ihm wird mit Murugan der zweite Sohn von Shiva und damit Bruder von Ganesha verehrt und daneben folgt schließlich noch das Götterpaar Lakshmi und Vishnu. Es gibt noch weitere Schreine und Kultbilder für andere Götter, oft auch für die gleichen wie in den Hauptschreinen.

Besonders auffällig ist, wie selbstverständlich hier Heiliges und Profanes nebeneinanderbestehen. Vor dem Eingang eines jeden Schreins hängt ein Vorhang, damit die darin aufgestellte Figur nicht außerhalb der Gottesdienste gesehen werden kann. Kerzen werfen hinter dem Vorhang Schatten an die Wände, es sind Orte größter Heiligkeit und auf den Treppenstufen zum Schrein steht Rapsöl von ALDI. Weil das fürs Feuermachen nützlich ist, wie Eichhorst nüchtern erklärt.

Als sie vor einem großen Gemälde steht, auf dem Gebote und Verbote bildlich dargestellt werden (Warum haben die Christen sich eigentlich nie die Mühe gemacht, die zehn Gebote zu malen?), ist auch ein Mann beim Seitensprung zu sehen. Die Strafe folgt sofort: Er wird verbrannt. Und seine Affäre auch … und seine betrogene Ehefrau. Eichhorst sieht über das letzte Detail hinweg und stellt sachlich richtig und doch irgendwie falsch fest: »Im Hinduismus ist Ehebruch sozial geächtet.«

Eichhorst ist so etwas wie der gute Geist des Tempels, sie organisiert hier seit 2002 Führungen und half den Tamilen seit ihrer Ankunft als Flüchtlinge in Hamm Ende der 1980er Jahre. Sie lernte hier auch ihren Mann kennen, den Architekten des Tempels, in dem sie schließlich auch heirateten. »Eine Katholikin heiratet einen Protestanten in einem Hindutempel«, fasst sie den Fall zusammen. Für den Oberpriester stellte das kein Problem dar, weil er davon ausgeht, dass jeder Zugang zu Gott Zugang zum einen göttlichen Element ist.

Auch wenn der Hinduismus eine überquellende Zahl an Göttern kennt, so kann trotzdem eine gewisse Ordnung ins Pantheon gebracht werden. Der vielleicht wichtigste Begriff lautet dabei Brahman. Brahman ist die absolute und unveränderbare Wirklichkeit, die in allem ist, keinen Anfang hat und kein Ende. Selbst wenn alles Leben verschwinden würde, wäre Brahman weiterhin da. Brahman ist das Lebenselixier, es gibt nichts im Universum, was nicht Teil von ihm ist. In den heiligen Texten, den Upanishaden, heißt es: »Das allwissende Selbst wurde nie geboren, noch wird es je sterben. Jenseits von Ursache und Wirkung ist dieses Selbst ewig und unwandelbar.« Brahman wird in diesem Sinne nicht verehrt, es ist aber das Fundament des hinduistischen Weltbildes.

In der potentiell endlos großen anbetungswürdigen Götterwelt stechen drei Götter hervor, die besonders viele Anhänger haben. Zum einen ist das Vishnu, der Beschützer der Welt, der sich auch gelegentlich ins Erdengeschehen einmischt (weswegen im Hinduismus nicht selten auch Jesus als eine Inkarnation Vishnus gesehen wird) und über zehn verschiedene Inkarnationen verfügt, von denen seine berühmteste die als Krishna ist. Aber auch mit den neun anderen leistete er Unschätzbares für die Welt. Er rettete die heiligen Schriften vor den Dämonen (als Fisch), er hob den Weltenberg aus einem Milchozean (als Schildkröte) und die Erde aus dem Urozean, in den sie gefallen war (als Eber). Als Halbmensch und Halblöwe tötete er einen Dämonen, der das ganze Universum beherrscht hatte, als Zwergwüchsiger besiegte er einen Menschenkönig, der die Herrschaft über Himmel, Erde und Unterwelt übernommen hatte, als menschlicher Krieger besiegte er die Fürsten, die übermütig die Götter stürzen wollten, und wiederum als Mensch ging er erneut gegen einen Dämonen vor. Außerdem wird auch Buddha als Inkarnation Vishnus gesehen. Seine zehnte Inkarnation liegt noch vor uns, mit dieser wird er ein neues Zeitalter einläuten und entweder als weißes Pferd oder als Reiter auf einem weißen Pferd auf die Erde kommen, da sind sich die Priester noch nicht ganz einig.

Die zweite populäre Gottheit ist Shiva. Er ist Zerstörer und Erschaffer zugleich, mit seinem dritten Auge kann er alles zerstören, was er damit ansieht, denn es schleudert vernichtende Strahlen. Zumeist ist es aber geschlossen. Außerdem ist er der Vater von Ganesha, der Gottheit mit dem Charakterkopf. Und schließlich wäre da noch Shakti, eine weibliche Gottheit des Werdens und Wirkens, die als eine kosmische Urkraft angesehen wird. Vishnuismus, Shivaismus und Shaktismus sind damit die drei einflussreichsten Strömungen innerhalb des Hinduismus und stellen ihre jeweilige Gottheit in den Mittelpunkt. Das heißt aber nicht, dass die anderen keine Bedeutung haben, sie sind nur in der Hierarchie anderswo verortet. Auf die deutsche Politik übertragen: Auch wenn niemand weiß, wie die Bildungsministerin heißt, gibt es sie dennoch und sie macht, was eine Bildungsministerin eben macht. Unbekanntere hinduistische Götter und deutsche Bildungsministerinnen haben also durchaus Gemeinsamkeiten.

Daneben gibt es noch ein berühmtes Göttertrio, das die drei kosmischen Kräfte Erschaffung, Erhaltung und Zerstörung symbolisiert und dem Vishnu (Erhalter) und Shiva (Zerstörer) angehören, aber nicht Shakti, sondern Brahma. Er hat unsere Welt erschaffen, zog sich nach getaner Arbeit zurück und ist nicht zu verwechseln mit dem Urprinzip Brahman. Wie Brahma die Welt erschuf, ist nicht genau geklärt. Schon für seine Ankunft auf der Erde gibt es zwei sich ausschließende Theorien. Laut der einen entsprang er einem auf dem Urozean treibenden Goldei, während die andere ihn aus dem Nabel Vishnus steigen sieht. Er erschuf »aus sich selbst« eine Tochter, für die er eine Obsession entwickelte und sich weitere vier Köpfe wachsen ließ, damit er sie in allen Himmelsrichtungen und auch am Himmel sehen könnte. Er zeugte mit ihr einen Sohn, der zum Stammvater aller Menschen wurde. Als Strafe für diesen Inzest schlug ihm Shiva den Kopf ab, der zum Himmel blickte. Brahma wird in der hinduistischen Literatur auf nachsichtige, aber unübersehbare Weise als einfältig und naiv beschrieben. Aktuell ruht er sich aus und schläft 4320 Millionen Jahre, bis zum Beginn des nächsten Schöpfungszyklus.

Obwohl es im Hinduismus also verschiedenste Strömungen gibt, gibt es ein gemeinsames Fundament, auf das sich alle Gläubigen einigen können. Die Entstehung (bzw. eben nicht Entstehung, weil schon immer dagewesen) des Universums gehört dazu, aber auch gemeinsame Traditionen und Feiertage sowie der Glaube an den Kreislauf aus Leben und Sterben sowie die Möglichkeit, durch das Anhäufen von Karma aus diesem herauszutreten. Zwar gibt es keinen Gründer des Hinduismus, aber es liegt eine gemeinsame Literatur vor, auf die sich alle berufen. Am berühmtesten sind die religiösen und philosophischen Texte der *Veda*. In denen wird oft in Form von Dialogen die Welt erklärt. Dabei erscheinen die Götter oft erstaunlich nahbar und gastfreundlich. In einer Geschichte klopft ein junger Mann mit Namen Nachiketa an den Wohnsitz des Todesgottes, der gerade nicht zuhause ist. Nachiketa muss drei Tage auf ihn warten, wofür sich der Todesgott auf diese großzügige Weise entschuldigt: »O spiritueller Gast, ich gewähre dir drei Gunstgaben, um die drei ungastlichen Nächte wiedergutzumachen, die du in meinem Wohnsitz verbracht hast.«

Der erste Wunsch lässt sich dabei leicht erfüllen, weil es um die Beilegung eines Familienstreits geht, ebenso der zweite, der eine Frage bezüglich eines Opferrituals ist, aber Wunsch drei bringt den Todesgott aus der Fassung. Hier der Dialog zwischen Tod und Mensch über die existentielle Urfrage:

Nachiketa: »Wenn ein Mensch stirbt, kommt da dieser Zweifel auf: ›Der Mensch existiert weiter‹, sagen die einen, ›nein, gewiss nicht‹, die anderen. Ich möchte, dass du mich die Wahrheit lehrst!«

Todesgott: »Dieser Zweifel plagte vormals sogar die Götter, denn das Geheimnis des Todes ist schwer zu ergründen. Ich erbitte dich um eine andere Frage als diese! Erbitte Söhne und Enkel, die 100 Jahre leben, sei der Herrscher eines großen Königreichs, erbitte schöne Frauen voller Liebreiz, wie man ihn selten sieht auf Erden, doch frag mich nicht nach dem Geheimnis des Todes.«

Nachiketa: »Diese Genüsse halten nur bis morgen vor. Behalte daher deine Pferde und Wagen, Tanz und Musik. Zerstreue nur diesen meinen Zweifel, o König des Todes: Bleibt ein Mensch nach dem Tod am Leben oder nicht?«

(Anm.: Der Todesgott bietet im weiteren Verlauf noch weitere Güter an, aber schließlich muss er einsehen, dass er den Fragesteller nicht umstimmen kann, und gibt ihm seine Antwort.)

Todesgott: »Beim Sterben des Körpers stirbt nicht das Selbst, das Atman. Wenn der Töter glaubt, er könne töten, oder der Getötete glaubt, er könne getötet werden, kennen beide die Wahrheit nicht. Das ewige Selbst tötet nicht, noch wird es je getötet. Das Selbst kann von niemandem erkannt werden, der von unlauteren Gewohnheiten nicht ablässt, seine Sinne nicht zügelt, seinen Geist nicht zur Ruhe bringt und nicht meditiert. Ein solcher kann das allgegenwärtige Selbst nicht erkennen, dessen Herrlichkeit die Rituale des Priesters und den Heldenmut des Kriegers hinwegfegt und den Tod selbst zu Tode bringt.«

Die Geschichte endet mit einem Happy End: »Nachiketa lernte vom Gott des Todes die ganze Übungspraxis der Meditation. Sich von aller Getrenntheit befreiend, gewann er Unsterblichkeit in Brahman. So gesegnet ist jeder, der das Selbst erkennt.«

Mittlerweile hat Eichhorst mit uns die Runde durch den Tempel abgeschlossen. Erst jetzt steht der eigentliche Höhepunkt an, die Teilnahme am 18-Uhr-Gottesdienst. Doch die Freiwillige Feuerwehr kapituliert schon davor, sie besteht aus lauter Rentnern, so wie übrigens auch die evangelischen Uerdinger, weswegen ich hier mit weitem Abstand der Jüngste bin. Während also Eichhorst kurz mit der erschöpften Feuerwehr für die Verabschiedung im Schuhraum verschwindet, sammeln sich die Protestanten flüsternd zur Lagebesprechung. Sie bilden einen Kreis um eine blonde Frau, die aus ihrem Indienurlaub berichtet. »Das stimmt nicht, was sie vorhin gesagt hat. Es ist nicht jeder in den Hindutempeln willkommen. In Indien gibt es viele Tempel, da steht an der Tür ›Hindus only‹. Da durfte niemand anderes rein, auch nicht der Harald.« Sie greift dabei die Hand ihres Mannes, der tapfer nickt.

»Wir waren vor drei Jahren in Tibet«, mischt sich eine andere Frau ein, »und da wird der Teufel als blond und blauäugig dargestellt.«

»Soll der Teufel ein Deutscher sein?«, fragt ein Mann irritiert.

»Wohl eher Schwede«, vermutet ein anderer laut.

Bevor die Stimmung endgültig gegen den Hinduismus kippen kann, kehrt Eichhorst zurück. Außerdem setzt jetzt Musik ein. Scheppernd, wie auf einem Jahrmarkt. Eine Melodie, die nichts mit der Erhabenheit kirchlicher Orgelklänge zu tun hat. Das hier ist so penetrant wie das Gedudel im Supermarkt, gibt der Zeremonie dadurch aber auch eine andere Atmosphäre als in der Kirche. Wir folgen Eichhorst zum Ganesha-Schrein, wo jeder Gottesdienst beginnt, während sich quer durch den Tempel ein dicker Priester auf uns zubewegt, heilige Lieder singt (auf Sanskrit) und den Vorhang des Schreins zur Seite schiebt.

Nur zu den Gottesdienstzeiten ist der freie Blick auf die Gottheiten erlaubt. Während wir Zuschauer die Rituale stumm begleiten, bei denen der Priester unter anderem eine Kerze immer wieder um das Gesicht der Gottheit kreisen lässt, reagiert Eichhorst anders. Sie hat die Hände aufeinandergelegt und die Augen geschlossen. Schließlich hebt sie die Hände auf Höhe der Stirn. Der Priester steigt wieder aus dem Schrein, der Vorhang wird zugezogen und wir laufen zum großen Hauptschrein für die Tempelgöttin. Eichhorst nimmt ihre Gruppe nicht mehr wahr. Im Vorbeigehen berührt sie eine der geschnitzten Götterfiguren und scheint ehrlich ergriffen, als die Tür zur Hauptgöttin von nun zwei Priestern geöffnet wird. Immer noch schallt die Musik durch den Tempel, während der dürre Priester dem dicken Priester assistiert. Schließlich kommt der Dünne mit einem Kerzenständer zu uns. Niemand weiß, was er will. Falsch, eine weiß es! Entschlossen schiebt Eichhorst sich dem Feuer entgegen. Sie breitet die Arme über die Flamme und macht Handbewegungen, als würde sie sich diese zufächeln. Der Reihe nach tun wir es ihr nach, ohne zu wissen, was das genau für ein Ritual ist. Kaum hat Eichhorst ihr Feuerritual erhalten, erklärt sie den verdutzten Protestanten, dass sie nun geht. Offenbar hat sie mit dem Feuer einen Segen erhalten, den sie noch mitnehmen will, bevor sie Feierabend macht. Die anderen Besucher schließen sich ihr an. Während im Inneren weiterhin die Musik dröhnt, binden die Rentner ihre Schuhe, bedanken sich bei Eichhorst und reisen nach Hause.

Auch ich beeile mich, den nächsten Bus zu bekommen, schließlich ist Provinz eben Provinz und da kann jeder Bus der letzte des Tages sein. Ich bekomme ihn gerade noch rechtzeitig und fahre wieder Straßen entlang, an deren Seiten nur eine dürre Reihe von Familienhäusern eine Ahnung von Stadtnähe verströmt. Ihre Skyline besteht aus den nahen Bäumen des Wäldchens. Schließlich erreiche ich den Hauptbahnhof, wo mich der nächste ICE über Bielefeld und Hannover wieder nach Berlin bringt.

Worüber Eichhorst gar nicht gesprochen hat, war die Frage, was für ein Ziel die Hindus eigentlich haben. Sie gehen von einem Kreislauf aus Leben und Sterben aus, wie es ihn auch im Buddhismus gibt. Dabei beeinflusst das Verhalten in diesem Leben maßgeblich die Wiedergeburt im nächsten. Wer viel gutes Karma anhäuft, wird eine privilegierte Ausgangssituation haben, wer aber viel schlechtes Karma anhäuft, kann in einer niedrigeren Kaste zur Welt kommen oder sogar nur als Tier.

Aber welche Möglichkeit besteht, aus dem Kreislauf auszubrechen? In der Theorie ist es ganz einfach: »Die Erkenntnis, dass das Atman das Brahman ist, befreit den Menschen.« Atman ist der göttliche Funke, der in jedem Lebewesen steckt und der Teil der allumfassenden Urkraft Brahman ist. Es handelt sich dabei nicht um eine Seele, denn eine Seele ist getrennt von der Umwelt und im »Besitz« der jeweiligen Person. In der Praxis bedarf es aber großer geistiger Einsichten, um diese Einheit von Atma und Brahman zu spüren. Es gibt verschiedene Wege, um sich diesem Ziel zu nähern, Yoga und Askese sind die bekanntesten.

Eine Folge der hinduistischen Vielgötterwelt ist auch das Kastensystem, das man entweder als in religiöse Dogmen gegossenen Rassismus kritisieren kann oder als göttergewollte Gesellschaftsform verehrt. Das Kastensystem entstand am

Leichnam des Urmenschen, dessen Körper symbolisch für die vier Kasten steht: »Sein Mund wurde zum Brahmanen, seine beiden Arme zum Krieger, seine beiden Schenkel zum Vaishya, aus seinen Füßen entstand der Shudra.« Damit waren die Kasten geschaffen. Unter diesen folgen noch die Unberührbaren, die für alle niederen Arbeiten zuständig sein sollen. Sogar Mahatma Gandhi (der dem Vishnuismus angehörte), der ansonsten gegen Rassismus und Diskriminierung kämpfte, hielt das Kastensystem für den genialen Mittelpunkt des Hinduismus. Womöglich hätte er eine etwas andere Meinung dazu gehabt, wäre er nicht in die Kaste der Kaufleute geboren worden, sondern in eine niedrigere oder eben als Unberührbarer. Allerdings hätte die Welt dann nie erfahren, wie er über das Kastensystem denkt, denn ihm wäre der Beruf des Anwalts von Geburt an verwehrt gewesen.

Diese Geburtsdiskriminierung ist tatsächlich ein Faktor, wegen dem mir der Hinduismus trotz all seiner fröhlichen Farben und fantasievollen Götterdarstellungen nicht ganz geheuer ist. Es wäre nett, wenn Vishnu sich wieder reinkarniert und dieses System reformiert. Im Endeffekt ist es aber auch nicht so wichtig, was ich für einen Eindruck habe, denn der Hinduismus legt ohnehin keinen Wert auf mich. Es wird nicht missioniert und es kann auch nicht konvertiert werden.

Weil der Besuch bei den Hindus nicht enden kann, ohne dass der berühmte Ausspruch »Om« vorgekommen ist, soll dieser das letzte Wort bekommen. »Om« war der Urlaut, aus dessen Vibrationen Brahman das Universum erschaffen hat.

»Om steht für die höchste Wirklichkeit.
Es ist ein Symbol für das, was war, was ist
und was sein wird. Om symbolisiert außerdem,
was jenseits von Vergangenheit, Gegenwart und Zukunft liegt. Brahman ist alles, und das Selbst ist Brahman.
Om.«

Station 19
Buddhismus

Nicht bei jedem Klischee legt man Wert darauf, dass es sich erfüllt. Hamburg ist nieselig, kühl und windig, heißt es gerne. Als ich mich um kurz nach 18 Uhr dem Hauptbahnhof nähere, liegen graue Wolken über der Stadt und als ich später an der Reeperbahn aussteige, um zu meinem Hotel zu gehen, nieselt es, es ist kühl und es ist windig. Mein Hotel befindet sich direkt gegenüber einem Musicalpalast, in dem aktuell »Das Phantom der Oper« läuft. Ich stelle meinen Koffer nur schnell im Zimmer ab und laufe danach schon die Reeperbahn mit ihren langsam erwachenden Sexshops, Table-Dance-Bars und Bordellen entlang, biege in eine Seitenstraße ein, dann in eine weitere und eine Viertelstunde später erreiche ich das Buddhistische Zentrum Hamburg. Es ist erstaunlich groß und um einen Innenhof herum angeordnet. Dutzende Menschen stehen unter den Dächern im Freien, es ist eine gelöste Atmosphäre. In fünf Minuten geht eine Einführungsveranstaltung im Meditationsraum los. Ich ziehe meine Schuhe aus und stelle sie in das Regal, in dem schon Dutzende andere stehen.

Der Raum selbst ist hell, offen und wäre auch für Tanzveranstaltungen oder Hochzeiten geeignet. Auf dem mit Teppichen ausgelegten Boden sitzen etwa 30 Personen, die sich über den Buddhismus informieren möchten. Alle Altersstufen, aber deutlich mehr Frauen als Männer. Sie sitzen auf kleinen Kissen. Zumindest alle bis auf den grauhaarigen Pferdeschwanzträger. So wie auch jeder Fußballplatz seinen Amateursportler hat, der nur mit der aktuellsten Ausrüstung antritt, gibt auch er sich nur mit dem Besten zufrieden. Der riesige Mann hat sich eine Art Schemel mitgebracht und thront auf diesem über dem Meer der gewöhnlichen Kissensitzer.

Den Besuchern gegenüber sitzt ein Mann im Schneidersitz, lächelt in die Runde und wirft dem Pferdeschwanzträger einen anerkennenden Blick für seinen Schemel zu. Die Runde sieht aus wie ein Treff einsamer Hausfrauen und Bewohner alternativer Wohngemeinschaften. Nach dem Vortrag, der historische und religiöse Grundlagen vermittelt und mit einer mauen Metapher für den Weg der Erleuchtung wirbt (»Erleuchtung ist ein überwältigendes Gefühl, das nicht in Worten ausgedrückt werden kann. Es ist vielleicht ein wenig mit Alkohol zu vergleichen, nur dass dabei nicht die Sinne vernebelt werden.« Na ja …), verlasse ich den Meditationsraum und gehe quer über den Hof in die Cafeteria. Dort wartet Holm Ay auf mich, der ehrenamtliche Sprecher des Zentrums. Auch er ist vom Typ her jemand, der in einer Wohngemeinschaft lebt, solidarisch die Teller wäscht und sich genau an den ausgemachten Haushaltsplan hält. Mit seinem rasierten Schädel, seiner bequemen Kleidung und seiner hageren Gestalt würde er auch als Langzeitstudent der Erziehungswissenschaften durchgehen. Mit ihm zusammen sitzt eine Frau da, die sich als Susanne vorstellt. Gemeinsam werden sie im Verlauf unseres Gesprächs die buddhistische Variante des »Good-Cop/Bad-Cop«-Spiels spielen, die da lautet: »Good Cop/Good Cop«. Susanne unterstützt seine Erläuterungen lächelnd, unterstreicht sie manchmal auch nur durch eine Geste oder setzt selbst zu einer Erläuterung an, die dann wiederum Ay bekräftigt.

Gerade für Menschen aus dem Westen, die mit Religionen oft Kreuzzüge, Mord, Folter und Enthauptungsvideos verknüpfen, hat der Buddhismus zuerst einmal etwas ganz Überraschendes zu bieten: keine Kriege. Es gab keine Kriege, die für Jahrzehnte ganze Länder verwüsteten, es gab nicht einmal so etwas Ähnliches wie Ketzerverbrennungen. Zumindest wirbt der Buddhismus gerne mit diesem Prädikat »Besonders friedlich«. Ob zu Recht, ist umstritten. Kritiker weisen unter anderem auf den Bürgerkrieg in Sri Lanka hin, der von 1983 bis 2008 etwa 100 000 Menschenleben forderte und in dessen Verlauf der Präsident von buddhistischen Priestern ermordet wurde. Oder auf die verheerende Rolle, die im Zweiten Weltkrieg der Zen-Buddhismus bei der Legitimierung japanischer Massenmorde während der Besetzung Chinas spielte.

Der Buddhismus ist vom Konzept her aber tatsächlich wenig gewalttätig ausgerichtet. Buddha träumte nicht davon, Heere in die Schlacht zu führen. Ganz anders übrigens als seine adligen Eltern. Als ihr Sohn zur Welt kam, weissagten ihnen die Gelehrten, dass der Junge ein mächtiger Feldherr werden würde, es sei denn, er käme mit den Schattenseiten des Lebens in Kontakt, dann würde er stattdessen ein großer geistlicher Führer werden. Die Eltern wünschten sich offenbar einen Feldherrn und so errichteten sie ihm eine Scheinwelt hinter den Palastmauern, in der er mit allem verwöhnt wurde, was die Welt an Schönheit zu bieten hatte. Hier hieß es rund um die Uhr: Wein, Weib und Gesang. Doch irgendwann, und man kann Buddha wirklich nicht vorwerfen, es überstürzt zu haben (er war schon 29 Jahre alt), verließ er dann doch einmal heimlich den Palast und stieß auf einen alten Mann. Er verließ den Palast erneut und stieß auf einen kranken Mann. Er verließ ihn erneut und stieß auf einen toten Mann. Völlig traumatisiert von diesen Begegnungen, geriet er in eine schwere Krise. Vermutlich wäre er ohnehin irgendwann in eine solche Krise geraten, denn seine Eltern waren nicht nur Helikoptereltern, sondern Helikoptereltern, die ihr Kind auf einem eigenen Hubschrauberträger im Meer der sozialen Isolation festhielten, weit abseits aller Sorgen und Nöte dieser Welt. Ihr Plan war nicht nur aus pädagogischer Sicht verwerflich, er war auch erstaunlich schlecht durchdacht.

Wie sollte ihr Kind denn überhaupt Feldherr werden, wenn es mit den negativen Dingen des Lebens nicht in Kontakt geraten durfte? Wer Armeen anführt, kommt notgedrungen damit in Kontakt. Eigentlich hätten die Eltern sich dieses kritikwürdige Täuschungsmanöver sparen können, aber schließlich wurde aus ihrem Sohn dann ja doch noch etwas. Oder auch nichts, womit wir beim Buddhismus angekommen sind.

»Wir erleben immer wieder, dass die Erleuchtung völlig falsch verstanden wird«, sagt Ay und knetet dabei seine Finger, »niemand setzt sich hin, spürt Schwingungen und ist plötzlich erleuchtet. Es geht dabei auch nicht um einen Zustand der Gelassenheit, mit dem der Stress des Alltags besser gemeistert werden kann.«

Susanne nickt und ergänzt: »Wobei Buddhisten oft einen entspannteren Zugang zur Welt haben, aber das ist nicht wegen der Erleuchtung, wie Ay schon sagte, sondern wegen der Meditationen.« Ay nickt.

»Was ist die Erleuchtung dann? Seid ihr erleuchtet?«

Beide müssen lachen, es klingt etwas verlegen. Hätte ich im 19. Jahrhundert einen Butler im Flur einer prunkvollen Villa angesprochen und gefragt, ob ihm dieses schöne Haus gehöre, hätte er wohl genauso reagiert.

»Erleuchtung ist nichts, was ein Mensch so einfach erreicht. Das ist ein Prozess, der sich über eine unendliche Zahl von Zyklen aus Leben und Sterben hinzieht.«

»Es gibt auch keine Garantie, dass jemand überhaupt aus diesem Zyklus ausbrechen kann«, assistiert Susi.

»Wie stehen eure Chancen, dass ihr nach diesem Leben nicht mehr wiedergeboren werdet?«

»Das ist schwer zu sagen«, weicht Ay aus.

»Aber es gibt doch bestimmte Regeln und Verhaltensweisen, die ein Buddhist einhalten soll. Führen die nicht automatisch zum Ziel?«

Er schüttelt den Kopf. »Du musst eine Sache bedenken: Wir haben schon unendlich oft gelebt und keiner von uns weiß, was er alles in früheren Leben getan hat. Da wir unendlich oft lebten, haben wir vermutlich schon alles getan, die schönsten und die schrecklichsten Dinge.«

Er nippt an seinem Bier.

»Warum sollte ich eigentlich aus diesem Kreislauf ausbrechen wollen?«, möchte ich wissen.

Susi nickt wie ein Arzt, der am Patienten die typischen Symptome erkennt und nun die heilende Medizin verabreicht. »Vieles in diesem Leben ist nicht angenehm, wir erleben hier viele Schmerzen und Niederlagen. Diese ständigen Qualen sind doch nichts Erstrebenswertes.«

Beide nicken sich wieder in ihren »Good-Cop/Good-Cop«-Rollen zu.

Die buddhistische Weltsicht ist so ziemlich exakt das Gegenteil der jüdisch-christlich-muslimischen, aus der das Lobpreisen von Gottes Schöpfung nicht wegzudenken ist. Wobei dieser Gott den Menschen auch nicht die Wahl lässt, sondern diese Lobpreisungen einfordert. Buddhisten kann so etwas nicht passieren, denn der Buddhismus kommt ganz ohne Götter aus. Damit fällt auch die Verbindung zu einem Schöpfer weg, wer sich befreien will, muss das aus sich selbst heraus schaffen.

»Was entscheidet denn darüber, als was ich wiedergeboren werde? Mein Karma?«, möchte ich wissen.

»Ja, dein Karma aus diesem Leben und aus allen früheren Leben«, meint Ay.

»Kann ich denn irgendwie erfahren, wie meine bisherigen Leben waren?«

»Angeblich können Erleuchtete in jedem Menschen diese Leben sehen, aber sie berichten uns nichts darüber. Was ihnen aber definitiv möglich ist, ist ein Blick in die eigenen früheren Leben. Der historische Buddha investierte viele Tage damit, nach seiner Erleuchtung seine früheren Leben zu betrachten.«

Nachdem der historische Buddha, der Siddartha hieß, irgendwann vor etwa 2500 Jahren (so ganz genau weiß das niemand) aus dem Palast ausgezogen war, begannen Jahre der Suche für ihn. Er schloss sich verschiedenen Lehrern an, von denen er kluge Gedanken über die Welt und den Sinn des Lebens erfuhr, aber letztendlich bei keinem die Antworten erhielt, die ihn beruhigen konnten. Er machte dabei auch eine manische Phase der Askese durch:

> »Dann praktizierte Siddartha so strenge Atemkontrolle, dass er furchtbare Kopfschmerzen bekam und seine inneren Organe beschädigte. Darauf wandte er sich anderen extremen Fastenübungen und Selbstkasteiungen zu. Er aß nur noch einmal in der Woche eine hohle Handvoll vegetarischer Speisen oder ausschließlich das, was er in der Sonne vorfand; er meditierte nackt stundenlang in der glühenden Sonne, stand tagelang auf einem Bein und schlief auf Dornen oder auf Leichenfeldern.«

Nachdem er sich auf diese Weise beinahe umgebracht hatte, setzte er sich mit dem festen Vorsatz unter einen Baum, erst wieder aufzustehen, wenn er eine Antwort auf die Fragen des Lebens gefunden hat. Er meditierte sieben Tage lang, bevor er mit 35 Jahren zur Erleuchtung gelangte. Er lebte noch weitere 45 Jahre und brachte seine Lehre in vier prägnanten Sätzen auf den Punkt: *Es gibt Leiden. Es gibt Ursachen des Leidens. Es gibt ein Ende des Leidens. Buddhas Lehren weisen den Weg dorthin.*

Er zog immer mehr Anhänger an, denen er davon erzählte, wie sehr die Ichfixierung eine Falle ist, die unseren Geist im ewigen Kreislauf aus Leben und Sterben festhält. Wir müssen es schaffen, diese Perspektive zu überwinden. Unser aktuelles Leben ist nur eines von unendlich vielen, die wir schon geführt haben und noch führen werden. Es gibt diese klare Grenze zwischen dem Einzelnen und der Umwelt nicht. Erst wenn wir es schaffen, uns von den oberflächlichen Ärgernissen zu befreien, können wir aus dem Kreislauf aus Leben und Sterben ausbrechen. Das klingt leichter, als es ist, denn der Mensch neigt dazu, sein aktuelles Leben mit einer Bedeutung aufzuladen, die ihm so nicht zusteht. Es würde sich schnell relativieren, wenn es in der ewigen Reihe der schon gelebten Leben gesehen würde. So wie sich die Größe unserer Erde relativiert, wenn sie auf Fotos zwischen all den Milliarden anderen Sternen und Planeten nicht mehr zu sehen ist. Je mehr diese Ichgefangenheit aufgelöst werden kann, umso besser ist der Mensch in der Lage, negative Gefühle wie Wut, Neid oder Hass abzuschalten und stattdessen Großzügigkeit, Freundlichkeit und Güte zu erleben. Nach dem Ursache-und-Wirkung-Prinzip des Karmas sammelt der Mensch damit positives Karma.

Buddha lehrte, dass Karma kein Schicksal ist, sondern veränderbar. Dafür bedarf es aber eines grundsätzlichen Wandels im Denken und Handeln. Er nennt zehn schädliche Handlungen, die es zu vermeiden gilt: Töten, Stehlen, sexuelle Belästigung, Lügen, Verleumden, sinnloses Reden, grobe verletzende Rede, Habgier, Böswilligkeit und falsche Anschauungen. Wobei es sich nur um Empfehlungen handelt, schließlich ist jeder frei in seiner Entscheidung, ob er auf dem Weg zur Erleuchtung vorankommen will oder nicht. Wer sich aus diesem ewigen Kreislauf der Wiedergeburten lösen will, kann zwischen drei Wegen wählen. Beim »kleinen Weg« lernt man, »dass alles bedingt ist, seien es Gedanken oder Gefühle. Gibt man diesen Erscheinungen keine Energie, lösen sie sich auch wieder auf. Das Ziel ist die eigene Befreiung.« Daneben besteht der »große Weg«, bei dem es nicht nur um die eigene Erleuchtung geht, sondern darum, möglichst vielen Wesen zu helfen, sie zu erreichen: »Der Wunsch, anderen durch die eigene Entwicklung zu nützen, ist bei diesem Weg selbstverständlich.«

Wäre die Erleuchtung eine Insel und unser aktuelles Dasein ein sinkendes Schiff, würde man die Insel beim kleinen Weg durch das Schwimmen zum Ufer erreichen, während man beim großen Weg ein Rettungsboot nehmen würde, um auch noch andere Ertrinkende zu retten.

Daneben gibt es noch einen dritten Weg, den Diamantweg. Dieser führt auch zur Erleuchtung, unterscheidet sich aber in einem relevanten Detail vom großen Weg. In diesem dauert es viele Leben, bevor ein Wesen aus dem Kreislauf aus Leben und Sterben ausbrechen kann, der Diamantweg ist so etwas wie die Expressversion davon. In einem einzigen Leben kann die Erleuchtung erreicht werden.

»Aber das ist schwerer, als es vielleicht klingt«, dämpft Ay die Erwartungen, »in nur einem Leben schafft das vielleicht einer von einer Million.« Susanne lächelt zustimmend. Aber einer von einer Million ist ja auch nicht ganz wenig. Bei einer Weltbevölkerung von sieben Milliarden (davon zirka 450 Millionen Buddhisten) könnten damit immerhin 70 Millionen jährlich zur Erleuchtung kommen. Wie diese Erleuchtung, also das Nirwana, ist, kann ein Unerleuchteter nicht begreifen, weswegen es nur äußerst unbefriedigend als Befreiung vom Leid und dem Zustand der Vollkommenheit beschrieben wird. Oder eben als Alkohol ohne Rausch, wie beim Vortrag im Buddhistischen Zentrum.

Auf dem Weg zur Erleuchtung warnte Buddha vor allem vor den fünf negativen Gefühlen Zorn, Stolz, Begierde, Eifersucht und Unwissenheit, die dem eigenen Karma schaden und die nicht weniger als 84 000 Verbindungen untereinander knüpfen können. Noch wichtiger war, dass er aber auch für jede der 84 000 Verbindungen wirksame Einsichten verbreitete, damit sie den Weg zur Erleuchtung nicht mehr blockieren. Außerdem rät er vom Lügen auch aus zahnhygienischen Gründen ab, denn Lügner haben starken Mundgeruch. Jesus würde es wohl anders ausdrücken: Nicht an ihren Taten, sondern ihrem Atem sollt ihr sie erkennen!

»Was muss ich denn wissen, um Erleuchtung zu erlangen?«

»Wissen musst du als Erstes, dass du eine Buddhanatur besitzt. Sie wandert von Leben zu Leben in einen anderen Körper. In ihr ist so gesehen unser Karmakonto gespeichert.«

»Hat das jeder Mensch?«

»Jedes Lebewesen, nicht nur Menschen.«

»Also auch mein Hund?«

»Ja.«

»Kann mein Hund die Erleuchtung erlangen?«

»Ja.«

»Mein Hund hört nicht mal richtig, wenn ich ihn rufe, es würde mich ehrlich gesagt schon überraschen, wenn der am Ende seiner Tage ein Erleuchteter wird.«

»Es ist auch nicht wirklich wahrscheinlich, dass er das nach diesem Leben wird, aber er könnte in dieser Zeit so viel gutes Karma gesammelt haben, dass er vielleicht im nächsten Leben wieder ein Mensch sein wird.«

»Weiß das mein Hund?«

»Nein, Tiere haben in diesem Sinne kein Bewusstsein.«

»Aber dann ist es doch für ihn gar nicht möglich, sich irgendwie um seine Erleuchtung zu kümmern!«

»Aktiv nicht, aber wenn er viel Freude bringt, kommt das seiner Buddhanatur zugute.«

»Noch schwerer ist es für eine Alge, oder?«

»Vermutlich«, stimmt Ay zu.

Die Cafeteria füllt sich auf einmal mit Menschen. Gerade ist die Abendmeditation zu Ende gegangen. Am Tresen werden Bier und Säfte gekauft. Es wird viel gelächelt und gelacht. Freundliche Stimmung unter denen, die Buddha nacheifern wollen.

»Wie ist das eigentlich bei Leuten wie Hitler? Der hat in einem Leben ja massiv schlechtes Karma angehäuft. Ist der jetzt erst mal für die nächsten fünf Milliarden Jahre Regenwurm, bevor da wieder eine höhere Lebensform drin ist?«

»Das klingt sehr nach einer Bestrafungsvorstellung, wie sie

der christliche Gott vielleicht aussprechen würde«, entgegnet Ay, der nun immer wieder von Freunden abgelenkt wird, die ihn grüßen. »Im Buddhismus gibt es niemanden, der zu Gericht sitzt. Auch Hitler wird in seinem nächsten Leben genau dort landen, wohin ihn sein Karmakonto führt. Wie das aber aussieht, wissen wir nicht, da wir nur sein Dasein als Hitler kennen.«

»Vermutlich ziemlich im Minus«, meine ich.

»Ist anzunehmen.«

Andererseits ist das Morden im Buddhismus kein Ausschlusskriterium, um Erleuchtung zu erreichen. Schließlich gibt es in den traditionellen buddhistischen Texten gleich zwei Massenmörder, die es noch zu beachtlicher Erleuchtung brachten. Angulimala tötete nicht weniger als 999 Menschen, bevor Buddha ihn nicht nur davon abhielt, seine eigene Mutter zu seinem 1000 Opfer zu machen, sondern ihn sogar von seinen Lehren überzeugen konnte. Es heißt: »Trotz der Schwere seiner Schuld machte Angulimala auf dem Weg zur Erleuchtung noch große Fortschritte.« Der andere hieß Milarepa und hatte im direkten Vergleich die beinahe bescheidene Zahl von 35 Morden vorzuweisen, bevor er den Buddhismus für sich entdeckte und fortan begriff, dass sein Ich die Einbildung seines Geistes war. Es ist in hohem Maße erstaunlich, dass nach solchen Mörderlaufbahnen das Leben dennoch mit einem Plus auf dem Karmakonto abgeschlossen werden kann.

»Eigentlich dreht sich das Leben also darum, aus dem Leben herauszukommen? Wie ein Gefangener, der versucht, die Gefängnismauer zu überwinden?«, frage ich nach.

»Für viele Buddhisten ist es das, aber es gibt auch Erleuchtete, die sich aktiv gegen das Ausscheiden aus dem Kreislauf des Lebens entscheiden, weil sie anderen Lebewesen als Beispiel dienen wollen, um auch sie zu erleuchten«, meint Ay.

»Aber dir würde es reichen, dass es einfach aufhört?«

Er lacht verlegen. Seine »Good-Cop«-Partnerin lächelt ebenfalls.

> »Wie gesagt, alle Lebewesen möchten den Kreislauf beenden und jeder hat durch seine Buddhanatur die Möglichkeit dazu.«

Siddharta lebte in einer Gegend Indiens, die heute an der Grenze zu Nepal liegt. Seine Religion verbreitete sich in Indien und danach im asiatischen Raum. In Sri Lanka, Thailand, China, Japan, Nepal, Tibet und anderen Ländern fand der Buddhismus Anhänger und mischte sich mit vorhandenen religiösen Vorstellungen zum Teil zu sehr speziellen neuen Ausprägungen. Das Geburtsland des Buddhismus selbst spielt heute praktisch keine Rolle mehr, obwohl es lange Zeit den Mittelpunkt der Lehre darstellte. Als aber muslimische Eroberer den Subkontinent bedrohten und Teile davon eroberten, bedeutete dies das Ende des indischen Buddhismus.

> »Im elften Jahrhundert hinterließen islamische Raubzüge dann zunehmend eine Spur der Vernichtung, bis Nordindien Anfang des 13. Jahrhunderts endgültig erobert war. Eine unvergleichliche Kulturbarbarei begann: Hinduistische Tempel, Schreine und Kunstschätze wurden ebenso zerstört und dem Erdboden gleichgemacht wie die Klöster der friedlichen Buddhisten.«

Die Empörung über diese Verbrechen gipfelt schließlich in der Formulierung: »Der indische Buddhismus überlebte diesen Holocaust nicht.« Aktuell ist nur knapp ein Prozent der Inder buddhistisch. Prozentual sind die größten Länder Thailand und Kambodscha mit über 90 Prozent und Bhutan sowie Sri Lanka mit mehr als 70 Prozent. Auch beachtliche 20 Prozent der Chinesen sind Buddhisten.

Im Hamburger Café wird es lauter, das zweite oder dritte Bier wird bestellt. Immer noch ist Ay damit beschäftigt, sowohl mit einem kurzen Kopfnicken alte Bekannte zu begrüßen als auch mir den Buddhismus zu erläutern.

»Was ist mit Selbstmord? Ist das ein Problem, so karmamäßig?«

Meine guten Cops nicken. »Selbstmord wird abgelehnt.«

»Aber warum? Es gibt doch keinen Gott, den das ärgern könnte. Eigentlich muss ich das doch nur mit mir alleine ausmachen.«

»Wenn du einem Problem in diesem Leben durch Selbsttötung aus dem Weg gehst, wirst du im kommenden erneut mit diesem ungelösten Problem konfrontiert.«

»Bekomme ich damit schlechtes Karma?«

»So eine Tat wird dich auf jeden Fall auf dem Weg zur Erleuchtung zurückwerfen«, bestätigt Ay.

»Und wenn ich zum Beispiel eine schwere unheilbare Krankheit habe, wegen der ich nur noch leide?«

Ay bleibt dabei. »Selbstmord ist keine Option, die im Buddhismus in Frage kommt.«

»Wenn ich im Gegenzug meine Organe spende? Wäre das eine Möglichkeit, ohne negatives Karma den Selbstmord durchzuführen? Immerhin hätte ich dadurch vielleicht vier oder fünf Menschen geholfen.«

Die Cops lachen und verneinen dann. »Karma ist nichts, was durch solche Deals beeinflusst werden kann.«

»Also sind Abtreibungen auch verboten?«

»Wenn das Leben der Mutter nicht auf dem Spiel steht, ja«, mein Ay.

»Wobei es Ausnahmen geben kann, etwa bei einer schwersten geistigen Behinderung des Kindes«, ergänzt Susanne.

»Okay, was ist das für eine Moral?«, wundere ich mich, während Ay die Hand eines vorbeigehenden Freundes schüttelt. »Selbst Patienten mit unheilbaren Krankheiten, unter denen sie nur noch leiden, dürfen sich nicht durch Selbstmord erlösen, aber wenn ein ungeborenes Kind behindert ist, darf es abgetrieben werden? Warum sollte ein geistig Behinderter nicht leben dürfen?«

Susanne schaut Ay unsicher an. »Also wenn es ohnehin nicht lebensfähig wäre, dann ist Abtreibung unter Umständen möglich«, ergänzt der und Susanne nickt dankbar dazu. Ich glaube aber nicht, dass sie es so gemeint hat.

»Wie ist es denn allgemein mit dem Töten?«

»Eine gute Idee wäre es, damit gar nicht erst anzufangen«, meint Ay etwas flapsig und bemüht sich sofort wieder, mehr den Ton eines Referenten zu treffen. »Jedes Lebewesen hat seinen Platz im Universum, wenn dieser willkürlich ausgelöscht wird, hat das Konsequenzen für Ursache und Wirkung.«

»Ich habe vor ein paar Tagen eine Fliege erschlagen, weil sie mich genervt hat. Was hat das für Folgen?«

»Das ist natürlich schlechtes Karma.«

»Aber im Grunde habe ich der Fliege doch einen Gefallen getan, als Fliege kommt sie sowieso nicht weit auf dem Weg zur Erleuchtung, vielleicht kommt sie jetzt als Kind privilegierter Eltern zurück und kann sich bewusst für den buddhistischen Weg entscheiden.«

»So funktioniert Karma nicht, du hast mit dem Auslöschen dieses Lebens auch dem Karma der Fliege geschadet, denn ihr Leben wurde nicht bis zum Ende gelebt, sondern abgebrochen.«

Es wird langsam spät in Hamburg, das Café leert sich zusehends. Auch ich mache mich auf den Weg zurück in mein Hotel. Der Asphalt glänzt im Regen, in den Bars amüsieren sich junge Leute. Fast niemand ist auf der Straße, hin und wieder fahren Taxis vor, entlassen Touristen vor Clubs und sind danach fast so schnell wieder verschwunden wie ihre Fahrgäste. Ich laufe durch eine Nebenstraße direkt auf die Reeperbahn zu. Plötzlich fällt mir ein Gebäude auf der anderen Seite auf. Vielleicht, weil es sich nicht in schummrigem rotem Licht präsentiert, sondern sein brauner Backstein kühl schimmert.

Zwischen den beiden verschnörkelten Türen steht auf der Hausfassade: *Die Heilsarmee*. Ihr direkter Nachbar ist ein Schwulenkino, bevor es wenige Schritte weiter von Sexshops, Striplokalen und Bordellen nur so wimmelt. Aber das ist genau der Ort, wo der Gründer der Heilsarmee, William Booth, seine Truppen sehen wollte. Auge in Auge mit der Sünde, also Auge in Auge mit dem Teufel.

Als ich am nächsten Mittag Hamburg wieder verlasse, hat sich die Stadt entschieden, Klischee Klischee sein zu lassen, und präsentiert sich in einem wunderbaren Spätsommertag mit Sonnenschein und strahlend blauem Himmel. Irgendwie werde ich das Gefühl nicht los, dass sich da eine höhere Macht einen Spaß mit mir erlaubt. Wenn ich am nächsten Bahnhof aussteigen und zurückfahren würde, wäre die Begrüßung bestimmt wieder so düster, nieselig und grau wie während meines gesamten Aufenthalts. Ob die Fliege, die ich vor ein paar Tagen erschlug, damit vielleicht etwas zu tun hat? Vielleicht hatte sie ja mächtige Freunde im Kreislauf des Lebens. Wer weiß das schon?

Mich erstaunt am Buddhismus, dass er ohne Schöpfung und Schöpfer auskommt. Eigentlich sind die Fragen »Wie fing das alles an?«, »Wer hat sich das alles ausgedacht?« und »Warum sind wir eigentlich hier?« für religiöse Menschen wichtig und die Antworten darauf maßgeblich dafür verantwortlich, für welchen Glauben sie sich entscheiden. Im Buddhismus gibt es darauf keine Antworten, weil die Fragen nicht relevant sind. Als ich Ay gefragt habe, ob es ihn nicht stört, das alles nicht zu wissen, hat er nur mit den Schultern gezuckt und gemeint, dass solche Fragen nur Menschen stellen können, die das Konzept Ewigkeit noch nicht begriffen haben. Wer zur großen Zahl jener gehört, die das Konzept noch nicht begriffen haben, sind die Piusbrüder. Zu denen geht die nächste Reise.

Station 20
Piusbrüder

Wäre die römisch-katholische Kirche ein Schreibtisch, die Piusbrüder wären das Pornoheft, das immer verschämt in der untersten Schublade zwischen Steuererklärungen, Urlaubsfotos und der Spielanleitung für »Die Siedler von Catan« versteckt wird. Es ist einem zwar etwas peinlich, aber man kann sich trotzdem nicht überwinden, es wegzuwerfen.

Ich sitze in der Bibliothek einer Grund- und Realschule und esse mit Pater Schneider Kuchen. Es ist Wochenende, außer dem Hausmeister und mehreren Mitarbeitern ist der Gebäudekomplex leer. Pater Schneider ist ein freundlicher Herr, der als Krimineller den unbezahlbaren Vorteil hätte, dass Phantombilder ihm nicht gefährlich werden könnten. Er hat ein Gesicht, das so unauffällig ist wie ein Regentropfen im Ozean. Ein Gesicht ohne Auffälligkeiten. Nase, Augen, Mund haben alle keinerlei Wiedererkennungswert. Geheimratsecken und das graumelierte Haar sind nur deswegen da, weil ihr Fehlen ab Mitte 40 auffallen könnte. Das Gesicht ist so glatt, dass es entweder erstaunlich gut rasiert ist oder keinen Bartwuchs kennt. Pater Schneider ist Max Mustermann. Ein Pater Jedermann.

Links von mir steht ein Aquarium, auf dem ein Schild in roter Schrift warnt: »Nicht berühren!« Neben der *Kirchlichen Umschau,* die den interessanten Untertitel »Die ewige Stadt und der katholische Erdkreis« trägt und erläutert, »warum wir nicht Charlie« sind, liegt das Fußballmagazin *kicker,* das sich wiederum fragt, wie es mit Bastian Schweinsteiger nach seinem überraschenden Wechsel zu Manchester United weitergeht. Die kleine Bibliothek bietet eine Auswahl an Kinder- und Jugendbüchern. Gullivers Reisen, König Arthur, Prinz Eisenherz, griechische Sagen und Sagen aus Südtirol, Wikingersagen, deutsche Heldensagen, Rittersagen, das Buch der Nibelungen, die Gesamtausgabe von Karl May (wird nie ausgeliehen) und alle Abenteuer von Harry Potter (immer noch sehr beliebt).

»Habt ihr kein Problem mit den Hexen in *Harry Potter*?«, frage ich Pater Schneider, als wir an den Regalreihen entlanggehen.

»Ich liebe diese Bücher und die Filme noch mehr«, stellt er dazu fest, bevor wir ins Freie treten. Wir befinden uns jetzt im Innenhof, der aus einer großen Grünfläche besteht. Hinter einem Zaun laufen Hühner herum. Wegen ihnen ist der Zugang zu den Figuren des heiligen Josef und seines, nun ja, Kuckuckskinds Jesus gesperrt. Weil dem Federvieh nicht genug heiliger Ernst zugetraut wird, werden Jesus und Josef zusätzlich durch einen Holzzaun vor der Aufdringlichkeit der Tiere geschützt. So stehen die Heiligen gleich doppelt isoliert da, in diesem gottgeweihten Schulkomplex. Wir gehen ins Gebäude zurück und in eines der Klassenzimmer hinein. Es sieht aus, wie das Klassenzimmer einer achten Klasse eben aussieht. An den Wänden Collagen der letzten Ausflüge, auf den Fenstersimsen Blumen und auf der Tafel verraten Kreidezeichnungen, dass hier Mathematik stattfand, bevor der Schultag endete. Die Stühle stehen auf den Tischen. Nur das Kruzifix und vor allem die beiden Heiligenbilder an der Wand unterscheiden dieses Klassenzimmer von gewöhnlichen Schulräumen.

»Am Morgen gibt es immer eine Andacht in der Kapelle«, erklärt Pater Schneider, »und es gibt Gebete.«

»Sind hier nur christliche Kinder?«

»Die Schule ist für alle offen, wir versuchen niemanden zu missionieren, zeigen aber offen, dass wir Christen sind. Wir hatten zum Beispiel auch einen muslimischen Schüler, der jetzt abgegangen ist.«

»Gab es für den Ethik- oder islamischen Religionsunterricht?«

»Nein, aber er hat sich in unserem Religionsunterricht auch nicht gelangweilt, er fand es interessant und wir haben oft diskutiert.«

Jeder Schultag beginnt damit, am gekreuzigten Jesus vorbei über den Schulhof zu laufen. Dabei würde das Motto auf dem Kreuz besser für den Nachhauseweg passen: »Es ist vollbracht.«

Pater Schneider selbst ist hier Direktor und Religionslehrer. Wir laufen durch leere Flure zurück in die Bibliothek, überall stehen Kisten und liegen Bretter, der Sommer wird für Renovierungen genutzt. Als wir zurück sind, geht es ans Kuchenessen. Das heißt, nur ich esse. Pater Schneider sitzt mir gegenüber und ermutigt mich, immer wieder ein weiteres Stück zu nehmen. Er erinnert mich dabei an die böse Hexe, die den Daumen von Hänsel noch nicht dick genug findet.

Die Piusbrüder sind in einer komplizierten Lage. Sie sind wie ein Fossil, das den Blick in ein Kirchenzeitalter ermöglicht, das eigentlich vergangen ist. Nur dass dieses Fossil sich bewegt und stoisch versucht, sich aus dem Bernstein zu befreien, in dem es eingeschlossen ist. Das Fossil sieht sich als Teil der katholischen Kirche, doch die will davon nichts wissen. Aber irgendwie doch. Es ist kompliziert und seinen Anfang nahm das Ganze am 25. Januar 1959, als Papst Johannes XXIII. im winterlichen Rom mitteilte, dass er ein Konzil plane. Dieses Konzil war von Anfang an umstritten, so erklärte der Erzbischof von Mailand: »Der alte Knabe weiß nicht, in welches Hornissennest er gestochen hat.« Dieses Zweite Vatikanische Konzil dauerte schließlich vom 11. Oktober 1962 bis zum 8. Dezember 1965 und an seinem Ende standen einige bemerkenswerte Entscheidungen:

Latein wird zugunsten der jeweiligen Landessprache aus dem Gottesdienst entfernt, die katholische Kirche billigt auch anderen Religionen zu, göttliche Wahrheiten zu verkünden, außerdem wird die Trennung von Kirche und Staat anerkannt und es wird auch nicht mehr gefordert, dass die Gesellschaft nach der katholischen Moralvorstellung aufgebaut sein muss.

Es war ein langes und kräftezehrendes Konzil und der einladende Papst erlebte dessen Abschluss nicht mehr mit. Sein Nachfolger wurde ausgerechnet jener Erzbischof, der vor dem Hornissennest gewarnt hatte und schließlich als Paul VI. zum wohl größten Reformer der Kirchengeschichte werden sollte.

Natürlich wurden die Ergebnisse des Konzils kontrovers diskutiert. Für die Piusbrüder ist es schlicht »das größte Unglück des vergangenen Jahrhunderts«, was durchaus etwas heißen will im Jahrhundert von zwei Weltkriegen, von Stalin, Mao, Hitler und dem Holocaust. Zu den größten Gegnern des Konzils gehörte Erzbischof Lefebvre. Ein Katholik, an dessen Imagekorrektur auch die beste PR-Agentur gescheitert wäre. Er lehnte die Menschenrechte ab und wütete, dass sich alle Staaten, die sie anerkennen, in dauernder Todsünde befinden. Gleichzeitig fand er lobende Worte für die Militärdiktaturen in Argentinien und Chile. Die Juden sah er als Feinde der Kirche und bezeichnete den Synagogenbesuch von Johannes Paul II. als schweren Fehler. Die Grenzen der Religionsfreiheit wollte er selbst bestimmen, denn es durfte nicht sein, dass auch »falsche Religionen« unter ihren Schutz fallen. Da für ihn ausschließlich die katholische Kirche im Besitz des Heilsweges zu Gott war, hätte sie dementsprechend auch nur für die katholische Kirche gelten sollen, womit Lefebvre souverän bewies, dass er die Idee hinter der Religionsfreiheit nicht verstand.

1970 gründete er die Priesterbruderschaft St. Pius X., dieser Schritt wurde noch von der katholischen Kirche gebilligt. Seitdem sah er sich als Bewahrer des reinen katholischen Glaubens.

Lefebvre weihte immer wieder Priester für den Dienst in seiner Bruderschaft, die allesamt vom Vatikan nicht anerkannt wurden, da er nicht die Legitimation für das Aussprechen solcher Weihen besaß. Weil die Bruderschaft die Ergebnisse des Zweiten Vatikanischen Konzils offen ablehnte, wurde ihr vom Vatikan 1975 die Zulassung aberkannt, sie wurde somit faktisch aufgelöst und war kein Glied der katholischen Kirche mehr. Unbeeindruckt davon fuhr Lefebvre damit fort, Priester auszubilden. 1988 ging er noch einen Schritt weiter und weihte, trotz eines ausdrücklichen Verbotes durch den Papst, vier Bischöfe. Dabei verkündete er auch gleich, dass die Kirche seit dem Konzil gegen die heiligen Traditionen handle, weswegen ihre Strafen bedeutungslos seien. Damit stellte er die Autorität Roms offen in Frage, was automatisch den Ausschluss (die Exkommunikation) aus der katholischen Kirche für ihn, die vier Bischöfe und einen ihm assistierenden weiteren Bischof zur Folge hatte. Die Piusbruderschaft war also nicht mehr nur als Organisation kein Teil der katholischen Kirche mehr, sondern nun auch ihre führenden Mitglieder allesamt ausgeschlossen. Lefebvre starb 1991 in der Exkommunikation, also außerhalb des Segens der katholischen Kirche, wodurch er laut katholischer Lehre direkt in die Hölle hinabfuhr. Trotz dieser Situation bestehen die Piusbrüder weiterhin darauf, zur katholischen Kirche zu gehören.

»Warum gründet ihr nicht eure eigene Religion?«, will ich zwischen zwei Kuchenstücken wissen, während mir Pater Schneider in seinem schwarzen Talar gegenübersitzt.

»Ich will es mit einem Bild erklären: Wenn der Vater krank ist, verlässt der Sohn doch auch nicht die Familie.«

»Aber wenn der Vater die ganze Zeit sagt: ›Ich bin nicht krank und jetzt verschwinde endlich aus meinem Haus‹, könnte man doch irgendwann mal überlegen, die Koffer zu packen.«

»Das sagt er aber nicht.«

»Ihr seid kein Teil der katholischen Kirche und euer Gründer wurde exkommuniziert.«

Pater Schneider gießt sich nun einen Tee ein und spricht ruhig weiter. »Es gab schon immer Kirchenkrisen, das geht vorbei.«

»Ja, Luther löste auch eine Kirchenkrise aus.«

Luther interessiert ihn nicht, stattdessen kommt er wieder auf den Vater zurück. »Irgendwann wird der Vater merken, dass der Sohn ihm die nötige Medizin reicht.«

Er wirkt dabei entspannt und spricht so ruhig, als ob er einem Schüler erklärt, wo der Fußballplatz der Schule ist (durch den Flur ganz durch, links hinter dem Internat, mit einem Kunstrasen, der vom Karlsruher SC kostenlos übernommen wurde).

»Aber ist es nicht ein unangenehmes Gefühl, von anderen Katholiken nicht als gleichwertig angesehen zu werden?«

»Ich bin ja katholisch, ich bin nicht exkommuniziert.«

»Aber die Piusbrüder sind keine katholische Einrichtung.«

»Wir stehen im Einklang mit den Werten der katholischen Lehre.«

Ich esse wieder ein Stück Schokolade. Pater Schneider ist wirklich angenehm, er passt gar nicht zur K.O.-Schlag-Rhetorik, mit der die Alphamänner der Piusbrüder auf die Heiden und falschen Götter dieser Welt losgehen. Ich versuche mir vorzustellen, wie er solche Sätze sagt, und scheitere daran:

> »Die Gewalt in Staat und Gesellschaft geht nicht vom Volke aus, sondern von Gott.«
>
> »Vor allem die Gewissens- und Religionsfreiheit sowie die Meinungs- und Pressefreiheit sind falsche Rechte.«
>
> »Das heutige Judentum ist eine falsche Religion.«

Die Geschichte zwischen den Piusbrüdern und der katholischen Kirche war mit der Exkommunikation von 1988 aber nicht vorbei. 2009 wurde die Exkommunikation der von Lefebvre geweihten Bischöfe auf deren Bitten aufgehoben, womit sie wieder einfache Katholiken wurden. Nicht mehr, aber auch nicht weniger. Der Theologe und Kirchenrechtler Stephan Haering stellte dazu nüchtern fest:

> »Weiterhin bleiben diese unrechtmäßig geweihten Kleriker irregulär und suspendiert von der Ausübung der Weihen, die sie empfangen haben. Sie sind weder Glieder des Bischofskollegiums noch haben sie ein Amt in der katholischen Kirche inne. Die Aufhebung der Exkommunikation bedeutet also keine umfassende kirchliche ›Rehabilitation‹ dieser vier Personen, die zu keinem Zeitpunkt rechtmäßige katholische Geistliche gewesen sind. Die Bruderschaft wurde durch das Dekret vom 21. Januar 2009 nicht zu einer Vereinigung der katholischen Kirche. Die Kirchen der Bruderschaft sind keine katholischen Kirchen.«

In Kurzform: Sie sind Katholiken ohne Amt und Würden in der Kirchenhierarchie. Experten zeigten sich damals über diesen Schritt des Vatikans überrascht. Bei der Exkommunikation handelt es sich um eine Beugestrafe, die aufgehoben werden muss, wenn sich die Betroffenen ausdrücklich und aufrichtig von ihrem Fehlverhalten distanzieren. Das ist in diesem Fall nicht geschehen, denn die vier Priester haben sich nicht ausdrücklich vom Vorgang ihrer rechtswidrigen Weihe distanziert. In diesem Fall handelte es sich bei der Aufhebung der Exkommunikation vielmehr um eine Geste des guten Willens vom Papst gegenüber der Bruderschaft, um die Krise zu beenden. Ironischerweise profitiert die Bruderschaft dabei von ebenjener neuen Toleranz der Kirche, die sie selbst massiv an ihr kritisiert. Dass jemand aus der Exkommunikation wieder in den Schoß von Mutter Kirche aufgenommen wird, ohne dass er sich eindeutig von seinem Fehltritt distanziert hat, wäre in einer Kirche, wie sie den Piusbrüdern vorschwebt, undenkbar.

»Warum sind Sie Piusbruder geworden?«

Pater Schneider räuspert sich. »Ich war natürlich immer katholisch, aber ich war auch neugierig, ich las viel über die Mormonen und die Zeugen Jehovas. Doch ich spürte, dass die katholische Lehre einzigartig ist. Und diese möchte ich bewahren.«

»Und wenn es zum endgültigen Bruch kommen sollte?«

»Die ganz großen Krisen sind doch schon vorbei, wir bekommen mittlerweile auch Besuch von katholischen Würdenträgern, die sich unsere Einrichtungen ansehen und offene Gespräche mit uns führen.«

»Kann ich denn in den Himmel kommen, wenn ich nicht an Jesus glaube?«

»Jesus ist der Schlüssel.«

Indem er es nicht direkt ausspricht, dass es in die Hölle geht, wirken die Nachtodperspektiven noch düsterer. Aus anderen Gesprächen auf meiner Reise durch die Tempel, Kirchen und Hexenhäuser Deutschlands weiß ich zwar, dass Reklamationen in solchen Fragen so hoffnungslos sind wie das Reklamieren von Fußballern nach einer roten Karte, aber ich mache es trotzdem. Messi und Schweinsteiger machen es ja auch!

»Und wenn ich Gott dann sage, dass ich bisher keine Ahnung hatte, aber meine Ansichten nun gerne ändern möchte?«

Plötzlich schimmert unter seiner schokokuchenhaften Sanftheit eine Härte durch, die man dort nicht vermuten würde. Pater Schneider wirkt eigentlich wie der Typ Lehrer, mit dem über Noten verhandelt werden kann und der einem doch noch aus einer Fünf eine Vier macht und dafür ein Leben lang als toller Lehrer in Erinnerung bleibt, der die Ausnahme von der Regel ist. Was die Hölle angeht, ist er leider die Regel. Er schüttelt den Kopf. Nichts zu machen.

»Gut, dann bin ich also in der Hölle«, versuche ich aus der misslichen Lage das Beste zu machen. »Wenn ich dort zeige, dass ich nun aber wirklich meine Ansichten geändert habe, dann wird Gott mich zu sich holen, oder?«

»Gott gibt uns in diesem Leben die Möglichkeit, Jesus zu erkennen.«

»Und wenn ich ihn erst erkenne, wenn ich in der Hölle bin?«

»Das wäre zu spät.«

Das Gespräch erinnert nun an Besuche auf Ämtern, wo über Abgabefristen gestritten wird und der Beamte stur darauf verweist, dass die Unterlagen gestern hätten hier sein müssen. Gestern, nicht erst heute!

»Angenommen, ich werde in der Hölle zu einem richtig frommen Mann, dann muss mich Gott doch zu sich rufen. Er kann doch einen Frommen nicht unter all den Gottlosen verrotten lassen!«

»Er gibt uns in diesem Leben genügend Möglichkeiten, ihn zu erkennen. Niemand ist aus Versehen in der Hölle.«

»Aber meinen freien Willen habe ich doch von Gott. Warum bestraft er mich dafür, ihn einzusetzen?«, versuche ich eine letzte Verteidigungsstrategie.

»Er gibt uns die Möglichkeit, ihn zu erkennen.«

»Wenn er festlegt, wohin mich mein freier Wille führen soll, ist er aber nicht mehr frei. Dann hätte er darauf auch ganz verzichten können.«

»Wir könnten sonst Jesus nicht erkennen, der freie Wille ist deswegen ein Geschenk.«

»Vielleicht ist er aber auch einfach ein Fehler von Gott.«

»Nein.«

»Warum nicht? Macht Gott keine Fehler?«

»Wenn Gott fehlbar wäre, könnte die Welt nicht erlöst werden.«

»Er könnte doch da improvisieren, wo er Fehler gemacht hat. Ich hätte vor so einem Gott nicht weniger Respekt als vor einem angeblich fehlerlosen.«

»Es steht außer Frage, dass er fehlerlos ist. Und gütig.«

»Na ja, er hat kleine Kinder von Bären zerreißen lassen als Strafe dafür, dass sie einen glatzköpfigen Mann gehänselt hatten. Das halte ich schon für einen Fehler.«

»Wir können nicht alles in unserer Unvollkommenheit verstehen.«

Ich nahm mir wieder ein Stück Kuchen. Keine Ahnung, ob es in der Hölle Schokoladenkuchen gibt, aber für den Fall, dass nicht, greife ich heute noch einmal richtig zu.

Während Pater Schneider mir keine Hoffnung auf Gnade macht, wenn ich erst einmal in der Hölle bin, zeigte die katholische Kirche 2009 mehr Rücksicht gegenüber Gestrauchelten und hob die Exkommunikation der Bischöfe auf. Womöglich hätte das auch tatsächlich der Moment sein können, in dem sich die Piusbrüder wieder der katholischen Kirche unterordnen, wäre da nicht Richard Williamson gewesen. Er war einer der vier Bischöfe, die wieder in die katholische Kirche aufgenommen wurden, und ließ es sich zur selben Zeit nicht nehmen, den Holocaust zu leugnen. Er hat die erstaunliche Leistung vollbracht, mittlerweile nicht nur wieder exkommuniziert zu sein, sondern auch bei den Piusbrüdern rauszufliegen. Eigentlich hat sich zwischen ihm und den Piusbrüdern das Gleiche abgespielt wie zwischen den Piusbrüdern und dem Vatikan. So wie Lefebvre immer wieder gegen die Vorgaben des Vatikans verstieß, verstieß Williamson gegen Vorgaben der Piusbrüder. 2015 weihte er selbst einen Bischof, was die schon erwähnte zweite Exkommunikation zur Folge hatte.

Die Piusbrüder haben sich von ihm distanziert, was beachtlich ist, schließlich wird dort der theologische Umgangston von Hardlinern wie Franz Schmidberger vorgegeben. Er ist Leiter des Priesterseminars der Bruderschaft und für seine Angriffe gegen die Moderne und eigentlich alles, was diese Moderne hervorbrachte, berüchtigt.

In seiner Schrift *Die Zeitbomben des Zweiten Vatikanischen Konzils,* die mittlerweile in der vierten Auflage vorliegt, spricht er Klartext. Seiner Meinung nach hat die katholische Kirche ihren absoluten Anspruch aufgeweicht, die einzige Kirche Gottes zu sein, was er nicht akzeptieren kann, schließlich »ist klar ausgesagt, dass die Kirche absolut, einzigartig und einmalig dasteht, als ein Zeichen, aufgerichtet unter den Völkern, als der Tempel des lebendigen Gottes, als die Braut des geschlachteten Lammes, als das neue Jerusalem, das vom Himmel herniedersteigt, als das Zelt Gottes unter den Menschen, als der mystische Leib Christi, als der fortlebende und fortwirkende Herr mitten unter uns«. Neben dieser Herrlichkeit haben kein Protestant und keine Ostkirche Platz, schon gar keine Moschee und von Synagogen sprechen wir erst gar nicht.

Gerne nimmt sich Schmidberger die Andersgläubigen vor. Auch wenn das manchmal etwas widersprüchlich klingt (»Wer außerhalb der sichtbaren katholischen Kirche das Heil erlangt, erlangt es einzig und allein durch die katholische Kirche«), hat er für sie immerhin auch einen kleinen Trost übrig. Wer sich zu Lebzeiten in einem »entschuldbaren Irrtum« befand, kann auch als Nichtkatholik errettet werden, wobei er einschränkt: »Für wie viele Menschen dies zutrifft, weiß Gott allein. Wahrscheinlich sind es viel weniger, als wir gemeinhin annehmen.«

Danach nimmt er sich der Reihe nach die großen Religionen vor und lässt seine Mitbrüder an seinen Weisheiten teilhaben: »Es ist tausendmal schwieriger, ja praktisch unmöglich, einen Mohammedaner zur Kirche zu bekehren als einen Heiden aus dem afrikanischen Busch.« Die Gesichter von Hindus sind »zum Teil hasserfüllt« und »drücken etwas ganz anderes aus als Vertrauen und Liebe«. Buddhisten wollen lieber »ins Nichts« eingehen anstatt in die Liebe zu Jesus, was sie verdächtig macht, und überhaupt breiten sich solche Irrlehren »wie ein Flächenbrand« aus und »durchdringen alle Organisationen, die staatlichen wie die gesellschaftlichen, und haben ihre Agenten nicht zuletzt in der UNO sitzen. Der Regenbogen kündet landauf, landab den Tod des Christentums und den Anbruch der antichristlichen Ära an.«

Und schließlich landet er bei den Juden. Ein Thema, bei dem

die Piusbrüder sich mit Freuden ein Fettnäpfchen nach dem anderen aufstellen und mit Anlauf hineinspringen. Bedauernd stellt er zu Beginn fest: »Für uns Deutsche handelt es sich hier ohne Zweifel um ein delikates Thema. Ich beschränke mich darum auf rein theologische Aussagen.« Aber auch die sind gewohnt deutlich: »Mit dem Kreuzestod Christi ist der Vorhang des Tempels zerrissen, der Alte Bund abgeschafft und wird die Kirche, die alle Völker, Kulturen, Rassen und sozialen Unterschiede umfasst, aus der durchbohrten Seite des Erlösers geboren.«

Er fordert von allen Juden der Welt, dass sie sich taufen lassen. Das ist das Mindeste, nachdem sie alle zusammen Jesus umgebracht haben.

> »Damit sind aber die Juden unserer Tage nicht nur nicht unsere älteren Brüder im Glauben, wie der Papst bei seinem Synagogenbesuch in Rom 1986 behauptete; sie sind vielmehr des Gottesmordes mitschuldig, solange sie sich nicht durch das Bekenntnis der Gottheit Christi und der Taufe von der Schuld ihrer Vorväter distanzieren.«

Religionsfreiheit lehnt er ab, weil die Bevölkerung vor anderen Religionen geschützt werden muss:

> »So ist die Ablehnung der Religionsfreiheit im oben angegebenen Sinn ein machtvoller Schutz für die Seelen, die sonst unablässig der Propaganda der Sekten und den Eroberungsfeldzügen der nichtchristlichen Religionen mehr oder weniger schutzlos ausgesetzt sind.«

Verglichen mit Pater Schmidberger wirkt Pater Schneider fremd in der Piusbruderschaft. Er hat mir auch nichts davon gesagt, dass die Juden nicht mehr unter dem besonderen Schutz Gottes stehen. Als ich fragte, ob seit der Verkündigung des Neuen

Testaments das »auserwählte Volk« nur noch ein »gewöhnliches Volk« ist, hat er sogar von den älteren Brüdern gesprochen. Er benutzte tatsächlich die Formulierung, die die Päpste verwenden. Offenbar repräsentiert Pater Schneider den ultraliberalen Flügel der Bruderschaft. Nachdem er mir noch erklärt hat, dass »Das Leben des Brian« für ihn mit Satire nichts zu tun hat, greife ich mir ein letztes Stück Kuchen und mache mich auf den langen Weg zurück aus dem Saarland, diesem Kleinstbundesland, eingeklemmt zwischen Frankreich, Luxemburg und Rheinland-Pfalz.

Pater Schneider bringt mich zum Bahnhof und erzählt mir im Auto den ersten Witz, den ich auf meiner bisherigen Reise aus dem Mund eines Gesprächspartners höre. Und der geht so: Sagt der kleine Thomas: »Papi, der Vater von Martin sagt, dass es Gott nicht gibt.« Darauf der Papi: »Weiß Gott das denn?«

Auch das macht für mich deutlich, dass Pater Schneider nicht zu den radikalen Piusbrüdern gehören kann. Ich kann mir nur schwer vorstellen, dass ein Mann vom Kaliber Schmidbergers, Lefebvres oder Williamsons so einen harmlosen Spaß verbreiten würde. Bei ihnen würde er wohl eher so lauten: Sagt der kleine Alexander (Bloom): »Papi, der Vater von Martin sagt, dass es Gott nicht gibt.« Darauf der Papi: »Das ist Gotteslästerung und Gott wird ihn dafür bis in alle Ewigkeit in der Hölle leiden lassen. Schau nicht so entsetzt, das ist ein Grund zur Freude!«

Station 21
Heidentum

Naturreligionen sind ein kompliziertes Thema. Einerseits sind sie so etwas wie die Traditionsvereine der Religionsliga, andererseits sind sie mit einem Haufen Scherben zu vergleichen, die jeder anders zusammenklebt, weil niemand weiß, wie der ursprüngliche Gegenstand eigentlich aussah. Außerdem weiß auch niemand, ob alle Scherben vorliegen, ob welche hinzukamen oder verloren gingen. Deswegen entwickeln Anhänger von Naturreligionen oft Rituale, bei denen sie nur spekulieren, dass die Vorfahren sie so zelebriert haben könnten. Manche treten dabei besonders überzeugend auf und behaupten lautstark, die alten Traditionen wieder zum Leben erweckt zu haben! In der Sphäre von Göttern, Engeln, Wundern und Dämonen ist natürlich alles möglich, aber trotzdem sehen sogar die meisten Heiden einen solchen Anspruch eher kritisch. Andreas Mang, Autor mehrerer Bücher über das Heidentum, stellt dazu fest:

> »Fakt ist, dass wir heutzutage so gut wie nichts über die tatsächlichen Riten unserer Vorfahren wissen, weil die nichts darüber aufgeschrieben haben. Man sucht zusammen, was man noch rekonstruieren kann, der Rest ist Neuschöpfung aus dem Vorhandenen. Hier zu behaupten, man würde eine ununterbrochene Traditionslinie historisch getreu weiterführen, geht an der Wirklichkeit vorbei.«

Trotzdem gibt es sie, die Heiden in Deutschland, die versuchen, an alte Bräuche anzuknüpfen. Es sind wenige und diese wenigen betreiben eine eher unglückliche Öffentlichkeitsarbeit, weswegen Termine mit mehreren von ihnen schlichtweg nicht zustande kamen, weil meine Anfragen liegen blieben. Manche Gruppen reagierten gar nicht, andere so zögerlich, dass Terminvorschlag um Terminvorschlag längst verstrichen war, bevor überhaupt eine Antwort kam. Schließlich gelang es doch noch, einen verbindlichen Termin zu organisieren, und so machte ich mich auf den Weg zum Orden der Barden, Ovaten und Druiden. Er verkörpert eine keltisch-germanische Naturreligion und hat seinen Sitz zwischen Gießen und Frankfurt in einem Ort mit dem einprägsamen Namen Butzbach.

Wenn man dort aus dem Zug steigt, fällt als Erstes auf, dass die Deutsche Bahn ihren eigenen Bahnhof geräumt hat. Ein verfallenes Gebäude mit grauer Farbe, die langsam von der Wand platzt, diente früher als DB-Infocenter. Auf der Treppe sitzt ein Obdachloser und an der verriegelten Eingangstür klebt das Schild, das über den Umzug in die Stadt informiert. Ich kenne die genauen Hintergründe für diesen Schritt nicht, vielleicht ist das Gebäude ja verflucht oder es leben wilde Tiere darin, aber vom ersten Eindruck her klingt es nach einer wenig gut durchdachten Idee, wenn die Deutsche Bahn ihre Büros von den Bahnhöfen abzieht und in die Innenstädte verlegt.

Zusammen mit einer keltischen und einer germanischen Trommel auf dem Sofa. In Runen sind in sie die großen Jahresfeste wie die Wintersonnenwende eingelassen.

Weil sich das neue Bahn-Zentrum wiederum in einem Infozentrum der Butzbacher Energieversorger eingemietet hat, übersehe ich das Büro auf meiner Suche erst einmal und laufe deswegen bis auf den Marktplatz. Dabei beobachte ich das interessante Kommunikationsverhalten älterer Butzbacher. Wenn sie sich auf der Straße begegnen, erkundigen sie sich nach dem Wohlbefinden des anderen und fragen auch, wohin er denn unterwegs ist, bleiben dabei aber nicht eine Sekunde stehen. Ja, sie verlangsamen nicht einmal ihre Schritte. Wie zwei Atome, die im Universum aneinander vorbeischießen.

»Wie geht's?«

»Muss ja. Und bei dir so?«

»Was soll man machen?«

Und wusch und weg.

Es sind aber hilfsbereite Menschen, deswegen googelt die

Apothekerin mehrere Minuten lang für mich die Anschrift des Deutsche-Bahn-Büros, was sich letztlich als vergebliche Mühe herausstellt, denn als ich um 11 Uhr 05 dort eintreffe und meinen Koffer abgeben will, erfahre ich, dass es um zwölf Uhr schließt. Die Deutsche Bahn hat also den Bahnhof verlassen, um sich bei den Energieversorgern einzumieten und den Arbeitstag um zwölf Uhr zu beenden. Drei erstaunliche Entscheidungen.

Also nehme ich mir ein Taxi und lasse mich zur Heilpraxis von Volkert Volkmann fahren. Es ist eine lange Fahrt, denn Butzbach geht sehr in die Breite. Kaum dass man das Zentrum verlassen hat, ist man auf der Landstraße und fährt eine Viertelstunde lang an Feldern und Wäldern vorbei, die noch zu den letzten Ausläufern des Taunus gehören.

»Der Letzte, der in Butzbach ein Buch geschrieben hat«, setzt der Taxifahrer unheilvoll an, kann die Spannung aber nicht halten, »schrieb über die Römer.«

Bald darauf haben wir mein Ziel erreicht. Am Tor hängt ein Plakat gegen die Windparkpläne der Gemeinde: »Keine Windkraftanlage im Wald!«, dazu drei durchgestrichene Windräder in einem Stoppschild. Unter www.gegenwind-im-taunus.de organisiert sich der Widerstand. Auch an anderen Haustüren in Butzbach hängt dieses Plakat.

Volkmann ist nicht nur Heilpraktiker, er sieht auch so aus. Pferdeschwanz, lässige Kleidung, beruhigende Stimme und bereitgestellter Tee in der Küche. Als Erstes berichtet er von anderen Heiden, über die er sich ärgert. Da wäre dieser eine selbsternannte Druide, der mit Mitte 40 noch bei seiner Mutter wohnt, aber sich als oberste Autorität aufspielt. Auch über jene, die ein Bonifatius-Denkmal mit roter Farbe übergossen haben, kann er nur den Kopf schütteln. Wobei ich es zumindest verstehen kann, wenn Heiden nicht gut auf Bonifatius zu sprechen sind. (Das ist der christliche Missionar, der kurzerhand eine heilige Eiche fällte, um die Machtlosigkeit der germanischen Götter zu beweisen.) Volkmann fallen noch mehr Heiden ein, die für ihn entweder keine Heiden sind oder zumindest dubiose Heiden. Wörter wie »Anwalt«, »Anzeige« und »Gegendarstellung« fallen. Aber er teilt nicht nur aus, sondern muss auch einstecken. So wurde seine Homepage schon Opfer einer Hackerattacke durch eine andere heidnische Gruppe. Bei meinen Recherchen fand ich auch Webseiten, auf denen sich heidnische Funktionäre ausführlich gegen vermeintliche Verleumdungen aus der Szene zur Wehr setzten und dabei Einblicke in eine Parallelgesellschaft gaben, die offenbar zutiefst zerstritten, von diversen Frontverläufen durchzogen und überhaupt in ständiger Distanzierungsbereitschaft ist.

Besonders dramatisch liest sich das auf der Homepage eines religiösen Oberhauptes, das von mehreren Gruppen anerkannt wird und von anderen umso leidenschaftlicher nicht. Unter »10 Jahre Mobbing« geht er detailliert auf die Angriffe gegen sich ein. Und detailliert heißt: wirklich detailliert. Da wird aus E-Mails der letzten Jahre zitiert, da steht der Vorwurf manipulierter Amazon-Bewertungen im Raum und es folgen lange Listen, wer was in welchem Heidenforum gepostet hat und wer was in welchem Heidenforum posten wollte, aber gesperrt wurde. Nebenbei bietet dieses Dokument ganz gute Einblicke in die Größenordnung der Szene. Wenn etwa eine Unterschriftenaktion erwähnt wird, die gerade einmal 61 Unterzeichner fand, spricht das für sich. Zumal noch eingeschränkt wird: »Wie sich herausstellte, waren darunter viele Wicca, also moderne Hexengruppen, die mit der Thematik ja gar nichts zu tun haben.« Auch Beweisführungen wie: »Da uns die Verkaufszahlen von Book on Demand vorliegen, wissen wir definitiv, dass sie das Buch nie gekauft haben können«, sprechen offensichtlich für Verkaufszahlen, bei denen der Autor noch ganz gut den Überblick behält. Es ist eine kleine Szene mit großem Streitbedürfnis.

Auf gewisse Weise stehen sie damit aber auch in der Tradition der Geschichten aus den germanischen Götter- und Heldenepen, die vor allem in der *Edda* niedergeschrieben wurden. Götter, Menschen, Riesen und Ungeheuer trinken darin viel Met und kämpfen viel, streiten sich, ziehen in die Schlacht, kämpfen und sterben und kämpfen nach dem Tod einfach weiter. Die *Edda* ist kein heiliges Buch, wie etwa die Bibel, sondern eine Sammlung von Heldengeschichten und Benimmregeln, ergänzt um viel Kampf, Blut und Honigwein. An vielen Stellen werden Verhaltensweisen kritisiert oder empfohlen, wie etwa im »Hohen Lied«, einem der bekanntesten Teile der *Edda,* das in 138 Absätzen im Grunde Lebensratschläge gibt, die zwischen tiefsinnig und banal schwanken.

»Von seinen Waffen weiche niemand
Einen Schritt im freien Feld:
Niemand weiß unterwegs, wie bald
Er seines Speeres bedarf.

Der Freund soll dem Freunde Freundschaft bewähren
Und Gabe gelten mit Gabe.
Hohn mit Hohn soll der Held erwidern
Und Losheit mit Lüge.«

Zum Teil nähern sich diese Weisheiten auch schon fast dem Niveau eines Sokrates an, wenn es heißt: »Der Rechte weiß, was er weiß.« Nur das klitzekleine Wörtchen »nicht« fehlt hier, um die germanische Philosophie auf das Niveau der griechischen zu heben. Aber auch die Feststellung »Wissen es dreie, so weiß es die Welt« zeigt, dass die Verfasser Ahnung vom menschlichen Charakter hatten. Auch über die Frauen äußern sie sich dabei und empfehlen: »Den Tag lob abends, die Frau im Tod.« Offenbar war das Verhältnis der Geschlechter durch lebenslanges Misstrauen geprägt.

Als Volkmanns Frau die Küche mit den Einkäufen betritt (auch Heiden essen Dosenravioli), ist von diesem Misstrauen nichts zu spüren. Sie ist bei der Kampagne gegen den Windpark sehr engagiert und scheitert jetzt am Dosenöffner, weswegen Volkmann mit schwerem Gerät anrückt, ein Messer zwischen Dose und Deckel schiebt und so den Deckel heraushebelt.

Er selbst ist nicht nur Kopf des Ordens der Barden, Ovaten und Druiden, sondern leitet auch den Dachverband für traditionelle Naturreligionen e.V., der seine Aufgabe darin sieht, »einzelne Personen und Gruppen zu vernetzen und öffentliche Arbeit in Form von Medienarbeit, Schulunterricht, Übergangsfesten sowie naturreligiösen Feiern zu organisieren«. Beim Gang durch seinen Garten zeigt sich, dass hier alle heidnischen Gruppen eine geeignete Infrastruktur vorfinden. Als Erstes ist da der Keltenkeller, eine schmale Holzhütte, die von allen Seiten bewachsen ist. Es ist ein düsterer Raum, in dem vor allem ein Amboss steht, auf dem rituelle Waffen aus Eisenstangen hergestellt werden, die an der Wand lehnen. Hier ist es dunkel und eng. Weniger heidnisch gesinnte Menschen würden diese Hütte wohl als Rumpelkammer für Gartenwerkzeuge verwenden.

Rechts hinten im Garten steht ein schwarzer Stein, der wie ein geschrumpfter Obelisk aussieht, aber eine wichtige Funktion erfüllt. Er leitet die Energiestrahlen um, die sonst ungehindert in Volkmanns Haus wirken würden. Um mir die Auswirkungen zu erklären, deutet er auf eine schmale Grasfläche neben seinem Kräuterbeet.

»Siehst du das?«, meint er. »An dieser Stelle wächst nichts, weil der Energiefluss zu stark ist. Da gibt es nur Ameisen, die da ihre Straßen bauen, das kann man auch gar nicht verhindern. Da bringt auch Gift nichts oder sonstige Chemie, das ist der Energiefluss.«

»Hast du es schon mal probiert?«

»Was?«

»Mit Gift?«

Er schüttelt den Kopf, als ob die Frage eine einzige Absurdität wäre.

Als erfahrener Geomant weiß er, wann die Energieflüsse ihr Recht fordern und wann nicht. Und dieses Stück Garten wird er nie kultivieren können, das ist einfach so. Wobei das auch kein Problem ist, denn als ebenfalls erfahrener Homöopath weiß er sich im Einklang mit den Schwingungen und Strahlungen der stofflichen Welt. Während er mir an einem Beispiel (einen Finger an die Handinnenfläche halten und spüren, wie es zu kribbeln beginnt) erklärt, warum Homöopathie wirkt und nur von Leuten abgelehnt wird, die schlicht keinen Zugang zur nichtmateriellen Welt finden, betreten wir das spektakulärste Bauwerk des Gartens. Von außen sieht es noch aus wie ein unscheinbares Gartenhaus, halb von Pflanzen und halb von Holzlatten verdeckt, doch im Inneren stellt es sich als Versammlungsraum für heidnische Zusammenkünfte heraus. Hirschgeweihe lehnen in Regalen, Teppiche liegen auf dem Boden, es ist angenehm ruhig hier. Auf dem Boden verteilt stehen mehrere Holzstämme.

»Darauf sitzen die Teilnehmer der Veranstaltungen«, erklärt Volkmann. Vor der Wand steht noch eine Holzbank, die eindeutig das Zentrum des Raums bildet. Hinter ihr hängt das Logo der Gruppe: ein Baum mit Wurzeln, durch den sich ein Muster mit vielen Drehungen und Kurven windet, das im Endeffekt zwei Herzen bildet. Auf der Bank selbst liegt eine Trommel, die mit dem keltischen sowie dem germanischen Jahreskreiskalender verziert ist.

»Wer sitzt auf der Bank?«

»Da sitzt immer ein Paar, um an die Erschaffung der Welt zu erinnern und daran, dass auch bei den Göttern Männer und Frauen gleichberechtigt sind.«

Überhaupt, die Götter. Grundsätzlich kann es unendlich viele davon geben. Sie haben auch eine andere Rolle als bei den Monotheisten, weswegen auch immer wieder wechselnde Götter angebetet werden können. Wer ein Feld bestellt, bittet andere Götter um Unterstützung als ein Fischer oder Krieger. Gleich ist aber allen, dass das Verhältnis zu den Göttern mehr dem zwischen Kunden und Dienstleister entspricht. Der Heide betet, bringt Opfer dar, singt, tanzt oder zeigt auf andere Weise seine Verehrung, bevor dann die Götter am Zuge sind. Wenn sie nicht reagieren oder anders, als der Heide hoffte, wird er sich womöglich künftig an andere Götter wenden, was seine aktuellen Favoriten nicht gleichgültig lässt, schließlich wollen auch Götter wie Menschen gelobt und geschätzt werden. Entkrampft wird das Verhältnis »Mensch – Gottheit« auch durch das Fehlen mehrerer himmlischer Daumenschrauben, die der Monotheismus kennt: Es gibt keine Hölle und es gibt keine Sünden, die von den Göttern bestraft werden. Es kann auch Heiden geben, die gar nicht religiös sind, aber dennoch die Götter ehren. Für sie handelt es sich dabei um Symbole, durch die Rituale und Traditionen der Vorfahren wachgehalten werden.

Auch ist die Götterwelt der Germanen lebendiger als die der Monotheisten. Wenn die germanische Götterwelt ein Multikultiviertel in der Großstadt ist, in dem es laut und chaotisch zugeht, regelmäßig der Umzugswagen vorfährt und es ständig kleine Affären und Intrigen gibt, ist der Monotheismus ein einsamer Bungalow am Stadtrand, wo alles seine Ordnung hat, Verbotsschilder den Verkehr regeln und für immer das spießige Gemälde mit dem röhrenden Hirsch über dem Esstisch hängt, weil der Hausherr das so will.

Es gibt drei übermenschliche Geschlechter in der germanischen Götterwelt. Das älteste davon sind die Riesen, Monster und ähnlich fürchterliche Wesen, die für Naturkatastrophen verantwortlich sind und die Macht hätten, die Welt zu vernichten. Als Gegengewicht entstand das Geschlecht der Wanen, die klug und ausgleichend sind, außerdem praktisch unsterblich (es sei denn, sie werden erschlagen), aber zu schwach, um alleine gegen die Riesen zu bestehen. Deswegen gibt es noch ein drittes Geschlecht, die Asen, die kräftiger und kriegerischer sind. Obwohl Wanen und Asen eigentlich genug damit zu tun haben sollten, die Riesen unter Kontrolle zu halten, fingen sie einen Krieg gegeneinander an, der in der Mythologie als Wanenkrieg beschrieben wird. Beide Seiten gingen mit einer Brutalität aufeinander los, dass die *Edda* dabei vom ersten Völkermord der Geschichte spricht. Erstaunlicherweise siegten die körperlich schwächeren Wanen gegen das Kriegergeschlecht der Asen und noch erstaunlicher ist, dass sie die Asen nicht unterwarfen, sondern stattdessen mit ihnen einen Frieden auf Augenhöhe schlossen, der durch den Austausch von Geiseln abgesichert wurde. Im Verlauf der Zeit vermischten sie sich so sehr, dass schließlich nur noch von den Asen gesprochen wurde.

Am Beispiel des Göttervaters Odin sieht man, wie komplex und voller biographischer Querverbindungen die germanische Götterwelt ist. Auch ärgste Feinde sind da oft Blutsverwandte. Odins Großvater war der Riese Bure (der wiederum von einer Kuh aus einem Stein geleckt wurde), dessen Riesensohn mit einer Riesin drei Söhne hatte, von denen einer Odin ist. Ihre Geburt fand vor der Erschaffung der Welt statt (was heißt, dass es vor der Erschaffung der Welt zwar noch keine Menschen, aber Kühe gab, die wiederum älter als der Göttervater Odin sind), die ihren Anfang nahm, nachdem die drei Brüder den Riesen Ymir getötet und aus seinen Körperteilen die Welt erschaffen hatten. Ymir war nicht irgendein Riese, er war das allererste Lebewesen überhaupt, vor ihm gab es nur die Elemente, weswegen seine »Eltern« Gletschereis und Feuer waren. Seine Körperteile sind unsere Welt, die Erde besteht aus seinem Fleisch, das Wasser aus seinem Blut, die Felsen sind seine Knochen, die Bäume sein Haar, sein Gehirn wurde zu den Wolken und sein Schädel unser Himmel, was eine ungefähre Vorstellung davon gibt, wie riesig dieser Riese war.

Odin und seine Brüder hatten die Welt nicht direkt zu einem

schönen Ort gemacht. Im Wesentlichen gab es nur zwei Klimazonen, die eine war extrem heiß und stand in Flammen und die andere war extrem kalt und bestand aus Eis. Mit der Zeit wurde es aber lebensfreundlicher und so erschuf Odin die ersten Menschen. Dem Göttervater selbst kann eine hedonistische Ader nicht abgesprochen werden, er verfügt über zwei Paläste, in denen jederzeit Walküren bereitstehen müssen, um ihn mit Alkohol zu versorgen. Er hat mindestens 17 Frauen und Geliebte, darunter Riesenjungfrauen und Göttinnen. Dabei entspricht er nicht einmal dem klassischen Schönheitsideal, seitdem er ein Auge im Tausch gegen einen Schluck aus dem Wissensbrunnen gab. Vielleicht kommt sein Schlag bei den Frauen aber auch daher, dass er ein so großes Herz für Tiere hat. Seine engsten Berater sind die Raben Hugin und Munin, außerdem begleiten ihn die Wölfe Geri und Freki und er reitet ein achtbeiniges Pferd.

Zweifelhafte Berühmtheit hat er dadurch erlangt, dass er den ersten Krieg der Weltgeschichte durch einen Wurf mit seinem Speer in die feindlichen Reihen eröffnete. Von seinem Thron aus kann er alles überblicken, was auf der Welt geschieht, und sein Mantel verleiht ihm die Fähigkeit, überall zu sein, wo er hinmöchte. Er hat mehrere Kinder, von denen Thor mit Sicherheit das bekannteste ist.

»Welche Funktion hast du denn im Orden der Barden, Ovaten und Druiden?«, frage ich Volkmann, während wir die Hütte verlassen und uns an diesem warmen Tag auf die Bank im Garten setzen.

»Ich bin Gode.« Mehr sagt er nicht, vielleicht, weil er von dem Vogel im Baum hinter uns abgelenkt ist, vielleicht aber auch, weil er gefragt werden will. Ich frage.

»Was ist das?«

»So etwas Ähnliches wie ein Priester, nur mit dem Unterschied, dass damit keine größere religiöse Autorität einhergeht, wie das im Christentum der Fall ist. Goden sind vor allem Menschen, die sich besonders gut mit den Traditionen auskennen.«

»Kann sich jeder so nennen?«

»Man hat einen Lehrer, der einen durch die Ausbildung begleitet.«

»Also bist du erster Ansprechpartner für die Fragen der Mitglieder?«

»Ja.«

»Was passiert nach dem Tod?«

Volkmann lächelt. »Das weiß ich nicht.« Er lächelt weiterhin, schweigt nun aber gleichzeitig.

»Eine etwas arme Antwort für eine religiöse Autorität, finde ich.«

»Überhaupt nicht«, verteidigt Volkmann seine Godenehre, »es ist schlicht nicht möglich, diese Frage zu beantworten. Wir leben in einer mystischen Welt und sicherlich wird da etwas kommen, aber was, das weiß niemand.«

»Aber es gibt doch Jenseitsvorstellungen, etwa Walhalla, glaubst du nicht daran?«

»Orte wie Walhalla können genauso gut Symbole sein für Dinge, die wir nicht verstehen. Wir können es einfach nicht wissen.«

Das sehen andere Heiden übrigens ganz anders. In der Germanischen Glaubensgemeinschaft, der der schon erwähnte Herr vorsteht, der seit mehr als zehn Jahren gemobbt wird, existiert ein klares Glaubensbekenntnis in zehn Punkten, das mit »Wir bekennen uns zu den Kräften des Geistes und des Lebens, die das All durchdringen« anfängt und endet mit: »Über das Grab hinaus aber schauen wir mit ganzem Vertrauen in die Unendlichkeit, daher wir gekommen sind. Unsere Aufgabe ist, dieses Dasein zu erfüllen – es zu bestimmen ist das Recht und die Kraft der Götter, die das All durchdringen und uns, in Zeit und Ewigkeit.«

Dieses klare theologische Fundament ist der Grund, weswegen viele heidnische Gruppen, so auch Volkmanns Kulturgeister, daran zweifeln, ob die Germanische Glaubensgemeinschaft überhaupt noch im engeren Sinne eine Naturreligion darstellt. Volkmann jedenfalls kann mit einer solchen Katalogisierung des Glaubens nichts anfangen.

»Naturreligionen unterscheiden sich gerade aufgrund der fehlenden Dogmen und aufgrund der fehlenden heiligen Texte von den Buchreligionen.«

»Woher stammen eigentlich die Quellen, aus denen ihr euer Wissen über die Germanen bezieht?«

»Es gibt einige Schriftstücke auf Gefäßen und rituellen Gegenständen, die wir mittlerweile lesen können. Hinzu kommen römische Quellen, Caesar hatte zeitweilig einen Druiden als Berater. Außerdem sind viele Rituale ausgerechnet durch christliche Missionare überliefert, nämlich in Verbotslisten, was künftig im nun christlichen Land nicht mehr angebetet, gefeiert und vollführt werden darf.«

Das dürfte so manchen christlichen Missionar da oben im Himmel richtig ärgern, dass sein Christianisierungswerk ungewollt zum Fortbestand dieses Götzendienstes geführt hat. Bestimmt sind sie deswegen auch Zielscheibe von Hohn und Spott, wenn sie mit den anderen in der Himmelsmensa sitzen. Eine typische Szene dürfte sein, dass der Erzengel Gabriel sich im Vorbeigehen zu Bonifatius hinunterbeugt, um sarkastisch grinsend zu fragen: »Na, heute schon einen Heidenstamm vor dem Vergessen gerettet?«, während er aufpasst, dass ihm die Käsespätzle nicht vom Tablett rutschen. Alle Propheten lachen dann, der Engelschor spielt einen Tusch und Bonifatius stochert grimmig in seiner kleinen Salatschale.

»Haben wir denn so etwas wie eine unsterbliche Seele?«, frage ich meinen Goden.

»Ja, die haben wir. Alles ist belebt, Mineralien, Pflanzen, Tiere und Menschen, aber nur Menschen haben in diesem Sinne ein Bewusstsein.«

»Pflanzen nicht?«

»Ein Bewusstsein haben sie nicht, aber sie bekommen viel mehr mit, als wir gemeinhin glauben. Ich spreche deswegen auch mit meinen Pflanzen und spüre, wenn sie Stress haben. Es geht ihnen besser, wenn jemand mit ihnen spricht. Auch wir Menschen fühlen uns doch wohler, wenn wir miteinander sprechen, anstatt uns grimmig anzustarren.«

»Weil wir Menschen sind und kein Buchsbaum.«

»So eine Pflanze spürt die positive Energie, die jemand ausstrahlt. Aber auch die negative.«

Wieder wird er von der Natur abgelenkt, weil sich ein weiterer Vogel auf die Keltenhütte setzt, bevor er rasch weiterfliegt.

»Wenn du mit den Pflanzen sprichst, antwortet so eine Holunderblüte dann auch?«

»Ja. Zwar nicht mit Worten, aber ich spüre ihre Energie.«

»Hast du dann keine moralischen Bedenken dabei, so ein Kraut am Ende mit dem Messer zu töten?«

Er lacht kurz auf. »Das ist ja kein Tier und im strengen Sinne bleibt auch noch das Wurzelwerk übrig.«

Weil ich noch etwas mehr über die Druiden erfahren will, wechsle ich thematisch vom Kräuterbeet ins Hexenhaus.

»Was macht so ein Druide eigentlich?«

»Er ist ein Lehrer der Traditionen, kennt die alten Überlieferungen und ist ein Bewahrer der Natur.«

Weil ich mir darunter nicht so viel vorstellen kann, schaue ich mir an, was die Druiden in ihrer Broschüre über sich selbst schreiben.

> »Durch unsere Arbeit ermöglichen wir unserem spirituellen Selbst, mit dem individuellen und dem kollektiven spirituellen Bewusstsein in Kontakt zu kommen. Die druidische Tradition besitzt den Schlüssel, der uns allen hilft, in Harmonie miteinander zu leben.«

Auch das bleibt im Vagen und Ungefähren, vielleicht ist das auch so gedacht, um die Neugierde am Druidentum zu wecken. Wer Druide werden will, muss zuvor allerdings die Ausbildung zum Barden (Lernstoff unter anderem: druidische Elementelehre, Studium alter Quellen) und danach zum Ovaten (Lernstoff unter anderem: Heilkunst, Studium der alten Bäume) hinter sich bringen, bevor man als angehender Druide in die Mysterien des dreifachen Druidenknotens, das Mysterium vom Schlangenei, die alte Symbolkunde und das Wissen über die Übergangsrituale für Totenfeiern eingeweiht wird. Volkmann könnte mir das alles erzählen, schließlich ist er Gode und Druide, der selbst andere Heiden in die Geheimnisse des Druidentums einführt, aber er schweigt und erzählt mir stattdessen lieber, dass Handystrahlen den Körper schädigen können. Sollte das so sein, hätten es die Götter mehr als gut mit ihm gemeint, denn in seinem Haus und Garten gibt es keinen Handyempfang.

Bald darauf verabschiede ich mich. In einer halben Stunde erwartet Volkmann die ersten Kunden des Nachmittags in seiner Praxis. Ich laufe durch den Ort hinunter zur Bushaltestelle, vorbei an Eingangstüren mit Plakaten gegen den Windpark. Butzbach ist in Aufruhr. Ein bisschen zumindest. Heiden leben hier außer dem Ehepaar Volkmann keine. Die Bauern haben sich mittlerweile an sie gewöhnt, nachdem es zu Beginn noch schwere Krisen gegeben hatte und Aufrufe, sie mit der Mistgabel aus dem Ort zu vertreiben.

Der Bus kommt. Ich setze mich ans Fenster und fahre durch einen Wald. Auf einer Wiese stehen zwei Rehe an einem Bach, springen dann aber doch wieder davon und werden von den Bäumen verschluckt. Heiden sind viel in der Natur, weswegen ich mir das Leben als Heide auch nur schwer in einer Betonwüste wie Berlin vorstellen kann. Was ich vom germanischen und keltischen Heidentum vor allem mitnehme, sind zwei Erkenntnisse: zum einen, dass der Streit über die richtige Deutung uralter und kaum bekannter Traditionen der Treibstoff für immerwährenden Streit ist, und zum anderen, dass die germanische Götterwelt sogar die griechische in Sachen Komplexität, Einfallsreichtum, Detailverliebtheit und Maßlosigkeit in den Schatten stellt.

Und wie wird das alles einmal enden? Also unsere Welt, wenn dann schließlich nichts mehr wichtig ist, was uns heute beschäftigt? Die Alltagssorgen, die Zukunftspläne, die nächste Fußballweltmeisterschaft oder das Onlinemobbing durch andere Heiden? So:

> »Da geschieht es, dass der Wolf die Sonne verschlingt, dem Menschen zu großem Unheil. Der andere Wolf wird den Mond packen und so auch großen Schaden tun und die Sterne werden vom Himmel fallen. Da wird sich auch ereignen, dass so die Erde bebt, dass die Bäume entwurzeln, die Berge zusammenstürzen und alle Ketten und Bande brechen und reißen.«

Obwohl das schon apokalyptisch klingt, beginnt die eigentliche Katastrophe erst danach, denn durch die Erdbeben lösen sich die Fesseln, mit denen der Fenriswolf gebunden war, der daraufhin »mit klaffendem Rachen umherfährt, so dass sein Oberkiefer den Himmel, der Unterkiefer die Erde berührt, während ihm Feuer aus den Augen und der Nase glüht«. Auch die Midgardschlange entsteigt daraufhin dem Ozean, wodurch das Land überflutet wird und sie »Gift speit, das Luft und Meer entzündet«.

Odin wird die mit ihm verbündeten Götter um sich sammeln und gegen den Gott Loki antreten, der wiederum der Vater des Fenriswolfs und der Midgardschlange ist. Es folgt eine erbarmungslose Schlacht der Götter und Ungeheuer. Thor wird die Schlange töten, stirbt aber kurz darauf an ihrem Gift. Odin wiederum wird vom Fenriswolf verschlungen, der daraufhin von seinem Sohn erlegt wird. Auch Loki fällt, so wie eigentlich fast niemand überlebt. Schließlich unterliegen die Götter um Odin und können die Vernichtung der Welt nicht verhindern. Der Feuerriese Surt ist es schließlich, der in einer Art Selbstmordattentat die Welt endgültig in Brand setzt und so vernichtet … Doch danach geht es wieder von vorne los. Und das Versprechen ist, dass diese neue Welt besser, friedlicher und damit auch mit höherer Lebensqualität verbunden sein wird. Erbaut wird sie vom wiedergeborenen Odin. Viel ist es nicht, was über diese neue Welt bekannt ist, nur dass zwei Menschen an ihrem Anfang stehen werden. In der *Edda* heißt es dazu knapp:

> »An einem Ort verbargen sich zwei Menschen, Lif und Lifthrasir, und nährten sich vom Morgentau. Von diesen beiden stammt ein so großes Geschlecht, dass es die ganze Welt bewohnen wird. Und das wird dich wunderbar dünken, dass die Sonne eine Tochter geboren hat, nicht minder schön als sie selber: Die wird nun die Bahn der Mutter wandeln.«

Wer weiß, vielleicht wird diese neue Welt ihren Anfang da nehmen, wo heute noch das beschauliche Butzbach steht, wo gegen den Windpark gekämpft wird und ein keltisch-germanischer Druidenkult seine Heimat hat. Volkmann würde es sicherlich freuen, nehme ich an.

Station 22
Schiiten

Um die Schiiten kennenzulernen, bin ich mit Haiko Hoffmann in einem Dönerladen in Schwerin verabredet. Es ist ein typischer Dönerladen mit einem Getränkeautomaten und den vielen Soßen, Gewürzen und Salaten, die vor dem Verkäufer aufgereiht sind, um alle Kundenwünsche erfüllen zu können. Im Hintergrund dreht sich der Spieß und in einer kleinen Fritteuse hoffen die Pommes, dass jemand in einem Dönerladen doch mal lieber Pommes statt Döner oder Schawarma essen will. Ein dürrer Mann steht hinter dem Tresen und wirkt mit seinem grauen Philosophenbart und seiner Gucci-Brille mehr wie ein Professor als ein Dönerladenbesitzer.

Haiko begrüßt ihn mit »Bruder, wie geht es?« und wie es geht, kann Cem ziemlich ausschweifend erklären. Und so kommt er über zwei Sätze von sich (»es geht gut, danke«) auf die Weltpolitik. Er breitet die Arme aus, er schließt theatralisch die Augen, er sackt fassungslos in sich zusammen, schüttelt den Kopf und klatscht in die Hände. Und er hat auch allen Grund zu dieser dramatischen Körpersprache. Während seines Monologes über den Zustand der Welt erhöht sich der Flüchtlingsstrom von einer Million auf 40 Millionen Menschen, 30 Millionen davon alleine aus der Türkei.

»Und wir Moslems«, nun schaut er Haiko lange an, der den Monolog seines Bruders bislang nur mit kurzem bestätigendem Nicken und Räuspern begleitet, »wir müssen aufpassen. Die Deutschen werden irgendwann sagen, die Flüchtlinge nehmen uns unsere Existenz weg. Die werden sehen, dass Flüchtlinge Jobs finden. Zum Beispiel in Dönerläden, da arbeiten fast nur Moslems, also wird ein Flüchtling eine Stelle dort bekommen und ein Deutscher nicht. Der sieht das dann und wird wütend!«

»So ist das«, bestätigt Haiko.

»Wir müssen da aufpassen, vielleicht dauert es noch 20 Jahre oder 30!« Cem streckt den Zeigefinger aus, als ob er gerade als Prophet gesprochen hätte, dann rührt er nachdenklich eine der Soßen. »Ich sage nicht, dass es so kommen muss«, ergreift er wieder das Wort, »ich sage, wir müssen vorbereitet sein!«

Die Tür öffnet sich und ein Student bestellt Döner.

Haiko und ich setzen uns auf Barhocker am Tisch. Die gesamte linke Wand ist ein Gemälde. Der Blick geht dabei in eine Gebirgslandschaft, zwischen zwei Bächen hat eine Picknickgesellschaft den Grill aufgebaut, im Hintergrund zieht eine Schafsherde vorbei und dahinter erheben sich die fernen und schneebedeckten Berge. Von der Ästhetik her ist es wie Caspar David Friedrich ohne Schwermut, also Kitsch pur. Aber es passt hierher und wertet den Laden auf.

Haiko ist Vorsitzender der schiitischen Gemeinde der Stadt. Mit nun knapp 50 Jahren kann er auf ein Leben voller ideologischer Kehrtwendungen zurückblicken. Als die Mauer fiel, musste er seinen Traum begraben, irgendwann doch noch in die SED aufgenommen zu werden. »Ich war Lehrerkind, aber die Partei wollte Arbeiterkinder, ich hatte mich immer wieder erkundigt«, meint er. Haiko ist etwas untersetzt und ein angenehmer Erzähler. Ruhig und geduldig berichtet er von seinem Weg in den Islam, während er gleichzeitig sein Schawarma mit Salat isst. Von einer ersten Faszination für die arabische Kultur ging das Interesse immer weiter, bis schließlich das Kind aus atheistischem Hause 1992 zum Islam übertrat.

»Gab es einen besonderen Moment, der dafür verantwortlich war?«, möchte ich wissen, während Cem sich zu uns setzt und interessiert zuhört.

»Mit einer dramatischen Begegnung oder Sinnkrise kann ich leider nicht dienen«, enttäuscht mich Haiko und trinkt einen

Schluck Tee, »es waren eher verschiedene Beobachtungen, die ich auch in der Natur gemacht hatte. Besonders in Erinnerung ist mir geblieben, als ich mir einen Wasserfloh genauer ansah. Da war fast alles wie bei uns. Er hat Arme und Beine, einen Kopf, einen Körper, Augen, einen Mund. Und dabei ist er nur ein Wasserfloh und ich dachte mir dann: Wie kann es sein, dass sogar etwas so Kleines so perfekt ausgearbeitet ist? Das kann kein Zufall sein, das muss jemand erdacht haben.«

»Da hast du recht, Bruder!«, stimmt Cem zu.

»Du bist wegen einem Wasserfloh Moslem geworden?«, frage ich nach.

»Nein, das war nur eine Beobachtung, die mir zeigte, dass in der Natur hinter allem ein Plan steckt.«

»Und warum wurdest du dann Schiit? War es dir nicht Minderheit genug, zum Islam überzutreten, wolltest du dann unbedingt auch dort noch der Minderheit angehören?« Cem grinst mich nach meiner Frage vorfreudig an. Irgendwas Spannendes kommt jetzt.

»Ich wurde ja auch nicht Schiit, sondern Sunnit.« Beide lachen, als lösten sie gerade einen Streich mit versteckter Kamera auf. Ich trinke einen Schluck Cola und frage mich, ob ich den Weg nach Schwerin jetzt umsonst angetreten habe, nur weil hier zwei Typen einen sehr speziellen Sinn für zeitraubenden Humor haben. »Aber keine Sorge, du bist hier schon richtig«, beruhigt Haiko mich, »damals war es so, dass ich vor allem Sunniten kannte, also wurde ich Sunnit. Da hatte ich mir nichts bei gedacht. Ich wusste über die Schiiten nur, dass sie den Islam falsch leben.«

»Aber jetzt bist du Schiit?«

»Ja.«

»Was ist passiert?«

»Ich hatte mich mit der Prophetenfamilie beschäftigt und festgestellt, dass Ali der rechtmäßige Nachfolger Mohammeds war.«

Damit spricht Haiko schon den wesentlichen Streitpunkt an, der Schiiten und Sunniten trennt. Hat Mohammed denn nun einen Nachfolger bestimmt oder hat er nicht? Für die Sunniten ist die Frage leicht beantwortet: Nein, hat er nicht. Die Gemeinschaft der Moslems sollte aus ihrer Mitte einen fähigen Nachfolger wählen. Schiiten sehen das ganz anders. Laut ihrer Version hat Mohammed mehrmals deutlich erklärt, dass sein Schwiegersohn Ali sein Nachfolger werden soll, unter anderem in einer Rede an die Moslems kurz vor seinem Tod, in der er rief: »Jeder, dessen Herr ich bin, der hat auch Ali zum Herrn.« Die Sunniten bestreiten diesen Ausruf nicht, aber sehen darin keine Anweisung Mohammeds in Bezug auf seine Nachfolge. Für die Schiiten steht fest, dass nur Mitglieder der Prophetenfamilie (Ali war zusätzlich der Neffe des Propheten und laut seinen Anhängern der erste Mensch, der sich zum Islam bekannte) das Recht hätten, auf Mohammed zu folgen. Nur sie wären überhaupt fähig dazu, den Islam zur Vollendung zu führen: »Der Schiitismus ist der wahrhaftige Islam, der nach dem Tod des heiligen Propheten auf dem vom heiligen Propheten nach dem Willen Allahs vorgeschriebenen Weg weiterschreitet.«

Es sollte nach Mohammeds Tod aber anders kommen. Als er 632 nach Christus starb, nahm Ali die rituelle Waschung an ihm vor, während die anderen muslimischen Führer zeitgleich mit Abu Bakr einen Nachfolger wählten und ihn Kalif nannten, was so viel wie Stellvertreter bedeutet. Abu Bakr war ein alter Weggefährte Mohammeds, der laut seinen Anhängern der erste Mensch war, der sich zum Islam bekannte. (Ali gebührt bei ihnen der immer noch respektable, aber theologisch vollkommen wertlose zweite Platz.) Abu Bakr stabilisierte das islamische Reich und stieß bis Palästina vor, bevor er eines natürlichen Todes starb. Es sollte lange dauern, bis wieder ein Kalif auf diese Weise aus dem Leben schied. Ali wurde erneut übergangen und musste Kalif Umar den Vortritt lassen, der Ägypten, Palästina, Syrien, Mesopotamien und Persien eroberte, bevor er umgebracht wurde. Und erneut wurde nicht Ali Nachfolger, sondern Kalif Uthman, der bis nach Nordafrika vordrang, bevor er einem Attentat zum Opfer fiel.

»Kann es denn eine Versöhnung geben?«, will ich wissen.

»Natürlich«, Haiko lächelt mich an, »die Sunniten müssen ihren Fehler nur korrigieren.«

Cem fängt an zu lachen und meint dann wirklich, mir den Witz erklären zu müssen: »Das wird nicht passieren.« Dann schiebt er nach: »Also müssen wir lernen, friedlich miteinander zu leben.«

»Was sind denn die Gemeinsamkeiten?«, will ich prüfen, ob ich vielleicht zum großen Versöhner werden kann.

»Die Gebete«, meint Haiko, der nun mit dem Essen fertig ist, »das Glaubensbekenntnis, dass es keinen Gott außer Allah gibt und Mohammed sein Prophet ist. Die Abgabe von Almosen, also Spenden. Das Fasten im Ramadan und schließlich die Pilgerfahrt nach Mekka.«

»Hast du die schon gemacht?«

»Die Pilgerfahrt noch nicht, aber kommt noch.«

»Hat Ali auch ein Grab, zu dem gepilgert wird?«

»Ja, in Nadschaf im Irak steht die Imam-Ali-Moschee, die ist eines der wichtigsten Heiligtümer.«

Auch wenn mit dem Islam vor allem Mohammed verbunden wird, spielt auch Ali eine herausragende Rolle. Nicht nur, weil er schon als kleines Kind in den Haushalt des Propheten aufgenommen wurde. Er gilt als besonders weise und als großer Literat, außerdem sind viele Bemerkungen Mohammeds überliefert, in denen er Ali als herausragende Gestalt der islamischen Geschichte würdigt. Einen ebenso klaren und eindeutigen Aufruf in der Prophetenfrage blieb er aber offenbar schuldig, was Alis weiteres Leben nicht gerade leichter gemacht hat. Während auch Sunniten ihn als große Gestalt des Islam sehen, nimmt bei den Schiiten diese Verehrung andere Ausmaße an. Für sie ist er ein Prophet, verfügt unter anderem über ein Buch, in dem alle

Ereignisse bis zum Jüngsten Gericht aufgeschrieben sind, und kann auf kosmische Elemente Einfluss nehmen. Die Imam-Ali-Moschee im Irak ist darum für Schiiten eines der wichtigsten Heiligtümer und ein Zentrum der schiitischen Theologie.

»Wenn du jetzt mit einem Sunniten zusammen beten würdest, würde man da Unterschiede in der Form sehen?«

»Eigentlich nicht. Es sind schon die gleichen Gebete, wobei wir von den Pflichtgebeten jeweils zwei zusammenlegen, weswegen wir Schiiten dreimal am Tag beten.«

Wer schon immer wissen wollte, wie »Schwerin« auf Arabisch geschrieben wird. Einfach meinem Zeigefinger folgen!

»Dürft ihr denn zusammen beten?«

Haiko lacht. »Wir glauben an den gleichen Gott, wir sind alle Moslems.«

»Okay«, meine ich und trinke einen Schluck Cola.

»Wobei es Sunniten gibt, die uns nicht als Moslems sehen«, schränkt er jetzt doch ein, »die halten uns für Abgefallene vom Glauben.«

»Aber ihr sagt doch auch, dass die Sunniten den Islam falsch leben, wenn sie die Prophetenfamilie übergehen.«

»Wir sprechen ihnen aber nicht ab, Moslems zu sein. Sie machen einen Fehler in der Art, wie sie den Glauben leben, aber dennoch sind sie Moslems. Wir sind aber Abgefallene vom Glauben, das ist laut Koran ein Verbrechen, das mit dem Tode bestraft wird. Und weißt du, wer genau danach vorgeht?«

Ich schüttle den Kopf.

»Der Islamische Staat. Das sind fanatische Sunniten, die Schiiten im Namen Gottes umbringen. Und ich bin gleich doppelt fällig, weil ich ja schon Sunnit war und diesen Glauben dann verlassen habe.«

Cem hört uns die ganze Zeit vom Tresen aus zu, kann sich aber nicht einmischen, weil er eine Kundin mit vier Kindern zu versorgen hat. Er macht seine Arbeit sehr souverän und hört sich scheinbar neugierig eine Geschichte an, die der Frau mit Kopftuch passiert ist. Aber man merkt, dass er eigentlich hier sitzen will, um über Sunniten und Schiiten zu sprechen. Er schafft es nicht mehr rechtzeitig, weil ich Haiko eine andere Frage stelle.

»Ist deine Frau muslimisch?«

»Ja.«

»Auch Schiitin?«

»Sunnitin, aber wir haben da keine Probleme. Wir diskutieren auch wenig über Religion.«

»Und habt ihr Kinder?«

»Ja.«

»Wie werden die erzogen, als Schiiten oder Sunniten?«

»Meine Frau kümmert sich vor allem um die Erziehung, also vermutlich mehr sunnitisch, aber wir sind da wirklich offen, wir haben da keine Konflikte.«

Endlich ist Cem wieder frei und eilt sofort zu unserem Tisch, in der Hand einen Teller Salat für Haiko. Ein Student mit langen Haaren steht zögerlich in der Tür und entscheidet sich schließlich dazu, weiterzugehen. Cem scheint fast etwas erleichtert.

»Ich habe vorhin gehört, wie ihr über die Gemeinsamkeiten zwischen Sunniten und Schiiten gesprochen habt.« Er blickt Haiko dabei vorsichtig an, um zu prüfen, ob sein Redebeitrag erwünscht ist oder stört. Der beißt gerade in eine Tomate, was wohl kulturübergreifend als Zustimmung gewertet werden darf.

»Wir warten alle auf den Mahdi.«

»Wer ist das?«

»Der Mahdi wird am Ende der Zeiten erscheinen und auf der Erde für Frieden und Gerechtigkeit sorgen. Mit ihm zusammen wird Jesus zurückkehren, sie werden gemeinsam das Böse besiegen und die Welt auf das Jüngste Gericht vorbereiten.«

»Warum ist Mohammed nicht mit dabei? Sind der Mahdi und Jesus wichtiger als er?«

Haiko schüttelt mit vollem Mund den Kopf.

»Mohammed hatte eine andere Aufgabe von Gott erhalten«, erklärt mir Cem, »die ist dadurch erfüllt. Aber streng genommen ist er sogar dabei, denn der Mahdi ist einer seiner Nachkommen.«

»Ist Jesus der Sohn Gottes?«

»Jesus ist einer der wichtigsten Propheten Gottes, aber Gott hat keinen Sohn.«

Dafür hat Cem aber wieder Gäste, weswegen er hinter den Tresen eilt. Von der Endzeit zurück zu den Knoblauchsoßen und Fladenbroten in nur fünf schnellen Schritten.

Das Warten auf den Mahdi entspricht ziemlich genau dem jüdischen Warten auf den Messias. Auch die Ausgangssituation der Gläubigen ist ähnlich vertrackt. Alle hoffen und beten, dass er bald kommt, aber es gibt kaum Indizien, die sein Kommen eindeutig ankündigen. Hinweise wie Kriege, Hungersnöte und Naturkatastrophen haben sich in der Vergangenheit als einerseits zu diffus und andererseits zu subjektiv erwiesen, schließlich ist ein Hurrikan für die Bewohner eines zerstörten Dorfes schon apokalyptisch, während in der nächstgrößeren Stadt nur ein paar Gartenstühle umfallen. Im Ergebnis folgten die selbsternannten Mahdis regelmäßig auf vermeintliche oder tatsächliche Katastrophen. Mittlerweile gibt es allerdings ein paar Punkte, die zumindest die Schiiten über den Mahdis sagen können. Eigentlich sind sie sogar in einer paradoxen Situation, denn sie wissen fast alles über ihn, sie kennen seinen Geburtsort und sie kennen sein Geburtsjahr. Sie wissen, dass er schon auf der Welt ist, und das schon eine ganze Weile. Genau genommen seit dem 29. Juli 869, als er in der Nähe von Bagdad geboren wurde. Er ist aktuell also knapp 1150 Jahre alt. Einziges Problem mit ihm ist, dass niemand weiß, wo er sich aktuell aufhält, weswegen auch niemand weiß, wann er sein Wirken entfaltet. Obwohl also so viele nützliche Informationen vorliegen, fehlt die einzig wirklich wichtige. Damit haben die Schiiten zwar mehr Wissen über den Mahdi als die Sunniten, die da komplett im Dunkeln tappen, aber eigentlich sind sie trotzdem keinen Schritt weiter als sie.

Die Schiiten warten dabei genau genommen nicht auf den Mahdi, sondern auf den zwölften Mahdi. Er ist mit Mohammed verwandt und seine Familiengeschichte klingt so blutig, als ob Stephen King sie sich ausgedacht und Quentin Tarantino sie für eine Filmadaption noch verschärft hätte. Denn die elf Mahdis davor verband nicht nur, dass sie ebenfalls mit dem Propheten verwandt waren, sondern auch, dass sie allesamt von muslimischen Gegnern umgebracht wurden. Dem zwölften Mahdi gelang es, sich schon als Kind durch die Flucht in ein Versteck den Mördern zu entziehen. Das Warten auf ihn bedeutet für die Schiiten also, darauf zu warten, dass er aus dem Verborgenen zurückkehrt. Sollte er das machen, hätte er auch sofort ein Jobangebot. Denn im schiitischen Staat Iran ist er schon jetzt das offizielle Oberhaupt und wird in der Zeit seiner Abwesenheit durch iranische Politiker und Geistliche nur vertreten. Er könnte dort also sofort anfangen. Die Sunniten teilen diese Mahdi-Vorstellung natürlich nicht, denn dahinter steht der Gedanke, dass nur Nachfahren Mohammeds die Moslems führen können.

»Kann es sein, dass ihr generell überall nahe beieinander seid, nur nicht in der Erbfolgefrage?«

»Das ist aber keine Kleinigkeit, das ist das Ganze«, stellt Cem klar.

»Die Sunniten haben eine bessere Ausgangssituation«, sage ich zu ihm, der seine Gucci-Brille zurechtrückt und konzentriert zuhört. Auch wenn es eine lockere Atmosphäre ist, merkt man doch, dass die Stimmung bei diesem Thema leicht kippen könnte. So wie wenn man den Drahtseilakt wagt, vor einem guten Freund dessen Kind zu kritisieren. »Sobald der Mahdi kommt, können die Sunniten sich freuen. Ihr aber habt alles auf eine Karte gesetzt, wenn der Mahdi kommt und es wird doch nicht der zwölfte Mahdi sein, habt ihr ein Problem. Die Sunniten aber nicht, denn dann ist eben der zwölfte Mahdi der ersehnte Mahdi.«

Cem lacht, aber stimmt mir nicht zu. »Lies die Schriften, es ist klar, dass es der zwölfte Mahdi ist. Das ist völlig klar.« Wieder muss er hinter den Tresen, weil ein älterer Mann eingetreten ist. Auch sie begrüßen sich mit »Bruder« und schon greift Cem nach dem großen Messer und schneidet den Fleischspieß an.

»Mit Soße?«

»Ja.«

Haiko nimmt währenddessen die Serviette zur Hand, fährt sich damit um den Mund und erklärt danach mit der Euphorie des Jugendleiters eines Ferienlagers: »Wir gehen jetzt ins Gemeindezentrum!« Cem umarmt ihn schnell und entschuldigt sich schon einmal dafür, heute Abend beim Gebet zu fehlen. »Immer viel zu tun hier«, meint er und lächelt hinter seiner Brille so, als wäre ihm das gar nicht unrecht.

Wir laufen an der Hauptstraße entlang. Das Gemeindezentrum befindet sich direkt am Bahnhof und der Dönerladen nur wenige Hundert Meter entfernt. Schwerin ist eine kleine Stadt, die sich trotz ihres berühmten Schlosses und der Tatsache, dass hier der Landtag von Mecklenburg-Vorpommern seinen Sitz hat, so unscheinbar gibt, dass sie mehr an ein Freilichtmuseum erinnert als an eine Landeshauptstadt. Eine Straßenbahn rauscht an uns vorbei, wir überqueren den Vorplatz des Hauptbahnhofs. Zwei Taxifahrer warten am Hauptausgang und lesen Zeitung, während sie sich an ihre Autos lehnen und die Sonne genießen. Haiko deutet auf ein heruntergekommenes Kasino im Keller eines Hauses direkt gegenüber dem Bahnhof.

»Das ist unser direkter Nachbar«, grinst er. »Glücksspiel ist ja verboten, aber man kann sich die Nachbarn eben nicht immer aussuchen. Auch Mohammed hat da ja nicht nur gute Erfahrungen gemacht.«

»Wäre es eigentlich in Ordnung, als Moslem ein Kasino zu leiten, solange man nicht selbst spielt?«

»Nein«, meint Haiko, während wir vor der Tür zur Gemeinde stehen, »man darf sich gar nicht mit Glücksspiel befassen, auch Alkohol darf nicht verkauft werden, da reicht es nicht, nur selbst keinen zu trinken.« Neben dem Eingang hängt ein Briefkasten, auf dem mit Edding geschrieben steht: »Islamisches Zentrum Schwerin«. Es ist wirklich eine kleine Gemeinde, bei der Improvisation noch eine notwendige Tugend ist. Wenn das Geld nicht für ein Schild reicht, muss eben der Briefkasten eine Doppelfunktion erfüllen. Das Zentrum selbst besteht aus einem engen Zimmer, das auch eine Studentenbude sein könnte. An den Wänden hängen überall Fahnen mit arabischen Schriftzeichen und Symbolen. Es ist sehr heiß, als wir eintreten. »Oh nein, ich habe die Heizung gestern nicht ausgemacht«, ärgert sich Haiko, »hoffentlich wird das nicht zu teuer.«

Es gibt gleich mehrere Bilder, die Ali zeigen. Diesen übergangenen Nachfolger Mohammeds, der übrigens doch irgendwann noch ans Ziel gelangte und Kalif wurde, auch wenn es 24 Jahre und drei Kalifen dauerte, bis es endlich so weit war. Aber er hatte von Anfang an mächtige Feinde unter den Moslems, die ihm den Treueschwur verweigerten, und so gelang es ihm nie, die Einheit des Islam unter seiner Führung herzustellen. In seinem fünften Jahr als Kalif wurde er schließlich ermordet. Eine noch größere Bedeutung hat allerdings der Tod seines Sohnes Hussein. Er wurde bei Kerbala von einer feindlichen Übermacht eingeschlossen, die beim folgenden Kampf niemanden am Leben ließ und dabei auch zahlreiche Mitglieder der Prophetenfamilie tötete. Hussein selbst war ein Enkelkind Mohammeds. Nach diesem Massaker mussten die Schiiten endgültig ihre

Hoffnung begraben, eine Erbmonarchie an der Spitze der islamischen Religion zu etablieren. Weil dieser Konflikt aber bis heute nicht beigelegt ist, löste Mohammeds Tod so gesehen die blutigsten Erbstreitigkeiten der Geschichte aus. Der Islam ist darum auch ein zu Religion gewordenes Plädoyer für die Wichtigkeit von Testamenten. Hätte Mohammed sich die Zeit für ein paar klare Hauptsätze genommen (zum Beispiel: »Und nun lege ich fest, wer mein Nachfolger sein soll ...«), hätte er vielen Leuten vieles erleichtert.

Ich schaue mich weiter im Gemeindezentrum um. Es ist nicht ungemütlich, sondern hat viel eher den Charme eines Baumhauses, in das man sich zurückziehen kann. Auf einer sehr großen Fahne ist eine Moschee abgebildet, die in der Mitte eines weiträumigen Platzes steht. Das Gelände soll offensichtlich Macht und Autorität ausstrahlen. Ich frage, was es damit auf sich hat.

»An diesem Ort wurde Hussein getötet«, erklärt Haiko. »So wie Ali war auch er einer der zwölf Mahdis.«

Er berichtet nun von den Einzelheiten des grausamen Gemetzels, das damals stattgefunden hat, als ob er es mit eigenen Augen miterlebt hätte. Vom Ausbruchsversuch der kleinen Streitmacht Husseins, von Husseins heldenhaftem Kampf und schließlich davon, wie brutal seine Leiche entstellt wurde, bevor sein Kopf mehreren seiner islamischen Feinde zugestellt wurde, damit sie sich selbst von seinem Tod überzeugen können. Des Todes Husseins gedenken die Schiiten mit einer zwölftägigen Trauerzeit, in der wir uns aktuell befinden. »Wir sind gerade am achten Tag«, so Haiko.

In einem Bücherregal stehen Koranausgaben und speziellere schiitische Literatur. Wie in der sunnitischen Moschee in Ehrenfeld liegen hier Gebetsteppiche auf dem Boden aus.

»Ist das hier eine Moschee?«

»Im Islam ist jeder Ort eine Moschee, der dafür verwendet wird. Wir müssen einen Ort nicht extra segnen oder weihen, damit er als Gotteshaus funktioniert. Alles kann ein Gotteshaus sein. Daher ist das eine Moschee, ja.«

Bald darauf muss er sich verabschieden, weil er noch einige Erledigungen tätigen muss, bevor er heute Abend wieder hier sein wird, um mit seinen Glaubensgeschwistern des achten Tages des Martyriums Husseins in Kerbala zu gedenken.

Ich gehe noch ein wenig spazieren und komme nur wenige Minuten vom Hauptbahnhof entfernt zu einem See mit den Ausmaßen eines zu groß geratenen Fußballfeldes. Junge Eltern mit Hund und Kind laufen am Ufer entlang. Ich setze mich auf eine Bank, schaue auf die glatte Wasseroberfläche und frage mich, ob das wirklich so gut ist, wenn der höchste Feiertag im Jahr die Erinnerung an ein Massaker ist. Das klingt nicht besonders positiv, wenn vor allem dieses Ereignis wachgehalten wird. Aber offenbar gibt es in vielen Religionen eine morbide Faszination für das Grauen. Schließlich steht auch im Christentum mit dem Kreuz ein Folter- und Tötungsinstrument im Mittelpunkt und nicht zum Beispiel die Krippe, ein Laib Brot oder ein Fischerboot.

Station 23
Aleviten

Frankfurts Hauptbahnhof ist einer der größten Kopfbahnhöfe des Landes. Das ist schlecht, denn Kopfbahnhöfe garantieren hektisches Gedrängel auch dann, wenn kaum etwas los ist auf dem Bahnhof mit dem Kopf. Beim Kopfbahnhof ist jedes Gleis eine Sackgasse, die nur von einer Seite betreten und verlassen werden kann. Als ich es schaffe, mich aus dem Mahlstrom aus Menschen und Rollkoffern am Gleis acht zu befreien, wird die Welt um mich herum wieder etwas ruhiger. Ich laufe auf den seitlichen Ausgang des Bahnhofs zu, wo ich mit Murat verabredet bin. Er ist Vorsitzender der Alevitischen Jugend in Hessen und erinnert von Aussehen und Verhalten her an einen gutmütigen Bären. Groß und breit steht er vor dem McDonald's. »Hast du gut hergefunden?«, fragt er zur Begrüßung, bevor wir uns auf den Weg zum Auto machen. Wir fahren durch mehrere Seitenstraßen mit heruntergekommenen Hotels, bevor wir auf die Hauptstraße wechseln und am Messegelände vorbeikommen. Während wir so durch den Feierabendverkehr fahren, erzählt Murat gutgelaunt, dass seine Eltern aus Anatolien stammen. »Und ich auch, ich wurde dort geboren«, stellt er nicht ohne einen gewissen Stolz fest.

»Wie lange hast du in der Türkei gelebt?«

»Sechs Wochen«, lacht er.

»Warum seid ihr nach Deutschland gekommen, seid ihr geflohen?«

Murat fährt nun auf die Autobahn, im Rückspiegel bleiben die wenigen Hochhäuser zurück, die Frankfurts Skyline prägen.

»Nein«, meint er entschieden, »der Grund war ein Jobangebot für meinen Vater. Wir kennen viele Aleviten, die wegen Verfolgung flohen, aber wir gehören nicht dazu. Wir gingen freiwillig.«

»Bist du oft in der Türkei oder ist das kein besonderes Land für dich?«

»Anatolien ist das Gebiet, aus dem meine Familie stammt, das ist schon etwas Besonderes. Aber ich bin nicht so oft da. Eine Zeitlang wurde mir auch empfohlen, besser gar nicht einzureisen.«

»Warum denn das?«

Bevor Murat antwortet, überholt er einen LKW.

»Wegen dem Armeedienst, jeder türkische Mann muss zur Armee.«

»Ach, bist du türkischer Staatsbürger?«

»Doppelte Staatsbürgerschaft. Aber mehr aus Versehen, der türkische Staat hat mich einfach registriert, was ich erst erfuhr, als ich für einen Türkeibesuch die Botschaft besuchte und die

Mitarbeiterin mir dort riet, nicht einzureisen, weil man mich dort suchen würde.«

Jetzt setzt er den Blinker und wir verlassen die Autobahn, indem wir über eine Brücke in einen Vorort von Frankfurt fahren. Die Hochhäuser sind mittlerweile in der Ferne zu einem einzigen Gebäude verwachsen.

»Ich wollte dann wissen, wie das sein kann, und so erfuhr ich, dass ich einfach die Staatsbürgerschaft erhalten hatte.«

»Und konntest du dann erst mal nicht mehr einreisen?«

»Doch, doch, die türkische Botschaft klärte das und dann gab es auch keine Schwierigkeiten. Ich habe zwar nicht um zwei Pässe gebeten, aber nun habe ich eben auch den türkischen und kann auch dort wählen, das ist doch auch nicht schlecht.« Er lächelt und biegt auf einen Parkplatz ein. Vor uns erhebt sich ein verlassenes Fabrikgebäude. Ich steige aus. Der graue Himmel passt zu dieser Industrieruine. Mehrere andere Autos stehen ebenfalls hier.

»Komm mit«, meint Murat. Wir gehen nicht auf die Fabrik zu, sondern auf das Gebäude direkt gegenüber. Dort, an der Straße, steht das alevitische Gotteshaus. Es ist optisch ein starker Kontrast zu all den Gotteshäusern, die durch besonders raffinierte Architektur oder schiere Größe auffallen wollen. Niemand würde beim Anblick dieses Gebäudes denken, dass darin religiöse Veranstaltungen stattfinden. Satellitenschüsseln hängen an der Fassade, durch die Fenster sieht man im ersten Stock Neonröhren an der Decke und gleich vier verschiedene Steinschichten bilden die unverputzte Hauswand. Kein Schild und keine Fahne geben Auskunft über die Funktion dieses einstöckigen Gebäudes. Es könnte ein Fitnessstudio sein, ein Wettbüro oder ein Jugendzentrum.

Mehrere ältere Männer stehen vor dem Eingangsbereich und unterhalten sich. Als sie Murat sehen, grüßen sie freundlich. Wir betreten das Gebäude und gelangen über eine Treppe hinauf in den Gemeindesaal. An langen Tischen sitzen die

Gläubigen und unterhalten sich, während sie warten, dass es losgeht. Auch das Innere ist karg eingerichtet, an den Wänden hängen mehrere Gemälde von Heiligen und es gibt eine Pinnwand mit aktuellen Terminen und Veranstaltungstipps. Wir nehmen an einem Tisch am Fenster Platz. Es ist eine angenehme Atmosphäre. Keine lauten Gespräche, kein Geschrei über Tische hinweg. Männer und Frauen sitzen nebeneinander, Kinder haben ihren Kopf auf den Tisch gelegt oder spielen mit ihren Smartphones. Was auffällt, ist, dass niemand etwas zu essen oder zu trinken auf dem Tisch stehen hat, obwohl in der Küche im Nebenraum Hochbetrieb herrscht.

Erinnerungsfoto mit Gemeindemitgliedern sowie dem alevitischen Heiligen Pir Hünkas Bektas Keli (links oben) und dem heiligen Ali (rechts oben)

»Wir sind aktuell in einer Trauer- und Fastenzeit im Gedenken an Hussein, der in Kerbala gefallen ist. Gleich wird gemeinsam das Fasten gebrochen.« Weil mir die Schiiten schon vom Massaker in Kerbala erzählten, bin ich etwas überrascht. »Ihr seid aber keine Schiiten, oder?«

»Nein, aber die Schiiten trauern auch um Hussein, das stimmt.«

»Seid ihr denn Moslems?«

»Da gibt es bei uns verschiedene Auffassungen, nur eine Minderheit sieht sich als muslimisch. Aber selbst die leben den Islam so anders, dass sie von den anderen Moslems als Ungläubige angesehen werden.«

»Was machen sie anders?«

»Wir Aleviten orientieren uns nicht am Koran, wir pilgern nicht nach Mekka und wir fasten nicht im Ramadan. Wir haben auch keine Moschee, unser Gotteshaus heißt Cem-Haus.«

»Das hier ist ein Cem-Haus?«

»Ja. Und wir beten auch nicht fünfmal am Tag wie die Sunniten und auch nicht dreimal am Tag wie die Schiiten, sondern einmal in der Woche, am Donnerstag. Also heute.«

Er lacht.

Ich entscheide mich für eine andere Taktik. »Was verbindet euch dann überhaupt mit dem Islam?«

»Vor allem die Gewissheit, dass Mohammed Gottes Prophet war. Außerdem die Verehrung Alis.«

Wir werden unterbrochen, weil Yilmaz an unseren Tisch kommt, ein etwas verwegen aussehender Mann mit langem Haar. Murat und er umarmen sich.

»Das war mein Vorgänger«, erklärt Murat, als Yilmaz weitergezogen ist.

»Wenn die Unterschiede zum Islam aber so groß sind, warum gibt es dann überhaupt Aleviten, die sich als Moslems sehen?«, wundere ich mich.

»Das sind oft ältere Mitglieder der Gemeinde. Du musst eines wissen, wir sind eine in der Türkei verfolgte Minderheit von etwa 25 Millionen. Offiziell existieren wir für den türkischen Staat gar nicht. In den Pässen steht als Religion der sunnitische Islam. Es wird ein großer Druck aufgebaut, dass wir uns an ihn anpassen. In Deutschland können wir unsere Religion frei leben.«

Die Alevitische Gemeinde Deutschland hat in einer Veröffentlichung vier grundlegende Unterschiede zum (sunnitischen, also in der Türkei dominanten) Islam formuliert:

> »Das Alevitentum betont den Prozess des Einswerdens als Ziel einer innigen Verbindung von Gott und Mensch. Demgegenüber betont das Sunnitentum einen Dualismus, in dem zwischen Gott als dem Herrn und Schöpfer und dem Menschen eine Kluft besteht, die bestenfalls durch einen Gnadenerweis Gottes kurzzeitig überbrückt werden kann.«

»Das Alevitentum hat als Ziel, dass der Mensch auf dieser Welt versucht, durch sein Bestreben die Vervollkommnung zu erreichen. Demgegenüber setzt das Sunnitentum seinen Gläubigen das Ziel, durch Pflichterfüllung gegenüber Gott die Anwartschaft auf den Zugang zum Paradies zu erlangen.«

»Das Alevitentum ist eine Gemeinschaftsreligion dahingehend, dass die Gemeinsamkeit der Gläubigen und ihr Eintreten füreinander betont werden. Demgegenüber erwartet das Sunnitentum von seinen Anhängern, dass jedes Individuum auf einem eigenen Weg die Pflichten erfüllen soll, die ihm den Zugang zum Paradies eröffnen können.«

»Aleviten betonen die Sinnhaftigkeit und den Gehalt des von ihnen auf dem Weg zur Erfüllung ihrer ethischen Anweisungen erreichten Status. So verteidigen sie auch nicht die Form der Gebete und Äußerlichkeiten, wie es das Sunnitentum tut, das die Scharia als Religionskodex vorschreibt und die Einhaltung durch den Einzelnen kontrolliert.«

Die Tische im alevitischen Gemeindehaus sind so angelegt, dass jeder einen freien Blick nach vorne zum Vorsitzenden und seinen beiden Beisitzern hat. Hinter ihnen an der Wand hängt ein Plakat der alevitischen Gemeinde, außerdem ein Gemälde von Ali, den die Aleviten als legitimen Nachfolger Mohammeds sehen. Auf ihn geht auch der Name »Aleviten« zurück.

Murat bemüht sich, mir die Unterschiede weiter zu erläutern. »Unser Glaubensbekenntnis lautet: ›Es gibt einen Gott, Mohammed ist sein Prophet und Ali sein Auserwählter.‹ Ali steht noch über Mohammed. Er ist der weiseste Mensch, der je gelebt hat.«

»Aber Mohammed hat schon den Koran offenbart bekommen oder stimmt das nicht?«

»Das ja. Aber der Koran umfasst nicht das gesamte Gotteswort.«

»Ist der Koran dann gefälscht?«

»Er ist nicht gefälscht, aber er umfasst eben nur einen kleinen Teil von Gottes Worten. Deswegen kann er auch nicht als Leitfaden für das eigene Leben oder gar für die ganze Gesellschaft dienen.«

»Weswegen steht Ali noch über Mohammed?«

»Weil er Gottes Willen in vollkommener Weise lebte, Gott hatte ihm hierfür eine Geheimlehre offenbart, um den Menschen ein Vorbild sein zu können.«

»Was gehört zu den Tugenden, die wir von Ali lernen können?«

»Wir teilen mehrere Grundüberzeugungen«, zählt Murat auf. »Der Mensch hat einen freien Willen und ist für seine Taten selbst verantwortlich. Alle Menschen sind gleich, unabhängig von Geschlecht oder Hautfarbe, denn in allen ist Gott. Das Streben nach Frieden zwischen Menschen und Völkern ist wichtig. Hier im Cem-Haus etwa darf niemand am Gottesdienst teilnehmen, wenn er mit einem anderen Anwesenden im Streit liegt. Die beiden versöhnen sich entweder noch oder müssen für die Zeit des Gottesdienstes den Raum verlassen. Wir sind eine Religion, die sich für die Schwachen einsetzt, das waren wir schon immer. Deswegen sind die meisten hier auch links eingestellt. Bei den Bürgerrechtsprotesten in der Türkei sind viele der Anführer auch Aleviten, unter den Teilnehmern sowieso.«

Mir ist dieser Schwerpunkt schon in den E-Mails aufgefallen, die wir im Vorfeld gewechselt haben. Murat schloss immer mit »humanistischen Grüßen«. Die Gewaltlosigkeit spricht für die Aleviten, wobei aber ein Blick in ihre Geschichte auch wenig Grund zur Hoffnung gibt, mit Gewalt Ziele zu erreichen. Die alevitische Geschichte ist eigentlich eine einzige Serie von Rückschlägen, Massakern und Niederlagen. Es fehlt an Kriegsheeren und Helden, die an eine vergangene Stärke auf dem Schlachtfeld erinnern könnten. Es geht damit los, dass 661 Ali vergiftet wurde, keine 20 Jahre später fiel sein Sohn Hussein. 922 wird der wichtige Mystiker Halladsch Mansur in Bagdad hingerichtet, 1240 scheitert ein Volksaufstand in Anatolien, 1417 wird der Nationaldichter Seyyid Nesimi in Aleppo exekutiert, 1420 kommt es erneut zu einem Aufstand gegen die Osmanen, der mit der Hinrichtung aller Anführer endet. 1511 scheitert ein weiterer Aufstand. 1514 tritt der Schah von Persien, für den die Aleviten große Sympathien hegten, gegen die Osmanen an und wird besiegt. 1527 wird mit Kalender Tschelebi ein weiterer alevitischer Nationalheld hingerichtet, ebenso wie 1590 der Dichter Pir Sultan Abdal. 1827 wird der wichtige Ordensvorsteher Hamdullah Çelebi ins Exil gezwungen. Auch nach dem Untergang des Osmanischen Reiches hagelt es weiter Rückschläge, etwa die Weigerung der modernen Türkei, die Aleviten als eigene Religion anzuerkennen. Sie haben in ihrer Geschichte sehr selten auf Krieg gesetzt und wenn doch, hatten sie nie das Kriegsglück auf ihrer Seite.

»Beten Männer und Frauen zusammen?«, frage ich nun.

»Da wir alle Gott in uns haben, können wir keinen Unterschied erkennen. In einem Cem-Gottesdienst sind alle gleich. Es gibt keine Hierarchie. Die Aleviten erzählen sich die Geschichte, dass sogar der Prophet Mohammed abgewiesen wurde, bis er schließlich nicht mehr als Prophet um Einlass bat, sondern als gewöhnlicher Mensch.«

Immer noch hat der eigentliche Gottesdienst nicht begonnen. Und immer noch ist das Fasten nicht gebrochen. Die Gläubigen sitzen da, viele schweigen, manche unterhalten sich leise. Es sind mehrheitlich ältere Leute und nur wenige junge. Als ich Murat darauf hinweise, kommt eine pragmatische Erklärung: »Die Jungen haben meistens einen Job, das Fasten wird zwar empfohlen, ist aber keine Pflicht. Wichtig ist die innere Aufrichtigkeit, nicht das Einhalten von Ritualen um der Rituale willen.«

Hinter den Ritualen steht ein Menschen- und Gottesbild, das sich auch im bekannten alevitischen Ausspruch »Der Mensch ist in Gott und Gott ist im Menschen« wiederfindet. Gott hat den Menschen aus seiner eigenen heiligen Substanz geschaffen (nicht aus Lehm, Erde oder anderen unbelebten Soffen), wodurch der Mensch selbst ein heiliges Geschöpf ist. Gott blickt nicht grimmig auf die Menschheit herab, die Aleviten beten deswegen auch nicht zu ihm, um ihn zu besänftigen, sondern aus Dankbarkeit für die Schönheit des Lebens, das er den Menschen ermöglicht hat.

Gott war zu Beginn der Schöpfung sehr fleißig und hat alle Menschenseelen auf einmal erschaffen. Als Allererste erschuf er jedoch zwei ganz bestimmte Seelen, wie der Schöpfungsmythos erzählt:

> »Nachdem der erhabene Gott Oben, Unten, Rechts, Links, Osten, Westen, Norden, Süden, Erde, Himmel, Mond, Sonne, Sterne, Planeten erschaffen hatte, erschuf er aus seiner vollkommenen Güte und aus seinem Großmut einen grünen Ozean. Diesem Ozean sandte er einen gebieterischen Blick. Der Ozean geriet in heftige Bewegung und schlug Wellen und daraus entsprang eine Perle. Der erhabene Gott nahm die Perle und spaltete sie in zwei Teile. Die eine Hälfte der Perle wurde grünes und die andere Hälfte weißes Licht. Gott nahm das Licht und stellte es in ein Lämpchen, das die Form einer grünen Kuppel hatte. Das grüne Licht ist das Licht Muhammet und das weiße Licht ist das Licht Alis. Diese wurden vor allen anderen Seelen erschaffen. Dies wird nur den Weisen bewusst.«

Ali und Mohammed entstanden gemeinsam in einer Perle im grünen Ozean. Das ist einer der romantischsten Schöpfungsmythen, die es gibt. Und der einzige, die Lust auf Urlaub am Strand macht. 14 000 Jahre bleiben sie zu dritt. »Aleviten glauben an eine geistige Gemeinsamkeit, die Gott, Mohammed und Ali umfasst, so dass es angemessen ist, diese Gemeinsamkeit als

›Identität‹ zu beschreiben«, erklärt die Alevitische Gemeinde. Deswegen gibt es auch die Kurzform »HakMuhammetAli«, wobei »Hak« ein Begriff für Gott ist.

Der Mensch wird mit zwei Dingen auf seine Lebensreise geschickt: mit einem Körper und seiner Seele. Der Körper ist sterblich, die Seele nicht. Das Ziel im Leben besteht darin, die eigene Vollkommenheit zu erreichen, wofür der alevitische Glaube einen Weg von 40 Stufen und vier Türen vorsieht. Wer diese durchschritten hat, ist auf ewig wieder mit Gott vereint. Aber es ist ein schwerer Weg, weswegen auch niemand falsche Erwartungen hegen sollte, schließlich ist auch der »bei weitem größte Teil der Aleviten noch meilenweit entfernt von diesem Ziel«, erklärt die Alevitische Gemeinde. Das ist aber nicht schlimm, denn niemand ist gezwungen, es im ersten Anlauf zu schaffen oder im zweiten oder dem dritten. Aleviten glauben an die Wiedergeburt. Gott reinigt nach dem körperlichen Tod die Seele und stellt ihr einen neuen Körper zur Verfügung.

Aber warum macht Gott das alles überhaupt? Also die Schöpfung?

»Weil er mit dem Schaffen des Menschen seine Schönheit und Schöpferkraft zeigen wollte«, erklärt Murat. Yilmaz und seine Frau Belgin haben sich nun mit an unseren Tisch gesetzt. Endlich wird das Essen ausgeteilt. Bohnensuppe mit Reis und Salat in einem Plastikteller.

»Wem wollte er das denn zeigen?«, frage ich.

»Den Menschen«, meint Murat.

»Aber warum denn? War er einsam oder ist er auf menschliches Lob angewiesen?«

Murat lacht. »Das nicht. Vielleicht können wir seine Gründe nicht nachvollziehen, das ist möglich.«

»Wichtig ist aber auch«, mischt sich Yilmaz ein, »zu wissen, dass unsere Hauptaufgabe hier auf der Erde ist. Wir leben, um dieses

Leben positiv zu gestalten, nicht vor allem für eine jenseitige Welt.«

Murat nickt und ist offenbar froh, sich etwas zurücklehnen zu können. Wir beginnen mit dem Essen.

»Deswegen fliehen wir auch nicht in religiöse Träumereien, sondern setzen uns stark für soziale Veränderungen und gegen Diskriminierung ein. Vor allem in der Türkei ist das schlimm. Weißt du darüber Bescheid?«

»Nicht so genau«, meine ich und esse etwas Bohnensuppe.

»Okay«, murmelt Yilmaz und gibt sich Mühe, mir die Situation in der Türkei anschaulich zu erklären. Offenbar hält er meinen Plastikteller mit Bohnen, Salat und Reis für besonders geeignet dafür.

»Viele der Aleviten in der Türkei leben in Anatolien«, er deutet dabei auf die Bohnensuppe, die die Hälfte des Tellers ausmacht, »aber eine nicht unbedeutende Minderheit ist auch in den großen Städten. Wer dort lebt, ist einem enormen Druck des türkischen Staates ausgesetzt, sich an den sunnitischen Islam anzupassen.« Er zeigt nun auf Reis und Salat, die offenbar für Städte wie Ankara und Istanbul stehen. »Das wahre Alevitentum kann unter diesen Umständen nur im Ausland überleben.«

Ich habe beinahe Skrupel, mit dem Löffel einen weiteren Teil des Alevitentums aus dem Teller zu schöpfen.

»Auf dem Land in Anatolien sind die alevitischen Dörfer daran zu erkennen, dass sie immer oben auf dem Hügel gebaut werden«, fügt Belgin an, »und an den fehlenden Moscheen.«

»Aber das ändert sich«, warnt Yilmaz, »der Staat nutzt jede Gelegenheit, uns den Islam aufzunötigen. Es gibt Dörfer, in denen es kaum einen Moslem gibt, aber dafür eine große Moschee. Unsere Dörfer werden auch nicht an die Infrastruktur angeschlossen.«

»Der Staat ist gegen uns«, meint Belgin, »auch nach Terroranschlägen gegen Aleviten wird er nicht aktiv.«

Es gibt ein einschneidendes Ereignis, das sie dabei als Wendepunkt ansehen. 1993 starben in der Stadt Sivas mehr als 30 Aleviten, darunter populäre Künstler und Intellektuelle, deren Hotel von einem türkischen Mob angezündet worden war. Polizei und Feuerwehr blieben damals stundenlang untätig.

»Danach haben wir endgültig verstanden, dass wir von diesem Staat nichts erwarten können«, meint Yilmaz, »dass er uns nicht akzeptiert und nicht einmal schützt.«

Seitdem organisieren sich die Aleviten deutlich stärker, auch dieses Cem-Haus wurde 1993 gegründet. »Wir sind heute viel selbstbewusster, weil wir uns keine falschen Hoffnungen mehr machen.« In mehreren Bundesländern gibt es mittlerweile alevitischen Religionsunterricht und obwohl sie sich selbst nicht als Moslems sehen, sind sie Teil der Islamkonferenz.

»Vermutlich auch, weil wir eine so große Gruppe aus der Türkei sind, wir machen ja ein Drittel aller Türken hier aus und es gibt mehr Aleviten als Schiiten in Deutschland«, versucht Yilmaz diese etwas widersprüchliche Situation zu erklären.

Die Teller werden abgeräumt. »Gleich geht der eigentliche Gottesdienst los«, meint Murat, während immer mehr Leute den Raum verlassen.

»Ist Deutschland eigentlich ein Exil für euch, das ihr aufgebt, sobald es in der Türkei Religionsfreiheit gibt?«

Belgin schüttelt den Kopf. »Nein, in Anatolien wurde unser Glaube geprägt, aber wir sind Deutsche und unser Kind auch. Wir leben jetzt hier.«

»Die meisten in unserer Generation sind ja auch schon in Deutschland zur Welt gekommen, ich gehöre da zu den wenigen, die noch in der Türkei geboren wurden«, fügt Murat hinzu.

»Sechs Wochen!«, lacht Yilmaz, »da bildet er sich was drauf ein!«

Belgin lacht jetzt auch.

Der Geistliche der Gemeinde kritisiert nun, dass direkt nach dem Essen so viele Mitglieder nach Hause gehen. Ein Gotteshaus sei auch ein Ort, um Kontakte in der Gemeinschaft zu pflegen und um gemeinsam zu beten. Danach fängt neben ihm ein Musiker damit an, eine Laute zu spielen. Er singt ein Lied mit trauriger Melodie.

»Er singt über das Gemetzel von Kerbala«, flüstert der gerade noch so in der Türkei geborene Murat, »und sein Instrument heißt Saz. Unsere Lieder sind die Waffen unserer Religion, unsere Geschichte steckt in diesen Liedern.«

Es folgen noch weitere Lieder, die alle die Geschehnisse um Kerbala zum Thema haben. Die Aleviten hören zu und wirken mehr wie Besucher eines Konzertes als wie emotional aufgewühlte Gläubige.

»Wir lehnen diese ganze Selbstkasteiung und die Passionsspiele ab, mit denen die Schiiten an dieses Ereignis erinnern. Die schlagen sich ja zum Teil die Rücken und Schultern blutig, um die damaligen Geschehnisse nachzuempfinden. So was machen Aleviten nicht«, flüstert Murat nicht leise genug, um der Ermahnung durch eine ältere Frau vor uns zu entgehen.

»Wird so ein Cem-Haus eigentlich geweiht oder gesegnet?«

»Wir kennen das Sprichwort: Der Mensch ist die echte Kaaba. Orte können nicht heilig sein, die Anwesenheit von Menschen bewirkt die Heiligkeit. Jetzt in diesem Moment ist das Cem-Haus ein heiliger Ort, weil wir hier sind und zu Gott beten. Wenn wir in zwei Stunden alle wieder weg sind und dieser Saal leer ist, ist er auch nicht mehr heilig. Jeder Ort kann nur durch den Menschen heilig werden.«

Der Musiker spielt weiterhin traditionelle Lieder der Aleviten. Jeder hier kennt sie auswendig.

»Eine Sache noch.« Yilmaz beugt sich über den Tisch. »Ich habe ja erzählt, dass das Hier und Jetzt eine so große Bedeutung hat. Das unterstreicht auch die Weggemeinschaft, die es bei uns gibt. Hat Murat davon schon erzählt?«

Murat schüttelt den Kopf.

»Jeder verheiratete männliche Alevit sucht sich einen männlichen Begleiter, der ihm noch näher steht als sein bester Freund oder sogar Bruder. Diese Verbindung hält für ein ganzes Leben und umfasst auch die Unterstützung der Kinder und Familie des anderen, falls dieser stirbt oder dazu aus anderen Gründen nicht in der Lage ist.«

Belgin ergänzt: »Eine Weggemeinschaft ist auch nur dann möglich, wenn sich die jeweiligen Ehefrauen genauso gut miteinander verstehen. Wenn nicht, kommt die Weggemeinschaft nicht zustande.«

»Das ist eine enorm wichtige soziale Errungenschaft der Aleviten, die für Zusammenhalt und für ein soziales Netz sorgt, weil die andere Familie in der Not einspringt. Sie begleicht sogar die Schulden eines verstorbenen Wegbegleiters.«

»Ich suche noch einen«, verrät Murat, »das ist eine schwierige Entscheidung.«

Mittlerweile gleitet der Gottesdienst geräuschlos über in den letzten Programmpunkt des Abends. Die Tischreihen haben sich längst deutlich geleert. In drei verschiedenen Ecken sitzen noch Gruppen von drei bis fünf Personen, dazwischen viele Stühle lang niemand mehr.

Ein alter Mann steht auf und beschwert sich, dass Frauen bei der Partnerwahl oft mehr Druck von der Familie bekommen als die Männer. Das passiert nicht, meint der Geistliche. Doch, das passiert, kommt es vom Mann zurück. Nur selten, gibt der Geistliche etwas nach. Ja, vielleicht ist es nicht die Regel, meint der Alte, aber trotzdem ist es nicht in Ordnung. Das ist nicht im Sinne Gottes, stimmt ihm der Geistliche schließlich sehr allgemein zu. Unschlüssig bleibt der Alte noch einen Moment stehen, bevor er sich wieder setzt. Ein weiterer älterer Herr aus dieser Ecke des Saals hat jetzt eine religiöse Frage. Wie seriös sind eigentlich die Abstammungslinien derer, die sich darauf berufen, Alis Familie anzugehören? Schwierig, meint der Geistliche, da kursieren viele gefälschte Stammbäume. Da sollte man vorsichtig sein. Bald darauf geht dieser Abend im Cem-Haus zu Ende. Als das Licht gelöscht und die Tür geschlossen wird, verwandeln sich die Räumlichkeiten wieder in ganz gewöhnliche Zimmer. Nun könnte sich dort auch die alevitische Dartsport-AG treffen und niemand käme auf die Idee, dass sie diesen Ort durch eine solche profane Tätigkeit entweihen würde. Im Gegenteil würde ihre Anwesenheit ihn aufwerten, denn Gott ist in jedem von uns, aber nicht in Stühlen, Tischen und Mauern, weswegen es auch keine heiligen Orte ohne Menschen gibt.

»Weißt du«, meint Murat zu mir, als wir kurz darauf im Auto zurück zum Frankfurter Hauptbahnhof sitzen, »ich bin ja in der Türkei kein Alevit, sondern sunnitischer Moslem, weil es Aleviten dort offiziell nicht gibt. Aber auch in Deutschland bin ich laut Ausweis kein Alevit, hier bin ich evangelischer Christ.« Er muss dabei lachen, während die Frankfurter Hochhäuser vor uns größer und größer werden. »Da hat irgendjemand im Amt was falsch in meine Lohnsteuerkarte eingetragen und ich bin zu faul, es ändern zu lassen.« Er grinst. »Man hat es überall schwer, als Alevit anerkannt zu werden.«

Station 24
Johannische Kirche

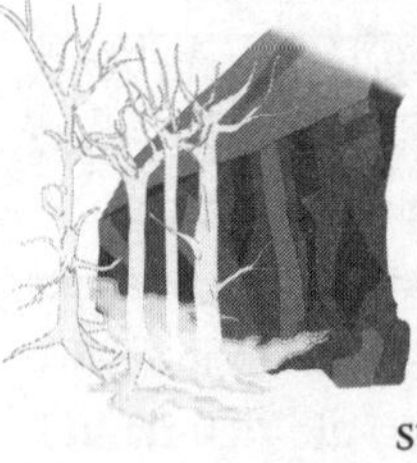

Brandenburg ist ein Flecken Deutschland, den die Deutschen aufgegeben haben. Bei der Fahrt über die Landstraßen von Dorf zu Dorf begegnen einem kaum andere Autos. Alleen laden zum Fahren auf dem Mittelstreifen ein. In den wenigen Ortschaften sitzen alte Männer gemeinsam an der Bushaltestelle. Sie wollen nicht weg, sie wollen Gesellschaft. Felder und Höfe prägen die hügellose Landschaft. Abgelöst werden sie immer wieder von Wäldern, deren Bäume ordentlich in Reih und Glied stehen. In Brandenburg gibt es wieder Wölfe. Sie haben hier alles, was sie brauchen: große Reviere, in denen sie täglich Dutzende von Kilometern zurücklegen können, genug Beutetiere und keine natürlichen Feinde, weil die wenigen Menschen alt sind und an den Bushaltestellen sitzen. An diesem Nachmittag liegen graue Wolken über den Wäldern, Alleen und Feldern. Es nieselt leicht.

Ich bin auf dem Weg in die Friedensstadt Weißenberg, wo ich mit Gunnar Pommerening von der Johannischen Kirche verabredet bin. Eigentlich wollte ich mit dem Zug kommen, aber er machte mir keine Hoffnungen, es mit öffentlichen Verkehrsmitteln bis hierhin zu schaffen. »Und selbst wenn, kommen Sie am gleichen Tag nicht mehr zurück. Auf keinen Fall!« Die Friedensstadt wurde von der Johannischen Kirche in den 1920er Jahre gegründet. Sie liegt zwischen den Orten Glau und Stücken, der nächste Supermarkt ist 20 Minuten entfernt.

Als ich ankomme, wartet Pommerening schon am Parkplatz auf mich. Er ist Fotograf, PR-Manager und Pressesprecher der Siedlungen in einem. Halbglatze, leicht untersetzt und auf eine Art begeistert von seinem Job, die kein noch so intensives Mitarbeitercoaching erzwingen könnte. Er lebt seit Mitte der 1990er Jahre hier. Schon seine Mutter war in der Johannischen Kirche und seine Kinder sind ebenfalls aktiv ins Gemeindeleben eingebunden. Viel mehr ist nicht möglich für eine Gemeinschaft, die sich erst Anfang des 20. Jahrhunderts gegründet hat. Zentrale Person ist Joseph Weißenberg, der in Berlin als Wunderheiler tätig war. In seiner Praxis in Prenzlauer Berg setzte er vor allem auf die Heilkraft von Quark, so gesehen war er ein Pionier, denn heute ist dieser Stadtteil bekannt für seine Dichte an Homöopathen. »Er hat schon als kleines Kind geheilt, das ist überliefert«, berichtet Pommerening, während wir die Siedlung betreten. Sie wirkt wie eine Wildweststadt aus den Tagen des Goldrausches, nur dass der Rausch hier schon lange vorbei ist.

Vieles wirkt improvisiert, es gibt einige Pläne und noch mehr Baustellen. Vor allem aber keine Vision davon, wie dieser Ort jemals erblühen sollte. Wir kommen an einer Feuerwache vorbei und an einem Plattenbau im Miniaturformat, in dem gerade eine Wohnung für Flüchtlinge vorbereitet wird. »In der Friedensstadt leben zirka 400 Menschen in 260 Wohnungen, zirka zwei Drittel davon sind Mitglieder der Kirche«, erklärt Pommerening. Die Stadt ist am Fuß einer kleinen Erhebung errichtet worden, weswegen sie auf drei Ebenen bis zum Hügelrücken aufsteigt. Ganz unten befinden sich Wohngebäude, eine kleine Ladenzeile und eine Markthalle, die früher von den russischen Soldaten als Schlafräume errichtet wurden.

Die Geschichte der Friedensstadt ist auch die Geschichte der großen Konfliktlinien des 20. Jahrhunderts. 1920 gegründet, entwickelte sie sich schnell zu einer der modernsten Privatsiedlungen Deutschlands, bevor die Nazis 1935 erst die Johannische Kirche verboten und 1938 die SS das Gelände übernahm. Nach dem Krieg beanspruchte die Rote Armee das Gelände für sich, so dass die Kirche erst 1994 in ihre Siedlung zurückkehren konnte. Ausgerechnet eine Friedensstadt war damit fast 60 Jahre lang militärisches Sperrgebiet. Seit Mitte der 1990er Jahre bemüht sich die Gemeinde, die deutschlandweit kaum 3 000 Mitglieder hat, die Schäden zu reparieren und das Gelände den einstmaligen Vorstellungen entsprechend zu modernisieren. Dabei zeugen manche ruinenhaften Gebäude von den ambitionierten Zielen, die der Kirchengründer Weißenberg hatte. Mittlerweile sind es aber viel zu viele Gebäude für viel zu wenige Bewohner mit viel zu wenig Geld für viel zu viele Reparaturen. Am obersten Berghang erhebt sich ein dreistöckiges Schulgebäude in den Wald. Selbst wenn alle Kinder dieser Siedlung hier zur Schule gingen, würden sie nicht mehr als einen Raum benötigen. Das Durchschnittsalter der Einwohner liegt bei über 50 Jahren. Von den knapp 15 000 Mitgliedern vor der Nazizeit waren nach dem Krieg noch etwa 5 000 übrig, seitdem sank die Zahl immer weiter. »Christen werden nicht gezählt, sondern gewogen«, hält Pommerening der demographischen Bedrohung tapfer entgegen. Die Kirche versucht die Schule trotzdem zu nutzen, mittlerweile findet sich ein kleines Fitnessstudio im Erdgeschoss, außerdem gibt es ein Hausmeisterzimmer. Wie Narben ziehen sich die Zeugnisse der militärischen Nutzung durch das Gesicht der Siedlung. Schüler würden beim Blick aus dem Schulfenster auf einen Appellplatz und ehemalige Baracken der sowjetischen Armee schauen.

Wir erreichen hinter der Schule die Infotafel zum Friedhof der Johannischen Kirche, der sich einen Kilometer entfernt befindet. Das Foto zeigt mehrere identische und nüchtern gehaltene Grabplatten in weißer Farbe.

»Weil wir auch an eine Reinkarnation glauben, wollen wir dem Tod keine zu große Bedeutung beimessen. Es sind Abschiedsfeiern, keine Trauerfeiern. Um zu verdeutlichen, dass wir im Tod alle gleich sind, werden alle auf dieselbe schlichte Art begraben.«

Ich nicke und schaue noch einen Moment auf das Foto. »Liegt Weißenberg auch hier?«

»Zu seiner Gedenkstätte kommen wir später noch«, verneint Pommerening.

»Ich dachte, alle sind gleich. Warum hat er dann eine Gedenkstätte?«

»Das kann man in der Tat überraschend finden«, gibt er zu, »aber es gibt unter den Kirchenmitgliedern ein großes Bedürfnis danach, ihm nahe zu sein. Dem sind wir durch die Anlegung einer separaten Gedenkstätte entgegengekommen.«

»Also sind alle gleich, bis auf Weißenberg?«

»Wenn wir vor seinem Grab stehen, werden Sie vielleicht nachvollziehen können, warum das gerechtfertigt ist. Es geht auch um die Atmosphäre. Die ist dort ganz außergewöhnlich.«

Auf dem Weg dorthin erzählt er, dass Frieda Müller, die Tochter Weißenbergs, einmal in den 1980er Jahren die Friedensstadt mit Erlaubnis der sowjetischen Truppen besuchen durfte.

»Sie hatte den Russen mitgeteilt, dass ihr Besuch den Lauf der Geschichte verändern würde. Wenige Jahre später kam dann Gorbatschow an die Macht. Der Rest ist bekannt.«

Auf diese Änderung der Geschichte hätten die Russen vermutlich gerne verzichtet. Vermutlich ärgern sie sich noch heute darüber, dass sie Frau Müller die Erlaubnis für einen Besuch gaben. Manchmal haben eben die vermeintlich kleinen Entscheidungen die größten Auswirkungen.

Wir kommen schließlich noch an einem Ärztehaus mit homöopathischem Schwerpunkt vorbei. Ins Auge fällt vor allem eine Tür mit dem Schild »Sakrament der geistigen Heilung«, hinter der Handauflegen in der Tradition von Jesus Christus und Joseph Weißenberg angeboten wird. Täglich von 15 Uhr bis 18 Uhr.

Nun stehen wir vor der Gedenkstätte des Kirchengründers, der von seinen Mitgliedern auch Meister und Rabbi gerufen wurde. Von der Ästhetik her erinnert es an Kriegerdenkmäler. Auf einer weißen Steinplatte, die zirka drei Mal drei Meter umfasst, sind sein Geburts- und Todesort eingraviert. Dahinter erhebt sich ein grauer Grabstein über der Platte, auf dem in goldenen Buchstaben steht: *1855 – Joseph Weißenberg – 1941*.

Pommerening erzählt von der Odyssee, die der Leichnam hierher zurücklegte. Von den Nazis ins schlesische Exil getrieben, wurde er erst nach Westberlin in eine Einrichtung der Johannischen Kirche verlegt, wo er bis zum Ende des Kalten Krieges blieb, bevor er nach der Rückgabe des Geländes in der Friedensstadt endgültig seine letzte Ruhe fand.

Während wir zum Parkplatz zurücklaufen, erzählt Pommerening von ungewöhnlichen Beobachtungen, die sowjetische Soldaten in den Wäldern um die Siedlung herum gemacht haben.

»Einige von ihnen haben während ihrer Zeit hier in der Kaserne einen alten Mann mit Hund im Wald gesehen. Als wir dann herkamen und Fotos von Weißenberg aufhängten, meinten sie erstaunt, dass sie diesen Mann kennen würden!«

»Ist das möglich, dass er als Geist zurückkehrt?«

»So etwas ist nicht ausgeschlossen.«

»Also können auch Hunde als Geister zurückkehren?«

»Auch das ist nicht ausgeschlossen, vermute ich. Schließlich gibt es auch einen Himmel für Tiere. Sie sind schließlich auch Lebewesen.«

Passionsspiele der Johannischen Kirche. Kurz vor Beginn der Aufführung stehen mehrere »Rabbiner« vor der Halle. Gleich werden sie auf der Bühne den Fall Jesus Christus diskutieren.

Wir spazieren von der Rückseite auf die Feuerwehr zu, an der unser Rundgang begonnen hat.

»Dann muss es aber auch einen Himmel für Pflanzen geben, oder?«

Pommerening muss kurz grinsen, wird dann aber ernst. »Ich glaube, dass es wohl eine Grenze bei Tieren gibt. Sonst müsste man es weiterdenken und auch einen Himmel für Bakterien haben. Das glaube ich nicht.«

»Die Bakterien würde ein Leben nach dem Tod bestimmt freuen.«

Er lacht wieder, aber so wie jemand, der ein Thema damit abschließen will.

Als wir uns verabschieden, empfiehlt er mir, im Sommer noch einmal zu kommen, wenn hier die Bäume blühen. Ich werde jedoch schon deutlich früher zurückkehren, weil ich mir noch vor Ort ein Ticket für die Passionsspiele kaufe, die sie in der Friedensstadt aufführen. Pommerening spielt auch mit, vermutlich ist die ganze Gemeinde eingespannt.

Als ich wieder im Auto sitze und über die leeren Straßen fahre, denke ich über meinen Besuch nach. Dieser Ort kommt mir wie ein tragisch-trotziges Missverständnis vor, wie eine gute Idee zur falschen Zeit, die eigentlich die Segel streichen müsste, aber auf Gott vertrauend weitermacht.

Beim spirituellen Mittelpunkt der Kirche handelt es sich um einen Mann, der in seinem Leben viel aneckte und es in keinem Verein aushielt, den er nicht selbst gegründet hatte. 1855 in einer katholischen Familie geboren, machte ihn und seine sieben Geschwister die Cholera zu Vollwaisen, als er gerade elf Jahre alt war. Mit vier Jahren soll er schon erste Wunder durch Handauflegen getätigt haben, später in der Schule nutzte er Klassenkameraden als Medium für den Kontakt mit Geistern.

Schließlich forderte ihn Jesus 1903 auf, sich ganz dem Heilen und der Religion zu widmen. Da war er schon 48 Jahre alt und in keinem Beruf wirklich glücklich geworden (er begann und brach nicht weniger als zwei Dutzend Ausbildungen ab). Nun aber folgte eine Phase großen beruflichen Erfolges. Als Heilmagnetiseur behandelte er in seiner Berliner Praxis vor allem durch Handauflegen und den Einsatz von Quark, dem er besondere Kräfte nachsagte und wegen dem er von den Berlinern als »Weißkäseprophet« verspottet wurde. An sechs Tagen in der Woche hatte er geöffnet und oft mehr als 50 Patienten am Tag. Die Zahl der Menschen wuchs, die in ihm, wie er selbst, mehr sahen als einen Heilmagnetiseur, weswegen sich 1903 die »Vereinigung der ernsten Forscher von Diesseits und Jenseits, wahre Anhänger der christlichen Kirchen« gründete. Dabei handelte es sich noch nicht um eine Kirche, sondern einen überkonfessionellen Zusammenschluss von Christen. Weißenberg organisierte Gottesdienste, in denen er als Prediger auftrat.

Er blieb Mitglied der katholischen Kirche. Das änderte sich erst, als er 1910 den Papst vergeblich aufforderte, den Gläubigen die Bibel in deutscher Sprache anzubieten. Daraufhin trat er aus und sofort in die evangelische Kirche ein, die er wiederum

1926 verließ, weil seinen Anhängern die Teilnahme am Abendmahl verweigert wurde. Er kommunizierte auch über Briefe mit seinen Anhängern, in denen er oft auf Ausformulierungen verzichtete, wenn er fand, dass sich der Leser den Rest selbst denken konnte.

> »Der Körper ohne die Seele wäre tot; nur die Seele fühlt, sieht, riecht und so weiter durch die äußeren Sinneswerkzeuge.«

Die Seele fühlt, sieht, riecht und so weiter … Neben solchen Briefen verfasste er auch Glaubenslyrik, die sich liest, als hätte sie der zu Recht ruhmlos gebliebene Bruder von Wilhelm Busch erdacht.

> »Wie ist die Welt doch so verdorben
> Durch Hochmut, Lug und falschen Schein!
> Der wahre Glaube ist gestorben.
> Wo soll da Gottes Segen sein?
>
> Doch immer wird es nicht so bleiben,
> So kann die Welt nicht fortbestehn;
> Die Menschheit muss sich bald entscheiden,
> Muss umkehrn oder untergehn.
>
> Es denkt ein jeder, recht zu handeln,
> Entbehrn zu können Gottes Gnad;
> Den breiten Weg will jeder wandeln,
> Doch nie den schmalen Dornenpfad.
>
> Selbst die sich Diener Gottes heißen,
> sie handeln oft in blindem Wahn,
> die größte Ehre sie erweisen
> dem, der sie gut bezahlen kann.«

Es waren aufregende Jahre für ihn in Berlin. Von 1909 bis 1912 wurde seine überkonfessionelle Vereinigung verboten. 1915 wurde er verhaftet und mit Berufsverbot belegt, das er erfolgreich gerichtlich anfechten ließ. Immer wieder warnten Ärzte davor, dass seine Patienten gesundheitliche Schädigungen davontrügen, die man bei einer traditionellen Behandlung vermeiden könnte. Vor allem die Boulevardzeitungen berichteten gerne über den Wunderheiler. Hätte es damals schon die Liste der peinlichsten Berliner gegeben, wie sie heute ein Stadtmagazin herausbringt, Weißenberg hätte es regelmäßig in die Top Ten geschafft.

Warum aber schlossen sich ihm überhaupt so viele Menschen an? Wunderheiler gab es damals schließlich viele und dennoch kamen die Patienten im Normalfall nicht auf die Idee, ihre Heiler als göttliche Gestalten zu verehren. Das stimmt. Aber im Normalfall behaupteten diese Heiler auch nicht, in göttlicher Mission zu handeln. Weißenberg schon. Mit diesem Anspruch traf er auf Patienten, die schon aufgrund der Tatsache, seine Patienten zu sein, an Wunder glaubten und somit offen für religiöse und spirituelle Verkündigungen waren. Darum überrascht es nicht, dass Weißenberg den harten Kern seiner Anhänger praktisch im eigenen Wartezimmer rekrutierte. Außerdem verfügte der erfahrene Prediger über Charisma und kam bei den Frauen an. Der Historiker Ulrich Linsen, der ein Buch über Erlöserfiguren in der Weimarer Republik geschrieben hat, nennt ihn »eine Art proletarischer Bhagwan der 20er Jahre«. Weißenberg war dennoch kein klassischer christlicher Prediger, denn er verband in seinen Glaubensvorstellungen religiöse (Christentum) und esoterische (Heilquark) Überzeugungen, womit er auch für Anhänger der damals gerade entstehenden anthroposophischen Bewegung attraktiv wurde. Sein endgültiger Aufstieg zu einem immerhin regional relevanten Kirchenführer begann in der Zwischenkriegszeit. Das Land lag wirtschaftlich und moralisch am Boden, die alte Ordnung war mit dem Untergang der Monarchie zerfallen und die erste Demokratie noch nicht etabliert. Gleichzeitig verunsicherten und euphorisierten die technischen sowie wissenschaftlichen Entwicklungen die Menschen, es gab das Radio, es gab Autos und Röntgenaufnahmen. Einstein wurde für seine Relativitätstheorie mit dem Nobelpreis ausgezeichnet. Ah ja, und der Filterkaffee wurde erfunden! In dieser permanenten Überforderung sehnten sich viele nach klaren Strukturen und einige sahen in Weißenberg diesen Anker der Stabilität. Das reichte für immerhin 15 000 Mitglieder.

Unklar ist bis heute, wie er zum Nationalsozialismus stand. Einerseits protestierte er gegen die Inhaftierung und Ermordung von Andersdenkenden, andererseits ließ Weißenberg angeblich in seinen Gottesdiensten den verstorbenen Horst Wessel durch sich als Medium zur Gemeinde sprechen. Die Johannische Kirche bezeichnet ihn als Widerstandskämpfer, seine Kritiker als Opportunisten, der Hitlers Machtübernahme so lange begrüßte, bis dieser gegen die Kirche vorging.

In der Kirche vermeidet man es, zu viel über diese Epoche zu sprechen. Lieber werden Anekdoten davon erzählt, wie der Meister bzw. Rabbi mit Zigarre vor dem Feuerwehrhaus der Siedlung steht und dort wiederum vor einem »Bitte nicht rauchen«-Schild. Gunnar Pommerening hat dieses Motiv an der Tür zu seinem Büro angebracht und so sympathisch dieser anarchistische Akzent ist, so unpassend wirkt er hier. Regelübertretungen, Einzelgängertum, Provokationen, das alles gibt es, aber das alles gibt es nicht in der Friedensstadt und nicht in der Johannischen Kirche. Weißenberg selbst ist seit seinem Tod endgültig zur zentralen Figur dieser Glaubensgemeinschaft geworden, indem er zur Inkarnation des Heiligen Geistes erklärt wurde. Er berät seine Nachfolger an der Spitze der Kirche, also erst seine Tochter Frieda und mittlerweile sein Enkelkind Josephine Müller, womit es sich um einen spirituellen Familienbetrieb in dritter Generation handelt.

Weil der Familienbetrieb auch seine eigenen Passionsspiele aufführt, reise ich noch einmal in die Friedensstadt. Ich bin neugierig, ob das Schauspiel an entscheidenden Stellen vom üblichen Ablauf abweicht. Möglich wäre es, schließlich weicht die Johannische Kirche ja auch an entscheidenden Stellen von üblichen christlichen Glaubensvorstellungen ab. Wird Weißenberg den Heiland retten? Wird sein Hund sich für die Sünden aller Tiere kreuzigen lassen? Wird Speisequark eine eigene Sprechrolle haben?

Auf dem Parkplatz ist kaum noch ein Platz frei, als ich ankomme. Ich überquere die Straße und treffe auf eine für Brandenburger Verhältnisse erstaunlich multikulturelle Gesellschaft. Zwei Legionäre stehen mit einem Rabbiner zusammen an einem Verkehrsschild, das die Orte Glau und Stücken ankündigt. Sie essen Bockwurst und sprechen über die Saisonleistung von Hertha BSC Berlin. Die Soldaten lachen viel und scheinen für einen Moment die strenge Disziplin vergessen zu haben, die ein Leben in der römischen Armee prägt. Der Rabbiner beobachtet zwei Freundinnen von Jesus, die gerade auf ein Smartphone starren. Ich hole meine Karte ab.

Das Passionsspiel findet im Kirchengebäude zwei Kilometer von der Friedensstadt entfernt statt. Es liegt in einer Parkanlage mit zierlichen Brücken und schmalen Pfaden zwischen akkurat gemähten Wiesen. Hinter einem Geräteschuppen steht ein VW Caddy, der mittlerweile zu einem Fortbewegungsmittel für altersschwache Besucher umfunktioniert wurde. Insgesamt macht hier alles den Eindruck, als ob der Park und die Kirche zu einer Seniorenresidenz gehören, die gleich hinter der nächsten Kurve auftauchen muss. Auf dem Parkplatz kommen immer noch weitere Autos aus allen Teilen des Landes an, auffällig viele aber aus Südwestdeutschland. Die Gäste sind vor allem ältere Ehepaare, alle in Sonntagskleidung. Es handelt sich schließlich um einen Höhepunkt im religiösen Kalender.

Als ich gerade die Kirche betreten will, bilden Mitglieder vor ihr einen Kreis. Sie stehen einfach stumm da. Besucher in feinen Anzügen, bärtige Rabbiner in prachtvollen Gewändern, frisch rasierte Legionäre mit kantigen Gesichtern. Als schließlich, der Kreis aus knapp 100 Personen besteht, tritt das aktuelle Oberhaupt, Josephine Müller, hervor und spricht das Vaterunser. Im Chor murmelt die Menge mit. Eine erhabene Stimmung liegt über dem Ort des Gebets, die sofort nach dem gemeinschaftlichen »Amen« von Dutzenden Einzelgesprächen vertrieben wird. Ich trete ein. Eine große Halle, in der auf den ersten Blick auch Flohmärkte oder Messen stattfinden könnten. Eine Orgel hängt am einen Ende des Raums, am anderen Jesus. Die braune Holzverkleidung der Wände und des Daches erinnert an einen zu groß geratenen Pferdestall. Die Fläche zwischen Orgel und Jesus wird von Plastikstühlen ausgefüllt. Sicherlich 500 Personen können hier Platz finden.

Die Halle füllt sich auch tatsächlich und mir gelingt es, einen Platz in der zweiten Reihe zu bekommen. Direkt hinter dem Oberhaupt Josephine Müller, der Enkelin von Joseph Weißenberg und der Tochter der Frau, die den Kalten Krieg zuungunsten ihrer sowjetischen Gastgeber entschied. Auf der Bühne laufen Mitglieder der Kirche umher und haben sich als Juden verkleidet. Sie gehören dem jüdischen Rat an, der darüber besorgt ist, dass Jesus so gut beim Volk ankommt. Schnell ist klar, dass der Heiland sterben muss, um die eigenen Privilegien zu sichern. Szene folgt auf Szene, das Bühnenbild ist dabei minimalistisch, fast wie beim modernen Regietheater. Mehrere Bauklötze werden immer wieder der jeweiligen Situation angepasst. Mal sind sie ein Tisch, dann Steine, dann wieder ein Thron … Es ist ein sehr langweiliges Stück. Jesus tritt gar nicht auf, also gibt es auch keine dramatische Kreuzigung zu bestaunen. Während die Laienjuden immer wieder den Tod des Messias fordern, frage ich mich, was eigentlich die Kirche machen würde, wenn die Jünger von Jesus schwarz gewesen wären.

Blackfacing für den religiösen Zweck? Und gibt es eigentlich einen Begriff dafür, wenn ein Christ einen Juden spielt? Vielleicht Jewfacing?

Ich hätte über so etwas nicht nachgedacht, wenn die Passion etwas spannender verlaufen wäre. So aber blieb es dem Oberhaupt der Kirche überlassen, für den eigentlichen Höhepunkt des Tages zu sorgen. Nachdem das Stück geendet hat, applaudiert niemand. Auch Josephine Müller schüttelt nur ihre Arme aus und steht auf. Ich denke zuerst, dass sie jetzt noch eine Ansprache hält und sich für dieses Schauspiel bedankt. Aber stattdessen läuft sie auf den Ausgang zu und verschwindet. Erst als sie gegangen ist, brechen auch die anderen Mitglieder auf. Warum sie als Erste die Kirche verlässt, weiß ich nicht, womöglich will sie ungestört vom vollen Parkplatz abreisen.

Auf der Fahrt zurück nach Berlin bin ich unzufrieden. Ich habe den ganzen Weg hierher auf mich genommen und fühle mich um eine exzentrische Interpretation der Passionsspiele betrogen. Trotzdem ist mein Eindruck der Johannischen Kirche positiv. Es ist faszinierend, dass es sie ohne Weißenbergs Zauberquark niemals gegeben hätte. Viele Gemeinschaften gründen sich auf Geld, Ehen und Intrigen, aber diese hier auf einem Milchprodukt. Vermutlich spielt es für Gläubige aber keine so große Rolle, welche Mythen am Beginn ihrer religiösen Bewegung stehen, denn der Glaube ist größer als seine theologischen Einzelteile und entscheidend ist letztlich ohnehin das Zugehörigkeitsgefühl. Es ist eine freundliche Gemeinschaft, hier draußen in der Friedensstadt. Es wäre interessant, ob sie sich in Weißenbergs Sinne entwickelt hat. Von seinem Temperament und seiner Wut, mit der er religiöse Autoritäten in Frage stellte, ist bei seinen Anhängern jedenfalls nichts zu bemerken. Sie wirken eher wie Museumsführer, die gewissenhaft über die Geschichte der eigenen Religion Auskunft geben. Missionarischer Eifer ist nicht zu erkennen, die meisten Mitglieder gehen auf das Rentenalter zu oder sind längst im Ruhestand. Trotzdem geben sie sich Mühe, organisieren Veranstaltungen, halten ihre Siedlung am Laufen und sprechen nur selten über ihr demographisches Problem.

Die Rückfahrt ist monoton, die Dämmerung hat der Natur die Farben entzogen, außer grauen Bäumen ist bald nichts mehr zu sehen. Während ich über die Brandenburger Alleen fahre, ist nur ein einziges Auto weit vor mir auf der Landstraße unterwegs. Ob Josephine Müller darin sitzt? Ob auch sie mit dem Passionsspiel unzufrieden ist? Ich weiß es nicht. Irgendwann biegt der Wagen in einen Waldweg ab und ich bin endgültig alleine mit dieser sonderbaren Karfreitagsnacht ohne Kreuzigung.

Station 25
Osho

Tau liegt auf dem Gras, der nahe Bach plätschert und über ihm wachen die Tannen des Waldes, der sich steil hinauf zur Bergspitze zieht. Ich schaue mich um, der ganze Ort ist von Wäldern umschlossen. Herbstkälte liegt über dem Tal und dieser Siedlung. Es ist ein entspannender Morgen und ich weiß nicht, ob er es einfach nur aus Zufall ist oder weil die Bewohner dieser Siedlung in Sachen Energieströme und Schwingungen eben nichts dem Zufall überlassen. Deswegen befinde ich mich auch nicht einfach nur in einem Park, sondern in einem geomantischen Park. Geomantie fällt in den Bereich der Esoterik und geht davon aus, dass die gesamte Erde von Energien durchzogen wird, weswegen jeder Ort über einen individuellen »Charakter« verfügt, der auch in seiner Gestaltung berücksichtigt wird. Mit dem Charakter der Erde ist es wie mit dem Charakter der Menschen, es gibt gute und schlechte. Und dieses Stück Erde hier hat einen tollen Charakter. Hier gibt es eine Fülle von guten Plätzen, sagen die Geomanten. (Die Wissenschaftler wiederum sagen das nicht, die sagen stattdessen, dass die Wirkung der Geomantie nicht nachweisbar ist. Keine Partnerbörse würde auf die Idee kommen, ein Date zwischen einem Geomanten und einem Wissenschaftler vorzuschlagen.)

Es gibt verschiedene Steinskulpturen, einen Rosenteich und immer wieder Figuren aus rostigem Stahl, bei denen sich sicherlich mal jemand was bei der Herstellung gedacht hat, was man dem Ergebnis aber nicht ansieht. Scheinbar motivationslos sind die Stahlrohre abgeknickt und erinnern am ehesten noch an Opfer schwerer Autounfälle mit entstellten Gliedmaßen. Ich laufe durch den Zen-Garten. Ich bin in Thüringen, auch wenn die Landschaft sich als Schwarzwald getarnt hat, und ich bin seit gestern zu Besuch in der Oshostadt. Osho ist eine Generationenfrage. So wie Plattenspieler, Rauchen im Restaurant, der Gameboy und Diskettenlaufwerke. Wer nicht dabei war, steht staunend davor. Alle anderen hingegen haben sofort eine Meinung dazu, eine Anekdote, eine Erinnerung. In Sachen Osho kann als Grenze des Vergessens das Jahr 1980 gewählt werden. Wer 1980 oder später geboren wurde, für den ist Osho so weit weg wie die Bändigung des Feuers durch die ersten Menschen. Alle davor haben folgende vier Assoziationen. Erstens: Sex. Zweitens: Rolls-Royce. Drittens: Der hieß doch früher Bhagwan! Viertens: Die haben die Oshodiskotheken betrieben.

Bei Osho, der seinen Namen im Laufe des Lebens mehrmals wechselte und seine größte Popularität als Bhagwan erreichte, bevor er schließlich als Osho starb, handelte es sich um einen indischen Philosophen und Religionskritiker, der vor allem in der 1968er Generation auf eine glühende Anhängerschaft traf. Er kritisierte die Religionen für ihre Lustfeindlichkeit und erklärte: »Ja, ich glaube an freien Sex. Sex macht Spaß, es ist nichts Ernstes daran.« Später machten seine Kommunen wegen Orgien Schlagzeilen und er wegen seiner Sammlung an Edelkarossen, denn »in einem Ochsenkarren ist es im Grunde ziemlich schwierig, meditativ zu sein. Ein Rolls-Royce ist einfach am besten geeignet für das spirituelle Wachstum.« Er hat beinahe 100 dieser Wagen besessen. Offenbar war er einfach zur richtigen Zeit am richtigen Ort und fand in den westlichen Studenten (und da speziell den deutschen) begeisterte Anhänger, die von der Religion ihrer Eltern nichts mehr wissen wollten, aber eine Alternative suchten. Also wechselten sie Religion gegen Spiritualität, Gebet gegen Meditation und die Pflicht zur Keuschheit vor der Ehe gegen die Pflicht zur sexuellen Ausschweifung. Es ist nicht so erstaunlich, dass speziell der letzte Punkt bei einem Zielpublikum von Anfang bis Ende 20 auf Zustimmung und Interesse stieß.

Diese Anfänge lagen schon fast fünf Jahrzehnte zurück, als ich gestern Abend den Zug verließ und in die pechschwarze Nacht hinaustrat. Der Bahnhof bestand aus nicht viel mehr als einem Trampelpfad. Schlecht beleuchtet hing da zwischen rostigen Stangen ein Schild: »Wurzbach«. Außer mir stieg niemand aus, was nicht überraschte, weil außer mir auch niemand im Zug gesessen hatte. Einige Meter entfernt stand ein sehr großer Mann an einem Auto.

»Bist du der Gideon?«, fragt er, als ich ihn erreiche. Er ist einen Kopf größer, hat langes, aber etwas dünnes Haar und trägt bequeme Kleidung, die großzügig am Körper herunterhängt.

»Ja.«

Danach wird am lebenden Objekt ausprobiert, wie innig die Begrüßung ausfallen soll. Der Mann versucht mich erst etwas umständlich zu umarmen, während ich aber gerade meine Tasche auf dem Rücken zurechtrücke, weswegen er zurückzuckt und es darum bei einer kurzen Berührung der Schulter belässt. Schließlich geben wir uns einfach die Hand, ganz bieder, aber zumindest ohne weitere Komplikationen.

Während der zehnminütigen Fahrt kommt uns kein einziges Auto entgegen, bevor schließlich irgendwo in der Dunkelheit matte Lichter in der Dunkelheit glimmen. Wir halten an und klettern über einen Zaun auf das Gelände. »Der Zaun muss sein, damit uns die Pfauen nicht weglaufen«, erklärt mein Fahrer mir, bevor wir schon über den Hof laufen, auf das einzige beleuchtete Zimmer zu, das es um 20 Uhr hier gibt: das Ess- und Gemeinschaftszimmer mit integrierter Küche. Mehrere Bewohner sitzen an einem Tisch und unterhalten sich. Auch ich komme mit einer Bewohnerin ins Gespräch, mit Pratiksho, die mit scharfem Messer zwei Kürbisse häutet und ausweidet, während sie auf dem Kopf ein Tuch trägt wie die Erntehelferinnen im Frühjahr. Sie hat früher in einer der Oshodiskotheken gearbeitet, aber mittlerweile pendelt sie die drei Stunden zwischen Berlin und der Oshostadt, weil sie bei den Grünen arbeitet und Geld verdienen muss.

»Jeder hier leistet seinen finanziellen Anteil von mindestens 450 Euro im Monat«, erklärt sie. Aber weil das gar nicht das ist, was mich interessiert, wechsle ich das Thema: »Warum erinnern sich denn alle an die Oshodiskotheken? Was war da denn so anders?«

Sie versucht sich ein Lächeln zu verkneifen, aber man merkt ihr den Stolz an. »Damals waren Diskotheken in Deutschland meistens noch schummrig und düster, wir haben das aufgepeppt, haben mehr Licht hineingebracht, mehr Energie, mehr Spaß.« Während wir uns unterhalten, schlurfen immer wieder Bewohner herein, wir geben uns kurz die Hand, bevor sie mit einer Tasse Tee wieder verschwinden oder sich in einen anderen Raum setzen. Nur bei dem kleinen Männlein im Mantel, der ihm bis zu den Knien reicht, ist es etwas anders. Es kommt näher, bleibt stehen und schaut mich neugierig an. Es hat graubraune Haare bis zu den Schultern und schweigt.

»Hallo«, sage ich und reiche ihm die Hand. Es beugt sich leicht vor und tippt mir mehrmals auf die Stirn, bevor es schweigend wieder verschwindet. Andere Täler, andere Sitten. Kein Problem.

Später sitze ich mit drei Bewohnern zusammen im Esszimmer. Ein länglicher Raum mit großem Tisch und Platz für vielleicht zwölf Personen. In einer Ecke auf dem Bücherregal stehen Brettspiele und lehnen zwei Gitarren. Pratiksho, die nun Gurken zerschneidet, sitzt da, außerdem Bernhard, ein Mann in seinen 80ern, der neugierig ist und vom Aussehen her an Christian Ströbele erinnert. Vor allem aber wird im Verlauf der nächsten Stunden Shunyam reden, der hier so etwas wie der Kommunensprecher ist. Früher war er Kunstprofessor in Stuttgart und heute sind die meisten der Exponate der Oshostadt von ihm. Er ist gerne Künstler und spricht gerne darüber, gerne Künstler zu sein.

Gyan ist Sannyasin, wiedergeborener Indianer, Philosoph, Besitzer einer Schwitzhütte und Schriftsteller, der nur im Winter schreibt, weil es im Sommer draußen zu schön dafür ist.

»Was ist denn das Besondere an Osho, dass es sogar Oshokommunen gibt?«

Shunyam, der sein langes Haar zu einem Pferdeschwanz gezähmt hat, lächelt über die Frage. Es ist ein mitleidiges und ein wenig herablassendes Lächeln. Wer so lächelt, ist im Besitz tiefer Einsichten und wer so fragt, hat nichts verstanden. Damit sind die Rollen schon mal verteilt. Ich werde diesen Gesichtsausdruck während meines Besuchs noch in vielen anderen Gesichtern sehen.

»Er ist der weiseste Mann des 20. Jahrhunderts gewesen. Vielleicht der weiseste überhaupt.«

»Warum?«

Wieder dieses Lächeln.

»Lies einfach seine Werke, das wird das Beste sein.«

Dieser Tipp ist in der Kürze schwer zu befolgen, denn Osho hat etwa 400 Bücher veröffentlicht.

»Was macht ihn denn in deinen Worten so weise?«

Die beiden anderen am Tisch kichern leise über so viel Unwissen.

»Sein ganzes Denken bewegt sich auf einem anderen Niveau. Wir können von ihm sehr viel lernen, aber das heißt nicht«, Shunyam hebt kurz den Zeigefinger, »dass wir ihn vergöttern. Er hat selbst gesagt, dass er kein Meister ist und wir seine Schüler, sondern dass er ein Meister unter künftigen Meistern ist.«

»Aber hätte er gesagt, dass er der Meister ist und ihr seine Schüler und Punkt, dann wäre das für dich auch in Ordnung gewesen.«

»Das hätte er nicht gesagt.«

»Warum?«

»Weil er weise ist.«

Beruhigend zu wissen, dass auch die Anhänger des weisesten Mannes des (mindestens) 20. Jahrhunderts das Prinzip des Zirkelschlusses beherrschen.

»Bist du denn religiös?«, frage ich Shunyam weiter, der dazu entschieden den Kopf schüttelt.

»Du musst eines wissen«, setzt er an, »Religionen sind gefährlich. Sie führen zu Kriegen, wie wir jeden Tag im Fernsehen sehen können, und sie verhindern, dass du dich in dir selbst finden kannst. Niemand, der in einer Religion ist, kann sich wirklich finden.«

Pratiksho, die nun zu den Tomaten gewechselt ist, die sie mit erfahrenen Händen zerkleinert, seufzt: »Das stimmt.« Nur Bernhard räuspert sich und stimmt nicht zu. Aber er ist auch aus einer Pfarrersfamilie und darum familiär vorbelastet.

»Seid ihr also nicht religiös?«

»Was meinst du damit?«, fragt Shunyam zurück.

»Den Glauben an einen Schöpfer, an einen Anfang, an ein Ende und eine Vorstellung davon, was danach passiert.«

»Nein, das ist alles nicht richtig. Das sind Ideen von außen, ausgedachte Geschichten, die uns von unserem Inneren ablenken.«

Wie sich schon aus dieser Haltung ablesen lässt, war Osho ein massiver und zum Teil polemischer Kritiker der organisierten Religionen. Über die Motive und die Logik hinter dem monotheistischen Schöpfergott schrieb er:

> »Man kann sich also unmöglich vorstellen, dass Gott in seinem Zustand ewiger Glückseligkeit plötzlich den Wunsch verspürt haben soll, die Welt zu erschaffen. Ein Wunsch ist ein Wunsch. Man kann sich Gott einfach nicht als ein Wesen vorstellen, das Wünsche hat. Also bleibt nur eine Möglichkeit: dass er launisch und exzentrisch ist. Wenn aber dieses Universum nur aus einer Laune heraus geschaffen wurde, verliert es jeglichen Sinn, jegliche Bedeutung und wir sind einfach nur Marionetten in der Hand eines diktatorischen Gottes, der alle Macht hat, aber geistig nicht ganz gesund ist, sondern seine Launen hat.«

Gleichzeitig lehnte Osho religiösen Glauben aber nicht ab, er definierte ihn nur anders als die organisierten Religionen, die für ihn wahrer Religiosität im Weg standen. Für ihn gab es darum drei Personen, die maßgeblich an der Befreiung von diesen falschen Religionen mitwirkten: »Adinatha beseitigte Gott, doch er hinterließ ein Vakuum. Buddha füllte das Vakuum mit Meditation. Leider hat sich danach im Buddhismus eine Priesterklasse etabliert.«

Adinatha und Buddha, das macht zwei. Fehlt noch der Dritte, der, nicht ganz überraschend, Osho selbst ist. Er vollendete den Weg hin zur »religionslosen Religion«, indem er den Weg Buddhas konsequent zu Ende ging und die Priesterklasse aus dem Verhältnis des Einzelnen zum Göttlichen entfernte. »Das wirkliche Problem ist der Priester und Gott ist die Erfindung der Priester. Gott kann erst abgeschafft werden, wenn die Priester abgeschafft sind.« Deswegen hat er selbst immer versucht, seine eigenen Lehren mehrdeutig und widersprüchlich zu gestalten.

> »Ich habe mir ständig selbst widersprochen, damit ihr niemals ein Dogma aus mir machen könnt. Ihr werdet verrückt, falls ihr es versuchen solltet. Aus mir kann niemand eine orthodoxe Lehre machen, das ist unmöglich. Fast jeder Satz wird zum Hindernis für alle, die eine Religion um mich organisieren wollen.«

Ob er damit wirklich so erfolgreich war, wie er glaubte, ist bei weltweit aktiven Oshozentren die Frage. Alleine das Zentrum in Köln hat jährlich über 10 000 Kursteilnehmer. Irgendetwas Dogmatisches dürfte es da geben, worauf sich alle einigen können.

Weil sich Pratiksho um Zwiebeln kümmert und Bernhard lieber zuhört, unterhalte ich mich weiter mit Shunyam. Er verliert sich immer wieder in langen Anekdoten über seine Zeit als Student und später als Kunstprofessor in Stuttgart. Nach der Pensionierung entschied er sich, endgültig in die Kommune zu ziehen, weil ihm im Schwabenland sonst die Decke auf den Kopf gefallen wäre. Der Oshobewegung gehört er aber schon seit den 1980er Jahren an und ist darum auch offiziell ein Sannyasin, wie sich die Mitglieder selbst bezeichnen. Während des Übergangsrituals erhält das neue Mitglied nicht nur einen neuen Namen (wenn gewünscht), sondern auch eine Halskette (wenn gewünscht) mit 108 Rosenholzkugeln sowie einem Porträt von Osho. Durch das Drücken auf das dritte Auge, das sich etwas erhöht zwischen den beiden sichtbaren Augen auf der Stirn befindet, ist der Übergang vollzogen. Dieses Ritual verpflichtet zu nichts, aber in der Praxis verbinden viele Sannyasins damit trotzdem die Überweisung hoher Geldbeträge an die Oshobewegung. Auch Pratiksho ist Sannyasin, Bernhard übrigens nicht, er folgte seinem alten Freund Siddhartha hierher, der die Kommune gründete.

»Er hatte schon eine große Aura, oder, Shunyam?«, meint er und Traurigkeit schwingt dabei in seiner Stimme mit.

»Kann ich nicht beurteilen, für mich war er einfach nur ein Künstlerkollege«, bremst dieser kompromisslos diese nostalgische Erinnerung aus. Siddhartha ist 2012 gestorben. Aber sein Einfluss auf die Kommune ist so prägend, dass kein Name bei meinem Besuch so oft fällt wie seiner. Nach dem von Osho natürlich. Er gründete die Oshostadt 1994 und hatte schon einige Erfahrung darin, denn zuvor hatte er nacheinander drei andere Kommunen geleitet, die mit Abstand größte bestand aus 150 Personen. Das war Anfang der 1980er. Gestorben ist er schließlich hier im Kreis von zirka 15 Mitgliedern.

»Was für Leute sind das denn, die sich so einer Oshokommune anschließen?«, möchte ich wissen, während das Männlein mit einer Kanne heißem Wasser auftaucht und fragt, ob jemand noch einen Tee will. Ich melde mich und er füllt mir das Glas bis über den Rand, so dass schon etwas an den Seiten hinunterfließt. Danach verschwindet er für diesen Tag.

»Wer keine Lust auf Ideologie und auf vorgegebene Verhaltensweisen hat, findet zu Osho«, erklärt Shunyam, der für seine Mitte 70 erstaunlich fit und jung wirkt. So wie die Männer hier generell nicht zur Bierbauchigkeit neigen. »Das ist ein System, das einen immun macht gegen Autoritäten, gegen Hierarchien und gegen Schubladendenken. Wir haben hier deswegen auch ein paar sehr extreme Künstler. Die legen auch viel Wert auf Eigenständigkeit und Unabhängigkeit.«

»Aber warum geht man dann in eine Kommune, wenn man so viel Wert auf Unabhängigkeit legt? Auch ich lege Wert darauf und deswegen habe ich auch keine Lust, von zehn anderen Leuten überstimmt zu werden, was es morgen zu Mittag gibt.«

Pratiksho schüttelt nachsichtig den Kopf und Shunyam lacht

wieder sein Lachen, das mir wenig subtil mitteilt, wie viel ich noch nicht begreife.

»Die Kommune ist auch ein Konzept, um sich den Zwängen der Gesellschaft zu entziehen.«

»Gesellschaft oder kapitalistische Gesellschaft?«

»Unserer Gesellschaft, die uns in Rollen drängt«, will er sich nicht festlegen, »und wer, meinst du, hat mehr Freiheiten, unsere radikalen Künstler oder ein Mitarbeiter im öffentlichen Dienst?«

Weil wir an dem Punkt wohl kaum weiterkommen werden, wechsle ich zu einem Thema, das Shunyam generell sehr interessiert: Shunyam.

»Wie bist du denn zu Osho gekommen?«

»Das war damals in Stuttgart, da habe ich diese Leute in ihren orangefarbenen Kleidern und mit diesen Halsketten auf der Straße gesehen und fand das erst mal sehr schräg, aber auch mutig, sich so zu präsentieren. Nach und nach habe ich mich dann mehr damit beschäftigt und dachte mir irgendwann, dann machst du halt mal mit bei diesen Sachen, dann bist du halt mal beim Gruppensex dabei und dann lässt du dich mal gehen und bist nicht immer so verkopft. Gerade für einen wie mich, der Querdenker ist und schnell misstrauisch wird, was Organisationen angeht, war das eine spannende und erfüllende Erfahrung.« Schon davor hatte er sich für Rudolf Steiners Anthroposophie interessiert und auch Freunde in den Naturreligionen gehabt, das hatte ihn zwar alles inspiriert, aber nicht überzeugt. Bis dann eben diese Menschen in den orangefarbenen Kleidern auf der Straße standen.

»Gibt es auch Dinge an Osho, wo du sagst, da hat er aber mal richtig danebengelegen?«

»Sicherlich«, kommt es sofort zurück, »er hat immer wieder Zahlenangaben verwechselt, also statt Millionen Milliarden gesagt, solche Dinge.«

Pratiksho kichert dazu und ist längst bei den Karotten angekommen, die in winzige Scheiben geschnitten werden.

»Mehr nicht? Das ist ja jetzt keine wirkliche Kritik an seinen Ideen.«

»Und von der Farbenlehre hatte er keine Ahnung, das fiel mir als Maler immer auf«, er denkt nach, »und dass er für die Tötung geistig behinderter Kinder war.«

»Was ja eine andere Nummer ist als die Farbenlehre.«

»Speziell natürlich für uns Deutsche.«

»Eigentlich wäre das auch so eine andere Nummer.«

»Er sagte, dass die Kinder so die Chance hätten, schnell wiedergeboren zu werden, und zwar in einem gesunden Körper, anstatt sich über Jahrzehnte in einem kranken Körper zu quälen.«

Später erfuhr ich, dass auch Oshos Großzügigkeit in Sachen Sexualität Grenzen kannte, und zwar erstaunlich schnell und an einem Punkt, wo er plötzlich den kritisierten Religionen ganz nahe war. Er hielt Homosexualität für eine Perversion, weil der gesunde Mensch nun einmal heterosexuell sei.

Im weiteren Verlauf des Abends, der eher wie ein Gespräch mit zwei Zuschauern verläuft, wobei die eine währenddessen offenbar den gesamten Gemüsegarten der Kommune in Scheiben schneidet und der andere immer wieder kurze Anmerkungen einwirft, aber ansonsten auch schweigt, erfahre ich von Shunyam, dass in der Kommune mehr gestritten wird als in einer Familie, aber der Streitgrund danach auch ausgeräumt ist. Freitags ist Vollversammlung und mittwochs kann sich jeder im stillen Kreis über Dinge aussprechen, die ihn belasten. Keiner darf darauf antworten, das Gesagte steht einfach im Raum und jeder Einzelne muss überlegen, was diese Aussage mit ihm macht. Geschlechtsverkehr wird gerne das »biologische Programm« genannt, was mehr nach Toilettengang statt Sinnesfreuden klingt, wie ich finde. Aber gut, ich bin auch kein Mitglied dieser Gemeinschaft. Shunyam schon und deswegen berichtet er, wie er mal eine Frau kennenlernte und da dann »das biologische Programm anlief«, sie also Sex hatten. In der Oshostadt leben Menschen zwischen 20 und 85 Jahren, der

Schnitt liegt bei 50. Einer ist mit dem Kommunengründer Siddhartha von der ersten Gründung an bis heute mitgezogen, nämlich das Männlein, das so großzügig das Wasser aus meiner Tasse überlaufen ließ.

Um kurz nach Mitternacht schließlich löst sich die kleine Küchengruppe auf. Bernhard und Pratiksho bleiben in diesem Haus, weil sie hier ihre Zimmer haben, während ich mit Shunyam hinüber ins Schloss gehe, wie das Haupthaus ohne ersichtlichen Grund genannt wird. Eine alte Holztreppe kommentiert jeden Schritt mit knarrenden Geräuschen. Es ist kein aufgeräumtes Haus, aber das Chaos wird verwaltet, das merkt man. Mein karg eingerichtetes Zimmer besteht aus einem Sofa, einem Doppelbett, einem Schrank und einem einzigen Bild an der Wand. Die Frage, wer da hängt, würde es bei »Wer wird Millionär?« nicht einmal in die 50-Euro-Kategorie schaffen. Selbstverständlich Osho. Worüber mein Zimmer nicht verfügt, ist ein Zimmerschlüssel. Der Raum kann nicht abgeschlossen werden.

Als ich das Licht ausmache, ist es finster und beinahe irritierend leise. Nirgendwo wird meditiert, geschrien, gelacht oder das »biologische Programm gefahren«. Es ist vollkommen ruhig. Vielleicht ist das die Ruhe, die andere Menschen in Klöstern suchen. Ich schlafe ein. Am nächsten Morgen mache ich mich also auf den Weg in den geomantischen Park, wo ich mir eine leerstehende Bar ansehe, die El Paso heißt und geradewegs vom Himmel gefallen sein kann, so überraschend unpassend steht sie hier zwischen Heil- und Kristallsteinen, den Skulpturen und dem Rosengarten.

Die Oshostadt hat aber noch mehr zu bieten außer diesem Park, mehreren Wohnhäusern mitsamt einem blau bemalten Gebetsturm, der ziemlich ambitioniert Zen-Tower heißt. Es gibt ein Mineralien- und ein Landwirtschaftsmuseum, zu denen ich nun laufe. Auf dem Weg dorthin werde ich aber durch bunt mit Federn, Traumfängern und Schmuck behängte Baumstämme abgelenkt. Daneben steht eine gelb, rot und blau gestrichene Tür, die von einer dreieckigen Holzplatte gekrönt wird, in deren Mittelpunkt sich ein gemalter roter Vogel befindet. Die Tür steht ohne dazugehörige Wände oder Zäune einfach im Gras. Man könnte durch sie hindurchgehen, aber auch bequem an ihr vorbei. Sie ist bunt und hat offensichtlich mehr einen symbolischen als einen praktischen Nutzen. Noch interessanter ist, was sich hinter dem Traumfängerbaum und der Tür befindet, nämlich ein kleines, flachdachiges Haus, ebenfalls mit indianischen Motiven bemalt, mit Sternen, geometrischen Formen und in Gelb und Rot und Blau und Schwarz gestrichen. Über dem Eingang wacht ein Leopard auf dem Dach, der majestätisch die Landschaft überblickt. Er ist nicht echt, im Gegensatz zu den Pfauen, die hier herumstolzieren.

»Die haben jetzt kein Rad mehr!« Ein drahtiger Mann, der sich Gyan nennt, steht in der Tür zum Haus, möchte eine Radtour machen und schiebt darum sein Mountainbike ins Freie.

Wir kommen ins Gespräch, Gyan ist auch Schriftsteller. »Aber nur im Winter, im Sommer ist es draußen zu schön«, verrät er seine sehr vernünftige Arbeitseinstellung. Aktuell schreibt er seine Autobiographie. »Die soll drei Bücher umfassen, das erste ist fertig, das zweite werde ich vielleicht in diesem Winter schreiben können und das dritte im Winter drauf. Komm mit, ich zeig es dir mal.«

Im Inneren des Hauses ist es eng, gemütlich und ordentlich. Gyan hat nicht viel Platz, aber den nutzt er ideal. Mehrere Musikanlagen sind installiert, und direkt am Bett befindet sich ein Computer an der Wand. Am Eingang steht ein Ofen, dahinter eine Kommode und das Zentrum seines schriftstellerischen Schaffens ist ein Tisch, auf dem ein Notebook steht und daneben eine Schachtel. In ihr befindet sich ein Teil seiner Autobiographie.

»Die meisten Ideen habe ich in der Schwitzhütte«, verrät er mir großzügig seine Tricks, »da sitze ich dann zwei Stunden und dann fällt mir wieder was ein und das schreibe ich dann auf.« Ich kenne viele Autoren, die Gyan für diese Entspanntheit hassen würden. »Das ist schon immer witzig, ich les dann den Leuten hier manchmal Kapitel vor und die kommen einfach gut an.« Er lacht, er ist stolz auf sein Buch und vor allem ist er stolz auf sein Leben. Darauf schaut er gerne zurück, eigentlich täglich und eigentlich permanent, denn an den Wänden hängen viele Fotos eines Mannes, der mal mit blonderem und vollerem Haar und dann irgendwann mit dunklerem und weniger vollem Haar in die Kamera blickt. In Indianerkleidung, mit einem echten Adler auf der Schulter, in der orangefarbenen Kluft der Sannyasins mit Halskette und Stirnband. Mit Händen, die voller Euphorie zu Fäusten geballt sind. Diese Siegerpose findet sich auf mehreren der gerahmten Bilder wieder, die allesamt Gyan selbst zeigen. »Das ist schon super, ich wache morgens auf, sehe diese Fotos und denke mir, was ich für tolle Sachen erleben durfte. Ich habe das Leben halt immer mit beiden Händen umarmt.« Er sprudelt vor Energie, ist Anfang 70, körperlich eher Mitte 50 und von seiner Begeisterungsfähigkeit her kurz vor der Einschulung. Jetzt liest er mir aus dem Manuskript vor, irgendeine Anekdote aus seiner Jugend, als er mit Freunden Zigarettenautomaten knackte und die Ware dann verkaufte. Er liest nicht gut, dafür ist er ein umso besserer Erzähler. In Indien lebte er mit der Mutter von Osho zusammen, bevor er dann in die USA reiste und dort ein paar Jahre lebte, mit Drogen dealte, ins Gefängnis kam und ausgewiesen wurde. Er kennt offenbar Gefängniszellen vieler Länder und Kulturen. »In Indien war es krass im Gefängnis, aber in Kanada super, weil das fast alles Indianer gewesen waren.« Irgendwann während seiner spirituellen Erweckung stellte er fest, dass er in einem früheren Leben Indianer war, weswegen er sich sofort einem Stamm in Kanada anschloss. »Es war toll dort und hätte die Polizei mich nicht mit Großaufgebot verhaftet, wäre ich für immer dageblieben. Die kamen mit Hubschraubern, haben sich in mein kleines Drogenfeld abgeseilt. Dann wurde ich abgeschoben.«

»Und jetzt bist du der einzige Indianer der Oshostadt?«

»Vermutlich der einzige in Deutschland«, korrigiert er grinsend, »das kommt alles ins Buch, immer wenn ich darüber spreche, fallen mir weitere tolle Sachen ein.« Danach steigt er auf sein Rad, erklärt mir noch: »Ich fahre zweimal am Tag auf die Spitze des Berges, die anderen hier halten mich deswegen für verrückt, aber ich brauche das, mir macht das Spaß. Das ist verdammt steil und keiner traut es mir zu, da hochzukommen. Aber ich komme da hoch. Zweimal am Tag!« Dann fährt er los, dem nächsten Erfolgserlebnis seines Lebens entgegen.

Gyan entspricht dem idealen Sannyasin, wie ihn Osho beschrieben hat. Beiläufig erwähnt er mir gegenüber bei seinen Drogen-, Sex- und Abenteuergeschichten, dass er als junger Mann schon viel Geld verdiente und überhaupt aus einer sehr reichen Familie stammt. Mit Ende 20 fühlte er sich aber trotz seiner Millionen nicht mehr glücklich und begab sich auf Sinnsuche. Irgendwann führte diese ihn auch nach Indien in den Ashram von Osho, der sich damals noch Bhagwan nannte und von einer Bedürfniskette sprach:

> »Die körperlichen Bedürfnisse sind erfüllt, nun entstehen psychische Bedürfnisse. Und erst wenn auch deine psychischen Bedürfnisse erfüllt sind, entstehen spirituelle Bedürfnisse. Wenn jemand alle Musik gehört hat, die es auf der Welt gibt, und alle Schönheit gesehen hat und feststellt, dass alles ein Traum ist … Was dann? Er steht mit leeren Händen da, leerer als je zuvor. Dann reichen einem Musik und Dichtung nicht mehr. Dann entsteht der Wunsch zu meditieren, der Wunsch zu beten, der Hunger nach Gott, der Hunger nach Wahrheit.«

Auch wenn es Bertolt Brecht mit seinem Einzeiler »Erst kommt das Fressen, dann kommt die Moral« wesentlich knapper zu Papier brachte, steckt in dieser Zusammenfassung ein wesentlicher Kern der Religionsvorstellung von Osho. Religiosität ist ein Luxus, den sich die meisten Menschen leider nicht leisten können, weil sie noch mit dem existentiellen Überlebenskampf beschäftigt sind und selbst wenn dieser vorbei ist, füllen die Menschen ihr Leben erst einmal mit weltlichen Gütern, bevor auch diese ihnen nicht mehr ausreichen. Und dann kommt Osho. Zumindest in Gyans Fall war das so. Und in dem vieler anderer Sannyasins, die ihr bisheriges Leben völlig aufgaben, oftmals große Vermögen an den Guru spendeten und im Idealfall nun glücklich die Berge hochfahren oder aber ernüchtert und um erhebliche Summen ärmer auf ihre Zeit im Ashram zurückblicken.

Immer wieder kommt in Gesprächen in der Oshostadt das Thema auf Oregon. Dort befand sich einmal so etwas wie die Hauptstadt der Sannyasins. Mitten in der Wüste hatte Osho eine Siedlung bauen lassen, es war der Versuch, eine Megakommune aufzubauen. Dieser Versuch scheiterte nicht einfach nur, sondern scheiterte auf besonders spektakuläre Weise. Als die Führungsriege floh (aus der eigenen Stadt zu fliehen, ist selten ein gutes Zeichen), hatte sie nicht nur die Kommune in ein stasihaftes Überwachungssystem verwandelt und Lebensmittel vergiftet, sondern auch den Anschlag auf einen amerikanischen Richter geplant. Außerdem fehlten viele Millionen Dollar, von denen niemand wusste, wo sie hingeflossen waren. Es kam zu langjährigen Gefängnisstrafen, auch Osho selbst musste in Haft.

Doch in der Oshostadt werden nur die schönen Seiten des Oregon-Abenteuers erzählt. Alle hatten sie in den 80ern die Gelegenheit genutzt, dort zu sein, und alle erzählen sie von Festivals, die es mit Woodstock aufnehmen konnten. Party und Spiritualität und einfach eine tolle Zeit. Keiner erwähnt, dass die Kommune sich schließlich in eine paranoide Zwergdiktatur verwandelt hatte. Stattdessen wird lieber behauptet, dass die USA Osho in der Haft vergiften und so beseitigen wollten.

Mehr Unschönes gibt es über das Megakommunenkonzept nicht zu sagen. Wobei Shunyam dann doch noch erklärt, dass die Kommune als Gesellschaftsmodell wohl erst einmal gescheitert ist. »Vielleicht ist die Menschheit in Zukunft irgendwann weit genug.«

Weil langsam die Zeit drängt, möchte ich nun endlich in die Museen. Davor hole ich mir in der Gemeinschaftsküche noch einen Tee (immerhin habe ich den Besuch hier bezahlt und unter anderem fünf Euro für »Wechseln des Bettüberzugs« bezahlt) und da sitzt das Männlein von gestern Abend.

»Und hast du gefunden, was du gesucht hast?«, möchte es wissen und schaut mich aus kleinen Augen an. Es hat eine leicht näselnde Stimme.

»Ja, es war interessant.«

»Ich habe nicht gefragt, ob es interessant war, sondern ob du gefunden hast, was du gesucht hast.«

»Ja, habe ich.«

»Was hast du gesucht? Hast du hier etwas gesucht oder in dir?«

»Ich schreibe ja über verschiedene Gruppen und da ist es wichtig, nicht nur in Büchern zu lesen, die sind irgendwann ja auch etwas trocken.«

»Du musst zwischen den Zeilen lesen!«

»Okay.«

»Zwischen den Zeilen ist das Interessante und das Banale, das Kluge und das Dumme. Zwischen den Zeilen ist nichts. Du musst in dir suchen, wenn du zwischen den Zeilen suchst, findest du nichts.«

»Okay«, mehr fällt mir nicht ein, also wechsle ich das Thema: »Und du bist Künstler?«

»Was ist ein Künstler?«

»Wie, was ist ein Künstler?«

»Was ist ein Künstler, wer ist Künstler?«

»Wer mir sagt, er ist Künstler, ist für mich Künstler.«

»Das reicht dir?«

»Ja, das reicht mir. Da bin ich großzügig.«

»Niemand kann sich Künstler nennen, was für eine Anmaßung. Andere müssen das tun.«

»Also gut, du bist Künstler.«

»Warum ist es dir wichtig, mich so einzuordnen?«

»Weil ich dich gerne fragen würde, was du für Kunst machst.«

»Warum willst du das unbedingt wissen?«

»Ich will es gar nicht unbedingt wissen, es ist für mich auch okay, es nicht zu wissen, wenn du es mir nicht sagen willst.«

»Also interessierst du dich gar nicht wirklich für mich, sonst würdest du es wissen wollen.«

»Deswegen frage ich dich doch, um dich erst mal kennenzulernen.«

Er schüttelt den Kopf und grinst wissend. Ich zeige zur Tür. »Also ich muss jetzt in die Museen, du kannst ja mitkommen, wenn du willst.«

Anstatt mit »Was meinst du mit Mitkommen?« zu antworten, kommt er einfach mit. Das Leben kann manchmal so einfach sein. Wir erreichen das erste Museum, wo Kristalle in Schränken und Vitrinen liegen. Es gibt keine Beschriftungen und Erklärungen zu ihnen, sie liegen einfach nur da, schimmern im Licht und sehen schön aus. Das Männlein interessiert sich aber nicht für Steine und möchte mich weiter in das Landwirtschaftsmuseum bringen.

Als wir durch den Flur laufen wollen, kommt uns eine junge Sannyasin entgegen, die mich überreden will, mir die Steine noch etwas länger anzusehen.

»Er muss sich jetzt doch keine Steine angucken, wir gehen weiter.«

»Geh nicht so über meine Ideen hinweg, ich akzeptiere dich und du solltest mich auch akzeptieren.«

»Ich akzeptiere dich ja auch.«

»Genau. Und ich akzeptiere dich. So soll das ja auch sein.«

»So ist es ja auch.«

»Genau.«

»Du sagst es.«

Konflikte werden in Kommunen doch eher passiv-aggressiv ausgetragen.

Das Landwirtschaftsmuseum ist im Wesentlichen eine unordentliche Scheune, in der allerhand Geräte gestapelt sind. Mit einem Museum hat es keine Ähnlichkeit, eher mit einem illegalen Sperrmülllager. Während wir in der Scheune stehen und der kalte Wind uns direkt ins Gesicht weht, versuche ich erneut ein Gespräch.

»Fühlst du dich hier wohl?«

»Was ist Wohlfühlen? Das sind Kategorien, in die du mich pressen willst. Warum ist dir das wichtig?«

Und schon geht es wieder los. Was ist Liebe, was ist Sex? Was ist mit zwölf Fremden, die auf engem Raum zusammenleben müssen? Es ist nicht einmal langweilig mit ihm, es ist aber auch nicht klug, was er da sagt. Das Männlein wirkt wie ein etwas schwerfälliger Till Eulenspiegel, der mit einem Schuss Klaus Kinski gemischt ist.

Osho ist das egal. Er wollte ja gerade, dass die Menschen widersprüchlich werden und ihrem Intellekt misstrauen. Bald darauf werde ich zum nächsten Bahnhof gefahren. Wieder kommt uns kein Auto entgegen. Der Zug kommt an, ich gebe meinem Fahrer die Hand und er eilt zurück in die Kommune, weil er dort jetzt der Andrea eine tibetische Massage gibt, die Stresspunkte auf dem Körper löst. So wie er es mir erzählte, klang es mehr nach einer erotischen Massage, die nicht erotische Massage, sondern tibetische Massage genannt wird. Aber sie hat nichts mit dem biologischen Programm zu tun, das habe ich noch fragen können, bevor die sich schließende Zugtür mich und die Oshogemeinde voneinander trennt.

Station 26
Mormonen

Es ist Sonntagmorgen und der große Saal des Maritim Hotel in der Nähe des Berliner Tiergartens ist gut gefüllt. Knapp 1000 Menschen haben sich hier versammelt. Die Männer fast alle in Anzügen, viele Frauen in langen Röcken. Auf dem Podium erklärt gerade ein älterer Herr, wann ihm das letzte Mal die Anwesenheit von Jesus Christus klar wurde (gestern Abend beim Nachtgebet) und warum er bezeugen kann, dass das Buch Mormon wahr ist (weil es wahr ist). Im Verlauf der nächsten zwei Stunden werden an dieser Stelle noch einige weitere Mitglieder die Anwesenheit von Jesus Christus bezeugen.

Die Mormonen von Berlin und Brandenburg treffen sich heute, um über personelle Veränderungen abzustimmen. Der Konferenzleiter liest nacheinander Namen und künftige Funktionen vor. »Hartmut Becker soll zum Seelsorger in Marzahn berufen werden. Wer ist dafür? Wer ist dagegen?« Trotz Dutzender Personalentscheidungen gibt es an diesem Vormittag nicht ein einziges Mal Gegenstimmen und so kann sich auch noch der unbedeutendste Beisitzer über Zustimmungsraten wie Fidel Castro in seinen besten Zeiten freuen. Ich schaue mir das alles an und fühle mich hier nicht fremd oder fehl am Platz. Was an den freundlichen Leuten liegt, die um mich herum diszipliniert auf ihren Stühlen sitzen und zuhören. Würden exotische Tänze vollführt, düstere Gesänge angestimmt oder in Ekstase Arme in die Höhe gerissen, hätte ich vermutlich einen anderen Eindruck. So aber beobachte ich die Veranstaltung und überlege, wie oft es wohl vorkommt, dass ein Nichtmormone alleine in einem Saal voller Mormonen sitzt.

Wenn nicht gerade Personalien abgenickt und Zeugnisse der

Liebe Gottes ins Mikrofon gesprochen werden, hat der Familienchor seinen Auftritt. »Letztes Mal wurde der Chor von einem Musiker der Philharmoniker geleitet, der Unterschied ist hörbar«, murmelt mir Winfried Batzke ins Ohr. Er hat mich zu dieser Veranstaltung eingeladen und seine Bemerkung ist keineswegs abwertend gemeint. Ihm gefällt der heutige Chor, aber der Gast soll diesen Auftritt nicht für die bestmögliche musikalische Darbietung der Mormonen halten. Er ist ein agiler Mann Mitte 60, der ständig Hände schüttelt, erkannt und begrüßt wird. »Ich war mal Leiter für Berlin und Brandenburg«, erklärt er dazu fast entschuldigend, bevor die nächsten Hände auf seine schmalen Schultern klopfen. Wenn er Gelegenheit dazu hat, fährt er sich durch das lichte blonde Haar und glättet seinen Anzug. Auf dem Podium sitzen acht führende Mitglieder der Kirche, zwei von ihnen halten sich im Arm. Ein glückliches Paar, beseelt von der Liebe zu Jesus Christus, wie sie es später mit tränenerstickten Stimmen vor den Besuchern bekennen werden. Gefühlsausbrüche werden hier jedoch nicht mit Applaus honoriert, sondern schlicht hingenommen.

Was sofort auffällt, sind die vielen Kinder. Während es in katholischen Gottesdiensten mittlerweile die Regel ist, dass Jesus mit seinen 33 Jahren der mit Abstand jüngste Anwesende ist, rutscht und stolpert hier der Nachwuchs über den grauen Teppichboden. Es ist eine Mischung aus Parteitag und Krabbelgruppe. Batzke hat ebenfalls vier Kinder, von denen die zwei jüngsten Söhne Adam und Joshua zusammen mit seiner Frau Elke neben ihm sitzen. Wieder bekennt auf dem Podium jemand seine Liebe zu Jesus. Es ist ein graumelierter Anzugträger mit dicker Brille, der gleichzeitig vor dem heimtückischen Internet warnt. »Wir können dort zwar gute Sachen finden, wie die Homepage www.mormon.org, aber mit der gleichen Tastatur, mit der wir diese Seite finden, können wir auch in der Hölle landen.« Er macht eine Kunstpause. »Ich spreche von Pornographie.« Facebook hingegen begrüßt er, denn »wir haben dort die Möglichkeit, die Frohe Botschaft zu verkünden. Wenn Sie 500 Facebook-Freunde haben, können Sie ihnen mit einem Klick das Buch Mormon zuschicken. Dann haben Sie auf einen Schlag 500 Menschen mit dem Evangelium versorgt und glücklich gemacht.« So weit die Theorie. In der Praxis wäre es wohl ein Wunder, wenn es danach immer noch 500 Facebook-Freunde wären.

Nachdem auch noch ein Taxifahrer mit rauher Stimme erklärt hat, dass nur die Mormonen den wahren Glauben haben, ist die Veranstaltung vorbei. Ich schaue mich noch einmal um. Junge Männer stehen an den Türen, sie sehen gepflegt aus, haben kurze Haare und freundliche Gesichter. Sie achten auf eine höfliche Ausdrucksweise, sind zuvorkommend und lächeln viel. Eine Armee von Schwiegermutterlieblingen. Einige von ihnen tragen kleine schwarze Schilder auf ihrer rechten Brust. Darauf ihr Name und der Schriftzug »Kirche Jesu Christi der Heiligen der Letzten Tage«. So lautet der Name ihrer Kirche offiziell. Die Männer mit den Schildern sind Missionare, die für zwei Jahre ihr Heimatland verlassen haben, um an einem vorgeschriebenen Ort auf der Welt die Lehren der Mormonen zu verkünden. Es gibt auch Frauen, die sich auf Mission begeben, aber bei ihnen wird es noch lieber gesehen, wenn sie stattdessen früh heiraten (junge Männer, frisch zurück von der Mission, sind besonders begehrt).

Batzke war als junger Mann nicht auf Mission. Er ist in Ostberlin aufgewachsen und bekam die Ausreise nicht gestattet. Weil er einer atheistischen Partei wie der SED nicht beitreten wollte, wurde es auch nichts mit dem Beruf des Oberförsters. Heute arbeitet er in führender Position in einer Versicherung.

»Insgesamt ließ man uns aber in Ruhe«, erklärt er, »wir durften sogar einen eigenen Tempel bauen, weil Honecker hoffte, dadurch zu einer Reise in die USA zu kommen. Er dachte, wir hätten da besondere Beziehungen.«

»Wie kommt man in Ostberlin überhaupt zu den Mormonen?«

»Meine Eltern waren damals schon in der Kirche, meine Mutter lernte beim Bund Deutscher Mädel eine Mormonin kennen, die ihr ein Buch Mormon schenkte. Nach dem Krieg klingelten Missionare bei ihr und sahen das Buch im Regal stehen. Meine Mutter hat sich dann noch ein paarmal mit ihnen getroffen und wurde dann endgültig Mormonin. In der Kirche lernte sie meinen Vater kennen.«

Dass schon seine Eltern in der Kirche waren, zeigt, mit was für einer Geschwindigkeit sich dieser Glaube verbreitet hat. Schließlich gibt es die Kirche Jesu Christi der Heiligen der Letzten Tage erst seit 1830. Während die alten religiösen Gemeinschaften in grauer Vorzeit gegründet wurden, fand die Geburt des Mormonentums somit im ersten Scheinwerferlicht der Medienöffentlichkeit statt. Es gibt Fotografien der Kirchengründer und auch das Strafregister des Propheten Joseph Smith ist noch erhalten. Er wusste selbst lange Zeit nicht genau, welchem Glauben er sich anschließen sollte, bevor Gott ihm schließlich die Entscheidung abnahm. Der gerade einmal 14 Jahre alte Joseph befand sich tief im Wald, als es passierte.

> »Ich sah gerade über meinem Haupt eine Säule aus Licht, heller als die Sonne, allmählich herabkommend, bis es auf mich fiel. Als das Licht auf mir ruhte, sah ich zwei Gestalten von unbeschreiblicher Helle und Herrlichkeit über mir in der Luft stehen. Eine von ihnen redete mich an, nannte mich beim Namen und sagte, dabei auf die andere deutend: Dies ist mein Sohn. Ihn höre!«

Jesus erklärte ihm dann, dass alle Religionen falschlägen und Joseph deswegen die einzig wahre Kirche gründen müsse. Was Gott und sein Sohn konkret erwarteten, fasste schließlich der Engel Moroni bei einer weiteren Begegnung drei Jahre später zusammen:

»Das wahre Evangelium Jesu Christi wiederherstellen
Die Priestertumsvollmacht aus biblischen Tagen erneuern
Das zweite Kommen Christi vorbereiten
Ein heilige Schrift abfassen«

Außerdem kam noch recht schwammig hinzu, »andere biblische Prophezeiungen im Zusammenhang mit der Wiederherstellung des Evangeliums« zu realisieren.

Ich frage Batzke, ob es auch Glaubensinhalte gibt, die ihn nicht überzeugen. Er schüttelt den Kopf.

»Den Bekenntnissen vorhin auf der Bühne, denen kann ich mich ganz anschließen.«

»Gibt es nichts, was Sie irritiert? Ich kenne viele Katholiken, die zwar an einigen Punkten ihre Zweifel haben, aber trotzdem katholisch sind.«

»Dann schicken Sie die doch zu uns.« Batzke lacht, fügt dann aber doch noch an: »Für Skeptiker außerhalb der Kirche ist es natürlich ein Angriffspunkt, dass die goldenen Platten, auf denen der Inhalt des Buches Mormon stand, wieder an Gott abgegeben wurden.«

»Das ist aber keine inhaltliche Kritik am Glauben.«

»So ist es. Die Bibel und das Buch Mormon sind Gottes Regelwerk für uns und wer auf den Heiligen Geist hört, weiß das auch. Deswegen sind permanent 60 000 Mormonen auf Mission, um das Wort Gottes in die Welt zu tragen.« Deutschland ist dabei so etwas wie ein Entwicklungsland, schließlich leben hier nur 40 000 der etwa zehn Millionen Mormonen der Welt. Nach den USA, wo es die größte Gemeinde gibt, ist Südamerika das zweite Standbein der Kirche. Deutschland ist hingegen ein schwieriges Pflaster. Besser läuft es da schon in Osteuropa, weswegen diese Konferenz heute nicht nur in Englisch und Spanisch simultan übersetzt wird, sondern auch in Russisch.

Während der Versammlung hat ein junger Mann über seine bevorstehende Mission gesprochen. Wer sich dafür meldet, kann sich sein Zielland nicht aussuchen. Es wird für ihn festgelegt. Danach beginnen die Vorbereitung, das Lernen der Sprache und das Studium der dortigen Kultur. Missionare müssen sich in der Heimatsprache des jeweiligen Landes verständigen können und ihre Zeit im Ausland selbst finanzieren. Sie gehen überallhin, nach Norwegen, nach Frankreich, nach Japan oder Uganda. Überallhin, wo ihnen das Missionieren nicht verboten ist, wie zum Beispiel im gesamten arabischen Raum.

»Wir gehen immer durch die Vordertür, wenn man uns nicht hineinlässt, ist das schade und wir hoffen, dass die Regierung irgendwann ihre Meinung ändert«, erklärt Batzke. Sein Sohn Joshua steht jetzt neben uns im Foyer. Er ist 19 Jahre alt und wird heute zum Priester geweiht. Er wirkt nicht nervös. Ebenso wenig wie einer seiner Freunde, der schon in zwei Tagen seine Missionsarbeit in Argentinien aufnimmt. Sie umarmen sich und wünschen sich Glück, dann verlassen wir das Hotel und steigen ins Auto der Batzkes.

Gemeinsam fahren wir hinüber zum Gemeindehaus, wo die Priesterweihe stattfinden soll. Vater, Mutter, Sohn, Sohn und ich. Adam, der mit 14 in etwa im Alter von Joseph Smith ist, als dieser von Gott angesprochen wurde, stößt mich in die Seite.

»Wir haben Stars in unserer Kirche!«, erklärt er mir stolz und nennt mehrere Musiker, die ich alle nicht kenne. Schließlich landet er aber doch noch zwei Treffer mit Paul Walker, einem tödlich verunglückten Schauspieler, und der Bestsellerautorin Stephenie Meyer, die mit der Vampirsaga *Twilight* weltberühmt wurde.

»Und Mitt Romney«, werfe ich einen Namen ein.

»Ja«, bestätigt er gelangweilt. Politiker sind für Teenager eben keine Ego-Stützen.

Nach einer kurzen Pause schaut er mich wieder stolz aus seinem Sommersprossengesicht an. »Die größte Universität der USA ist von uns. Die Brigham-Young-Universität.«

Bevor ich etwas sagen kann, mischt sich sein Vater ein.

»Nicht die größte Universität der USA, sondern die viertgrößte.« Er biegt mit dem Wagen ab, wir fahren an einem Seitenarm der Spree entlang. »Außerdem nur die viertgrößte private«, stutzt er die Uni noch etwas zurecht, die nach dem Nachfolger von Joseph Smith benannt ist. Adam nickt frustriert.

Doch Batzke richtet seinen Sohn wieder auf. »Wir hatten letztes Jahr den Piloten bei uns, der sich für die Berliner Luftbrücke den Abwurf der Lebensmittel mit Fallschirmen ausgedacht hatte. Er ist Mormone.«

Ein Strahlen liegt wieder über dem Gesicht des Jungen. Beim nächsten Mal wird er von Schauspielern, Sängern und Piloten erzählen.

Während die Mutter und der ältere Bruder schweigend dasitzen und Adam erzählt, dass er später auch auf Mission gehen will, erreichen wir das Gemeindehaus. Es ist ein unauffälliger Flachbau in direkter Nachbarschaft zur saudischen Botschaft. »Die wollten uns diesen Teil hier abkaufen«, meint Batzke mit Blick auf eine Grünfläche hinter dem Parkplatz, die an das Botschaftsgebäude grenzt, »sie haben wirklich viel geboten, aber wir haben abgelehnt.« Im Königreich der Scheichs ist sogar der bloße Besitz der Bibel eine schwere Straftat, sicherlich hat diese Tatsache die Bereitschaft nicht gerade erhöht, solchen Nachbarn entgegenzukommen.

Das Gemeindehaus hält im Inneren, was die biedere Fassade verspricht. Es ist praktisch angelegt, an den Wänden kitschige Poster mit Bibelmotiven. An Pinnwänden hängen Termine für Gottesdienste und Versammlungen, außerdem der Speiseplan der kleinen Küche. Lange Gänge verbinden die Räume miteinander, beim Gehen quietschen die Schuhe leicht auf dem Kunststoffboden. Eigentlich erinnert das hier alles an die Flure einer Schulsporthalle und tatsächlich gibt es auch eine kleine Sporthalle mit Basketballkörben.

»Damit sich die Missionare etwas ablenken können«, sagt

Batzke, der aber schon zur Wand läuft und dagegenklopft. »Die sind verschiebbar, wenn zu hohen Feiertagen besonders viele Besucher kommen, können wir so aus drei Räumen einen machen.«

Wir betreten jetzt die kleine Kirche im Gemeindehaus. Es ist ein enger Raum von vielleicht 80 Quadratmetern. Es überrascht nicht, dass auch hier wenig an eine typische Kirche erinnert. Anstelle von bunten Glasscheiben mit Bibelmotiven gibt es Fenster wie in einer Behörde. Auf einem kleinen Podest steht ein Pult, in der Ecke ein Klavier. Wenn es nicht zumindest die klassischen Kirchenbänke gäbe, könnte es sich um ein Klassenzimmer handeln. An den Wänden gibt es keine religiösen Symbole, vor allem kein Kruzifix.

»Jesus lebt und vollbringt auch heute Wunder, da halten wir es für unangebracht, auf seinen Kreuzestod hinzuweisen.« Mormonen haben eine subtile Art, ihre religiösen Konkurrenten vor den Kopf zu stoßen, denke ich mir noch, während Batzke schon mit dem theologischen Vorschlaghammer ausholt: »Ökumene ist für uns nicht zielführend, denn unsere Kirche wurde von Jesus Christus gegründet, da kann es keine Kompromisse geben. Deswegen haben wir auch immer wieder Ärger mit anderen Glaubensgemeinschaften.« Er lächelt dabei wie ein Klassenstreber, dem der Neid der Mitschüler Genugtuung ist.

Da das Mormonentum zu den Spätentwicklern gehört, was das Auftreten auf der religiösen Bühne angeht, stellt sich die Frage nach der eigenen Legitimität natürlich besonders drängend. Schließlich hat es die Menschheit ja auch ohne sie bis ins Jahr 1830 geschafft. Die theologische Begründung der Mormonen ist dabei geradezu unverschämt radikal. Sie erklären schlicht die ersten fast 2000 Jahre Christentum für einen Irrweg, der seinen Anfang damit nahm, dass auf Petrus in Rom ein Mann mit Namen Linus folgte. Das war schon der erste und entscheidende Fehler. Die von Jesus gegründete Urkirche hätte stattdessen vom letzten noch lebenden Apostel Johannes weitergeführt werden müssen, denn nur die Apostel hatten über das ihnen verliehene Priesteramt die Vollmacht, im Namen Gottes zu handeln. Während das Christentum sich also auf den langen Irrweg durch die Jahrhunderte machte, stieg schließlich Mitte des 19. Jahrhunderts Johannes der Täufer vom Himmel herab und übergab die göttliche Priesterweihe an Joseph Smith. Damit besaß erstmals seit den biblischen Aposteln wieder ein Mensch die Vollmacht, im Namen Gottes zu handeln.

Einer solchen Priesterweihe wohne ich wenige Minuten später bei. Sie findet nicht in der Kirche statt, sondern in einem Nebenraum mit dem Charme einer Abstellkammer. Auf kleinen Stühlen sitzen drei junge Frauen, außerdem befinden sich fünf ältere Männer im Raum, darunter auch Batzke. Adam hat sich mit seiner Mutter schon hingesetzt, als Joshua eintritt. Er ist immer noch nicht nervös, höchstens etwas verlegen wegen der Aufmerksamkeit, die ihm zuteilwird. Weil Johannes der Täufer nicht persönlich erscheint, ist die eigentliche Priesterwerdung dann auch kein spektakulärer Akt. Mehr eine bürokratische Notwendigkeit als ein erhabener Moment. Joshua setzt sich auf einen Stuhl, die fünf Männer bilden einen Kreis um ihn und legen jeweils eine Hand auf seinen Kopf. Batzke selbst spricht den Segen, er wünscht seinem Sohn alles Gute für sein weiteres Leben, erinnert an den Wert der Familie und an die Wunder, die Gott möglich macht. Fünf Hände werden zurückgezogen und ein Priester erhebt sich. Er wird von den Männern umarmt, er umarmt seine Mutter, sein Bruder gibt ihm die Hand. Joshua sagt: »Danke, dass ihr dabei wart.«

Er ist nun aaronischer Priester, das berechtigt ihn unter anderem zum Vorbereiten des Abendmahls und zum seelsorgerischen Wirken. Es gibt aber noch ein zweites Priesteramt, das alles andere in den Schatten stellt. Es nennt sich melchisedekisches Priesteramt und verleiht einem nicht weniger als die Fähigkeit, Wunder zu vollbringen, wozu unter anderem das Heilen von Kranken gehört. Nichts gegen das Vorbereiten des

Abendmahls, aber einen Sterbenden zurück ins Leben zu rufen, ist da schon ein anderes Kaliber. Auch diese Priesterweihe erhielt Joseph Smith als erster Mensch seit den biblischen Aposteln von Petrus, Jakobus und Johannes persönlich verliehen.

An dieser Stelle tritt aber doch ein Widerspruch in der mormonischen Ableitung der eigenen Auserwähltheit zutage. Joseph Smith ist nämlich nicht der erste Mensch seit den biblischen Aposteln, der göttliche Priesterämter verliehen bekam. Das Buch Mormon selbst lässt daran keinen Zweifel. Es lohnt sich, dafür kurz auf das Wirken von Jesus in Nordamerika einzugehen, von dem die Mormonen überzeugt sind. In der Neuen Welt erschien er zuerst dem Volk der Nephisten, einem jüdischen Stamm, der zirka 600 Jahre zuvor mit Booten durch das Mittelmeer und dann über den Atlantik nach Amerika gekommen war. Gott persönlich stellte ihn vor, indem er aus dem Himmel sprach:

> »›Seht meinen geliebten Sohn, an dem ich Wohlgefallen habe, in dem ich meinen Namen verherrlicht habe, ihn höret.‹ Und siehe, sie sahen einen Mann aus dem Himmel herabkommen; und er war in ein weißes Gewand gekleidet: und er kam herab und stand in ihrer Mitte.«

Schnell wird klar, was für Pläne Jesus hier verfolgte. Im Grunde war sein Besuch in Amerika der Versuch, es beim zweiten Mal besser zu machen. Nachdem sein Wirken in Israel vorläufig gescheitert schien und die dortigen Juden sehr reserviert reagiert hatten, versuchte er sein Glück nun bei den Juden in der Neuen Welt. Sofort nach der Ankunft verlieh er dem Propheten Nephi »die Macht, dass du dieses Volk taufst«, und sammelte zwölf Jünger. Er machte vieles so, wie er es schon zwischen Bethlehem und Jerusalem getan hatte. Eigentlich handelte es sich schlicht um eine Kopie seiner ersten Phasen als Prediger und Heiland. Jesus hielt auch hier wieder die Bergpredigt, er verwendete wieder die bewährten Gleichnisse (den Balken im Auge, die andere Wange, den ersten Stein) und er heilte wieder Kranke. Dabei war er mit einem Phänomen konfrontiert, das auch Stand-up-Komiker nur zu gut kennen: gleiches Programm, anderes Publikum, völlig verschiedene Reaktionen. Während Jesus von den israelischen Juden ausgebuht worden war, spendeten ihm die amerikanischen Juden stehend Applaus.

Auf dem von ihm verkündeten Evangelium aufbauend, wurde schließlich die »Kirche Jesu Christi« gegründet, wodurch es also parallel zwei Urkirchen auf der Welt gab. Jesus persönlich verlieh den amerikanischen Jüngern die aaronischen und melchisedekischen Priestertumsvollmachten. Kann es sein, dass er damit den Aposteln aus der Bibel das Vertrauen entzogen hat? Dann wären auch die Mormonen auf dem Irrweg, wenn sie an den Apostel Johannes anschließen anstatt an die amerikanischen Apostel (diese wurden wie das ganze Volk Nephi in einem brutalen Krieg vom jüdischen Stamm der Lamaniten ausgelöscht, von dem wiederum die Indianer abstammen). Wenn das zutrifft, wurde Smith als junger Mann vom Teufel aufs Glatteis geführt … Sollte ich mit diesen Überlegungen übrigens eine Glaubensspaltung auslösen, so hätte ich die bescheidene Bitte, diese neue mormonische Kirche schlicht »Kirche Gideon Böss« zu nennen.

Batzke und ich setzen uns wieder in die kleine Kirche und bevor ich ihn mit meinen womöglich einschneidenden Überlegungen zur amerikanischen Urgemeinde konfrontiere, möchte ich erst einmal wissen, wie Gott zu sexueller Selbstbestimmung steht.

»Er will, dass es uns gut geht und es geht uns nicht gut, wenn wir von einer unsicheren Beziehung zur nächsten treiben. Wir sollen einen Partner finden, der zu uns passt, denn nichts vermittelt mehr Sicherheit als das Gefühl zu wissen, mit diesem Partner und diesen Kindern die Ewigkeit zu verbringen. Deswegen heißt die Trauung bei uns Versiegelung.«

»Was ist, wenn ich mich scheiden lasse und wieder heirate? Mit welcher Familie verbringe ich dann die Ewigkeit?«

»Da müsste ich noch einmal im Buch Mormon nachsehen.«

»Und was ist mit den Homosexuellen? Können die auch heiraten?«

»Für uns Mormonen ist die Familie aus Vater, Mutter und Kindern der Wert an sich, das geht also nicht.«

»Und wenn sie Kinder adoptieren?«

Batzke überlegt kurz und wackelt nachdenklich mit dem Kopf. »Wenn zwei Schwule sagen würden, dass sie um ihre Veranlagung wissen, ihr aber nicht nachgehen, würde das gehen.«

»Eine ziemlich erhebliche Einschränkung, oder?«

»Wir verurteilen Homosexualität nicht, aber sie ist nicht Teil der Familie, wie sie in Gottes Plan vorkommt.«

»Sind Homosexuelle nach dem Tod eigentlich immer noch Homosexuelle, wenn sie zu Gott zurückkehren?«

»Über diese Punkte habe ich noch nie nachgedacht. Aber wir setzen uns gegen die Diskriminierung von Homosexuellen ein.«

»Indem ihr sie ausschließt?«

»Vor dem Gesetz darf es keine Diskriminierung geben, aber Gott hat uns ein Familienbild vorgelegt, das mit der homosexuellen Lebensweise nicht harmoniert.«

Er schiebt die Schuld auf Gott und wir wechseln das Thema.

»Stimmt es eigentlich, dass die Mormonen nicht Mormonen genannt werden wollen?«

»Problematisch an diesem Namen ist für uns, dass es ein paar winzige Mormonensekten gibt, die Vielweiberei betreiben. Dann heißt es immer, *die* Mormonen betreiben Vielweiberei. Dabei schließt die Kirche Jesu Christi der Heiligen der Letzten Tage jeden aus, der das machen würde. Wir sind über 14 Millionen, diese Sekten haben wenige Hundert Mitglieder und trotzdem bleibt in der Öffentlichkeit hängen, dass die Mormonen das machen.«

»Joseph Smith selbst hatte ja mehrere Frauen, er würde heute also nicht mehr Mitglied in seiner eigenen Kirche werden können?«

»Es ist die Kirche von Jesus Christus, nicht die von Joseph Smith. Es ist unklar, weswegen er das damals tat, aber wir sollten bedenken, dass auch in der Bibel von Vielehen die Rede ist. In bestimmten historischen Phasen war dies auch der Wille Gottes.«

Nichts an dieser Kirche appelliert an Sinnlichkeit oder Erotik, sie macht einen so asexuellen Eindruck, dass das Vorhandensein so vieler Kinder fast wie ein göttliches Wunder wirkt. Kaum zu glauben, dass es Zeiten gab, in denen sich diese braven Männer gleich mit mehreren Frauen das Bett teilten. Aber das ist ja lange vorbei und heute so verboten wie Homosexualität.

»Woran liegt es eigentlich, dass die Mormonen mittlerweile Teil des amerikanischen Mainstreams sind?«, möchte ich nun wissen.

»Schwer zu sagen. Vermutlich haben die Winterspiele von 2002 in Salt Lake City ihren Teil dazu beigetragen. Dadurch konnte die Welt sehen, dass wir keine Sekte sind, sondern offen, freundlich und hilfsbereit.«

»Und Romney wäre ja auch fast US-Präsident geworden.«

»Ich bin froh, dass er es nicht wurde. Das hätte vermutlich wieder das Misstrauen gegen uns verschärft.« Batzke macht eine kurze Pause. »Außerdem war er sehr hölzern in seinem Auftreten, das kommt nicht gut an bei einem Präsidenten.«

Hölzern ist ein gutes Stichwort. Damit beschreibt er recht präzise, wie die mormonische Gemeinde auf Gäste wirkt. Nicht unsympathisch, aber hölzern. Gleichzeitig legen die Mormonen die Messlatte für Souveränität auf eine Höhe, an der die meisten anderen Religionen scheitern. Bewiesen haben sie das im Zusammenhang mit dem satirischen und preisgekrönten Musical »The Book of Mormon«. Darin machen sich die Erfinder der sehr vulgären Zeichentrickserie *Southpark* sehr vulgär über den mormonischen Glauben lustig. Die Kirche reagierte darauf nicht mit Protestschreiben, mit Demonstrationen oder gar mit Gewaltaufrufen. Stattdessen kaufte sie Werbeanzeigen in den Programmheften zum Musical und ließ dort Slogans wie diese abdrucken: »Dir hat das Musical gefallen? Das Buch ist noch besser!« oder »Nun hast du das Musical ›The Book of Mormon‹ gesehen, lies jetzt auch das Buch ›Mormon‹«. Diese Mischung aus Souveränität und Pragmatismus bescherte ihnen nicht nur einen echten PR-Coup, sondern spricht auch für ihr Selbstbewusstsein. Mormonen sind schließlich per Du mit Jesus und haben seine Kirche wieder errichtet, was stört sie da ein albernes Musical? Aus diesem Grund gab es auch seit der Premiere 2011 nicht eine einzige Beschwerde eines Mormonen, wie die Produzenten mitteilten.

»Wobei es aber schon noch Anfeindungen gegen uns gibt, so ist das nicht«, gibt Batzke zu bedenken.

»Was sind die Gründe dafür?«

»In der Anfangszeit im 19. Jahrhundert gab es sicherlich das Misstrauen, was wir in unseren Tempeln eigentlich machen. Da gab es die wildesten Verschwörungstheorien, von heimlichen Freimaureraktivitäten bis zu satanischen Messen.«

»Was macht ihr in euren Tempeln?«

»Die Tempelrituale sind geheim, aber es sind gewöhnliche Handlungen.«

»Warum erzählen Sie mir sie dann nicht?«

»Wir führen dort etwa die Taufe für Verstorbene durch. Es gibt viele Menschen, die niemals die Gelegenheit hatten, Mormone zu werden, weil sie vor der Gründung der Kirche lebten oder keinen Kontakt zu ihr hatten. Verwandte können für sie eine Taufe durchführen lassen, aber die Seele des Verstorbenen entscheidet dann immer noch selbst, ob sie annimmt.«

Er schaut mich etwas unglücklich an und ich schaue ihn etwas unglücklich an. Was soll das denn mit der Heimlichtuerei in den Tempeln? Ich verstehe es immer noch nicht.

»Übrigens dürfen auch nicht alle Mormonen in den Tempel,

sie müssen mindestens getauft sein.« Es klingt, als ob er mich damit trösten will. Ich nicke und mache mir plötzlich Gedanken über meine Zukunft.

»Was wird eigentlich nach dem Tod aus mir? Ich weiß ja, dass es die Mormonen gibt, und trete trotzdem nicht ein. Bekomme ich deswegen im Jenseits Probleme?«

»Gott bestraft die Menschen nicht dafür, sich zu irren. Allerdings wird die ganze Fülle seiner Gegenwart vor allem auf die fallen, die ihm dienen.«

Damit kann ich leben. Ich brauche nicht unbedingt den Platz in der ersten Reihe, aber ich möchte auch nur sehr ungern schon an der Tür abgewiesen werden.

»Heute ist das Misstrauen uns gegenüber anderer Natur. Viele Mormonen sind erfolgreich im Beruf, sie verdienen in den USA mehr als der Durchschnitt, das erzeugt Neid. Unser wirtschaftlicher Erfolg ist dabei auch ein Ergebnis unserer Missionarsarbeit, denn dadurch haben wir in Salt Lake City für alle Sprachen der Welt Experten, das ist in globalisierten Gesellschaften viel wert.«

Der frisch geweihte Priester Joshua betritt leise den Raum, setzt sich an das Klavier und spielt vermutlich die Melodie eines klassischen mormonischen Liedes. Ich weiß es nicht, aber es verleiht diesem Raum mit dem Charme einer zu klein geratenen Mehrzweckhalle endlich die angemessen weihevollere Atmosphäre.

»Wie ist das mit Speisevorschriften, habt ihr da Besonderheiten?«

Batzke lächelt zuversichtlich, offenbar haben die Mormonen in Sachen Ernährung etwas anzubieten. »Wir rauchen nicht, wir trinken keinen Alkohol, keinen schwarzen Tee und keinen Bohnenkaffee. Bei den Lebensmitteln empfehlen wir viele Kräuter, viel Gemüse und Getreide. Fleisch nur als Ausnahme.«

Das klingt nicht so verlockend, wie sein Lächeln versprochen hat.

»Wir werden in den USA zehn Jahre älter als der Durchschnitt«, kommt er auf den eigentlichen Triumph zu sprechen. Die Kirchenmusik liefert den Soundtrack zu diesen zehn Jahren mehr. Wenn Baptisten, Juden, Amish, Moslems und Methodisten längst unter der Erde liegen, ziehen Mormonen dank gesunder Ernährung noch immer umher und verkünden die Frohe Botschaft. Adam kommt jetzt auch in die Kirche und stellt sich zu seinem Bruder. Er hat ein Gesangbuch dabei und singt eine Strophe aus »Das Licht des Herrn«. Weil es auch am Morgen im Hotel auf dem Programm stand, habe ich die Strophen auf einem Blatt Papier bei mir.

»Frieden und Glück gibt uns, Vater, dein Wort, für uns ist
Zion ein sicherer Hort, wo wir, geleitet vom
Priestertum stehn, niemals von dir lass uns gehen!
Niemals, niemals, niemals von dir lass uns gehen!
Immer, immer, immer zu dir wir nur flehn!«

Wie die beiden Brüder da stehen, erinnern sie ein bisschen an die Söhne von Ned Flanders, diesem herzensguten und tiefreligiösen Nachbarn der Simpsons. Die Batzkes müssen langsam los, weswegen wir uns voneinander verabschieden.

Ich verlasse das Gemeindehaus. Lichtreflexe in Autoscheiben blenden mich, vor dem Botschaftsgebäude Mexikos auf der anderen Straßenseite stehen mehrere Limousinen und ich habe entschieden, meine Urkirchen-Frage doch nicht zu stellen. Was hätte ich davon, wenn mir die Mormonen womöglich nachweisen könnten, dass ich falschliege? Lieber bilde ich mir ein, jederzeit das Fundament dieser Kirche erschüttern zu können. Es ist ein erhabenes Gefühl, das ich mir nicht kaputt machen lassen will. Über den Baumwipfeln im Tiergarten lugt die goldene Engelsfigur der Siegessäule hervor. Es wirkt, als ob sie am Himmel schwebt. Wenn sie mir gleich Gottes Pläne offenbart, wird es vielleicht doch noch etwas mit der »Kirche Gideon Böss«.

Nachwort

Damit bin ich am Ende meiner Deutschlandreise angekommen. Es ist mitten in der Nacht, während ich diese letzten Zeilen schreibe und über die vergangenen Monate nachdenke. Ich sitze in einer Bar in Berlin und habe mir gerade ein Taxi gerufen, das in wenigen Minuten da sein soll. Es regnet leicht, die Straße vor dem Fenster glänzt im Mond- und Laternenlicht. Ich habe in jedem Bundesland nach Gott und Göttern gesucht, manchmal auch nach abstrakten höchsten Wesen oder spirituellen Konzepten, die ganz ohne Erschaffer auskommen. Ich habe mich mit einfachen Gläubigen, mit Theologen, Priestern und Funktionären unterhalten. Ich durfte an Ritualen teilnehmen, las mich in Dutzende Schöpfungsgeschichten und heilige Schriften ein und lernte eine Seite Deutschlands kennen, die mir bislang größtenteils unbekannt war. Und nun? Habe ich etwas für mich gefunden? Ich glaube nicht. Wobei ich nicht ausschließen will, dass manche spirituelle Kraft vielleicht erst mit Zeitverzögerung wirkt. Möglich ist es, wenn auch nicht sehr wahrscheinlich. Stand jetzt stehe ich also weiterhin allein mit meiner Seele da und finde keine höhere Instanz, der ich sie widmen kann.

Trotzdem bin ich zufrieden. Ich habe immerhin alles versucht, um den ersten Schritt auf die Götter zuzugehen. Leider habe ich niemals aus übernatürlichen Sphären eine Antwort erhalten. Dabei gab es so viele Möglichkeiten dazu. Ich saß Hunderte Stunden in Zügen, Flugzeugen und Autos. Auch in Hotels verbrachte ich viele Tage und Nächte. Da hätten sich diverse Gelegenheiten geboten, um mir ein Zeichen zu senden. Eine sprechende Minibar, Erzengel Gabriel in der Uniform der Deutschen Bahn oder die Geburt eines Kindes auf einem heruntergekommenen Autobahnparkplatz. Doch nichts davon ist passiert.

Aber die Reise hat sich trotzdem gelohnt. Wenn ich schon keinen Kontakt zu den höheren Mächten aufnehmen konnte, so doch zumindest zu ihren Anhängern auf Erden. Und die ähnelten sich in vielen Punkten erstaunlich stark. Als Erstes ist mir eine überraschende Fairness im Umgang mit der religiösen Konkurrenz aufgefallen. Selten wurde die Gelegenheit genutzt, um über andere Gruppen herzuziehen, da hätte ich mehr rhetorische Foulspiele erwartet. Gleichzeitig finde ich es aber faszinierend, dass die Vorstellungskraft vieler religiöser Menschen zwar reicht, um die fantastischsten Wunderdinge zu glauben, die ihre Gottheit(en) vollbringen, aber dann eben doch nicht ausreicht, um zum Beispiel in Homosexualität kein Problem zu sehen.

Die Begegnungen mit den Religionen waren zugleich Begegnungen mit der deutschen Zivilgesellschaft. Als die Ankunft vieler Hunderttausend Flüchtlinge das Land zu einem logistischen und humanitären Kraftakt zwang, gab es kaum eine religiöse Gruppe, die nicht mit größter Selbstverständlichkeit Hilfe leistete. Oft ganz praktisch, indem Räumlichkeiten für Familien zur Verfügung gestellt wurden, oder durch Kennenlern-Treffs, durch Spendenaktionen und ehrenamtliche Arbeit in Unterkünften. Keine Gruppe hat mir von ihrer Flüchtlingshilfe erzählt, um sich zu profilieren. Meistens erfuhr ich es zufällig, etwa, wenn mein Gegenüber das Gespräch beenden musste, weil gleich ein Behördengang mit Flüchtlingen anstand, die unterstützt wurden.

Mir ist außerdem aufgefallen, dass für die meisten Menschen, die Teil einer religiösen Gemeinschaft sind, die Verehrung einer »höheren Macht« nicht unbedingt der wichtigste Grund für die Mitgliedschaft ist. Für viele stellt die eigene Religion auch das soziale Zentrum dar, zu dem die Familie, der Freundes- und Bekanntenkreis gehören. Dieser Aspekt ist oft noch wichtiger als die bloße theologische Ausrichtung der Gemeinschaft.

Und noch eine letzte Beobachtung. Ich habe während meiner Reise sehr verschiedene Gruppen besucht, die in diesem Buch wertneutral nebeneinanderstehen. Ich habe bewusst auf Wertungen verzichtet (das überlasse ich dem Leser) und doch erlebte ich natürlich sehr verschiedene Formen und Stufen der Offenheit und Heimlichtuerei. Selbstverständlich gibt es harmlose und weniger harmlose, bedrohliche und weniger bedrohliche Religionen. Und es gibt einen Trick, durch den der Charakter einer Religion sehr schnell erkennbar wird: Wie hält sie es mit dem Zweifel? Ist Zweifel möglich oder sogar erwünscht oder wird er sanktioniert und als Glaubensschwäche angesehen? Nichts definiert einen Glauben mehr als sein Verhältnis zum Zweifel. Wer ihn unterbinden will, will Neugierde, Kritik und Reflexion unterbinden, weil er Mitläufer haben möchte anstelle von selbstbewussten Mitgliedern.

Ich klappe das Notebook zu und verlasse die Bar, das Taxi müsste jeden Moment kommen. Die frische Nachtluft tut gut, ich bin alleine auf der Straße und schaue hinauf zum Himmel mit seinem Mond und seinen Sternen und den blinkenden Satelliten, die sich zwischen der Unendlichkeit und mir um diesen Erdball drehen. Irgendwo bellt ein Hund. Am Ende dieser langen Straße fällt plötzlich Licht auf den Asphalt. Offenbar ist mein Taxi von der Hauptstraße abgebogen, vermute ich, kann es aber auf die Entfernung noch nicht genau erkennen. Oder ist es vielleicht doch ein göttlicher Bote, in goldenes Licht getaucht, der mir eine himmlische Offenbarung überbringt? Alles ist möglich. Ich überprüfe noch einmal, ob ich eigentlich genug Geld dabeihätte, sollte es doch nur eine weitere irdische Autofahrt werden. Man will schließlich auf alles vorbereitet sein, während das Licht größer und größer wird und sich gleich entscheidet, ob sich ein Engel oder Taxi nähert.